"十二五"国家重点图书出版规划项目

中国社会科学院创新工程学术出版资助项目

总主编：金 碚

经济管理学科前沿研究报告系列丛书

THE FRONTIER REPORT ON THE
DISCIPLINE OF
SERVICE ECONOMICS

陈 宪 殷 凤 主 编

服务经济学学科前沿研究报告

经济管理出版社
ECONOMY & MANAGEMENT PUBLISHING HOUSE

图书在版编目（CIP）数据

服务经济学学科前沿研究报告 2011/陈宪，殷凤主编. —北京：经济管理出版社，2015.11
ISBN 978-7-5096-3915-3

Ⅰ.①服…　Ⅱ.①陈…　②殷…　Ⅲ.①服务经济学—研究报告　Ⅳ.①F063.1

中国版本图书馆 CIP 数据核字（2015）第 203855 号

组稿编辑：张永美
责任编辑：胡　茜
责任印制：黄章平
责任校对：王　淼

出版发行：经济管理出版社
　　　　　（北京市海淀区北蜂窝 8 号中雅大厦 A 座 11 层　100038）
网　　址：www.E-mp.com.cn
电　　话：（010）51915602
印　　刷：三河市延风印装有限公司
经　　销：新华书店
开　　本：787mm×1092mm/16
印　　张：25
字　　数：547 千字
版　　次：2015 年 11 月第 1 版　　2015 年 11 月第 1 次印刷
书　　号：ISBN 978-7-5096-3915-3
定　　价：78.00 元

《经济管理学科前沿研究报告》
编辑委员会

序 言

　　为了落实中国社会科学院哲学社会科学创新工程的实施，加快建设哲学社会科学创新体系，实现中国社会科学院成为马克思主义的坚强阵地、党中央国务院的思想库和智囊团、哲学社会科学的最高殿堂的定位要求，提升中国社会科学院在国际、国内哲学社会科学领域的话语权和影响力，加快中国社会科学院哲学社会科学学科建设，推进哲学社会科学的繁荣发展具有重大意义。

　　旨在准确把握经济和管理学科前沿发展状况，评估各学科发展近况，及时跟踪国内外学科发展的最新动态，准确把握学科前沿，引领学科发展方向，积极推进学科建设，特组织中国社会科学院和全国重点大学的专家学者研究撰写《经济管理学科前沿研究报告》。本系列报告的研究和出版得到了国家新闻出版广电总局的支持和肯定，特将本系列报告丛书列为"十二五"国家重点图书出版项目。

　　《经济管理学科前沿研究报告》包括经济学和管理学两大学科。经济学包括能源经济学、旅游经济学、服务经济学、农业经济学、国际经济合作、世界经济、资源与环境经济学、区域经济学、财政学、金融学、产业经济学、国际贸易学、劳动经济学、数量经济学、统计学。管理学包括工商管理学科、公共管理学科、管理科学与工程三个学科。工商管理学科包括管理学、创新管理、战略管理、技术管理与技术创新、公司治理、会计与审计、财务管理、市场营销、人力资源管理、组织行为学、企业信息管理、物流供应链管理、创业与中小企业管理等学科及研究方向；公共管理学科包括公共行政学、公共政策学、政府绩效管理学、公共部门战略管理学、城市管理学、危机管理学、公共部门经济学、电子政务学、社会保障学、政治学、公共政策与政府管理等学科及研究方向；管理科学与工程包括工程管理、电子商务、管理心理与行为、管理系统工程、信息系统与管理、数据科学、智能制造与运营等学科及研究方向。

　　《经济管理学科前沿研究报告》依托中国社会科学院独特的学术地位和超前的研究优势，撰写出具有一流水准的哲学社会科学前沿报告，致力于体现以下特点：

　　（1）前沿性。本系列报告能体现国内外学科发展的最新前沿动态，包括各学术领域内的最新理论观点和方法、热点问题及重大理论创新。

　　（2）系统性。本系列报告囊括学科发展的所有范畴和领域。一方面，学科覆盖具有全面性，包括本年度不同学科的科研成果、理论发展、科研队伍的建设，以及某学科发展过程中具有的优势和存在的问题；另一方面，就各学科而言，还将涉及该学科下的各个二级学科，既包括学科的传统范畴，也包括新兴领域。

（3）权威性。本系列报告由各个学科内长期从事理论研究的专家、学者主编和组织本领域内一流的专家、学者进行撰写，无疑将是各学科内的权威学术研究。

（4）文献性。本系列报告不仅系统总结和评价了每年各个学科的发展历程，还提炼了各学科学术发展进程中的重大问题、重大事件及重要学术成果，因此具有工具书式的资料性，为哲学社会科学研究的进一步发展奠定了新的基础。

《经济管理学科前沿研究报告》全面体现了经济、管理学科及研究方向本年度国内外的发展状况、最新动态、重要理论观点、前沿问题、热点问题等。该系列报告包括经济学、管理学一级学科和二级学科以及一些重要的研究方向，其中经济学科及研究方向15个，管理学科及研究方向45个。该系列丛书按年度撰写出版60部学科前沿报告，成为系统研究的年度连续出版物。这项工作虽然是学术研究的一项基础工作，但意义十分重大。要想做好这项工作，需要大量的组织、协调、研究工作，更需要专家学者付出大量的时间和艰苦的努力，在此，特向参与本研究的院内外专家、学者和参与出版工作的同仁表示由衷的敬意和感谢。相信在大家的齐心努力下，会进一步推动中国对经济学和管理学学科建设的研究，同时，也希望本系列报告的连续出版能提升我国经济和管理学科的研究水平。

金碚

2014 年 5 月

前　言

近年来，服务、服务业、服务经济和服务贸易已成为论文和媒体中的热词，与这些概念有关的学术研究和政策研究是当下的热门。尽管如此，是否存在学科意义上的服务经济学呢？我一直是表示怀疑的。这是因为，服务经济学的研究对象和研究领域，是很难给出相对明确的界定的，正如我们在第一章中写道："服务的概念随着经济和社会发展不断演变……技术的发展已经极大地改变了服务和货物的生产方式。"当然，如果不是在严格的学科意义上，而是给运用经济学原理和方法的，与服务、服务产业、服务贸易等相关的研究成果一个集合性概念，那么，用服务经济学也未尝不可。

《服务经济学学科前沿研究报告》主要包括五个部分：国内外研究综述、期刊论文精选、出版图书和报告精选、重要会议以及文献索引。

第一部分是国内外研究综述。与已有的文献研究相比，本报告以2010年和2011年国内外高水平专业期刊发表的服务经济学论文作为对象，采用服务产业、服务贸易和服务创新的分类方法，对服务经济学领域的研究成果进行分类梳理和述评。本综述还对国内外服务经济学研究的重心和差异进行了对比分析，指出了服务经济学未来可能的研究趋势。

第二部分是期刊论文精选。本报告以上述三个部分为划分基础，对2010年和2011年国内外与服务经济学有关的期刊论文进行了梳理和归纳，并按照文章的引用率和期刊的影响程度，筛选出了一些优秀文献，其中，英文期刊文章279篇，中文期刊文章379篇。再综合研究的系统性、前瞻性和实用性等方面的要求，通过专家团队的讨论，精选出15篇优秀中文期刊论文和20篇优秀英文期刊论文。

第三部分是出版图书和报告精选。本报告同样以上述三个部分为划分基础，对2010年和2011年国内外与服务经济学有关的出版图书和报告进行了梳理和归纳，综合研究的系统性、前瞻性和实用性等方面的要求，通过专家团队的讨论，精选出15本优秀中文图书和20本优秀英文图书，以及5本优秀中文报告和2本优秀英文报告。

第四部分是重要会议。本报告对2010年和2011年重要的服务经济学会议进行梳理，并对会议内容进行了综述。共包括九场重要会议，分别是：2010年度服务科学国际会议、第二届服务科学与创新国际会议、2010年中外服务贸易企业洽谈会、第四届国际服务贸易论坛、第三届国际服务贸易（重庆）高峰会、2011年亚太区服务业大会、第三届中国服务贸易大会人才论坛暨全国服务贸易（服务外包）人才培养国际峰会、2011年中外服务贸易企业洽谈会、2011中国服务贸易与现代服务业发展年会。

第五部分是文献索引。本报告的文献索引包括中文期刊和英文期刊两个部分。其中，中文期刊索引源自《中文社会科学引文索引》（CSSCI）（2010~2011）与服务经济学学科相关的期刊论文，共379篇；英文期刊索引以《社会科学引文索引》（SSCI）为参考，共包括英文期刊论文276篇。

本报告由上海3所高校的教授、博士研究生和硕士研究生组成的研究团队共同完成。上海交通大学陈宪教授、复旦大学程大中教授、上海大学殷凤教授和上海交通大学谈毅副教授共同讨论并确定论文、著作和报告的选择原则，以及综述的框架和内容。第一部分国内外研究综述，由夏天然（上海交通大学博士研究生）、殷凤和陈宪负责完成；第二部分期刊论文精选，由王赟赟（上海交通大学博士研究生）、曹聪丽（上海交通大学博士研究生）、王菁（上海交通大学硕士研究生）负责完成；第三部分图书和报告精选，由肖怡清（上海交通大学硕士研究生）负责完成；第四部分重要会议主要由邱瑾（上海大学硕士研究生）负责完成。

感谢中国社会科学院创新工程学术出版资助项目"经济管理学科前沿研究报告系列丛书"的出版单位——经济管理出版社邀我主持《服务经济学学科前沿研究报告》的编撰工作，感谢经济管理出版社对本书出版所做的大量工作。

陈宪

2015.5.28

目　录

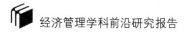

经济管理学科前沿研究报告

第一章　2010~2011年服务经济学学科研究综述

　　自20世纪30年代，英国经济学家费希尔（Fisher）在《安全与进步的冲突》一书中提出"第三产业"的概念以后，人们开始对服务产业进行理论研究，这可以认为是服务经济理论研究的开端。克拉克（Clark）、富拉斯蒂埃（Fourastie）、罗斯托（Rostow）等讨论了服务部门的增长与发展。费希尔和克拉克从产业结构及其变迁的角度，对服务业发展趋势进行了探讨，并提出了著名的"配第—克拉克"定理。20世纪50年代以来，全球经济经历了一场结构性的变革，对于这一变革，美国经济学家维克托·福克斯（Victor R. Fuchs）在1968年称之为"服务经济"。瑞德尔（Riddle）、格鲁伯（Grubel）和沃克（Walker）、希尔（Hill）、贝尔（Bell）、辛格曼（Singleman）、米第森（Middison）、鲍莫尔（Baumol）、瑞德尔（Riddle）等学者也从不同角度，大大推进了服务经济的研究。

　　服务的概念随着经济和社会发展不断演变。Zamfir和Plumb（2010）调查了知识型社会和传统（工业）社会关于服务这个概念的异同。他们总结和归纳了不同文献中关于知识型社会和传统工业型社会中关于服务的定义、概念、研究方法、评判标准和归类方法等，并用列表法总结了两个不同时期中服务概念的差异。他们认为，在以往文献中，通常通过与货物经济做比较的方式来定义服务经济，但是，这种比较方式可能在目前来看不再那么有意义，因为技术的发展已经极大地改变了服务和货物的生产方式。

　　从服务经济的表现来看，首先，在产出、就业、消费、投资和贸易等宏观经济总量中，与服务有关的比重不断上升，并逐步居于主导地位。产出中服务比重的上升，就是在GDP中服务业增加值占比上升。在发达国家，这一比重均在70%以上，当下全球平均水平在69%。按照富克斯关于服务经济的标准，即服务业就业占总就业比重超过1/2，那么，当今世界发达国家都已经成为服务经济体，甚至像印度这样的发展中国家也达到了富克斯的标准。服务消费可分为生产性服务消费和生活性服务消费，分别对应生产者服务业和消费者服务业。生产者服务业主要聚集于城市。由于城市规模和能级不同，生产者服务业占服务业的比重有较大的弹性，一般在40%~60%。这个百分比往往是城市经济活动的精华；服务消费占全部消费的比重，目前的数据是通过抽样调查获得的，在中等收入水平以上的国家，这一比重亦在50%以上。投资可从两个角度观察，一是全社会固定资产投资中服务业投资的比重；二是FDI（外国直接投资）中服务业利用外资的比重。仅以上海目前的水平为例，这两个指标都已在70%左右。基于服务的特性，以及管制的存在，不可贸易的服务占较高的比重，因此，目前在全球贸易中，服务贸易的比重为全部贸易的 20%左右。

其次，在微观经济中，服务经济的具体表现是，服务要素被越来越多地投入生产中，产出物的价值构成从以产品（有形）价值为主向以服务（无形）价值为主转变，而服务价值又首先是以产品的附加价值的形式存在的，进而，研发设计、物流配送、产品营销、电子商务、金融服务、战略咨询等服务价值的比重显著提高，甚至大于产品价值。与此同时发生的，是越来越多的产出物，其核心价值就是服务。这一服务化的过程主要是通过两个方面推进的。其一，制造业企业以生产产品为主向以提供服务为主转变，IBM 就是成功实现这一转变的经典案例。这里又有两种情况：一部分制造业企业完成向服务业企业的转型；另一部分制造业企业，其产出物仍然是产品，但其中有着不断增加的服务价值，制造企业向客户提供的是一个集产品、服务、支持、自我服务和知识的"产品—服务包"，服务成为增加值的主要来源。其二，服务技术和经营模式创新催化了大量提供核心价值服务的中小企业，它们是经济服务化的生力军。如上所述，制造业的主要行业都具有规模经济效应，大企业在这些行业占有主要的市场份额，而在服务业的许多行业并不存在规模经济效应，或规模经济效应不显著，这就给广大中小企业以发展空间，它们一方面以创业、创新发现市场需求，另一方面又通过服务技术和经营模式创新，提升自身的供给能力。另外，在专业化水平和分工效率的内在要求下，一些制造业企业或将其研发、设计、物流、营销、咨询等服务环节外包给独立的市场主体运作，抑或将一些原来属于企业内部的服务职能部门整体转移出去，成为独立的经营单位。在生产者服务从制造业分离的过程中，生产者服务变得更加专业、高效，创新活动增加，服务内容、质量与范围均得以提升。

最后，从产业的内在机制的角度研究服务化，我们所看到的，是制造业信息化、企业平台化、产业融合和产业链重构等过程性事实。信息化与工业化的融合，为服务化提供了市场需求和技术保障。制造业信息化的重点多集中于企业内部，如在产品生产过程中通过信息技术改进生产工艺流程和产品质量；在企业中建立 ERP 系统来优化信息管理。一个越来越清晰的事实是，制造业越来越多地受到计算机技术、互联网技术的影响和渗透，而在这个过程中，产业结构会逐渐发生深刻的变化，企业间的关系和产业格局也有可能彻底改变，其中，企业平台化就是一个明显的趋向。不论是掌上电脑、智能手机等与信息技术密切相关的产品，还是汽车等颇为传统的制造业，由于软件系统介入其核心部分，这样不但可以使原材料或产品在供需双方间的交易更加便捷，还有可能通过第三方的加入，来构建一个包括制造企业、原料供应、用户和研发创新在内的极具活力的商业生态系统，即企业化平台，从而实现更深层次的制造业转型。此外，信息化与工业化的融合，大大推动了电子商务、物流与供应链、金融保险业、管理咨询业、信息服务业，以及基于产业和产业集群的协作等服务行业的发展，使其服务功能与服务范围得以拓展，服务模式与服务内容不断改进和优化，服务质量与服务收益进一步提高。

制造业和服务业融合，是制造业转型的另一个方向。一方面，制造业是服务化的前提和基础，许多服务业部门，特别是生产者服务业，其产出的一定比例是用于制造业部门生产的中间需求；另一方面，服务化能够提高制造业劳动生产率和产品的附加值，提升制造业的产业竞争力。因此，制造业整体水平和产品品质的提升，依赖于服务的附加和与服务业的整合。制造功能与服务功能的重组与融合，服务要素在投入与产出中占比的提高，服务业对于制造业产业增值、能级提升的作用日益凸显，使得服务业的效率成为产业链竞争中的关键。由此，制造业企业逐渐由制造中心转向服务中心，制造业价值链向下延伸，制造服务或服务型制造已经成为制造业企业新的经济增长点。据 Andy Neely 公司对全球13000 家制造业上市公司进行的调查，美国制造与服务融合型的企业占制造企业总数的58%，芬兰为 51%、马来西亚为 45%、荷兰为 40%、比利时为 37%。服务化不仅成为产业融合的"黏合剂"，也成为互补式竞争（区别于替代式竞争）机制的"黏合剂"。当产品和服务的边界，以及产业的边界在交叉、渗透时，产业链在细分和重构，即在分工深化的基础上形成更加社会化的专业化分工体系。

技术的发展、物化服务的出现、产业边界的日渐模糊、产业融合程度的不断提高，使得我们很难清晰地确定服务经济学特定的研究领域和对象。因此，本书将服务经济的研究大致分为三类：服务产业、服务贸易和服务创新。在这三个大类下又可以进一步细分，"服务产业"包括服务产业增长，金融服务、公共服务业等行业的特征，生产性服务业的技术效率、外溢效应等，还包括服务业与其他产业的关系；"服务贸易"包括服务贸易与货物贸易的关系、服务贸易的影响因素以及服务贸易的竞争力等；"服务创新"包括服务业的竞争、服务创新的形式和原因等。综述主要围绕这几个方面进行讨论，筛选和介绍一些国内外有代表性的文献，展现 2010 年与 2011 年服务经济学领域的研究成果。

第一节　服务产业

服务业的概念在理论界尚有争议。一般认为，服务业指生产和销售服务产品的生产部门和企业的集合。服务产品与其他产业产品相比，具有非实物性、不可储存性和生产与消费同时性等特征。在我国国民经济核算实际工作中，将服务业视同为第三产业，即将服务业定义为除农业、工业之外的其他所有产业部门，具体包括一些细分行业，如批发和零售业，交通运输、仓储和邮政业，住宿和餐饮业，信息传输、软件和信息技术服务业，金融业，房地产业等。在这些服务业的子行业中有一些比重较大的或主导性行业，大部分国家服务业中的主导行业是运输业、旅游业等，而美国、英国等发达国家的金融服务业和保险服务业也非常发达。闫星宇和张月友（2010）根据现代服务业特征和数据的可获得性，以及主导产业特征和我国资源条件的相容性，从需求、供给和比较优势三个角度出发，以产业发展潜力基准、技术进步基准、比较优势基准，建立了现代服务业主导产业选择的指标体系。作者采用《中国统计年鉴》（1990~2006）的数据和对我国服务业各细分行业的资本存量（1990~2006）进行估算，在此基础上计算我国现代服务业各细分行业的全要素生产率，并对需求收入弹性、全要素生产率、技术进步速度、技术进步对增长的贡献、产值规模、固定资产规模、就业规模 7 项指标进行计算，然后综合多指标因素，采用层次分析法对我国现代服务业主导产业进行选择，最终确定租赁和商务服务业，信息传输、计算机服务和软件业，教育、文化艺术和广播电影电视业，金融、保险业，批发和零售贸易、餐饮业，交通运输、仓储及邮电通信业为我国现代服务业的主导产业。

一、生产性服务业

生产性服务业是指为保持工业生产过程的连续性，促进工业技术进步、产业升级和提高生产效率而提供保障服务的服务行业。它是与制造业直接相关的配套服务业，是从制造业内部生产服务部门独立发展起来的新兴产业，本身并不向消费者提供直接的、独立的服务效用。它依附于制造业企业而存在，贯穿于企业生产的上游、中游和下游诸环节中，以人力资本和知识资本作为主要投入品，把日益专业化的人力资本和知识资本引进制造业，是第二、第三产业加速融合的关键环节。对于生产性服务的讨论是国内外学者研究服务经济的一个热点。

黄莉芳、黄良文和洪琳琳（2011）分析了我国生产性服务业及细分行业技术效率的时间和区域特征。作者选取交通运输仓储及邮电通信业、批发和零售贸易餐饮业、金融保险业三大部门作为生产性服务业组成部分，利用 1993~2008 年省际面板数据资料，采用随机前沿生产函数模型，对生产性服务业部门及其细分部门的技术效率进行测度和比较。研究表明，生产性服务业较服务业整体部门更易形成规模经济特点。技术效率在东部与中西部之间存在较大差异，区域内的省际差异在东部地区有所扩大，在中西部地区经历了先升后降的过程，原因是生产性服务业的集聚特点促进产生了基础条件好的东部地区。另外，生产性服务业是高异质性部门，不同行业特点决定了不同的技术效率水平和动态演变规律，影响技术效率的因素也不尽相同。

生产性服务业与制造业之间往往存在着相互关联。高觉民和李晓慧（2011）利用 2000~2007 年中国 30 个省、自治区和直辖市的面板数据分析了生产性服务业与制造业的互动机理。作者将"柯布—道格拉斯"生产函数分解为制造业和服务业的两部门互动模型，从产业结构、互动存在条件与要素配置，以及产业整体各因素之间互动运行过程，分析了制造业与服务业的内在关系。研究表明，不仅在生产性服务业与制造业之间，而且在细分的行业内两者也存在相互影响、相互作用、共同发展的互动关系，它们各自的增长又促进了对方的增长。所以，作者认为，应运用互动机理确立产业结构转型战略，营造低交易成本的制度环境，调整和优化制造业与生产性服务业结构，培育产业集群和服务外包，促进生产性服务业和制造业的积极互动。但作者也指出，尽管存在生产性服务业的主导性互动，但我国制造业增长对生产性服务业增长的拉动力度，显著大于生产性服务业发展对制造业发展的促进作用，这表明我国正处于产业转型的新阶段。

肖文和樊文静（2011）从需求的角度出发，探讨了生产性服务业与制造业之间的相互影响。作者从需求规模和需求结构两方面分析了影响生产性服务业发展的因素。根据我国生产性服务业发展的实际情况，剖析了需求不足的各种原因，并对此进行了实证检验。结果显示：以制造业为主的工业发展程度与生产性服务业发展正相关，但小于服务业对生产性服务业的促进作用；以制造业为主的工业企业规模与生产性服务业发展负相关；加工贸易确实阻碍了制造业与生产性服务业的产业关联，影响了制造业对生产性服务业的有效需求；源自制造业的需求结构影响了生产性服务业内部结构的优化。

姚战琪（2010）根据中国投入产出表，通过构建 CES 生产函数和超越对数生产函数，就中国工业行业的工业外包、服务外包和总体外包对生产率的影响进行实证检验，并探讨了技术进步对工业行业外包行为选择和生产率增长的影响。作者拓展和修正了 Egger 的模型，主要是加入了超越对数生产函数以及对外包行为进行了更进一步的细分。分析结果显示：工业外包、服务外包和总体外包对工业行业生产率及产出都有促进效应，但服务外包的生产率效应大于其他两种外包对生产率和产出的贡献。作者还引入了技术进步效应，他发现，技术进步对生产率增长率的贡献大于工业外包和总体外包的贡献程度。同时，工业技术进步速度的加快减少了资本密集型行业的外包，但是提高了技术密集型行业的外包。原因是技术通过改变成本的结构而使企业边界发生变化，从而影响了企业的选择。

多数讨论生产性服务业与制造业关系的实证文献的着眼点，主要还是检验生产性服务业对制造业外溢效应的存在性，基本没有涉及产生这种外溢效应的渠道。顾乃华（2010）首先从理论方面对影响生产性服务业外溢效应的条件进行分析，发现地理因素、政治环境因素和工业企业整合价值链能力因素与服务业外溢效应有正向或负向的相关关系。随后采用了基于 Battese 和 Coelli 在 1995 年提出的随机前沿函数模型（SFA）的计量方法分析了2003~2007 年间我国大陆 26 个省（区）（剔除了四个直辖市以及缺失数据的西藏）所辖的222 个地级市的数据。研究表明：工业企业借助服务外包整合自身价值链能够提高获利效率，在我国城市中，就整体而言，生产性服务业对工业获利技术效率提升发挥着正向作用；地理距离和工业企业的价值链整合能力与生产性服务业对工业获利能力的外溢效应负相关，而政策环境的完善程度正向影响着生产性服务业对工业获利能力的外溢效应。基于此结论，作者建议应放弃对经济服务化的顾虑，加快推进和完善垄断性服务行业的改革，并且大力推进生产性服务业在城市的集聚发展。

上述研究大多证明了生产性服务业与制造业融合有利于提升产业竞争力，促进产业升级。技术创新是生产性服务业与制造业融合的内在动因，规制放松是生产性服务业与制造业融合的外在动力，而价值链高度相关则是生产性服务业与制造业融合的基础动力。生产性服务业与制造业融合也主要以价值链环节上活动的相互渗透延伸和重组的形式反映出来。杨仁发和刘纯彬（2011）从价值链的角度系统分析生产性服务业与制造业的融合动因、融合过程和融合模式。作者认为，生产性服务业与制造业融合过程实质上是价值链分解和重构整合的过程，生产性服务业关系性地融合到制造业价值链的基本活动中，以及结构性地融合到制造业价值链的辅助活动中。根据价值链之间作用方式的不同，根据生产性服务业与制造业的不同特点，生产性服务业与制造业融合可采用互补型、延伸型、替代型融合模式。最后，根据分析，文章提出了对于制定促进生产性服务业与制造业融合政策的启示：将促进生产性服务业与制造业的政策由单一政策变为协同政策，为更好地实现生产性服务业与制造业的融合，提供一个良好的融合环境，并根据不同的融合模式选择不同的政策组合。

也有学者研究了服务业与农业之间的关系。潘锦云等（2011）从产业耦合视角出发，从理论上证明现代服务业改造传统农业最终的结果是诞生了一个全新的产业类型，即农业现代服务业，并寻找现代服务业改造传统农业的理论与现实依据。作者运用 1987~2009 年中国农业总产值、农业机械总动力、农业化肥施用量、农田有效灌溉面积、农业贷款额、农业保险保费收入、18 岁以上农民上网人数等数据，检验了新旧农业生产要素对改造传统农业的影响。研究结果表明：农用化肥施用量和农业有效灌溉面积等农业生产要素对农业现代化影响有限，更多地体现在农业机械化上；现代农业生产要素中农业贷款、农业保险和现代农业信息与因变量（农业总产值）呈正相关，但相关性依次减弱。农业机械总动力对改造传统农业的作用最显著，依然是中国农业现代化的主导力量。作者认为，中国农业现代服务业发展空间巨大，应依靠现代服务业提供现代科技和信息技术来改造传统农业。

Duarte 和 Restuccia（2010）从劳动生产率的角度将服务业与农业和制造业联系起来进行研究，他们发现，农业和服务业在不同的国家间存在巨大差异，而制造业相对较小。作者首先构造了一个简单的结构变化模型，并用美国数据进行了相应参数的调整。随后作者用模型计算了不同国家在某一时点上的部门劳动生产率差异，加上部门劳动生产率增长的数据，共同解释了各个国家部门劳动生产率的增长路径，并用这些结果估计了各国部门劳动生产率对劳动分配以及总体生产率的影响。研究采用的数据是经过 PPP 平减的真实小时产出以及农业、工业和服务业各自的产出和劳动时间，样本包括了 1956~2004 年 29 个国家的年度数据。研究显示，各国的部门劳动生产率无论在同一时点或者在长期时段内都呈现出较大的差距，而这些差距在农业与服务业中尤为明显，在制造业中较小。大多数国家的农业与工业都表现出追赶美国的趋势，但服务业的劳动生产率依然相对较低。这些结果表明，伴随着结构变化，各国会经历劳动生产率先增长后停滞或衰退的过程，作者认为，这是因为劳动力从农业转移到工业，再从工业转移到服务业的原因。

二、针对不同服务部门的研究

1. 金融服务

金融发展对经济增长至关重要，但人们不太了解其微观影响因素。对于金融服务需求有限的情况，目前存在两种主导理论，Cole 等（2011）结合来自印度尼西亚和印度的现场试验及新调查，检验了对于新兴市场金融服务需求较低的主导理论。作者利用调查结果测度家庭的金融知识和金融服务需求。作为补充，在印度尼西亚的未开户家庭中进行了随机现场试验，以直接检测金融知识和价格对银行服务需求的影响程度。试验设置了以下干预：①提供了一个关于银行账户的金融教育项目，随机从 564 个未开户家庭中抽取一半的人参加；②对个体开办银行账户随机提供小额补贴（金额从 3 美元到 14 美元）。结果发现，金融教育项目并不能激励所有人开办银行账户，只能影响那些最初教育和金融知识水平较低的人。相反，适度的金融补贴对需求有很大影响，在随后两个月内显著增加了开户家庭的比重。而且，当补贴从 3 美元升到 14 美元后，开户家庭比重从 3.5% 上升到了 12.7%，几乎增加了三倍。干预后两年再次调查，发现银行账户具有"黏性"，即之前获得高补贴的人两年后大多仍使用账户，而参与金融知识项目开户的人两年后与未参加的人没有区别。这个调查证实了之前的发现，即相比知识，价格更能提升金融服务需求，因此，实施降低金融服务价格的策略更利于金融深化。

2. 公共服务

Aaberge、Bhuller 和 Langorgen 等（2010）研究了公共服务对于收入分配以及贫困率的影响。与以往该领域的研究不同，他们放松了一个假设，即当收入的概念扩大并涵盖了非现金收入后，不同人群的相对需求仍然不变。作者用一个地方政府支出行为模型推导出公共服务的估值、目标群体的识别、对于目标群体的支出分配等因素，结合挪威行政登记和市政会计的数据，他们得出结论：纳入非现金收入和按照不同人口群组分组不仅改变了贫困率，同时也改变了贫穷的定义和分类。通过纳入非现金收入可以将收入不平等降低 15%，并将贫困率降低将近 1/3。

3. 医疗服务

医疗服务是现代服务业发展的一个重点。中国老年人的医疗服务需求和医保制度之间存在一定的关系，也有一些值得研究的问题。例如，医疗保障如何影响老人的有效医疗需求；医疗保障可以在多大程度上减轻老人的家庭医疗负担；不同的医疗保障计划对老人医疗需求和医疗负担的不同影响。刘国恩等（2011）针对这些问题，利用中国 22 省的老年健康长寿调查数据，建立了中国 65 岁以上老年人群的医疗服务需求模型，实证分析了医疗保障对老人医疗服务需求的影响。主要结果如下：第一，医保制度对老人医疗服务的影响主要表现在提高就医程度，而非就医选择行为的改变，同时医保制度又明显地促进了老人及时就医率。第二，医保制度对减轻老人家庭医疗负担具有显著作用。第三，城镇医保和公费医疗所发挥的作用明显高于其他保险形式。作者指出，国家医保政策在改善中国老人医疗服务利用和减轻老人家庭医疗负担方面确实发挥了良好的积极作用，并且更多地惠及了就医必要性更大的老年人群，从资源配置角度看是提高效率的。因此，进一步推进全民基本医疗保障制度的建设不仅是国家惠及全民的医改重任，也是中国医疗卫生应对老龄化挑战的有效选择。

4. 零售服务

Kosova 和 Lafontaine（2010）通过考察特许经营店的数据，分析了影响零售企业成长和发展的因素。作者使用《企业家》（Entrepreneur）杂志的"年度 500 强特许经营店"1980~1992 年的调查数据，以及《特许经营机会原始资料》（Source Book of Franchise Opportunities）[现称为《债券的特许经营指南》]（Bond's Franchise Guide）1993~2001 年的数据构造了样本数据。通过代表性均值分析了连锁店营业年限、大小与其生存、发展之间的关系，使用 Tobit 模型和标准线性固定影响模型估计连锁店的增长模型，使用 Weibull 和 Cox 模型对连锁店进行退出分析。并用成熟连锁店作为新样本再次进行了分析。结果显示：①营业年限和大小对连锁店成长有负面影响，营业年限对连锁店生存有正面影响，即使控制了连锁店不可观察的相关异质性（连锁店固定效应），结果也是如此。②与不可观察的效率相关的公司学习过程并不是营业年限和大小影响公司成长或退出的唯一原因。③营业年限和大小对店铺成长和生存产生影响并不是由连锁店的特征驱动的。④连锁店固定效应可以扭转大小对店铺生存的影响。⑤对于年轻的连锁店，规模增大会增加其退出的可能性，但成熟的连锁店规模和退出与否无关。⑥随着时间的推移，连锁店规模都会向同一个特定规模发展。

三、我国服务业的发展

顾国达和周蕾（2010）基于投入产出方法，通过测算中国生产性服务业整体产值、在各行业中的服务投入率和服务中间需求率，各服务部门的中间需求率、中间服务投入率、各行业对其使用率，生产性服务贸易出口额以及货物贸易与服务贸易中生产性服务的投入比例，分析了我国生产性服务产业和贸易现状。同时，通过对美国、韩国生产性服务贸易进行横向比较，得出以下结论：我国生产性服务发展较快，在国民经济和服务业中的地位稳步上升，但与美国、德国相比，发展水平较低。我国商业饮食业提供了绝大部分的中间服务。当前，我国生产性服务业主要是为服务业和工业服务的。农业、工业、服务业对生产性服务的使用率总体上在不断增加。作者还测算了 1995 年、2000 年、2002 年、2005年四年中我国各服务部门的垂直专业化贸易份额（VSS），并与其他国家进行了对比分析，发现我国绝大多数服务行业还未融入全球价值链中，服务行业参与垂直专业化国际分工的水平较低。

江小涓（2011）分析了服务业的复杂性和研究难点，并预测达到人均国民收入 4000美元后中国服务业的发展趋势。作者首先探讨了服务经济研究的难点和特殊性，然后比较了服务业的真实增长与名义增长，并预测了我国服务业加快发展和比重提高的可能性。作者得出几点初步结论：第一，我国服务业进入了加快发展阶段，服务业增长加速和比重显著提升的拐点有望出现，将对增长、就业、提高生活质量和改善收入分配产生积极影响。第二，服务业增长有多重含义，真实增长和名义增长都是服务业加快发展和比重上升的必然通道，产生的影响无法完全趋利去弊，要处理好机遇和挑战的关系，特别需要应对好物价总水平和公共服务可持续面对的长期压力。第三，深化改革开放很重要。要消除进入障碍和垄断力量，通过竞争促进服务业降低成本、提高质量和改善服务。特别是公共服务领域要加快改革开放，从"事业型"发展为主转向"事业型"、"产业型"并重发展，聚集更多资源，开拓更多消费空间。第四，服务经济理论研究有待加强。服务业有一些独特性，不宜简单套用以往研究实物经济时的分析框架和思路，促进服务业发展需要加强服务经济的基础理论研究。

第二节　服务贸易

服务贸易可以简单地定义为国与国之间互相提供服务的经济交换活动。狭义的服务贸易是指一国以提供直接服务活动形式满足另一国某种需要以取得报酬的活动,广义的服务贸易既包括有形的活动,也包括服务提供者与使用者在没有直接接触下交易的无形活动。《服务贸易总协定》(GATS) 将服务贸易定义为:①从一缔约方境内向任何其他缔约方提供服务;②在一缔约方境内向任何其他缔约方消费者提供服务;③一缔约方在其他任何缔约方境内提供服务的商业存在而提供服务;④一缔约方的自然人在其他任何缔约方境内提供服务。这也就是服务贸易的四种基本形式:跨境交付、境外消费、商业存在、自然人流动。

自从 20 世纪 80 年代中期以来,越来越多的关于服务贸易的研究开始成型,这主要是受到发展迅速的世贸组织和区域贸易协定的影响。很多文献讨论了服务自由化的影响,都或多或少地涉及了服务贸易、服务业外商直接投资、生产率增长和经济发展的一般模式之间的重要联系。Francois 和 Hoekman (2010) 对于有关服务业发展与服务国际化的相关文献进行了梳理和总结。来自亚太经合组织和发展中国家的数据都表明:服务业——特别是生产性服务业——对于生产力发展有着重要的主导作用,同时也对制造业竞争力有重要影响。服务主要是通过市场细分模式、开放度以及贸易来影响生产力。作者还回顾了关于服务贸易的理论研究文章。其中包括跨境服务贸易和外国直接投资、市场结构的作用以及国际服务公司组织之间的互补性。此外,对于实证研究类文章,该文也进行了系统性的回顾。实证性研究的文章对某些理论性研究起到了补充作用。然而,将实证和理论紧密联合在一起的研究还有很大的发展空间。

一、服务贸易与货物贸易

有关货物贸易的研究已经非常成熟,对于服务贸易的研究则起步较晚,很多学者利用货物贸易研究的基础和技术来分析服务贸易的情况。

Breinlich 和 Criscuolo (2011) 针对目前学术界对货物贸易提出的一系列论点,试图将这些理论应用到服务贸易中来。在货物贸易领域,可以有很多公司层面的研究,但服务贸易领域的公司层面研究却十分缺乏。作者利用英国的进出口数据分析了一些参与国际服务贸易公司的典型情况。他们采用了两个特有的数据库,一个数据库是“年度调查数据库”(Annual Respondents Database,ARD),这里包含了公司层面的服务进出口数据以及一些相关的变量;另一个数据库是“国际服务贸易调查数据库”,这个数据库更加细致。作者将两个数据库结合起来,选取了英国 2000~2005 年的数据。

研究发现，只有一部分英国公司参与了国际服务贸易，贸易参与度在不同行业之间差别很大，参与服务贸易的公司与不参与服务贸易的公司在公司规模、生产率以及其他特征上都有很大区别。作者试图用现有的国际货物贸易理论来解释这些情况，并发现，公司层面的异质性是服务贸易的关键；服务和货物贸易在公司层面有很多相似点。基于此，Breinlich 和 Criscuolo 认为，可以用现有解释货物贸易的"异质性公司模型"解释服务贸易。

　　服务在货物贸易中扮演了重要的角色，运输服务、通信服务、金融服务等都是货物贸易的"润滑剂"和连接点。服务贸易是否就是以货物贸易的附庸存在？Nord 和 Hildegunn（2010）使用最新的 OECD 国家投入产出表分析了货物与服务在生产和贸易上的联系。作者将两种比较优势区别开来，一种是基于更广的服务供应；另一种是基于更有效的中间服务。例如，戴尔公司就以它优秀的供应链管理技术出名，而不是靠高级的产品、高级的生产技术或者较低的生产成本。管理技术比生产技术更难以复制，可以用这一点来区分公司。

　　Nord 和 Hildegunn 采用一般均衡模型分析货物和服务之间的联系。结果显示，在封闭的经济环境下，服务供应商的多样化能够提高服务密集型产业的比较优势，但服务贸易自由化会促进服务的出口，从而会降低这种比较优势。发展中国家市场的制造商则可以从服务贸易自由化中获益，因为他们可以获得更多的优质服务。所以，当公司是有效的服务接受方但处于较弱的服务供应市场时，如日本的制造企业，就可以从服务贸易自由化中获取很大的比较优势。Nord 和 Hildegunn（2010）建立的模型与 Robert-Nicoud（2008）类似，但是，分析了当服务和货物互为替代品和互补品时的情况。分析的结果也支持了 Robert-Nicoud 的结论，即服务贸易强化了富有国家的高科技产业的比较优势，前提是这些富有的国家有优异的组织管理技术或充足的资本。

　　成蓉和程惠芳（2011）对两个最大的发展中国家——中国和印度的货物贸易和服务贸易进行对比和分析。针对以往文献较少涉及中印服务贸易对比的情况，作者从货物贸易和服务贸易两个角度，采用贸易竞争力指数、互补性指数和相似度指数对中印贸易关系中的竞争性与互补性进行全视角分析，以全面反映中印贸易关系的特点，促进中印贸易的良性发展。

　　实证结果显示，在货物贸易中，就互补性而言，中国对印度出口的依赖程度小于印度对中国出口的依赖程度，其中，人力资本密集型产品的出口与印度的进口吻合程度最高，自然资源密集型产品则是印度出口与中国进口吻合程度最高的一类产品。就竞争性而言，两国在非熟练劳动密集型产品的国际市场上的竞争最为激烈，其次为自然资源密集型产品，但两者的竞争激烈程度都有所减弱，相反，在人力资本和资本密集型产品上的竞争性则较弱，但近年来竞争程度有所增强。在服务贸易中，中印贸易的互补性特征较货物贸易更为显著，且中国出口的互补指数大于印度出口的互补指数，并不断上升，但在计算机与信息服务、保险等新兴产业上，印度出口的互补指数大大高于中国出口的互补指数，而两国贸易的竞争性主要体现在运输业、旅游业和其他商业服务业三大传统服务产业上。上述特点是两国要素禀赋、结构调整、贸易政策、发展战略等因素合力影响的结果。

二、服务贸易的影响因素

过去数年，贸易经济学者已经开始探寻中介服务在促进贸易活动中的作用。Rauch 和 Watson（2004）、Petropoulou（2007）以及 Antras 和 Costinot（2009）通过中介模型的构建，研究了贸易中介在促进进出口商与国外买方匹配中的作用。这些文章检验了成熟的中介技术如何影响贸易额以及贸易收益。Blum、Claro 和 Horstmann（2009）将简化的匹配模型嵌入异质企业贸易模型，并检验了贸易环境的变化如何影响贸易成本、进出口额以及通过中介的贸易活动程度。

Blum（2010）在前人的基础上提出了更多的贸易中介要素，并研究了中介服务在贸易中的作用。作者使用了智利 2004~2008 年进口交易数据，每一笔交易信息包括了进口商的信息和一个八位数产品系统信息码（HS）：进口地、装配地、重量、数量、离岸价、出口成本、保险和运费。此外，数据集包含了智利的每个进口商所对应的海外出口商市场信息，并结合了阿根廷出口商数据，使之形成一个阿根廷—智利双边国际贸易的信息库。研究结果主要包括四个方面：①阿根廷的小型出口商会与一个来自智利的大型进口商配对；②贸易中介专门服务于几个国家，平均 75%~90% 的进口来自两个国家，而这些中介分别通过集中于较少种类的大额 HS6 产品交易来实现规模效益，同时所有中介加总起来又承担着大量各种 HS6 类别产品；③对于批发商而言，进口值增长最初依赖于增加来源国或选择不同的高进口额国家，此后的增长则依赖于国家的筛选以及与高进口额国家之间交易的增长；④那些对智利出口最少的国家却从智利的大型企业进口产品，其中大部分是通过中介服务。

Kikuchi 和 Iwasa（2010）研究了时区差异对服务贸易的影响。作者建立了一个简单的两国服务贸易垄断竞争模型，并假设两个国家在不同的时区。不同于 Marjit（2007）收益不变的技术假设，Kikuchi 和 Iwasa 假设技术收益递增，这样就可以把服务公司的位置决策包含进来。另一个关键性的假设是国内的服务制造需要一个工作日，而通信网络的使用使得在不重叠的工作时间，产品可在国外生产，并且通过网络可以低成本快速配送，服务提供得越快越好，也就是利用时区的差异优势进口服务使得企业比国内制造服务实现更高的价值。

结果显示，通信网络的使用引起了产业结构急剧的变化：服务企业利用时区差异的优势重新选址，从大的国家迁出，倾向于迁往小的国家。虽然这样的结论是在特定的假设也就是进口服务的成本比本国提供的服务成本低的假设下获得的，但似乎在更一般的假设中类似的结论也会出现。

国际性的服务贸易自由化进度缓慢，但区域范围内的服务贸易自由化（RTA）进展很快。RTA 一般被认为能够促进服务贸易，但全球金融危机发生后贸易保护主义的盛行和 RTA 对危机影响的加大让人们对 RTA 产生了怀疑。Park 和 Park（2011）就研究 RTA 对于服务贸易自由化的影响。作者用联合国服务贸易统计数据库（United Nations Service Trade

Statistics Database）2000~2005 年的数据，并采用基于国家和时间双向固定效应的引力模型分析了四个主要的服务部门——金融服务、商业服务、通信服务和运输服务下的 RTA 效应。同时对比了"北北"国家以及"南北"国家之间的 RTA 效应，并研究了货物进口与服务进口的互补关系。

Park 和 Park 发现，全球金融危机对服务贸易的影响比对货物贸易的影响更稳定。通过 RTA 促进服务贸易自由化确实能拉动世界经济增长，但只能够促进成员国之间的服务贸易，不会增加与非成员国的服务贸易，而且这种"贸易增加效应"在不同部门之间有差别——在商业服务部门最明显，在运输服务部门最不明显。"贸易增加效应"在发达国家之间更强，而发达国家和发展中国家则相对较弱。

Hoekman 和 Mattoo（2011）认为，服务贸易自由化进度缓慢的一个重要原因是监管过严。只有逐步放松监管和进行政策改革才能促进市场开放。作者提出了两种提升服务贸易自由化和监管改革的建议。第一，政府用一种形式（也可称为"知识服务平台"）把监管者、贸易官员和利益相关者聚集在一起共同讨论服务监管改革。这样可以把握如何合理分配贸易补助资源，从而为贸易市场的开放创造先决条件。第二，即将在世界贸易组织谈判中提出一种新方法，主要解决外商直接投资和自然人流动两个领域的问题，这两个领域目前的政策限制是最严的，而自由化潜在的好处又是最大的。作者认为，即使这些建议在多哈会谈中不能完全实施，那么，多哈协议至少可以沿着这些建议的框架奠定一个有前瞻性的国际合作计划的基础。

三、服务贸易、就业和增长

近年来印度服务出口快速增加，世界服务出口中印度服务出口所占比例超过 3%。印度的服务出口远远领先于墨西哥、土耳其、波兰和其他竞争对手。Sudarsan 和 Karmali（2011）研究了印度服务出口的增长、结构和决定因素。作者利用 WTO 年度报告数据比较了 1990~2009 年印度和世界服务出口、印度和主要竞争对手服务出口的状况，并以服务贸易为因变量，货物贸易和服务业 GDP 为自变量建立静态和动态计量经济学模型，运用 RBI 公布的 1990~2006 年数据分析决定印度服务贸易的因素。他们的研究结果表明：从短期来看，货物贸易和服务业 GDP 都是决定服务贸易的重要因素，且服务业 GDP 和服务贸易之间存在动态关系；从长期来看，印度的服务出口取决于服务业的发展。

Coe 和 Helpman（1995）提出一个疑问：服务贸易是否能够像货物贸易一样带来国外 R&D 溢出效应？世界各国有没有通过服务贸易这个渠道来提升本国的全要素生产率？唐保庆等（2011）对于该问题进行了研究。作者运用 90 个国家 1998~2007 年的面板数据，被解释变量包括 R&D 资本存量、劳动密集型、资本密集型、技术与知识密集型服务贸易进口渠道获得的国外 R&D 资本存量、三类服务贸易进口存量占 GDP 比例以及知识产权保护指标。研究表明，高强度的国内 R&D 投入能够促进全要素生产率、技术效率提升和技术进步，低强度的国内 R&D 投入则难以实现此目标。完善的知识产权保护能够在一定程度上强化国内 R&D 投入对全要素生产率、技术效率提升和技术进步的促进作用。此外，劳动密集型服务贸易进口无助于进口国全要素生产率、技术效率提升和技术进步，对于外汇资源稀缺的发展中国家来说，甚至可能产生负面影响。类似地，资本密集型服务贸易进口也往往难以促进全要素生产率、技术效率提升和技术进步。

Hijzen 和 Pisu（2011）分析了中间服务进口与就业之间的关系。采用来自英国唯一的在企业层面系统收集进出口服务的《服务业国际贸易的调查》数据，并将其与企业数据匹配在一起，测量每个公司的就业情况。研究并不能说明进口中间服务会导致失业和更高的人员流动率。对使用进口服务的企业和不使用进口服务的企业的差异变量进行回归后发现，使用进口中间服务的企业比不使用的企业经历了更快的就业增长。作者认为，这是正向需求冲击的结果，正向的需求冲击会造成就业、产出和进口服务使用的同时增加。

四、外商直接投资（FDI）与服务外包

外商直接投资（Foreign Direct Investment，FDI）是指外国企业为获得利益在本地所做的经济投资。服务外包是指企业将其非核心的业务外包出去，利用外部的专业化团队来承接其业务，从而使其专注核心业务，以达到降低成本、提高效率的一种管理模式。FDI 是服务贸易的主要形式之一，而跨国服务外包也是服务贸易的一个新的发展方向。

针对全球外商直接投资（FDI）由制造业逐渐转向服务业的情况，Doytch 和 Uctum（2011）从产业层面和国家层面研究了制造业、服务业 FDI 对自身行业成长的影响，以及它们对其他行业和整体经济的溢出效应。他们采用了 1990~2004 年 60 个国家的相关数据，并按照国家发展水平、地理位置、制造业和服务业的相对规模分类，使用了 Blundell-Bond 的 GMM 方法控制了内生性，去除了变量偏差。文章结果显示：对于不同的数据和不同类型的 FDI，都发现了显著的行业间和产业间溢出效应。在拉丁美洲、中亚、中东的低收入国家和大工业股份经济体制造业中，制造业 FDI 通过刺激制造业的活动，促进了自身行业的增长。服务业 FDI 的激增可能会刺激服务业的增长，但可能阻碍制造业的发展。金融服务业 FDI 通过刺激制造业和服务业的活动，促进东南亚和太平洋地区高收入国家和以服务业为主的经济体的增长。但非金融服务 FDI 会消耗资源和阻碍本国的制造业发展。作者得出结论，如果 FDI 从制造业到服务业的转变是由非金融 FDI 驱动的，可能会对某些地区和类型的经济体工业化产生限制。

近年来，也有很多学者在 FDI 对服务贸易国际竞争力的影响效应方面进行了研究，结论却截然不同。为从一般意义上揭示两者间的关系，王恕立和刘军（2011）选取 77 个国家 1980~2008 年货物出口、服务出口及服务业增加值、FDI 流入量等相关数据，并采取只考虑出口因素的 lnRXA 指数，以及同时考虑进出口因素的 RC 指数，以衡量服务贸易国际竞争力，分别从总体、经济发展水平及服务业 FDI 限入水平三个层面进行了实证检验。结果表明：总体来看，FDI 流入不会提高一国服务贸易国际竞争力，而不同经济发展水平及服务业 FDI 限入水平国家的 FDI 流入会产生不同的影响效应；除高限入水平国家外，服务

业 GDP 不会提升服务贸易国际竞争力；服务出口及货物出口分别会对服务贸易国际竞争力产生显著的正向及负向影响效应。此外，服务贸易国际竞争力衡量指数选取的不同会造成 FDI 流入的影响效应产生较大差异。

杨锐、张洁和芮明杰（2011）从生产性服务投资的主体属性差异和生产性服务的内在特征出发，分析了 FDI 对本地生产性服务业发展的影响。作者分析了基于主体属性差异的生产性服务网络理论生成机制、关系嵌入型和结构嵌入型生产服务的网络生成机制，以及基于制造产业价值链的生产性服务分解过程，并利用 1985~2008 年 24 年的上海服务业数据进行研究。结果显示，FDI 生产性服务网络和本地生产性服务网络形成两个独立的供需循环圈；FDI 服务业投资对关系嵌入型生产性服务的发展具有负面的显著影响；FDI 制造业投资规模的加大会直接增加对关系嵌入型生产性服务的需求，并且通过制造业价值链的传递性，间接对本地制造业配套企业产生指导作用。鉴于此，作者提出了生产性服务业升级发展的两条路径：①FDI 服务型大企业引领式发展路径；②本地制造业集群驱动式发展路径。

相对于跨国制造外包和服务外包逐渐成为我国经济新的增长点，陈清萍和曹慧平（2011）从产业结构升级、国际技术转移、增强出口竞争力、获得规模经济、加强资本流动、发包业务增长六个方面理论分析了承接跨国服务外包与我国经济增长相互作用机制，并采用 1982~2009 年 GDP、工业增加值、第三产业增加值和制造外包的数据实证分析了承接跨国服务外包与我国经济增长的相互作用。作者对我国服务外包与工业、服务业增长的关系进行协整检验和格兰杰因果检验，并将其与制造外包与 GDP 的关系进行对比。结果表明：服务外包对经济增长的促进作用大于制造外包，并且，服务外包对工业的促进作用大于对服务业的促进作用；而经济增长对服务外包的推动作用不明显。因此，我国大力发展服务外包具有一定的现实意义。

跨国服务外包可在东道国产生知识或技术溢出效应，这些效应为东道国接包企业从一些低附加价值环节入手而嵌入全球价值链、获取新的知识进而提高其技术创新能力提供了有利的机会。然而，溢出效应不会自动产生，它在很大程度上取决于东道国接包企业的吸收能力，接包企业的吸收能力对于国际服务外包知识溢出及其技术提升起着关键影响作用。李元旭和谭云清（2010）基于不同跨国服务外包模式不同的知识溢出内容，同时参考了 Collins 和 Hitt（2006），将接包企业知识吸收存在的问题分为五类：难以显现、难以扩散、难以整合、企业间差异以及文化差异。作者针对每一种类别提出了接包企业的学习方式、学习内容以及学习吸收的路径，并结合国际服务外包中不同知识外溢和接包企业的吸收能力提出了接包企业技术创新能力的提升路径。

五、中国的服务竞争力

中国的服务业稳步发展，服务贸易活动也逐渐增加，中国学者对我国服务贸易的竞争力进行了一些研究。衡量服务贸易竞争力的指标有很多，如常用的贸易竞争指数（TC 指数）和显性比较优势指数（RCA 指数）等。陈虹和章国荣（2010）运用国际收支平衡表、国际统计年鉴、世贸组织数据库（WTO Database）和国际贸易数据（WTO International Trade Statistics）相关数据，通过测算国际市场占有率指数、贸易竞争指数和显性比较优势指数，分析了 1999~2008 年中国服务贸易整体国际竞争力和 2004~2008 年中国服务贸易 13 个行业各自的竞争力。结果表明，我国服务贸易整体处于比较劣势地位，在劳动密集型（如建筑业）和资源密集型行业（如旅游业）具备一定的竞争力，而资本技术密集型行业（如金融、保险和专有权利使用费和特许费行业）的出口国际竞争力较弱。近年来，我国资本技术密集型服务行业国际竞争力出现了一定的增长态势，有些行业甚至实现了从比较劣势地位向比较优势地位的转变（如通信业）。

作者还参考了波特的"钻石模型"，运用协整检验和误差修正模型等方法，以及国际收支平衡表数据，实证考察了 1985~2008 年我国服务贸易出口和人力资本、人均国民收入、服务业发展水平、服务业开放度、外商直接投资、货物贸易之间的关系。结果显示，前四项对我国服务贸易出口有显著的促进作用，后两项的促进作用十分微弱，可以忽略不计。

殷凤（2010）采用了更多的指标对中国服务贸易总体及分部门竞争力进行了测算与国际比较，包括国际市场占有率、服务出口贡献率、贸易竞争力指数（TC）、显示性比较优势指数（RCA）、相对贸易优势指数（RTA）和净出口显示性比较优势指数（NRCA）等。作者还动态考察了一段时期内中国服务贸易显示性比较优势的变化趋势及其稳定性。结果显示，中国服务贸易整体竞争力非常薄弱，并面临新兴经济体和发展中国家的激烈竞争；拥有一定比较优势的部门大多集中在劳动和资源密集型产业，技术和资本密集型产业比较劣势相对严重；总体比较优势指数变动较小；在不同考察期，三大类服务部门比较优势有较大变化，服务贸易专业化模式不稳定。

董直庆和夏小迪（2010）则从服务技术水平的角度考查了我国服务贸易的国际竞争力。作者依据服务贸易的 BOP（Balance of Payments）分类方法，将服务分成 11 类，并在商品贸易技术结构指标的基础上，构建了服务贸易技术含量和技术结构指数（服务贸易的技术含量指数 STC、技术水平指数 ESTC、技术结构优化指数 OSTC 和相对技术结构优化指数 COSTC）。作者分别测算了 1995~2007 年我国和其他国家各部门服务贸易技术含量和技术结构指数，并考察了变动趋势。

结果发现，新兴服务贸易的金融、保险和专利及特许权服务技术含量水平较高，传统的以自然资源和劳动为主要生产要素的旅游、运输和建筑服务技术含量水平较低，但随着信息科学技术的发展与普及，其技术含量有所提升。我国服务贸易整体技术水平较低，但高于发展中国家和世界平均水平。并且技术结构分布呈现尖塔形，即技术含量较高的金融保险业出口规模小，而技术含量较低的旅游、运输和建筑业出口规模大，随着时间的推移，该技术结构分布并未发生改变。虽然我国服务贸易技术整体水平有所提升，但其结构优化程度有限，国际竞争力并未随服务贸易量增长而得到有效提升。

第三节　服务创新

服务创新有多种形式，包括新技术发明、新模式引入和不同行业融合等。大部分服务行业的准入门槛相对较低，所以，服务企业间竞争更为激烈，只有不断学习、不断创新才能生存和发展。学者们对服务业竞争以及服务创新的形式和原因进行了研究。

一、服务业竞争

有竞争就会有优胜劣汰，就会有企业的进入和退出，这是影响产业组织效率和产业竞争力的重要因素。杜传忠和郭树龙（2010）利用 Orr（1974）提出的企业进入经典模型，选取 2004 年中国经济普查中第三产业 73 个产业的截面数据，构造了中国服务业的进入与退出模型。作者分析了利润率、产业增长率等激励企业进入的因素，企业平均规模、资本密度、人力资本等结构性壁垒因素，对企业进入与退出的影响。文章运用普通最小二乘法对服务业进入与退出的影响因素分别进行估计，并采用逐步回归分析方法剔除对进入与退出影响不显著的因素。计量分析结果显示：利润率、产业增长率对企业进入与退出行为的影响不显著，资本密度对企业进入和退出行为的影响都是正向的，企业平均规模对企业进入与退出行为的影响都是负向的，人力资本对企业进入行为的影响不显著，外资比重对企业进入有正向影响，而对企业退出影响不显著。鉴于经济转型时期体制、政策因素对服务业发展的影响较为显著，文章着重对国有资本比重和外资比重等体制性和政策性因素对企业进入与退出的影响进行了进一步分析。结果表明，外资比重对企业进入存在正向影响，国有经济比重对企业退出存在正向影响，在国有经济比重高的行业，国有经济比重对企业进入存在阻碍作用。

Forni 等（2010）评估了欧元区一个国家服务行业竞争增加的影响。由于意大利的非制造业利润在所有经合组织国家中最高，所以，作者选取意大利的服务企业为样本。Forni 等将不可贸易商品作为服务，假设劳动、制造和服务市场垄断竞争，构建了一个两区域动态随机一般均衡模型（包括实际和名义调整成本），通过修改控制参数模拟竞争增加带来的结构性改革（改革指将意大利服务业的利润永久减少到欧元区的平均水平）。首先使用意大利和其他欧元区服务价格进行模拟，确定利润的合理经验值。然后模拟以下三种改革方式带来的长期宏观经济效应和溢出效应：①只在服务市场改革；②只在劳动力市场改革；③同时在两个市场改革。作者还研究了经济从一个长期稳态向另一个稳态转变的动态情形，并对长期结果进行了稳健性检测，结果发现：①服务市场改革对产出有很大且长期的影响：将服务业利润减少到欧洲其他地区的一般水平会导致意大利 GDP 永久增加 10.8%，福利增加 3.5%。劳动市场改革后 GDP 增加 9.1%，福利增加 2% 以上。②若其他欧元区相对封闭，那么，改革对其他欧元区的溢出效应较小。③共同实施两个改革时，效果会增加。④尽管服务市场改革和劳动力市场改革后劳动力供给都上升很快，但前者使实际工资逐渐上升，后者导致实际工资迅速小幅下降，说明共同实施两种改革可能减弱劳动力市场改革给实际工资带来的负面影响。⑤改革对意大利经济的影响较大。

与服务自由化相对的是服务管制，很多国家为了宏观经济利益或扶持国内服务企业等原因，施行了一些贸易保护政策，包括一些反竞争政策。Barone 和 Cingano（2011）利用OECD 国家的数据，考察了服务业关于反竞争管制方面的影响。他们研究了几种对服务业供给的管制政策如何影响制造业的绩效。为了揭示这一问题的本质，作者对一些服务业管制较少的国家进行了实证分析，试图检验当这些国家的制造业较多地依赖服务业时，减少管制是否会使服务业表现出更好的绩效。研究结果显示，较少的管制会提高增加值、生产率和出口增长。特别是在专业服务业以及能源供应业上的管制存在明显的负增长影响。此外，研究还进一步揭示，如果国内市场规模更大，服务业管制的降低对收益的影响更加显著。

二、服务业创新

英国是一个服务业大国，其经济总量的 75% 都来自服务业，英国的政策也鼓励服务业的创新。但是，不同服务部门创新的表现依然存在差别，有的服务部门创新有很强的溢出效应，但其他服务部门则不是。Abreu 等（2010）利用"英国第四次社区创新调查"（CIS4）的数据，考查了英国的三个服务部门的创新行为——计算机服务、金融服务和零售服务，分别代表高、中、低创新型服务部门。他们采用了很多新的指标，包括创新投入和产出指标，分析了英国制造业和服务业以及服务业的不同部门之间（如知识密集型商业服务和传统服务）创新的力度、性质和经济影响是否有显著差别。

他们发现，信息通信技术（ICT）的使用是服务创新的主要形式；使用基于研发和专利的传统指标会低估创新行为和成功的创新产出，服务中还有一些特有的非技术型的创新，如组织结构的改变、人员的艺术或人文知识训练等。作者还给出一些针对英国不同服务部门的具体政策建议。他们认为，英国的服务业需要将重心更多地放到人员的学习和培训上，要采用一种同时支持技术型和非技术型创新行为的平衡型新政策。

Ordanini 和 Parasuraman（2010）对服务创新的前因和后果进行了细致的分析。作者参考"新兴服务主导逻辑"（Emerging Service-dominant Logic）的角度和观点，并与已有文献中关于创新的见解相整合，提出了一个新的概念框架来研究服务创新的前因和后果。作者假定了服务创新的三个主要来源：协作能力、客户导向和知识界面。对于每个来源，他们开发并测试了一套用于预测服务创新的成果及其对公司业绩的影响的指标，并以特定服务（意大利的豪华酒店服务）的数据进行实证检验。文章的主要结论包括：①与客户合作可以增加创新的数量，但不能促进创新的激进度（与业务伙伴合作也是如此）；②企业的客户导向有利于促进创新；③与员工合作会增加创新数量和创新的激进度；④知识整合会提高创新的激进程度（不会增加创新的数量）。

第四节　简要评述

有关服务、服务业、服务贸易，以及服务经济一般原理和方法的研究起步较晚，所以，相关文献没有经济学其他学科那么丰富，但在 2010~2011 年这两年，国内外学者还是贡献出了很多高质量、高水平的论文。从研究主题分布上来看，涵盖的范围较宽，主要包括服务产业增长、不同服务部门特征、生产性服务业、服务业行业、服务贸易与货物贸易、服务贸易的影响因素和竞争力、服务业竞争、服务创新的形式和原因等。

我们将这些主题的研究分别归结在"服务产业"、"服务贸易"和"服务创新"三个部分中。讨论服务产业的文献最多，其中，又以讨论生产性服务业为主。生产性服务业是从制造业内部的服务部门发展起来的新兴产业，作为连接各产业的桥梁，生产性服务业贯穿于企业生产的上游、中游和下游诸环节中。对生产性服务业研究的增多，意味着学者们不仅关注服务业本身，也关注服务业对其他行业的影响，注重挖掘服务业对产业融合和产业升级的促进作用。

研究服务贸易的文献也非常多，服务贸易的影响因素和外商直接投资（FDI）两个主题是这几年研究的热点。由于服务贸易的地位提升，对国际经济的拉动力显著增强，研究哪些因素对服务贸易有显著的促进或抑制效应是必然趋势。学者们利用日渐完善的数据库和新的模型对这些因素进行分析，如服务中介、时区差异和区域贸易协定（RTA）等。在随后几年的文献中，该领域有更多的文章出现，影响因素的选择更为多样，这些都会收录在后面的研究报告中。外商直接投资（FDI）是服务贸易"商业存在"模式的具体体现，在国际合作深化和全球一体化的背景下，FDI 比"跨境交付"、"境外消费"等更有发展前景。学者们对 FDI 的研究包括 FDI 对服务业的影响，还有 FDI 对制造业和经济发展的影响。

服务业的竞争与创新并存，学者们对该领域的研究不多，可能与这些概念难以量化有关。

国内外研究的侧重点也有所不同。我国学者的研究多数集中在服务产业领域，尤其是涉及产业融合的生产性服务业领域，而国外的研究主要集中在服务贸易领域。这主要与国家服务业发展水平有关，我国服务业总体上还不够发达，国际竞争力较弱，很多服务部门只是制造业的辅助部门，同时，我国产业结构也在不断变化，研究服务业与其他产业的关系是政治和经济上的共同需求。欧美国家服务业已经发展成熟，未来的经济发展更多地关注服务进出口和全球资源的利用，所以，国际服务贸易则是研究的重心。

在各种条件的约束下，我们整理了 2010 年和 2011 年服务经济学的主要文献，并进行了深度筛选。然而，受限于编者的知识水平和学术偏好，难以保证覆盖范围的全面性和观点的公正性。我们力图通过这些精选的文献给读者提供一个接触和了解服务经济学研究的窗口，也为专业学者进行该领域的深入研究提供一个参考。

参考文献

[1] 肖文，樊文静.产业关联下的生产性服务业发展——基于需求规模和需求结构的研究 [J].经济学家，2011（6）：72-80.

[2] 陈清萍，曹慧平.承接跨国服务外包与我国经济增长的相互作用研究——与制造外包的比较分析 [J].国际贸易问题，2011（1）：90-100.

[3] 唐保庆，陈志和，杨继军.服务贸易进口是否带来国外 R&D 溢出效应 [J].数量经济技术经济研究，2011（5）：94-109.

[4] 江小涓.服务业增长：真实含义、多重影响和发展趋势 [J].经济研究，2011（4）：4-14.

[5] 姚战琪.工业和服务外包对中国工业生产率的影响 [J].经济研究，2010（7）：91-102.

[6] 李元旭，谭云清.国际服务外包下接包企业技术创新能力提升路径——基于溢出效应和吸收能力视角 [J].中国工业经济，2010（12）：66-75.

[7] 黄莉芳，黄良文，洪琳琳.基于随机前沿模型的中国生产性服务业技术效率测算及影响因素探讨 [J].数量经济技术经济研究，2011（6）：120-132.

[8] 杨锐，张洁，芮明杰.基于主体属性差异的生产性服务网络形成及双重结构 [J].中国工业经济，2011（3）：139-148.

[9] 顾国达，周蕾.全球价值链角度下我国生产性服务贸易的发展水平研究——基于投入产出方法 [J].国际贸易问题，2010（5）：61-69.

[10] 刘明宇，芮明杰，姚凯.生产性服务价值链嵌入与制造业升级的协同演进关系研究 [J].中国工业经济，2010（8）：66-75.

[11] 顾乃华.生产性服务业对工业获利能力的影响和渠道——基于城市面板数据和SFA 模型的实证研究 [J].中国工业经济，2010（5）：48-58.

[12] 高觉民，李晓慧.生产性服务业与制造业的互动机理：理论与实证 [J].中国工业经济，2011（6）：151-160.

[13] 杨仁发，刘纯彬.生产性服务业与制造业融合背景的产业升级 [J].改革，2011（1）：40-46.

[14] 王恕立，刘军.外商直接投资与服务贸易国际竞争力——来自 77 个国家的经验证据 [J].国际贸易问题，2011（3）：79-88.

[15] 董直庆，夏小迪.我国服务贸易技术结构优化了吗？[J].财贸经济，2010（10）：77-83.

[16] 闫星宇，张月友.我国现代服务业主导产业选择研究 [J].中国工业经济，2010（6）：75-84.

[17] 潘锦云，汪时珍，李晏墅.现代服务业改造传统农业的理论与实证研究——基于产业耦合的视角 [J].经济学家，2011（12）：40-47.

[18] 吴义爽，徐梦周.制造企业"服务平台"战略、跨层面协同与产业间互动发展 [J].中国工业经济，2011（11）：48-58.

[19] 张文红，张骁，翁智明.制造企业如何获得服务创新的知识？——服务中介机构的作用 [J].管理世界，2010（10）：122-134.

[20] 殷凤.中国服务贸易比较优势测度及其稳定性分析 [J].财贸经济，2010（6）：81-88.

[21] 陈虹，章国荣.中国服务贸易国际竞争力的实证研究 [J].管理世界，2010（10）：13-23.

[22] 杜传忠，郭树龙.中国服务业进入退出影响因素的实证分析 [J].中国工业经济，2010（10）：

75-84.

［23］刘国恩，蔡春光，李林. 中国老人医疗保障与医疗服务需求的实证分析［J］. 经济研究，2011（3）：95-107.

［24］成蓉，程惠芳. 中印贸易关系：竞争或互补——基于商品贸易与服务贸易的全视角分析［J］. 国际贸易问题，2011：85-94.

［25］Kikuchi T, Iwasa K. A Simple Model of Service Trade with Time Zone Differences［J］. International Review of Economics & Finance, 2010, 1: 75-80.

［26］Zamfir A., Plumb I. Conceptions on Services within Traditional Society and Knowledge-based Society［J］. Review of International Comparative Management, 2010, 3: 436-444.

［27］Sudarsan P., Karmali D. Determinants of India's Services Exports: A Static and Dynamic Analysis［J］. Journal of International Economics, 2011, 2: 73-83.

［28］Doytch N., Uctum M. Does the Worldwide Shift of FDI from Manufacturing to Services Accelerate Economic Growth? A GMM Estimation Study［J］. Journal of International Money and Finance, 2011, 3: 410-427.

［29］Morikawa M. Economies of Density and Productivity in Service Industries: An Analysis of Personal Service Industries Based on Establishment-level Data［J］. The Review of Economics and Statistics, 2011, 1: 179-192.

［30］Hijzen A., Pisu M., Upward R., Wright P. W. Employment, Job Turnover, and Trade in Producer Services: U. K. Firm-level Evidence［J］. Canadian Journal of Economics/Revue Canadienne D'économique, 2011, 3: 1020-1043.

［31］Blum B. S., Claro S., Horstmann I. Facts and Figures on Intermediated Trade［J］. The American Economic Review, 2010, 2: 419-423.

［32］Breinlich H, Criscuolo C. International Trade in Services: A Portrait of Importers and Exporters［J］. Journal of International Economics, 2011, 2: 188-206.

［33］Forni L., Gerali A., Pisani M. Macroeconomic Effects of Greater Competition in the Service Sector: The Case of Italy［J］. Macroeconomic Dynamics, 2010, 5: 677-708.

［34］Abreu M., Grinevich V., Kitson M., Savona M. Policies to Enhance the "Hidden Innovation" in Services: Evidence and Lessons from the U.K.［J］. The Service Industries Journal, 2010, 1: 99-118.

［35］Cole S., Sampson T., Zia B. Prices or Knowledge? What Drives Demand for Financial Services in Emerging Markets?［J］. Journal of Finance, 2011, 6: 1933-1967.

［36］Park I., Park S. Regional Liberalisation of Trade in Services［EB/OL］.

［37］Ordanini A., Parasuraman A. Service Innovation Viewed through a Service-dominant Logic Lens: A Conceptual Framework and Empirical Analysis［J］. Journal of Service Research, 2010.

［38］Barone G., Cingano F. Service Regulation and Growth: Evidence from OECD Countries［J］. The Economic Journal, 2011, 555: 931-957.

［39］Francois J., Hoekman B. Services Trade and Policy［J］. Journal of Economic Literature, 2010: 642-692.

［40］Hoekman B., Mattoo A. Services Trade Liberalization and Regulatory Reform: Re-invigorating International Cooperation［J］. 2011.

［41］Kosová R., Lafontaine F. Survival and Growth in Retail and Service Industries: Evidence from Franchised Chains［J］. Journal of Industrial Economics, 2010, 3: 542-578.

[42] Aaberge R., Bhuller M., Langørgen A., Mogstad M. The Distributional Impact of Public Services When Needs Differ [J]. Journal of Public Economics, 2010, 9: 549–562.

[43] Duarte M., Restuccia D. The Role of the Structural Transformation in Aggregate Productivity [J]. The Quarterly Journal of Economics, 2010, 1: 129–173.

[44] S. N. A., Kyvik H. Trade in Goods and Services: Two Sides of the Same Coin? [J]. Economic Modelling, 2010, 2: 496–506.

第二章 服务经济学学科
2010~2011 年期刊论文精选

第一节

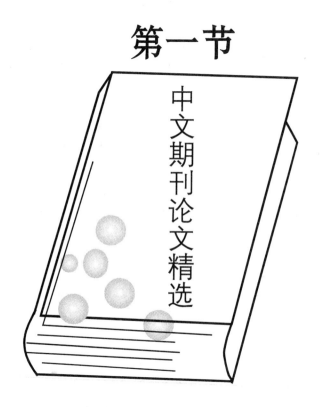

中文期刊论文精选

  2010~2011 年，中国学者在服务经济学领域贡献了很多有价值的文章和研究，不仅有理论方面的文章，实证性文章更多。与国外文献相比，中国的文章整体上更偏向应用，与制造业、产业结构变迁等实际问题联系更紧密，这也代表了处于转型时期的中国特色。经过专家组的讨论，我们精选出 15 篇优秀的文章，供读者参考。

中国服务贸易国际竞争力的实证研究 *

陈　虹　章国荣

【摘　要】本文利用国际市场占有率指数、TC 指数和 RCA 指数分析了我国服务贸易发展的现状，并进行了相关国际比较。研究结果表明，我国服务贸易整体国际竞争力较低，但近年来国际竞争力呈现出上升趋势。各个行业的国际竞争力也不尽相同，在劳动密集型行业（如建筑业）和资源密集型行业（如旅游业）具备一定的竞争力，而多数资本技术密集型行业（如金融、保险和专有权利使用费和特许费）的国际出口竞争力较弱，仅有少数资本技术密集型服务行业（如通信服务业）的国际竞争力不断增长，实现了从比较劣势地位向比较优势地位的转变。

这里运用波特的"钻石模型"的理念，采用协整分析和误差修正模型等计量经济学方法，对影响我国服务贸易竞争力的因素进行了实证研究。结果表明，人均国民收入对我国服务贸易竞争力的促进作用最大，其次是服务贸易开放度和服务业发展的水平，人力资本的促进作用也十分明显，而外商直接投资与货物贸易和服务贸易出口呈现出显著的正相关性，但是影响力度十分有限。

【关键词】中国；服务贸易；国际竞争力；钻石模型；实证研究

测量中国服务贸易的国际竞争力是研究和发展中国服务贸易的当务之急。本文采取理论分析和实证研究有机结合的方法，采用计量分析方法，如协整分析等，并基于"钻石模型"的理论基础，选取了六个因素来衡量模型中的四个关键要素和两个辅助要素，较全面地考察了我国服务贸易国际竞争力的影响因素，弥补了只采用 TC 指数和 RCA 指数等指标来评价我国服务贸易竞争力的缺陷。

* 基金项目：国家社会科学基金项目"形成有利于科学宏观调控体系中通货膨胀预期的研究"，项目号：08CJL013，2008 年度；教育部社科项目"通货膨胀预期的定量分析研究"，项目号：07JC790073。

作者：陈虹，武汉大学经济与管理学院世界经济系副教授；章国荣，中国统计教育学会会长、高级统计师。

本文引自《管理世界》2010 年第 10 期。

一、文献综述

西方发达国家的学者们早在 20 世纪 70 年代就开始了对国际服务贸易的研究，这种趋势在 20 世纪 80 年代得到了不断的发展，最终在 20 世纪 90 年代形成了较为成熟的国际服务贸易研究体系。20 世纪 90 年代以前，很多西方学者致力于研究比较优势原理在服务贸易中的适用性。Deardorff（1985）和 Melvin（1989）的研究是最具代表性的，他们通过研究各类生产要素分别对服务贸易的贡献度来评价服务贸易各个部门的要素密集度，然后把要素禀赋、要素密集度以及国际贸易当中的比较优势联系起来，分析要素资源禀赋对一国服务贸易的比较优势变化的影响。大部分结论证明了 H-O 理论对服务贸易是适用的。在新贸易经济盛行的时代，学者们研究发现，规模经济也是促进服务贸易竞争力的一个重要因素。Krugman（1991）通过对企业的专业化水平和消费者特定的需求状态的研究，认为企业在面对固定成本的情况下，如果能够进入更大的市场，具备更大的生产规模，其平均成本就能更低，在这种情况下即便没有了要素禀赋的比较优势，规模经济也可以促进服务贸易的进行。Waren 和 Michael 等以信息服务贸易部门为对象，对服务贸易竞争力的来源进行了有意义的探索，结论表明，通过规模经济获得低成本优势以及追求产品的差异化是提高信息服务贸易部门竞争力的基础（Richard Xavier，2008）。20 世纪 90 年代初到 21 世纪初，国外学者日益关注一些有巨大增长潜力的服务部门，从具体某个部门（如金融、通信和旅游等）的角度来研究服务贸易的竞争力。如 Mattoo、Rathindran 和 Subramanian（2001）以及 Levine 等都针对金融部门开放与经济增长的关系做出了研究；Philip 等（1998）对保险业的竞争力状况进行了实证研究；Paul 等（1999）研究了知识密集型服务业如金融保险业和邮电通信业等的竞争力；Hichens（2004）等对不同地区的商业服务业的竞争力进行了比较分析。也就是在这期间，哈佛大学教授迈克尔·波特将竞争力和产业要素结合起来研究，创作出了《国家竞争优势》，并提出了著名的产业竞争力的"国家钻石模型"，用一个类似于"钻石架构"的结构图表示出四个关键要素（生产要素、需求状况、相关产业和支持产业的协调以及企业战略）和两个辅助要素（政府和机遇）对产业国际竞争力的影响，把对服务贸易的研究层次从静态的和局部的比较优势研究提升到动态的和全局的竞争优势的研究层面上来。这很快成为学者们研究整个国家和具体某个产业国际贸易竞争力的一个指导范式。近年来，西方学者越来越关注"非理性因素"对服务贸易竞争力的作用和影响。文化和价值观等对贸易行为的影响成为众多学者关注的焦点。Luigi Guiso（1999）的研究发现，一个国家的公民信用度越低，该国发生贸易的机会越少，吸引的 FDI 和其他投资也越少。还有学者就国家或地区的专有要素对交易的影响进行研究，如 Edward 认为，通用文化或者语言对贸易有促进作用，并建立数学模型对这种关系进行了量化分析。总的来说，经历过 30 多年的积累和发展，国外服务贸易理论不断成熟。

与国外学者的研究相比，我国学者对于服务贸易的研究要滞后得多。20 世纪 90 年代以前，学者们还未形成开放性思维，主要是基于国内服务业进行服务经济理论的研究。20世纪 90 年代后，张汉林和薛荣久共同创作的《国际服务贸易》是我国学者最早以开放的思维对服务贸易进行研究的著作。该书对国际服务贸易的格局、服务贸易的自由化趋势以及服务贸易总协定对中国服务贸易的适用性进行了较为深入的研究。随着我国加入 WTO 的进程不断加快，国内学者对服务贸易竞争力的研究逐步跟上了国外的研究步伐，也将研究重点转移到具体某些有增长潜力的服务部门上，探讨其竞争力问题，并论证这些服务贸易行业在国民经济中的重要地位和其竞争力的现状，对其竞争力进行评价，最后提出改善建议等。如赵西萍和黎洁（1994）研究了我国旅游服务业的国际竞争力，鲁志永（2002）等分析了银行部门的竞争力等。近年来，各种研究又从分行业探索回归到对服务业整体竞争力的研究上来。国内学者主要采取比较优势理论和竞争优势理论来分析服务贸易竞争力，而对其影响因素的考察则主要选择了竞争优势理论作为分析框架。郑吉昌等（2004）对波特的"钻石模型"进行了修正，建立了服务贸易竞争力模型，将生产要素、机遇、企业战略、需求条件、政府作用和相关及支持性产业方面结合起来考查一国服务贸易竞争力变动的根源。范纯增等（2005）研究发现，决定服务贸易国际竞争力状态的是"钻石模型"中的六个要素及其动态变化。万先红（2005）也论述了改进的服务贸易竞争力"钻石模型"，并将政府作用作为最基础的解释要素。贺卫等（2005）用服务贸易出口额表示服务贸易的国际竞争力，实证分析表明：现阶段我国人力资本、城市化和外商直接投资改善资源禀赋质量对提高我国服务贸易竞争力有重要的影响。李杨等（2008）运用最小二乘法分析了影响中国服务贸易发展的因素，指出国内服务业发展、国际货物贸易发展与服务贸易的发展具有正向的关联关系，并指出了加快发展我国服务贸易的政策。李秉强（2008）认为，相对较强的服务贸易竞争力为亚洲进一步发展提供了契机，并在理论分析的基础上采取面板数据模型进行了实证分析，表明发展中国家的服务贸易竞争力与经济增长、服务业水平、服务业基础设施水平、人力资本水平、政府财政支出规模正相关，与货物贸易水平和外商直接投资水平负相关。

总体而言，国内外对服务贸易竞争力的研究仍处于开始阶段，尚未形成系统研究。

二、中国服务贸易竞争力现状分析

服务贸易竞争力评价常用的方法就是基于服务进出口数据的比较优势分析方法，主要包括国际市场占有率指数、贸易竞争指数和显性比较优势指数等。这些指数形式多样，从不同的角度反映服务贸易竞争力的状况。下面我们分别使用相关的指数对我国服务贸易的竞争力加以研究。

（一）我国服务贸易整体国际竞争力现状分析

根据 WTO 统计资料显示，2008 年我国服务贸易总额为 3060.36 亿美元，服务贸易出口总额为 1471.12 亿美元，进口总额为 1589.24 亿美元，服务贸易逆差已经达到 118.12 亿美元，比 2007 年增长了 33.41%。

图 1 展示了 1985~2008 年我国服务贸易进出口状况，从图中可以看出我国的服务贸易总体发展态势良好。1992 年开始我国服务贸易便进入持续的逆差状态（1994 年除外），且逆差规模不断扩大，从最初的 1.85 亿美元增加到 2008 年的 118.12 亿美元，16 年间累计逆差高达 939.31 亿美元，这表明我国服务贸易逆差形势严峻。

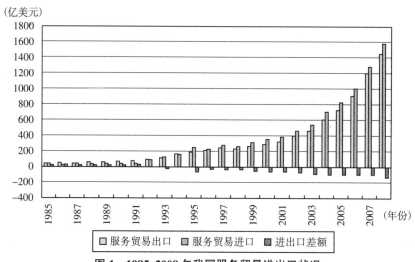

图 1　1985~2008 年我国服务贸易进出口状况

资料来源：根据我国历年国际收支平衡表数据绘制。

此外，我国服务贸易增长和货物贸易增长速度极其不匹配，相对于货物贸易来看，我国服务贸易规模很小。

从绝对数值来看，近 10 年来我国服务贸易出口量远远落后于货物贸易出口量，且这种差距有不断扩大的趋势，从 1999 年两者相差 1686.82 亿美元到 2008 年的 10545.88 亿美元。服务贸易出口量占货物贸易出口量的比例也从 1999 年的 0.1346 一度下降到 2006 年的 0.0949，2007 年和 2008 年该比例有所上升，但依然低于 1999 年的比例（见表 1）。

表 1　1999~2008 年我国服务贸易和货物贸易出口额状况

单位：亿美元

年份	1999	2000	2001	2002	2003	2004	2005	2006	2007	2008
服务贸易出口	262.48	304.3	333.34	397.45	467.34	624.34	744.04	919.99	1222.06	1471.12
货物贸易出口	1949.3	2492	2661	3256	4382.3	5933.2	7619.5	9689.4	12177.8	12017
服务/货物	0.1346	0.1221	0.1252	0.1220	0.1066	0.1052	0.0976	0.0949	0.1004	0.1224

资料来源：根据历年《国际收支平衡表》计算得出。

此外，我国服务贸易内部结构存在一定的失衡现象。全球服务贸易结构不断向高新服务行业倾斜，而目前我国服务贸易仍然以传统服务业为主。表2表明，1999~2008年，占服务贸易出口额比重最大的前3项分别是旅游、运输和其他商业服务，这3项各年合计占比平均在80%之上，前面几年更是在90%左右。相对而言，金融服务、计算机和信息服务、保险服务、咨询、广告宣传和电影音像等其他技术和知识密集型行业所占的比例十分小，仍处于初级发展阶段。纵观近10年来前3位的服务部门所占比重，我们发现，三者合计所占比重从2001年开始不断下降，从89%下降到71.48%，这不仅是我国服务贸易实现多样化的信号，还表明在整个服务贸易当中传统服务贸易的地位在不断下降，现代服务贸易部门地位不断提高，这也与整个世界服务贸易发展方向是一致的。

表2　1999~2008年中国服务贸易出口的内部构成状况

单位：%

年份	1999	2000	2001	2002	2003	2004	2005	2006	2007	2008
旅游	53.7	53.3	53.3	51.2	37.2	41.2	39.3	36.9	30.4	27.7
运输	9.22	12.06	13.90	14.39	16.91	19.32	20.73	22.84	25.63	26.11
其他商业服务	26.32	23.27	21.84	22.04	32.21	25.54	22.69	21.40	22.02	17.67

资料来源：根据历年《国际收支平衡表》数据计算得出。

（二）我国服务贸易国际市场占有率分析

　　表3列出了近10年来我国服务贸易出口总额的变化情况。数据显示，近10年来世界服务贸易出口总额保持持续增长的态势，增长了22944亿美元，年均增长速度为9.59%，而中国服务贸易出口也从1999年的262.5亿美元增长到了2008年的1471亿美元，总额增长1208.5亿美元，年平均增长速度为17.96%，这比同期世界年平均增长速度高了近9个百分点，这说明我国服务贸易处于快速增长的发展状况中。我国服务贸易的国际市场占有率也保持不断增长的趋势，但是我国所占的国际市场份额很小，即便是数值最大的2008年也不超过4%，平均仅为2.82%，这样的国际市场占有率与我国贸易大国的地位是

表3　1999~2008年我国服务贸易出口的变化情况

单位：亿美元

年份	1999	2000	2001	2002	2003	2004	2005	2006	2007	2008
世界服务贸易出口总额	14056	14922	14945	16014	18340	21795	24147	27108	32600	37000
我国服务贸易出口总额	262.5	304.3	333.3	397.4	467.3	624.3	744	920	1222	1471
我国服务贸易国际市场占有率（%）	1.87	2.04	2.23	2.48	2.55	2.86	3.08	3.39	3.75	3.98

资料来源：根据WTO Database数据库数据和2004~2008年中国国际收支平衡表数据整理得出。

极其不相称的。服务贸易大国美国始终处于 20% 左右，差距之大足以说明在当今世界市场上我国服务贸易的总体竞争力依然远远落后于发达国家。

（三）我国服务贸易的 TC 指数分析

表 4 中的数据显示的是我国服务贸易的 TC 指数以及与国际的比较。首先纵向来看，历年来我国的 TC 指数值一直为负值，这就表明我国一直是服务贸易的净进口国家，服务贸易缺乏国际竞争力，在国际上处于比较劣势地位。其次来关注 TC 指数的具体变化状况，1999 年我国的 TC 指数值为 -0.093，到 2000 年上升到 -0.084，服务贸易逆差有所减少，这说明我国的服务贸易竞争力在一步步改善。最后进行 TC 指数国际的比较。美国、英国和法国近 10 年来的 TC 值均大于 0，说明它们的服务贸易有很强的国际竞争力。其中，美国的 TC 值始终保持在 0.1 以上，经历过先下降后上升的一种发展趋势，表明前几年美国服务贸易出口竞争力逐渐衰弱，近两年又有加强的趋势。法国的 TC 值有下降的趋势，从 1999 年的 0.125 下降到 2008 年的 0.070，表明其出口竞争力有所下降。英国却经历着相反的变化趋势，其 TC 值在 0.1 左右经历短暂的停留后快速上升到 0.18，表明其出口国际竞争力在近 10 年有了显著的增长。同期我国服务贸易的 TC 指数均为负数，在所有被研究的国家中位列倒数第二，仅高于德国，明显低于发达国家，也低于世界平均水平，处于比较劣势水平，总体竞争力薄弱。不过近年来我国服务贸易 TC 值有微弱上升，说明我国服务贸易总体竞争力有所上升。

表 4　1999~2008 年我国服务贸易 TC 指数及国际比较

年份	中国	世界	美国	英国	德国	法国
1999	-0.093	0.005	0.177	0.105	-0.246	0.125
2000	-0.084	0.005	0.150	0.091	-0.240	0.145
2001	-0.082	0.003	0.142	0.084	-0.245	0.129
2002	-0.078	0.008	0.140	0.097	-0.199	0.115
2003	-0.084	0.004	0.115	0.096	-0.193	0.083
2004	-0.072	0.011	0.104	0.114	-0.204	0.069
2005	-0.054	0.011	0.115	0.101	-0.151	0.046
2006	-0.048	0.021	0.115	0.138	-0.135	0.059
2007	-0.032	0.039	0.160	0.178	-0.082	0.055
2008	-0.037	0.039	0.172	0.181	-0.078	0.070

资料来源：根据 WTO "International Trade Statistics" 和《国际收支平衡表》资料统计。

（四）我国服务贸易的 RCA 指数分析

表 5 列出了近 10 年来我国整体服务贸易 RAC 指数以及国际比较。表中数据显示，美国、英国和法国的 RCA 指数基本大于 1，其中美国 RCA 值保持在 1.3~1.5，英国 RCA 值保持稳步上升，从 1999 年的 1.3254 上升到 2008 年的 2.0047，而法国保持在 1.0~1.1，这

表5 1999~2008年我国服务贸易RCA指数及国际比较

年份	中国	日本	美国	英国	德国	法国
1999	0.5945	0.6471	1.3790	1.3254	0.6453	1.0864
2000	0.5672	0.6824	1.4223	1.5200	0.6905	1.1290
2001	0.5686	0.7290	1.4016	1.4399	0.6739	1.0948
2002	0.5363	0.6961	1.4402	1.4125	0.7296	1.1464
2003	0.4935	0.6721	1.4705	1.6625	0.6911	1.0505
2004	0.4945	0.6571	1.4355	1.4513	0.6905	1.1067
2005	0.4709	0.8042	1.4868	1.7302	0.6720	1.0476
2006	0.4650	0.8360	1.4391	1.7725	0.6825	0.9841
2007	0.4672	0.7773	1.5011	2.0068	0.7260	1.0696
2008	0.4885	0.8286	1.5014	2.0047	0.7450	1.0691

资料来源：根据《国际统计年鉴》和《国际收支平衡表》数据整理计算得出。

表明英国和美国两国服务贸易具有较强的国际竞争力，法国的服务贸易具有平均水平的国际竞争力。日本和德国两国的RCA值则在0.6~0.8来回波动，服务贸易竞争力较弱，这也从侧面反映出，即使是发达国家，其服务贸易也不一定具有很强的国际竞争力。我国服务贸易的RCA值徘徊在0.5~0.6，远低于0.8，表明我国服务贸易的国际竞争力非常弱，服务贸易整体发展滞后。

从历史的发展趋势来看，近10年来美国的RCA值保持稳定，上下波动幅度不大，这表明美国服务贸易竞争力不仅强而且稳定。英国的RCA值在波动中不断上升，已经超过了美国，这表明英国服务贸易竞争力正不断增强。相比而言，法国的RCA值却在波动中下降，其服务贸易显性比较优势有所下降。此外，中国、日本和德国的RCA值一直处于动态的稳定状态中，只有小幅波动，说明这3个国家的服务贸易的国际竞争力处于较稳定的水平。但是我国近些年RCA指数值有下降的趋势，从表面上看，这表明我国服务贸易国际竞争力有所下降。

（五）我国服务贸易各行业国际竞争力现状分析

以上是从整体上对我国服务贸易的国际竞争力现状进行分析，通过一系列数据和指标，可以发现我国服务贸易的整体国际竞争力处于比较弱势的地位，但是具体到我国服务贸易各个行业，其国际竞争力的强弱是不尽相同的，接下来我们分析2004~2008年服务贸易中各行业的进出口状况。

根据表6的数据，我们绘制了2004~2008年我国服务贸易各行业出口额占总出口额的平均值柱状图（见图2）。我国服务贸易各个出口行业结构当中，所占份额居于前三位的是旅游、运输和其他商业服务，其中旅游和运输在服务贸易出口总额中占有很大的比重。由此可见，我国依然是在劳动和资源密集型服务出口上具有一定的优势。占比位居第四的是咨询行业，平均比重仅为8.51%，远远落后于前三位。此外占比高于1%的还有三个部门，分别为建筑行业，占4.05%，计算机和信息服务行业，占3.22%，以及广告和

表6 2004~2008年我国服务贸易各行业出口总额状况

单位：千美元

年 份	2004	2005	2006	2007	2008
服务贸易出口总额	62434066	74404098	91999237	122206333	147111948
1. 运输	12067493	15426523	21015285	31323823	38417556
2. 旅游	25739000	29296000	33949000	37233000	40843000
3. 通信服务	440463	485231	737871	1174551	1569663
4. 建筑服务	1467489	2592949	2752639	5377097	10328506
5. 保险服务	380783	549418	548716	903696	1382716
6. 金融服务	93945	145231	145425	230486	314731
7. 计算机和信息服务	1637148	1840184	2957711	4344752	6252062
8. 专有权利使用费和特许费	236359	157402	204504	342634	570536
9. 咨询	3152515	5322132	7834142	11580552	18140866
10. 广告、宣传	848628	1075729	1445032	1912265	2202324
11. 电影、音像	40993	133859	137433	316285	417943
12. 其他商业服务	15950753	16884780	19693334	26914852	26005857
13. 别处未提及的政府服务	378498	494661	578685	552339	666187

资料来源：根据2004~2008年中国国际收支平衡表数据整理得出。

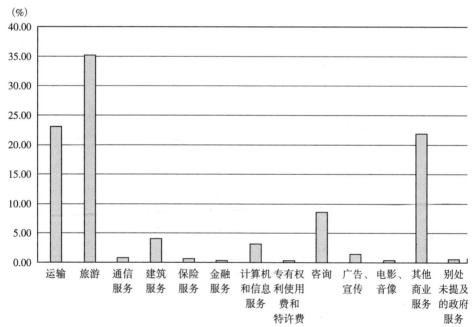

图2 2004~2008年我国服务贸易各行业出口占比
资料来源：根据我国历年国际收支平衡表数据绘制。

宣传行业，占1.49%。通信、保险、金融、专有权利使用费和特许费、电影音像以及政府服务所占比重均低于1%。这种两极分化的比例反映了我国在新兴服务行业上存在很明显的比较劣势，行业技术水平和服务供应等明显落后，现代服务业对我国服务贸易整体竞争力的贡献不大。

下面再来关注我国服务贸易各个部门的进出口差额，如表7所示。大体可以分为三类。首先是各年均为逆差的行业包括运输服务、保险服务、金融服务、专有权利使用费和特许费以及别处未提及的政府服务几个行业。其中运输部门的贸易逆差有不断缩小的趋势，从2004年的124.76亿美元减少到2008年的119.11亿美元，侧面反映出我国运输服务行业的国际竞争力逐步上升。其次是服务贸易差额在各年均保持正值的部门，包括旅游、建筑、计算机和信息服务、广告宣传以及其他商业服务等行业。旅游服务受世界经济形势的影响有升有降，建筑服务业、计算机和信息服务业保持了较快的增速，广告宣传和其他商业服务部门服务贸易顺差则逐年递减，比较优势不断减弱。最后一类是实现从贸易逆差向贸易顺差转变的行业，具体包括通信服务、咨询、电影和音像服务部门。其中咨询服务部门贸易盈余增长得最快，从2004年的-15.82亿美元增长到2008年的46.05亿美元，表明在这5年期间我国咨询服务行业有了较快的发展，国际竞争力有了很大的增强。

表7　2004~2008年我国服务贸易各行业进出口差额状况

单位：千美元

年份	2004	2005	2006	2007	2008
服务贸易进出口差额	-9698632	-9391392	-8833913	-7904793	-11811638
1. 运输	-12476266	-13021024	-13353741	-11946918	-11911179
2. 旅游	6589704	7536930	9627296	7446953	4686000
3. 通信服务	-31735	-118173	-26202	92886	59585
4. 建筑服务	128662	973567	702918	2467280	5965493
5. 保险服务	-5742792	-6650142	-8282919	-9760431	-11360128
6. 金融服务	-44151	-14244	-746042	-326437	-250884
7. 计算机和信息服务	384401	217676	1218860	2136680	3086931
8. 专有权利使用费和特许费	-4260246	-5163852	-6429577	-7849433	-9748930
9. 咨询	-1581794	-861408	-555066	724182	4605315
10. 广告、宣传	150293	360521	490073	575347	261668
11. 电影、音像	-134838	-20096	15954	162569	163322
12. 其他商业服务	7472617	7497029	8432227	8676788	2885059
13. 别处未提及的政府服务	-152487	-128175	72306	-304260	-253890

资料来源：根据2004~2008年中国国际收支平衡表数据整理得出。

研究一国各个产业比较优势的状况和发展趋势时，比较普遍的方法还有显性比较优势指数方法。下面我们将使用该方法对我国各个服务贸易行业的竞争力进行分析。

从表8的统计结果可以看出，研究期间，不管是运输部门、旅游部门还是其他服务部门的RCA指数都远远低于2.5，这说明我国在这些服务行业上都不具备很强的国际竞争力。其中，旅游部门的RCA值一直居于首位，2004~2006年均位于1.25之上，说明我国旅游服务业有较强的国际竞争力；但是旅游部门的RCA指数值在2007~2008年出现了一

032

表8　2004~2008年我国服务贸易各行业RCA指数

年份	2004	2005	2006	2007	2008
运输	0.82	0.88	0.99	1.12	1.13
旅游	1.40	1.39	1.70	1.17	1.10
其他服务	0.84	0.83	0.80	0.86	0.90

注：WTO国际贸易统计数据中将服务项目笼统地分为运输、旅游和其他服务3个部门，而本文作者又无法获得其他各个服务贸易部门权威的统计数据，因此表格中只针对3个项目做统计分析。

资料来源：根据WTO"International Trade Statistics"2005~2009年数据整理而出。

定程度的下滑，跌破了1.25的界线，竞争力在此期间有所减弱。运输部门的RCA值一直位于0.8~1.25，表明我国运输服务业具备一般的竞争力，但是近年来其RCA保持稳定上升的趋势，2008年达到了1.13，为近年来的最高值，如果按照这种速度增长，我国运输部门将跻身世界具有较强国际竞争力的行列。在其他服务部门方面，我国近5年来始终保持在0.8~0.9小幅波动，表明该部门竞争力不明显。

由于缺乏相关统计数据，使用显性比较优势指数方法研究时，只对运输、旅游和其他服务部门3个项目进行分析，给文章的分析带来了局限性。下面本文将采用TC指数方法来对我国服务贸易各个部门的竞争力进行更详细的研究。

从表9我国服务贸易各部门的TC指数来看，我国服务贸易进出口结构不平衡。根据TC指数，我们可以将我国服务贸易行业划分成三类来分析。

表9　2004~2008年我国服务贸易各行业TC指数

年份	2004	2005	2006	2007	2008
1. 运输	−0.3408	−0.2968	−0.2411	−0.1602	−0.1342
2. 旅游	0.1468	0.1476	0.1652	0.1111	0.0609
3. 通信服务	−0.0348	−0.1086	−0.0174	0.0412	0.0193
4. 建筑服务	0.0458	0.2311	0.1464	0.2977	0.4061
5. 保险服务	−0.8829	−0.8582	−0.8831	−0.8438	−0.8042
6. 金融服务	−0.1903	−0.0467	−0.7195	−0.4146	−0.2850
7. 计算机和信息服务	0.1330	0.0629	0.2595	0.3261	0.3278
8. 专有权利使用费和特许费	−0.9001	−0.9425	−0.9402	−0.9197	−0.8952
9. 咨询	−0.2006	−0.0749	−0.0342	0.0323	0.1454
10. 广告、宣传	0.0972	0.2013	0.2042	0.1771	0.0632
11. 电影、音像	−0.6219	−0.0698	0.0616	0.3459	0.2428
12. 其他商业服务	0.3059	0.2854	0.2724	0.1922	0.0587
13. 别处未提及的政府服务	−0.1677	−0.1147	0.0666	−0.2159	−0.1601

资料来源：根据2004~2008年中国国际收支平衡表数据整理得出。

第一类：各年TC指数均为正值，包括旅游、建筑、计算机和信息服务、广告宣传以及其他商业服务。在这几个行业中，旅游业的TC指数大体维持在0.1~0.15，远远大于−1，说明我国在旅游服务行业具有较强的国际竞争力，它的优势在于我国有丰富的旅游资源，可以持续吸引外国游客，此外，旅游行业不常涉及国家主权和其他敏感问题，受到的开放限制较少，在国际上具有很强的竞争优势。建筑服务的 TC 指数维持稳定的增长态势，从 2004 年的 0.05 增加到 2008 年的 0.41，这表明该行业的国际竞争力在不断加强。计算机与信息服务部门也保持增长的趋势，国际竞争力不断增强。

第二类：各年 TC 指数均为负值，包括运输、保险、金融、专有权利使用费和特许费行业以及别处未提及的政府服务（除 2006 年）。这里需要注意的是运输行业，它占我国出口的比重较大，但其国际竞争力一直处于比较劣势的状态。按照比较优势理论，运输业是劳动力密集型行业，我国应该具备较强的国际竞争力，而事实并非如此，作者认为，这主要是由于近年来国际运输业更多地向资本和技术密集型产业转变。表 9 中运输业的 TC 指数不断增大，这也从侧面表明，我国正在采取相应的措施顺应国际货运发展的需求，改善货运方式，增强国家竞争力。保险和专有权利使用费和特许费行业的 TC 指数平均小于 -0.8，这表明我国这两个行业在国际上的竞争力是很弱的，即将接近只有进口没有出口的边缘水平。金融部门的 TC 值在前两年较大，后三年有了很大幅度的下降，表明近年来我国金融服务行业的竞争力大幅下降。政府服务行业的 TC 指数维持在 -0.1~-0.2（除 2006 年），说明其在国际市场中比较劣势不是十分明显。

第三类：TC 指数实现了由负变正的转变，包括通信、咨询以及电影和音像行业，它们从国际市场上的比较劣势行列进入了比较优势行列。

综上所述，我国服务贸易在劳动密集型（如建筑）和资源密集型行业（如旅游）具备一定的竞争力，而资本技术密集型行业（如金融、保险和专有权利使用费和特许费行业）的出口国际竞争力较弱。可喜的是，近年来我国资本技术密集型服务行业的国际竞争力出现了一定的增长态势，有些行业甚至实现了从比较劣势地位向比较优势地位的转变（如通信）。

三、我国服务贸易竞争力影响因素的实证研究

影响服务贸易国际竞争力的因素很多，涉及微观、中观和宏观三个层面。本章将参考波特的"钻石模型"，选取影响服务贸易国际竞争力的几个主要因素，并将通过实证分析，研究各个因素对我国服务贸易竞争力的影响，为今后的工作提供一定的理论基础。

（一）变量选取及解释

服务贸易涉及的内容十分广泛，不同学者站在不同的研究角度，可能着重于研究其中几个因素对服务贸易竞争力的影响。本文借助波特的"钻石模型"，选取影响服务贸易竞争力的主要因素。

第一，选取人力资本来衡量服务生产要素状况。人力资本将选取拥有高中和中专以上学历的第三产业的就业人数来衡量，记为 HR。第二，采用人均国民收入来衡量服务需求要素。人均国民收入将选取人均 GDP 来衡量，记为 PGDP。第三，采用货物贸易水平和服务业水平来衡量相关产业和支持产业的发展状况。货物贸易将选取货物贸易出口总额来衡量，记为 GT；服务业发展水平将选取第三产业产值与国内生产总值之比来衡量，记为 DL。第四，用外商直接投资状况和服务业开放度来衡量企业战略。外商直接投资将选取实际使用外商直接投资金额来衡量，记为 FDI；服务开放度将用服务贸易进出口总额占国内生产总值的比重来衡量，记为 OD。第五，被解释对象为我国服务贸易的竞争力，本文将选取服务出口总额来表示服务贸易的国际竞争力，记为 ST。

（二）样本和数据的选取

本文研究的时间跨度为 1985~2008 年。其中服务贸易进出口数据来源于历年的《国际收支平衡表》，GDP、货物贸易出口总额、第三产业就业人数、第三产业产值等数据均来自历年《中国统计年鉴》，2008 年部分数据来源于《2008 年国民经济和社会发展统计公报》。模型的回归和检验过程都是由 EViews6.0 软件完成的（见表 10）。

表 10　服务贸易竞争力影响因素各个变量的基础数据

年份	服务出口总额	人均 GDP	货物出口总额	FDI	服务开放度	服务贸易发展水平	人力资本
1985	30.55	292.11	273.5	19.56	1.82	28.67	682.09
1986	38.27	278.96	309.4	22.44	2.05	29.14	741.89
1987	44.37	298.86	394.4	23.14	2.14	29.64	815.49
1988	48.58	366.86	475.2	31.94	2.09	30.51	888.01
1989	46.03	403.44	525.4	33.93	1.89	32.06	931.87
1990	58.55	343.7	620.9	34.87	2.62	31.54	1133.21
1991	69.79	355.56	719.1	43.66	2.71	33.69	1236.56
1992	92.49	419.09	849.4	110.08	3.83	34.76	1377.91
1993	111.93	520.37	917.4	275.15	3.79	33.72	1565.01
1994	166.2	469.21	1210.1	337.67	5.89	33.57	1796.64
1995	191.3	604.21	1487.8	375.21	6.09	32.86	2044.17
1996	206.01	703.12	1510.5	417.26	5.04	32.77	2265.97
1997	245.69	774.47	1827.9	452.57	5.51	34.17	2427.49
1998	238.95	820.87	1837.1	454.63	4.96	36.23	2583.82
1999	262.48	864.73	1949.3	403.19	5.34	37.77	2732.87
2000	304.3	949.18	2492	407.15	5.55	39.02	2925.87
2001	333.34	1041.65	2661	468.78	5.48	40.46	3092.86
2002	397.45	1135.44	3256	527.43	5.93	41.47	3336.44
2003	467.34	1273.65	4382.28	535.05	6.22	41.23	3565.77
2004	624.34	1490.38	5933.2	606.3	6.92	40.38	3884.26
2005	744.04	1715.52	7619.5	603.25	7.07	40.08	4138.53

年份	服务出口总额	人均 GDP	货物出口总额	FDI	服务开放度	服务贸易发展水平	人力资本
2006	919.99	2027.77	9689.36	630.21	7.25	39.98	4415.75
2007	1222.06	2490.01	12177.76	747.68	7.69	40.1	4602.17
2008	1471.12	3259.92	12017	923.95	7.07	40.07	4833.03

注：服务出口、货物出口和 FDI 的单位均为亿美元，FDI 指实际采用外商直接投资额，人均 GDP 的单位为美元，人力资本的单位为万人，服务开放度和服务贸易发展水平的单位为%。拥有高中和中专以上学历的人口占总人口的比例是根据 1982 年、1990 年和 2000 年的人口普查统计数据（依次为 7.39%、9.46%和 14.76%），然后按照 1982~1990 年每年增加 0.26 个百分点，1990~2005 年每年增加 0.53 个百分点估算而得出。

资料来源：根据我国历年统计年鉴和国际收支平衡表数据计算而得。

（三）模型的构建

为了使模型的设定更加合理，并减少潜在的异方差问题，对上面所选定的各个变量序列分别取自然对数。下面均以这些对数为研究基础，分别用 LnST、LnPGDP、LnGT、LnFDI、LnOD、LnDL 和 LnHR 来表示。

建立时间序列模型最重要的前提是要保证变量的平稳性，因为对非平稳的时间序列直接进行研究就可能产生"伪回归"现象，产生无效的结论。因此，我们首先将采取最常用的 ADF 方法，对各个时间序列变量进行单位根检验，检验结果见表 11。各个水平变量的 ADF 统计值都显著大于在 5%显著性水平下的临界值，表明本文所选取的时间序列是不平稳的。对这些时间序列一阶差分处理后的序列再次进行单位根检验，我们发现，它们的

表 11　各变量以及其一阶差分的平稳性检验结果

变量	检验形式 (c, t, q)	ADF 统计量	1%临界值	5%临界值	10%临界值	结论
LnST	(c, n, 0)	0.5153	−3.7529	−2.9980	−2.6387	不平稳
ΔLnST	(c, n, 1)	−3.9407	−3.7695	−3.0048	−2.6422	平稳
LnPGDP	(c, n, 0)	1.9124	−3.7529	−2.9980	−2.6387	不平稳
ΔLnPGDP	(c, n, 1)	−4.2388	−3.7695	−3.0048	−2.6422	平稳
LnGT	(c, n, 0)	0.3388	−3.7529	−2.9980	−2.6387	不平稳
ΔLnGT	(c, n, 1)	−3.8918	−3.7695	−3.0048	−2.6422	平稳
LnFDI	(c, n, 0)	−1.5111	−3.7529	−2.9980	−2.6387	不平稳
ΔLnFDI	(c, n, 1)	−3.1306	−3.7880	−3.0123	−2.6461	平稳
LnOD	(c, n, 0)	−1.5371	−3.7529	−2.9980	−2.6387	不平稳
ΔLnOD	(c, n, 1)	−5.6358	−3.7695	−3.0048	−2.6422	平稳
LnDL	(c, n, 0)	−1.5069	−3.7529	−2.9980	−2.6387	不平稳
ΔLnDL	(c, n, 1)	−3.1772	−3.7695	−3.0048	−2.6422	平稳
LnHR	(c, n, 0)	−2.6752	−3.7529	−2.9980	−2.6387	不平稳
ΔLnHR	(c, n, 1)	−3.2616	−3.7695	−3.0048	−2.6422	平稳

注：检验形式（c, t, q）中的 c、t、q 分别表示单位根检验方程所包含的常数项、时间趋势和滞后阶数，n 表示不包括时间趋势，Δ 表示一阶差分。

ADF 统计量均显著小于在 5%显著性水平下的临界值，表明水平变量 LnST、LnPGDP、LnGT、LnFDI、LnOD、LnDL 和 LnHR 都服从 I（1）过程。

表 11 已经表明在样本区间上各个时间序列变量都是一阶单整序列。如果一组变量是同阶单整的，而且若这组变量的某种线性组合是平稳的，那么就称这组变量之间存在协整关系。协整检验基本的思想主要是：即使一组变量序列都是非平稳的，但是只要它们的某种组合呈现出稳定性，那么这组变量序列之间就存在着长期的稳定关系，即我们所称的协整关系。

常用的协整检验方法 E-G 两步法一般适用于两个变量之间的估计，当研究系统中的变量个数超过两个时，估计协整向量方面存在着一些不足。因此，本文接下来先用 E-C 两步法分别分析所选的 6 个因素与被解释变量之间的协整关系，再运用 Granger 因果检验方法来分析各个变量是否是服务贸易出口变动的 Granger 原因。

（1）服务贸易出口 LnST 与人力资本 LnHR。运用 E-C 两步法对服务贸易出口额对数序列和人力资本对数序列进行协整检验，OLS 方法回归结果如下所示：

LnST = 8.4847 + 1.8047LnHR

T 检验 （−17.737）（28.833）

F 检验 831.37

调整后 $\overline{R}$ = 0.9730

DW = 0.594

对上述模型的残差进行单位根检验，同样采取 ADF 检验方法，结果见表 12。残差序列是平稳的，这就说明两个变量是协整的，服务贸易出口和人力资本之间存在着长期的均衡关系。

表 12　ADF 检验

变量	ADF 统计量	检验类型	1%临界值	5%临界值	10%临界值	是否平稳
残差	−3.2844	（N，N，0）	−2.6742	−1.9572	−1.6081	是

接下来进行 Granger 因果关系检验，滞后阶数选择 5，表 13 结果显示，在 5%的显著性水平下两个原假设均被拒绝，人力资本的变动和服务贸易出口额变动互为 Granger 原因。

表 13　对 LnST 和 LnHR 进行 Granger 因果检验的结果

Null Hypothesis	Obs	F-Statistics	Probability
LnST does not Granger Cause LnHR	19	23.1866	0.00014
LnHR does not Granger Cause LnST		2.46225	0.01234

（2）服务贸易出口 LnST 与人均国民收入 LnPGDP。运用 E-C 两步法进行协整检验，OLS 方法回归结果如下所示：

LnST = −5.1390 + 1.5758LnPGDP

T 检验 （-12.026）（24.481）

F 检验 599.337

调整后的$\overline{R}$ = 0.9629

DW = 0.8829

对上述模型的残差进行单位根检验，结果见表 14。表 14 结果表明，残差序列是平稳的，说明两个变量是协整的，服务贸易出口和人均国民收入之间存在着长期的均衡关系。

表 14　ADF 检验

变量	ADF 统计量	检验类型	1%临界值	5%临界值	10%临界值	是否平稳
残差	-2.8499	(N, N, 0)	-2.669	-1.9564	-1.6084	是

接下来进行 Granger 因果关系检验，滞后阶数选择 7，结果显示，在 5%显著性水平下可以拒绝 LnPGDP 不是 LnST 的 Granger 原因的原假设，即人均国民收入的变动是服务贸易出口额变动的 Granger 原因。对于 LnST 不是 LnPGDP 的 Granger 原因的原假设，相伴概率为 0.30696，无法拒绝原假设（见表 15）。

表 15　对 LnST 和 LnPGDP 进行 Granger 因果检验的结果

Null Hypothesis	Obs	F-Statistics	Probability
LnST does not Granger Cause LnPGDP	17	2.5869	0.30696
LnPGDP does not Granger Cause LnST		39.192	0.0251

（3）服务贸易出口 LnST 与货物贸易出口 LnGT。采取同样的方法对服务贸易出口额对数序列和货物贸易出口对数序列进行协整检验，OLS 方法回归结果如下所示：

LnST = -2.1518 + 0.9972LnGT

T 检验 （-11.4388）（39.8648）

F 检验 158.924

调整后$\overline{R}$ = 0.9857

DW = 0.4471

对上述模型的残差进行单位根检验，结果见表 16。残差序列是平稳的，这就说明两个变量是协整的，服务贸易出口和货物贸易出口之间存在着长期的均衡关系。

表 16　ADF 检验

变量	ADF 统计量	检验类型	1%临界值	5%临界值	10%临界值	是否平稳
残差	-1.9237	(N, N, 0)	-2.6693	-1.9164	-1.6084	是

Granger 因果关系检验滞后阶数选择 2，结果显示，在 5%的显著性水平下可以拒绝 LnGT 不是 LnST 的 Granger 原因的原假设，即货物贸易出口的变动是服务贸易出口额变动的 Granger 原因。对于 LnST 不是 LnGT 的 Granger 原因的原假设，相伴概率为 0.9290，无

法拒绝原假设（见表 17）。

表 17　对 LnST 和 LnGT 进行 Granger 因果检验的结果

Null Hypothesis	Obs	F-Statistics	Probability
LnST does not Granger Cause LnGT	22	0.07396	0.92901
LnGT does not Granger Cause LnST		0.41498	0.03407

（4）服务贸易出口 LnST 与服务业发展水平 LnDL。采取同样的方法对服务贸易出口额对数序列和服务发展水平对数序列进行协整检验，OLS 方法回归结果如下所示：

$LnST = -25.4838 + 8.6252LnDL$

T 检验　（-8.3530）（10.0836）

F 检验 101.679

调整后 $\overline{R}$ = 0.8140

DW = 0.3688

对上述模型的残差进行单位根检验，结果见表 18。表 18 结果表明，残差序列是平稳的，即两个变量是协整的，服务贸易出口和服务业发展水平之间存在着长期的均衡关系。

表 18　ADF 检验

变量	ADF 统计量	检验类型	1%临界值	5%临界值	10%临界值	是否平稳
残差	-2.7889	(N, N, 0)	-2.6742	-1.9572	-1.6081	是

Granger 因果关系检验滞后阶数选择 5，结果显示，在 5%的显著性水平下两个原假设均被拒绝，因此我们认为服务业发展水平的变动和服务贸易出口额变动互为 Granger 原因（见表 19）。

表 19　对 LnST 和 LnDL 进行 Granger 因果检验的结果

Null Hypothesis	Obs	F-Statistics	Probability
LnST does not Granger Cause LnDL	19	4.94059	0.02333
LnOD does not Granger Cause LnST		6.79759	0.000928

（5）服务贸易出口 LnST 与外商直接投资额 LnFDI。采取同样的方法对服务贸易出口额对数序列和外商直接投资对数序列进行协整检验，OLS 方法回归结果如下所示：

$LnST = -1.0151 + 0.8009LnFDI$

T 检验　（2.7295）（11.7646）

F 检验 138.4068

调整后 $\overline{R}$ = 0.8566

DW = 0.2135

对上述模型的残差进行单位根检验，结果见表 20。表 20 结果表明，残差序列是平稳的，即两个变量是协整的，服务贸易出口和外商直接投资之间存在着长期的均衡关系。

表 20　ADF 检验

变量	ADF 统计量	检验类型	1%临界值	5%临界值	10%临界值	是否平稳
残差	−3.3045	(N, N, 0)	−2.6742	−1.9572	−1.6081	是

接下来进行 Granger 因果关系检验，滞后阶数选择 5，结果显示在 10%的显著性水平下可以拒绝 LnFDI 不是 LnST 的 Granger 原因的原假设，即外商直接投资的变动是服务贸易出口额变动的 Granger 原因。对于 LnST 不是 LnFDI 的 Granger 原因的原假设，相伴概率为 0.21203，无法拒绝原假设（见表 21）。

表 21　对 LnST 和 LnFDI 进行 Granger 因果检验的结果

Null Hypothesis	Obs	F−Statistics	Probability
LnST does not Granger Cause LnFDI	19	1.83595	0.21203
LnFDI does not Granger Cause LnST		3.31851	0.06441

（6）服务贸易出口 LnST 与服务业开放度 LnOD。采取同样的方法对服务贸易出口额对数序列和服务开放度对数序列进行协整检验，OLS 方法回归结果如下所示：

$LnST = 2.0164 + 2.2162LnOD$

T 检验 （7.7260）（13.0895）

F 检验 171.3360

调整后 $\bar{R} = 0.8810$

DW = 0.4126

对上述模型的残差进行单位根检验，结果见表 22。表 22 结果表明，残差序列是平稳的，即两个变量是协整的，服务贸易出口和服务开放度之间存在着长期的均衡关系。

表 22　ADF 检验

变量	ADF 统计量	检验类型	1%临界值	5%临界值	10%临界值	是否平稳
残差	−4.9821	(N, N, 0)	−2.6742	−1.9572	−1.6081	是

Granger 因果关系检验滞后阶数选择 5，结果显示，在 10%的显著性水平下可以拒绝 LnOD 不是 LnST 的 Granger 原因的原假设，因此我们认为服务业开放度的变动是服务贸易出口额变动的 Granger 原因。对于 LnST 不是 LnOD 的 Granger 原因的原假设，相伴概率为 0.73727，无法拒绝原假设（见表 23）。

表 23　对 LnST 和 LnOD 进行 Granger 因果检验的结果

Null Hypothesis	Obs	F−Statistics	Probability
LnST does not Granger Cause LnOD	19	0.54751	0.73727
LnOD does not Granger Cause LnST		3.09501	0.07566

通过前面的 E-G 两步法和 Granger 因果检验方法的检验，我们可以得出六个解释变量均与被解释变量之间存在着协整关系。其中人力资本序列（LnHR）、人均国民收入序列（LnPGDP）、货物贸易出口序列（LnGT）和服务业发展水平序列（LnDL）在 5% 的显著性水平下是服务贸易出口额变动的 Granger 原因，外商直接投资额（LnFDI）和服务业开放度（LnOD）在 10% 的显著性水平下是服务贸易出口额变动的 Granger 原因。

接下来本文将使用 Johnson 协整检验方法来验证 E-G 两步法建立的单方程模型，并进行相应的对比。该方法的基本思路如下：在多个变量构成的向量自回归系统中，构造出两个残差的积矩阵，然后计算该矩阵的有序特征值，再以此得出一系列的统计量，用来判断协整关系是否存在和协整关系具体的个数。这种检验方法对于滞后期数是十分敏感的，因此本文将采用 AIC 准则和 SC 准则确定最佳滞后期，即取两者均为最小值时的阶数。本文分别选取不同的滞后期来估计 VAR 模型，经过如表 24 的选择，确定滞后阶数为 2（见表 24）。

表 24　VAR 模型滞后值选择表

Lag	LogL	LR	FPE	AIC	SC	HQ
0	107.2598	NA	2.60e-13	−9.114529	−8.767379	−9.032751
1	312.4403	261.1388	2.26e-19	−23.31276	−20.53556	−22.65853
2	449.0888	86.95814*	5.06e-22*	−31.28082*	−26.07356*	−30.05413*

由于无约束 VAR 模型的最优滞后期为 2，所以协整检验 VAR 模型的滞后期确定为 1，且该检验从检验不存在协整方法这一假设开始。接下来进行的 JJ 协整检验中，序列仍然采取协整方程有截距但没有确定趋势的形式，EViews6.0 软件显示的特征根迹检验结果和最大特征根检验结果见表 25、表 26。

表 25　Johnson 协整检验特征根迹检验的结果

原假设	特征根	迹统计量	5%临界值
None*	0.995281	289.3003	134.6780
At most 1*	0.933036	166.1109	103.8473
At most 2*	0.835134	103.9280	76.97277
At most 3*	0.779295	62.46760	54.07904
At most 4	0.517968	27.71627	35.19275
At most 5	0.252936	10.93213	20.26184
At most 6	0.167819	4.225217	9.164546

注：* 表示在 5% 的显著性水平下拒绝原假设。

表 26　Johnson 协整检验最大特征根检验的结果

原假设	特征根	最大特征根统计量	5%临界值
None*	0.995281	123.1894	47.07897
At most 1*	0.933036	62.18293	40.9568

续表

原假设	特征根	最大特征根统计量	5%临界值
At most 2*	0.835134	41.46038	34.80587
At most 3*	0.779295	34.75134	28.58808
At most 4	0.517968	16.78413	22.29962
At most 5	0.252936	6.706917	15.8921
At most 6	0.167819	4.225217	9.164546

注：* 表示在 5% 的显著性水平下拒绝原假设。

迹检验和最大特征根检验结果均表明，系统的变量之间都存在 4 个协整关系，这说明我国服务贸易出口与人力资源、人均国民收入、货物贸易出口、服务业发展水平、外商直接投资和服务开放度在样本期间存在长期均衡关系。以往的研究表明，在 Johansen 协整检验结果中，如果变量之间存在一个协整关系，则包含全部变量在内的协整关系即为所求的长期均衡关系；如果变量之间的协整关系超过一个，则以最大特征值所对应的协整向量作为该经济变量之间的长期均衡关系。

相应的 JJ 协整检验方法估计出来的协整向量见表 27。

表 27 JJ 协整检验方法估计出来的协整向量

LnST	LnHR	LnPGDP	LnGT	LnDL	LnFDI	LnOD	C
1	−0.778297	−1.454664	−0.008462	−0.896522	−0.049309	−1.041895	4.048075

据此，我们得到了一个关于我国服务贸易出口（LnST）与人力资源（LnHR）、人均国民收入（LnPGDP）、货物贸易出口（LnGT）、服务业发展水平（LnDL）、外商直接投资（LnFDI）和服务开放度（LnOD）之间的一个长期均衡关系：

$$LnST = 4.048075 + 0.778297 \times LnHR$$
$$+ 1.454664 \times LnPGDP + 0.008462 \times LnGT$$
$$+ 0.896522 \times LnDL + 0.049309 \times LnFDI$$
$$+ 1.041895 \times LnOD$$

上述公式中，各个系数的检验结果均在 5% 水平上是显著的。研究期间，6 个解释变量都与我国服务贸易出口正相关，且各个因素对服务贸易出口的影响存在较大的差异，其中人均国民收入和服务开放度对服务贸易出口的影响最大，影响系数大于 1；人力资本和服务业发展水平对服务贸易出口影响较大，影响系数接近于 1；外商直接投资和货物贸易对服务贸易出口影响最弱，系数不足 0.1。

接下来根据 EViews 软件显示结果整理出向量误差修正模型的表达式：

$$D(LnST) = -0.3049 \times ECM + 0.2434D(LnST)$$
$$+ 0.0695 \times D(LnHR) - 0.27091 \times D(LnPGDP)$$
$$+ 0.27305 \times D(LnFDI) + 0.42415 \times D(LnOD)$$
$$+ 0.06061 \times D(LnDL) + 0.168453$$

$$ECM = LnST(-1) + 1.16167 \times LnHR$$
$$-2.1501 \times LnPGDP(-1) + 0.2856 \times LnGT(-1)$$
$$-0.51842 \times LnDL(-1) + 0.39899 \times LnFDI(-1)$$
$$-2.7830 \times LnOD(-1) + 1.74770$$

上述公式中各个系数的检验结果均在 5% 水平上是显著的,方程回归残差序列满足正态性,验证了 VEC 模型的有效性,并且模型的对数似然值为 251.82,AIC 值为-20.0709,SC 值为-19.0341,这些都验证了模型的解释力是很强的。

可以看到误差修正项系数为-0.3049,小于零,符合反向修正机制,说明长期的均衡趋势偏离的稳定机制在起作用,体现了服务贸易出口与人力资本、人均国民收入、货物贸易出口、服务业发展水平、外商直接投资以及服务业开放度的长期均衡关系对服务贸易出口短期变化的影响大小,短期波动将以 0.3049 的速度不断向长期均衡状态靠拢。各个解释变量差分项的系数则反映各个变量的短期波动对被解释变量短期变化的影响。

(四)研究结论

本文运用协整检验和误差修正模型等方法,实证考察了 1985~2008 年我国服务贸易出口和人力资本、人均国民收入、货物贸易、服务业发展水平、外商直接投资以及服务业开放度之间的关系。结果表明:人力资本、人均国民收入、货物贸易、服务业发展水平、外商直接投资和服务开放度等都是影响我国服务贸易国际竞争力的重要因素。

通过变量系数可以看出,六个解释变量对被解释变量的影响可以分为两大类。第一类是四个对我国服务贸易出口有显著促进作用的因素:①人均 GDP 在促进我国服务贸易竞争力方面起着最重要的作用。②服务业开放度对我国服务贸易竞争力的影响位居第二,影响系数为 1.04,表明服务开放度每提高 1 个百分点,服务贸易出口就会增加 1.04 个百分点,其对服务贸易出口同样具有放大效应。③接下来是服务业发展水平,该变量对我国服务贸易出口的影响强度仅次于前两个因素,系数达 0.90,也就是说服务业发展水平每上升 1 个百分点,我国服务贸易出口就增加 0.9 个百分点,这种影响幅度也是非常可观的。④人力资本的促进作用也是十分显著的,方程系数达到 0.78,表明如果第三产业之中拥有中高等学历的就业人数在全国就业人数的比例中每增加 1 个百分点,服务贸易出口就增加 0.78 个百分点。

第二类是对服务贸易出口影响力度较小的两个因素:①外商直接投资虽然和服务贸易出口存在着正相关关系,但影响力度小,仅为 0.05,表明即使外商投资增加 100 个单位,服务贸易出口才增加 5 个单位。②在六个因素中,货物贸易对我国服务贸易出口的促进作用最小,还不到 0.01,促进作用也可以忽略不计。

总的来说,"钻石模型"较全面地总结出了影响服务贸易竞争力的几个主要因素,本文实证部分的结论也表明,我国的人均 GDP、服务业开放度、服务业发展水平和人力资本状况都对我国服务贸易出口有显著的促进作用,因此在这几个因素上我们应该保持现有的发展势头,争取不断加大它们对服务贸易竞争力的促进作用。实证部分的结论也表明,外商直接投资和货物贸易这两个因素对我国服务贸易出口的促进作用十分微弱，可以忽略不计。本文通过深入分析发现，得出这样的结果并不是表明"钻石模型"不适用于我国服务贸易的发展，而是由我国经济发展的特点所决定的。我国政策导向以及服务企业自身的原因，导致我国服务企业没有利用好这两个因素所能带来的促进作用。因此本文认为，在今后的发展中，我们也应该特别注意这两个因素背后隐藏的巨大的服务贸易市场，国家和企业要积极配合，主动去寻求机会，更好地利用这两个因素去促进我国服务贸易的发展。

四、提升我国服务贸易国际竞争力的对策建议

合理利用进而优化服务生产要素；积极开拓国内外市场；加强服务贸易相关产业的协调支持作用；调整服务企业管理结构，实行科学管理战略；调整外资流向，提高外资利用效率；积极发挥政府作用，营造良好的竞争环境。

参考文献

[1] 范纯增，于光. 服务贸易国际竞争力发展研究——兼论上海服务贸易国际竞争力发展战略 [J]. 国际贸易问题，2005（2）.

[2] 贺卫，伍星，高崇. 我国服务贸易竞争力影响因素的实证分析 [J]. 国际贸易问题，2005（2）.

[3] 李秉强. 亚洲发展中成员国服务贸易竞争力及影响因素分析 [J]. 国际贸易问题，2008（10）.

[4] 李杨，蔡春林. 中国服务贸易发展影响因素的实证分析 [J]. 国际贸易问题，2008（5）.

[5] 万先红. 入世以来我国服务贸易国际竞争力变动分析 [J]. 国际贸易问题，2005（5）.

[6] 黎洁，赵西萍. 论国际旅游竞争力 [J]. 商业经济与管理，1999（4）.

[7] 鲁志勇，于良春. 中国银行竞争力分析与实证研究 [J]. 改革，2002（3）.

[8] 郑吉昌，夏晴. 服务贸易国际竞争力的相关因素探讨 [J]. 国际贸易问题，2004（12）.

[9] Deardorff, Alan. Comparative Advantage and International Trade and Investment In Services [A]// Robert M. Stern, Trade and Investment in Services: Canadian/US Perspectives [M]. Toronto: Ontario Econ, Council, 1985.

[10] James R. Melvin. 生产者服务贸易：一个基于赫克歇尔—俄林模型的方法 [J]. 陈雪，陈林琳译. 经济资料译丛，2005（4）.

[11] James R. Melvin. Trade in: Producer Services: A Heckscher-Ohlin Approach [J]. The Journal of Political Economy，1989.

[12] Krugman, Paul R. Myths and Realities of U5. Competitiveness [J]. Science，1991.

[13] Mattoo, Rathindran and Subramanian. Measuring Services Trade Liberalization and its Impact on Trade Growth: An Illustration [Z]. World Bank Working Paper，2001.

[14] Hardwick Philip, Dou Wen. The Competitiveness of EU Insurance Industries [J]. Service Industries Journal，1998.

[15] Richard Xavier. Advantage of Technolgy Competitive Nesscross Country [M]. Harvard Business Press,

2008.

　　［16］Hichens D. Service Industry Competiveness［Z］. World Bank Working Paper，2004.

　　［17］Luigi Guiso. Investment and Demand Uncertainty［J］. Quarterly Journal of Economics，with Parigi Giuseppe，February，1999.

　　［18］Paul Wilmott. 衍生品：金融工程理论与实践［M］. John Wiley and Sons，1999.

承接跨国服务外包与我国经济增长的相互作用研究 *

——与制造外包的比较分析

陈清萍　　曹慧平

【摘　要】跨国服务外包成为我国经济新的增长点。本文对我国服务外包与工业、服务业增长的关系进行协整检验和格兰杰因果检验，并将其对比于制造外包与 GDP 的关系。结果表明：服务外包对经济增长的促进作用大于制造外包，并且服务外包对工业的促进作用大于对服务业的促进作用；而经济增长对服务外包的推动作用不明显。因此，我国大力发展服务外包具有一定的现实意义。

【关键词】服务外包；制造外包；经济增长

一、前言

随着信息技术和互联网通信技术的进步，服务业跨国转移成为当前经济全球化的显著特征。在服务业全球化的新浪潮中，跨国服务外包① 是服务业实现国际转移的主要方式之一。2009 年，我国承接国际服务外包合同执行金额同比增长 152%，超过 100 亿美元。2010 年 1~5 月，承接服务外包合同执行金额 54.97 亿美元，同比增长 139.2%。服务外包业务的增长必然会与我国经济增长产生相互作用。

服务外包在实业界的兴起引起了理论界诸多学者的关注。国外早期的研究主要集中于

* 基金项目：本文得到安徽省教育厅一般项目"安徽省服务外包发展机制研究"（2010SK296）和教育部人文社科基金"中国制成品出口结构变迁与经济效应"（09YJC79001）的支持。

作者：陈清萍，安徽财经大学国际经济与贸易学院，233041，电子邮箱：aufecqp@126.com；曹慧平，安徽财经大学国际经济与贸易学院。

本文引自《国际贸易问题》2011 年第 1 期。

① 一般地，全文中的"跨国服务外包"和"离岸服务外包"通用。

对外包本身的研究，立足于发包方，关注发包商发包的动因、风险与外包关系管理以及外包的理论基础几个方面。我国对于外包的研究主要立足于离岸接包，大多关注承接外包业务的障碍以及对我国经济的影响分析。其中，障碍主要存在于服务外包供应商竞争力薄弱、知识产权法律制度不健全以及人才缺乏（周启红等，2009）三个方面。对经济影响的研究主要关注以下五个方面：第一，对技术进步的影响：当工业行业发展未超过门槛值时，跨国外包会阻碍工业技术进步；当行业发展超过门槛值时，跨国外包会促进工业技术进步，并且跨国外包对我国资本密集型行业技术进步的促进作用要远大于对劳动密集型行业技术进步的促进作用（孙秋菊等，2009）。第二，对生产率的影响：我国参与国际生产分割有利于行业生产率的提高（刘庆林等，2010）。第三，对制造业就业的影响：总体外包水平每提高1个百分点，制造业就业水平就下降0.105个百分点；制造业服务外包由于规模较小，尚未对我国就业产生影响（陈仲常等，2010）。第四，对能源利用效率的影响：发达国家的外包行为降低了我国的能源消耗强度，提高了我国的能源利用效率（张少华等，2009）。第五，对产业升级的影响：承接服务外包能够提高我国的技术水平，会导致生产结构从劳动密集型向资本密集型转变，对促进产业升级有一定的正向作用，是提升我国国际分工地位的有效途径（杨志琴、祖强，2007；徐毅、张二震，2008；江静等，2010）。

可以发现，已有的研究文献存在一个明显的不足：主要研究跨国服务外包对经济增长的单向影响，没有分析经济增长是否推动跨国服务外包的发展，而分析承接服务外包与经济增长的相互作用具有一定的理论和现实意义，这也是本文立意之所在。

二、承接跨国服务外包与我国经济增长相互作用的理论分析

1. 承接跨国服务外包与产业结构升级

在经济全球化背景下，承接跨国服务外包的产业结构升级效应表现为两个方面：第一，第一产业比重越来越小，而工业和服务业比重越来越大；第二，工业和服务业内部结构升级。

改革开放以来，我国产业发生了巨大的变化，三次产业结构更加合理化和高级化（见表1）。从产值比重上看：我国第一产业的比重从1980年的30.2%降低为2000年的15.1%，正好减少了一半，2001年以后继续降低，2008年仅为11.3%；第二产业比重波动不大，总体来看是先小幅下降，1990年以后缓慢上涨；而第三产业的比重持续增加，从1980年的21.6%增加到2008年的40.1%，增长了将近1倍。从就业结构上看：第一产业就业比重从1980年的68.7%持续降低到2008年的39.6%，特别是2000年以后，仅8年时间就降低了10.4个百分点；第二产业就业比重在2000年有所下降，但总体来看呈缓慢而平稳的增长趋势；第三产业就业比重却在持续增长，1990~1995年增长了6.3个百分点，

即使在 20 世纪末亚洲金融危机爆发之后也继续保持增长的势头，持续上涨至 2008 年的 33.2%。

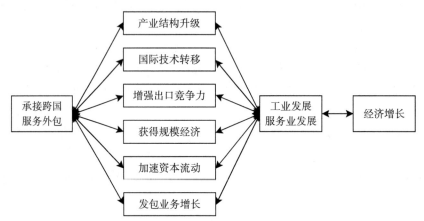

图 1　承接跨国外包与我国经济增长的相互作用机制

表 1　我国产业结构和就业结构构成

单位：%

年份	三次产业占 GDP 的比例			三次产业的就业构成		
1980	30.2	48.2	21.6	68.7	18.2	13.1
1985	28.4	42.9	28.7	62.4	20.8	16.8
1990	27.1	41.3	31.6	60.1	21.4	18.5
1995	19.9	47.2	32.9	52.2	23.0	24.8
2000	15.1	45.9	39.0	50.0	22.5	27.5
2005	12.2	47.7	40.1	44.8	23.8	31.4
2006	11.3	48.6	40.0	42.6	25.2	32.2
2007	11.1	48.5	40.4	40.8	26.8	32.4
2008	11.3	48.6	40.1	39.6	27.2	33.2

资料来源：2009 年《中国统计年鉴》。

　　工业选取代表高新技术产业的交通运输设备制造业，专用设备制造业，电气机械及器材制造业，通信设备、计算机及其他电子设备制造业，仪器仪表及文化、办公用机械制造业的全国规模以上工业企业年均主营业务收入在 500 万元以上的企业产值及比重来分析。1999~2008 年，以上高新技术产业的产值和比重都有不同程度的增长，特别是电气机械及器材制造业和通信设备、计算机及其他电子设备制造业（见表 2）。

　　就第三产业而言，传统的交通运输、仓储和邮政业比重持续降低，从 1980 年的 21.7% 减小为 2008 年的 13.8%，生产性服务业中的金融业和房地产业比重分别从 1980 年的 7.6%、9.8% 增长到 2008 年的 14.0%、10.6%（见表 3）。归为其他服务业中的租赁和商务服务业以及科学研究、技术服务和地质勘查业增长势头迅猛，分别从 2005 年的 2912.4 亿元、2050.6 亿元增长到 2007 年的 3771.6 亿元、2925.8 亿元，年均增幅 10 个百分点以

表 2　工业内部结构对比

单位：亿元、%

	1999 年		2008 年	
	工业总产值	比重	工业总产值	比重
	72707.04	100	507448.25	100
交通运输设备制造业	4659.31	6.41	33395.28	6.58
专用设备制造业	1980.71	2.72	14521.30	2.86
电气机械及器材制造业	4021.55	5.53	30428.84	6.00
通信设备、计算机及其他电子设备制造业	5830.96	8.02	43902.82	8.65
仪器仪表及文化、办公用机械制造业	705.73	0.97	4984.49	0.98
总计	17198.26	23.65	127232.7	25.07

资料来源：2000 年和 2009 年《中国统计年鉴》。

表 3　第三产业内部结构对比

单位：%

年份	交通运输、仓储和邮政业	批发和零售业	住宿和餐饮业	金融业	房地产业	其他
1980	21.7	19.7	4.8	7.6	9.8	36.3
1985	16.3	31.0	5.3	10.1	8.3	28.9
1990	19.8	21.5	5.1	17.3	11.2	25.0
1995	16.2	23.9	6.0	14.0	11.8	28.0
2000	15.9	21.1	5.5	10.6	10.7	36.2
2005	14.8	18.4	5.7	8.6	11.2	41.3
2006	14.7	18.3	5.7	10.0	11.4	39.9
2007	14.3	18.2	5.3	12.8	11.8	37.6
2008	13.8	19.2	5.5	14.0	10.6	37.0

资料来源：2009 年《中国统计年鉴》。

上。以上海市为例，2008 年上海市实现金融业增加值 14423.6 亿元，同比上涨 15%；保费收入 600.06 亿元，同比上涨 24.3%；信息服务业增加值 944.61 亿元，同比增长 11.2%；电信业务总量 776.12 亿元，同比增长 17.3%。[①]

产业结构的升级带动我国服务外包从传统的信息技术外包（IPO）拓展到业务流程外包（BPO）甚至是知识流程外包（KPO），从基本数据录入到顾客关系管理，再到企业服务共享，甚至到内容策划和新产品设计，形成不同领域内的比较优势，从而促进我国制造外包特别是服务外包业务的增长。

2. 承接跨国服务外包与国际技术转移

广义上的国际技术转移还包括国际技术转让和国际技术扩散。国际技术转让是一国的技术提供方通过某种途径向另一国的技术接受方转让技术的过程，是有意识的、主动的技术转移。技术扩散是一国的开发能力通过消费和生产使用的各种方式为另一国使用、吸

---

① 2009 年《长三角统计年鉴》第 53~56 页。

收、复制和改进的过程，是无意识的、被动的技术转移。对国内公司而言，承接跨国服务外包不仅可以带来包括整套工艺、设备、工业流程等硬技术的主动转移，而且还能够引起包含知识、信息、专业知识、组织管理和营销技能等软技术的被动转移。实际上，被动的技术扩散往往比主动的技术转让更为重要，因为它不是技术的简单翻版，而是在"边干边学"中，根据当地特定的社会、政治、技术、气候、经济、教育等条件进行相应的改造以适应本国需求的过程，能够促进本国技术水平的提高，促进经济的加速发展。承接跨国服务外包有利于拓宽服务领域、革新经营理念、创新服务方式、提高服务质量。服务业的技术水平的提高主要表现为雇员平均报酬表示的软技术的积累，而这通常反映在他们的平均工资水平上①。表4表明，服务业各个领域的平均工资水平都有较大幅度的提高，2003~2008年各服务业年均收入都有很大增长，科学研究上涨2.49万元，信息传输、计算机服务和软件业平均工资上涨2.27万元，金融业上涨3.14万元，这体现着我国服务业技术的进步。国际技术的转让和扩散有利于我国承接跨国服务外包能力的提高，有利于我国外包业务的增长。

表4　服务业分行业平均工资

单位：万元

年　份	交通运输、仓储和邮政	信息传输、计算机服务和软件业	批发和零售业	住宿和餐饮业	金融业	房地产业	科学研究
2003	1.60	3.22	1.09	1.11	2.25	1.72	2.06
2004	1.84	3.50	1.29	1.25	2.70	1.87	2.36
2005	2.14	4.06	1.52	1.39	3.22	2.06	2.74
2006	2.46	4.48	1.77	1.52	3.93	2.26	3.19
2007	2.84	4.92	2.09	1.70	4.94	2.64	3.89
2008	3.20	5.49	2.58	1.93	5.39	3.01	4.55

资料来源：2004~2009年《中国统计年鉴》。

3. 承接跨国服务外包与出口竞争力增强

承接跨国服务外包不仅有利于扩大商品出口规模，而且还能促进出口竞争力的增强。表5显示，我国商品出口规模自1995年的1487.7亿美元持续增长到2005年的7619.5亿美元，继续上升至2008年的14306.9亿美元，出口规模逐年扩大，14年间几乎扩大了9倍。在出口商品中，高技术产品出口额从1995年的101亿美元增至2008年的4156亿美元，增长了40倍。高技术产品出口和进口比重也分别从1995年的6.8%、16.5%增至2008年的29.1%、30.2%，分别增加了22个和13个百分点。2008年美国次贷危机引发了全球经济危机，各国经济持续衰退，我国出口规模急速缩减，2009年出口12016.7亿美元，同比下降16%。但综观2009年全年出口表现，发现出口早在3月就率先触底反弹，11月出

① 陈景华. 服务业国际转移的经济增长效应 [J]. 国际贸易问题，2009（4）：65.

口同比开始恢复性增长。2010 年上半年，我国出口总额达到 7050.9 亿美元，同比增长 35.2%，其中 6 月出口 1374 亿美元，同比增长 43.9%，刷新了 2008 年 7 月的最高历史纪录。2010 年 1~6 月我国机电产品出口 4170 亿美元，增长 35.9%，高出同期我国总体出口增速 0.7 个百分点，占同期我国出口总值的 59.1%。其中电器及电子产品出口 1686.8 亿美元，增长 35.7%；机械设备出口 1418.7 亿美元，增长 36.5%。出口竞争力的增强显然有利于我国继续承接离岸服务外包。

表 5   高技术产品贸易额及占商品进出口比重

单位：亿美元、%

年 份	高技术产品出口额	占商品出口比重	高技术产品进口额	占商品进口比重
1995	101	6.8	218	16.5
2000	370	14.9	525	23.3
2005	2182	28.6	1977	30.0
2007	3478	28.6	2870	30.0
2008	4156	29.1	3419	30.2

资料来源：2009 年《中国统计年鉴》。

4. 承接跨国服务外包与规模经济

承接跨国服务外包作为我国融入服务业全球价值链条的一种新的方式，有利于产业集聚，并形成规模经济，提高生产效率。这不仅表现在制造业领域，也逐渐在服务业领域内显现。目前全国已经形成珠江三角洲，长江三角洲，天津滨海新区，福建省海峡西岸经济区，包括陕西、甘肃两省部分地区的关中—天水经济区，中国图们江区域，黄河三角洲，横琴新区，安徽皖江城市带，鄱阳湖生态经济区等 10 多个经济区，这些经济区的形成与制造外包和服务外包的发展是分不开的，今后跟服务外包的发展关系将更加紧密。值得一提的是，随着世界经济从"工业经济"向"服务经济"转变，以及社会分工的发展和专业化水平的提高，服务业特别是生产性服务业通过外包形式逐渐从原来的制造业职能中分离出来，使得服务业的集聚效应逐渐凸显，上海陆家嘴金融服务业集群和北京中关村的中介服务业集群等依此而出现。这些经济区和产业集群也将继续吸引着来自美欧日的包括杜邦、PPG、西门子、飞利浦、富士通、松下在内的大型跨国公司对中国发包。

5. 承接跨国服务外包与直接投资

跨国服务外包的承接加速了对外直接投资的流出和流入。从对外直接投资的流入来看，我国实际吸引的 FDI 从 1985 年的 46.47 亿美元持续增至 2005 年的 606.3 亿美元，成为当年最大的对外直接投资流入国，2005 年以后继续增长，2008 年我国吸引的直接投资达到 923.95 亿美元（见表 6）。从对外直接投资的流出来看，我国 1985 年的 FDI 流出规模很小，不到 1 亿美元，2000 年以后大幅提升，到 2008 年增长到 206.50 亿美元，与吸引的 FDI 从相差 100 倍缩小为仅相差 4 倍。相信如此快速的资本流动也会推动我国承接跨国服务外包业务的增长。

表 6　我国 FDI 的流出和流入额

单位：亿美元

年　份	对外直接投资流出	外商直接投资流入
1985	0.44	46.47
1990	8.38	102.89
1995	20.00	481.33
2000	10.00	407.15
2005	122.60	603.30
2006	161.00	658.21
2007	187.00	747.68
2008	206.50	923.95

资料来源：1986~2009 年《中国统计年鉴》及《中国对外直接投资公报》。

6. 承接跨国服务外包与跨国外包发包

理论上说，承接跨国服务外包业务增长到一定的程度以后，将推动跨国服务外包发包业务的增长，而后者又会反作用于前者，两者形成良性互动。Gartner 预计，2010 年全球软件与服务外包市场规模大约是 6800 亿美元，全球 IT 支出将达到 3.4 万亿美元，与 2009 年的 3.2 万亿美元相比，增幅将达 5.3%。2010 年前 5 个月，我国新增服务外包企业 1105 家，新增从业人员 18.2 万人，全国承接服务外包合同执行金额 54.97 亿美元，同比增长 139.2%。如果全球服务外包市场规模以现有的速度保持持续增长的势头，我国承接的离岸服务外包业务势必会快速稳定增长，并在不久的将来催生新的跨国服务外包发包业务。

以上理论分析显示，承接跨国服务外包与我国经济增长的相互作用很强，关联度大，但两者之间到底存在什么样的关系还有待进一步的实证检验。

三、承接跨国服务外包与我国经济增长相互作用的实证分析

在此，我们分析服务外包、制造外包与我国经济增长的相互作用，以期有所比较。由于数据不可获得，本文采用国内学者常用的方法，用服务贸易出口额替代承接服务外包额，用加工贸易出口额替代承接制造外包额。1982~2008 年，GDP、工业增加值、第三产业增加值和制造外包的数据来自各年度《中国统计年鉴》，服务外包数据来自 WTO 国际贸易统计数据库；2009 年数据来自中国商务部网站和《2009 年全国国民经济和社会发展统计公报》。gdp 表示国内生产总值，mft 表示工业增加值，s 表示第三产业增加值，oss 表示服务外包额，osp 表示制造外包额。分析过程中，对这些时间序列均取对数，这样做不会影响到原序列的性质及相互关系，却可以改变各序列的数量级，方便了分析，也更容易得到平稳数据。

1. 单位根检验

由于非平稳的时间序列变量之间经常发生伪回归现象而造成结论失效，因此对经济变量的时间序列进行传统的最小二乘回归分析之前，首先要进行单位根检验，以判别序列的平稳性，只有平稳的时间序列数据才能进行回归分析。若两时间序列数据非平稳且同阶单整，才可以进一步进行协整性检验，以确定时间序列变量之间是否存在某种长期稳定关系。否则，两者之间无长期稳定关系。在此，使用 EViews5.1 软件对各时间序列进行 DF/ADF 检验，其结果见表 7。

表 7　序列平稳性 DF/ADF 检验结果

变量	检验类型			DF/ADF 统计值	DF/ADF 临界值			是否平稳	整合阶数
	(c, t, p)	AIC	SC		1%	5%	10%		
lngdp	(c, t, 2)	−1.819487	−1.575712	−0.778650	−4.3738	−3.6027	−3.2367	否	
dlngdp	(c, 0, 3)	−1.731391	−1.484545	−1.403707	−3.7497	−2.9969	−2.6381	否	I (2)
ddlngdp	(0, 0, 3)	−1.649955	−1.451584	−3.979002	−2.6756	−1.9574	−1.6238	是	
lnmft	(c, t, 0)	−1.584096	−1.440114	−2.335725	−4.3382	−3.5867	−3.2279	否	I (1)
dlnmft	(c, 0, 0)	−1.337545	−1.240768	−4.536635	−3.7076	−2.9798	−2.6290	是	
lns	(c, t, 3)	−2.019337	−1.724824	0.851594	−4.3942	−3.6118	−3.2418	否	I (1)
dlns	(c, 0, 1)	−1.748461	−1.602196	−4.869839	−3.7204	−2.9850	−2.6318	是	
lnoss	(c, t, 0)	−1.599258	−1.455276	−2.636923	−4.3382	−3.5867	−3.2279	否	I (1)
dlnoss	(c, 0, 0)	−1.440002	−1.343225	−4.026032	−3.7076	−2.9798	−2.6290	是	
lnosp	(c, t, 2)	−1.843400	−1.599625	−3.594542	−4.3738	−3.6027	−3.2367	否	
dlnosp	(c, 0, 2)	−1.669663	−1.473321	−1.185352	−3.7343	−2.9907	−2.6348	否	I (2)
ddlnosp	(c, 0, 1)	−1.685102	−1.537845	−8.199946	−3.7343	−2.9907	−2.6348	是	

注：①变量栏中 ln* 表示原变量 * 的自然对数，d* 表示 * 的一阶差分，dd* 表示 * 的二阶差分。②检验类型栏括号中的 c 表示检验平稳性时估计方程中的常数项，为 0 表示不含常数项；第二项 t 表示时间趋势项，为 0 表示不含时间趋势项；第三项 p 表示自回归滞后的长度，为 0 表示 DF 检验；采用 AIC 和 SC 准则来评价效果，选择 AIC 和 SC 最小的检验类型。③I (*) 表示 * 阶单整序列。

由表 7 可知，原序列 lngdp、lnmft、lns 与 lnoss 在 1%、5% 和 10% 的显著水平下均未通过检验，lnosp 在 1% 和 5% 的显著水平下均未通过检验，均为非平稳序列。经过一阶差分以后，lnmft、lns 与 lnoss 通过了检验，拒绝了存在单位根假设，为平稳序列，这表明 lnmft、lns 与 lnoss 一阶单整，它们之间可能存在协整关系，可以进一步做协整检验。lngdp 与 lnosp 经过二阶差分以后才通过检验，变成平稳序列，表明 lngdp 与 lnosp 二阶单整，它们之间也可能存在协整关系，可以进一步做协整检验。

2. 协整检验

协整关系是非平稳的同阶单整变量之间存在的一种长期均衡关系，进行协整检验可以有效避免伪回归问题。本文采用 E-G 检验来分析非平稳的时间序列 lnmft 与 lnoss、lns 与 lnoss 之间究竟存在什么样的协整关系。分别设定模型：

（1）$lnmft = a_0 + a_1 lnmft(-1) + a_2 lnoss(-1) + \varepsilon_1$

（2）$\text{lns} = b_0 + b_1\text{lns}(-1) + b_2\text{lnoss}(-1) + \varepsilon_2$

（3）$\text{lngdp} = c_1\text{lngdp}(-1) + c_2\text{lnosp}(-1) + c_3\text{lnosp}(-2) + \varepsilon_3$

利用 EViews 软件对 lnmft 和 lnoss、lns 和 lnnoss、lngdp 和 lnosp 的协整关系进行检验，结果如表 8 所示。

表 8　回归模型估计

(lnmft, lnoss)				(lns, lnoss)				(lngdp, lnosp)			
变量	系数	T值	概率	变量	系数	T值	概率	变量	系数	T值	概率
C	2.582881	0.645332	0.0005	C	1.290819	2.836303	0.0091	lngdp (−1)	0.976754	68.51170	0.0000
lnmft (−1)	0.447263	0.135755	0.0031	lns(−1)	0.679678	6.096904	0.0000	lnosp (−1)	0.118786	2.646229	0.0144
lnoss (−1)	0.405046	0.093911	0.0002	lnoss(−1)	0.271716	3.156938	0.0043	lnosp (−2)	−0.072061	−2.284975	0.0319
$R^2 = 0.991289$ $\underline{R}^2 = 0.990563$				$R^2 = 0.994351$ $\underline{R}^2 = 0.993880$				$R^2 = 0.990012$ $\underline{R}^2 = 0.989144$			
AIC = −1.912561 SC = −1.768579				AIC = −2.130758 SC = −1.986776				AIC = −1.885643 SC = −1.740478			
DW = 1.605869				DW = 1.831040				DW = 2.174092			

接下来对生成的残差 e_1、e_2 和 e_3 分别进行单位根检验。仍使用 AIC 和 SC 最小准则，将单位根检验的滞后期分别选为 0、0、1，发现三者均通过了检验，即 e_1、e_2 和 e_3 均为平稳序列，则设定模型的协整关系成立。

表 9　e_1、e_2 和 e_3 的单位根检验结果

变量	检验类型			ADF 统计值	ADF 临界值			协整关系
	(c, t, p)	AIC	SC		1%	5%	10%	
e_1	(c, 0, 0)	−1.990074	−1.893298	−4.033018	−3.7076	−2.9798	−2.6290	是
e_2	(c, 0, 0)	−2.168579	−2.071803	−4.499319	−3.7076	−2.9798	−2.6290	是
e_3	(c, 0, 1)	−1.963742	−1.816485	−5.104860	−3.7343	−2.9907	−2.6348	是

3. Granger 非因果检验

由于样本不大，选取 1~4 个滞后期数，并在 5% 的显著性水平下得出结论。表 10 显示，从短期和长期来看，lnoss 均是 lns、lnmft 的 Granger 原因，即 lnoss 导致 lns、lnmft 的变化。但 lns、lnmft 不是 lnoss 的 Granger 原因，即 lns、lnmft 不会引起 lnoss 的变化。从而可以确定，服务外包将在短期和长期上推动工业和服务业产值增长，但工业和服务业增长对服务外包发展并无太大促进作用。对于 lngdp 与 lnosp 的格兰杰因果检验的结论有些不同，短期内 lngdp 是 lnosp 的 Granger 原因，但长期却不是，同时 lnosp 不是 lngdp 的 Granger 原因。因此，尽管短期内国民生产总值增长推动了制造外包发展，但长期上国民生产总值的增加无助于制造外包的增长，同时制造外包的发展对国民生产总值的增加无明显促进作用。

四、结论及政策建议

1. 结论

（1）就外包对经济增长的作用而言，制造外包对国民收入的促进作用不明显，而服务外包不管在短期上还是在长期上均会推动工业和服务业产值增长。制造外包增长 1%，会带动次年国民生产总值增长 0.119%，而在第三个年度会使国民生产总值降低 0.072 个百分点，所以制造外包增长 1%，会带动国民生产总值增长 0.047%（0.119%~0.072%）。服务外包增长 1%，会带动第三产业增加值增长 0.272%。

表 10   格兰杰非因果检验结果

原假设	滞后期数	F 统计量	P 值	结论
lnmft 不是 lnoss 的 Granger 原因	1	1.17257	0.28963	接受
	2	0.37835	0.68957	接受
	3	0.13541	0.93763	接受
	4	0.38357	0.81697	接受
lnoss 不是 lnmft 的 Granger 原因	1	18.6028	0.00024	拒绝
	2	10.6021	0.00066	拒绝
	3	6.73498	0.00306	拒绝
	4	5.86786	0.00477	拒绝
lns 不是 lnoss 的 Granger 原因	1	0.21793	0.64483	接受
	2	0.32279	0.72765	接受
	3	0.58881	0.63019	接受
	4	0.56767	0.69001	接受
lnoss 不是 lns 的 Granger 原因	1	9.96626	0.00426	拒绝
	2	5.31987	0.01352	拒绝
	3	4.07073	0.02266	拒绝
	4	2.01969	0.14320	接受
lngdp 不是 lnosp 的 Granger 原因	1	34.1452	5.0E-06	拒绝
	2	1.08111	0.35736	接受
	3	0.97253	0.42740	接受
	4	0.75349	0.57113	接受
lnosp 不是 lngdp 的 Granger 原因	1	3.35733	0.07934	接受
	2	2.70289	0.09025	接受
	3	1.59437	0.22564	接受
	4	1.33182	0.30353	接受

（2）就服务外包对工业和服务业的作用而言，服务外包对工业的贡献要高于对服务业的贡献。具体而言，服务外包每增长 1%，会带动次年工业增加值增长 0.405%、第三产业增加值增长 0.272%，前者比后者高出 0.133 个百分点。

（3）就经济增长对外包的作用而言，工业和服务业增长、国民生产总值的增加分别对服务外包、制造外包的发展无明显促进作用。这一结论与前面所做的理论分析出现偏差，这可能是我国改革开放初期不太重视外包、中期之后发展较快的又是附加值较低的制造外包导致的。

2. 政策建议

（1）重点培育大型企业。第一，大力支持企业并购和上市。我国一方面通过制定相应的鼓励政策，另一方面通过与行业协会、领先的全球企业或咨询机构合作，为并购提供专业的咨询和建议，支持有条件的本土服务外包领先企业走出国门，对国外公司或者客户的内部服务部门进行并购，获取国外企业的管理经验和市场资源，培育龙头企业。与此同时，鼓励有实力的企业在境内外创业板上市，增加投融资途径，提高企业知名度，壮大自身竞争力。第二，注重品牌建设。品牌建设当中不能忽视"中国服务"大品牌的建设，同时也应注重单个企业小品牌的树立。整体上说，在政府和行业协会的协调下，由多家企业根据市场需求，组建服务外包联盟，加强彼此间协作和信息互联共享，通过整合资源，建立强势品牌。个体上说，我国企业不妨从承接跨国公司在华子公司的在岸服务外包业务做起，边干边学，获取国际客户资源，培养专业技能，树立品牌形象。

（2）积极开拓欧美市场。第一，重视质量认证。据了解，是否持有国际认证已经成为企业开拓欧美市场的基本门槛，主要包括开发能力成熟度模型集成（CMMI）、开发能力成熟度模型（CMM）、人力资源成熟度模型（PCMM）、信息安全管理（ISO27001/BS7799）、IT 服务管理（ISO20000）、服务提供商环境安全性（SAS70）等相关国际认证。截至 2008 年底，我国共有服务外包企业 4000 多家，从业人员 33 万多人，取得各类国际资质认证的服务外包企业 450 多家，这与大多数公司均通过了 ISO9000 国际质量认证与 CMM 质量认证体系的印度相差甚远。作为企业应具体了解这些国际认证的申请条件和认证过程，符合条件的积极申请，不符合条件的创造条件申请，以提高服务外包产品生产企业的技术档次和市场竞争力。第二，注重知识产权保护。商业秘密、商标、专利、版权及相关权利渗透在不同层次的外包环节之中，因此，知识产权保护制度的完善，是我国开拓欧美市场"绕不过去的一道坎"，也是我国服务外包战略成败的关键。我国政府早已出台了包括《著作权法》、《专利法》、《版权法》、《商标法》、《商业秘密法》等在内的一系列知识产权法，但一些企业仍然缺乏知识产权侵犯与保护意识，政府一方面应普及知识产权保护知识；另一方面要降低对侵犯知识产权和商业机密的打击门槛，加大打击力度。

（3）重视人才培养和引进。第一，大力培育服务外包人才。人才是服务外包企业的高级要素，对企业服务外包的发展有至关重要的推进作用，是服务外包可持续发展的保证。在国家商务部"千百十工程"人才培养计划的指导下，一方面推进大学教育改革，加强大学服务外包课程体系的革新，改进传统课堂授课模式，增加实践学习活动，推动实践教学基地建设，让服务外包人才培养"从实践中来、到实践中去"；另一方面在现有服务外包从业人员中全面推行职业资格认证制度，建立国际化的培训体系，创建学习型组织，提升外包服务人才国际化水平。第二，引进海外高层次服务外包人才。这是解决我国服务外包企业人才短板的一个捷径。一方面，企业加强与国际知名中介机构、行业协会的联系与合作，定期通过各种形式的宣传手段来宣传自身品牌，吸引优秀的海外留学人员回国加盟；另一方面，推动引进人才途径多样化，鼓励一线的国外服务外包技术人才通过调动、咨询、讲学、兼职、聘用、技术承包入股、人才租赁、设立研发机构等多种方式长期工作或短期服务，提高服务外包人才的国际化程度。

参考文献

［1］秦仪.关于服务外包的价值链研究［J］.国际商务——对外经济贸易大学学报，2007（4）.

［2］宋丽丽.跨国服务外包研究：东道国和承接方视角［D］.复旦大学博士学位论文，2008.

［3］杨波，殷国鹏.中国服务外包：发展现状与提升对策［J］.国际经济合作，2009（1）.

［4］Michael J. Mol, Rob J. M. van Tulder, Paul R. Beije. Antecedents and Performance Consequences of International Outsourcing［J］. International Business Review, 2005（14）.

［5］Grossman G. M., Helpman E. Integration Versus Outsourcing in Industry Equilibrium［J］. The Quarterly Journal of Economics, 2002（2）.

Study on Relationship between Offshore Service Outsourcing and China's Economic Growth: Comparing with Manufacturing Outsourcing

Chen Qingping and Cao Huiping

Abstract: Offshore service outsourcing is growing very fast in China. This paper examines the relationship between China's service outsourcing and the growth of industry and services through cointegration test and Granger test, and compares it with the relationship between manufacturing outsourcing and GDP. The conclusion is that service outsourcing contributes more to economic growth than manufacturing outsourcing, and its economic effect is greater on industry than on services. And the promoting role of economic growth to service outsourcing is not obvious. Therefore, it is quite necessary for China to develop service outsourcing vigorously and initiatively.

Key Words: Service Outsourcing; Manufacturing Outsourcing; Economic Growth

我国服务贸易技术结构优化了吗?*

董直庆　夏小迪

【摘　要】本文运用技术含量指数 STC 对 11 类服务贸易的技术含量进行测度, 结果显示, 1995~2007 年, 新兴服务贸易的金融、保险和专利及特许权服务技术含量较高, 而旅游、运输和建筑服务技术含量偏低。我国服务贸易整体技术水平较低且技术结构分布呈现出尖塔型特征, 即技术含量高的金融保险业出口规模小, 而技术含量低的旅游和运输等行业出口规模大。同时, 我国服务贸易技术结构优化程度有限, 其国际竞争力并未随服务贸易量的增长而得到有效提升。

【关键词】服务贸易; 技术水平; 技术结构

一、引言

经济一体化和国际贸易大发展环境下服务贸易得到迅猛增长, 而技术因素对服务贸易的影响正不断深化, 这不仅可以改变服务贸易方式和贸易结构, 更是扩大国际贸易领域和提高服务贸易竞争力的主要方式。我国服务贸易技术水平和技术结构如何, 与欧美发达国家相比是否存在差距? 改革开放以来服务贸易技术结构优化了吗? 这些问题成为学术界关注的焦点。程南洋等 (2006) 利用 1999~2003 年的服务贸易出口数据, 借助劳伦斯指数和收益性结构指数, 测算发现我国服务贸易出口结构逐渐优化, 但低技术含量服务贸易出口仍占绝对优势。杨青 (2008) 从进出口贸易额和国际竞争力角度分析我国服务贸易结构问题, 认为我国服务贸易仍在很大程度上依赖于自然禀赋和劳动密集型服务业, 高附加值的知识技术密集型服务贸易比重偏低, 并认定我国服务贸易结构主要表现出知识技术含量低

* 基金项目: 本文获得国家社科基金青年项目 (08CJY013 和 10C JL011)、教育部人文社科基金青年项目 (09YJC790117)、吉林省社科基金项目 (2009B014) 和东北师范大学哲学社科青年科研团队项目 (NEN U-SKD2009) 的资助。

作者: 董直庆, 吉林大学数量经济研究中心副教授、博士生导师, 130012; 夏小迪, 东北师范大学经济学院硕士研究生, 130117。

本文引自《财贸经济》2010 年第 10 期。

且可持续发展能力较差。余道先等（2008）运用贸易竞争力指数（TC 指数）和 Michaely 竞争优势指数做研究，认为我国出口贸易虽然增长迅猛，但服务贸易始终处于逆差状态且主要依靠传统产业。仇怡（2009）从贸易结构角度对比我国货物贸易和服务贸易及其技术扩散效应，认为服务贸易是国际技术扩散的重要渠道，我国服务贸易总额快速增长，同时贸易结构正走向高级化。王煜（2007）认为我国服务贸易仍以运输和旅游服务两大传统服务贸易为主，应及时转变我国服务贸易结构和加快转型升级步伐，否则服务贸易增长将陷入比较优势陷阱并出现贫困化增长倾向。针对服务贸易结构，陈燕清（2008）也借助劳伦斯指数和收益性结构指数对比中印两国服务贸易出口结构，发现传统服务项目技术和资本含量不断增加，我国服务贸易出口结构优化升级水平低而印度服务贸易"质"的方面优势明显。

不难发现，多数文献多采用劳伦斯指数和 TC 指数等方法分析服务贸易结构，但这些方法无法准确测算技术进步下服务贸易技术结构的变化。关志雄（2002）提出以出口国人均 GDP 加权平均作为技术附加值测度产品技术含量，其值越大则代表该产品的技术水平越高，但这种方法的局限性在于没有考虑到技术分布非正态特性以及不同国家数据的异质性。Weiss 和 Zhang（2005）假定出口国收入水平越高，其出口品复杂性越高，以世界各国出口该产品的国际市场份额作为权数提出复杂性指数。樊纲等（2006）修正并完善了这一方法，提出以显性技术赋值原理作为识别贸易品技术附加值高低的基础，构建出四种基于贸易品技术分布的贸易结构分析方法。Hausmann 等（2006）将产品技术水平与该产品出口国的经济发展水平相联系，以出口国人均 GDP 加权平均作为权数构建出产品技术含量的指标 PRODY 指数。Xu（2006）认为，Hausmann 方法忽略了出口产品的价格和质量因素，易使出口品的技术含量估计产生误差，需要以质量乘数（Quality Multiplier）对 PRODY 指数进行修正，并构建出 TCE 指数。杜修立等（2007）认为，以一国产品出口贸易份额为赋值权重测度出口品技术含量，其主要缺陷在于忽略产品贸易分布与生产分布之间的本质差异，应以各类产品的生产国而非出口国为标准，并测算了我国出口贸易技术结构及其变动趋势，发现我国出口贸易整体水平已得到了很大提高，但出口贸易的技术结构并没有明显优化。

当前对出口贸易技术结构分析集中于整体贸易，特别关注货物或商品贸易的技术结构，忽视服务贸易技术结构及其变化趋势分析，更缺乏对服务贸易各个细类技术结构问题的研究。传统研究往往依据要素投入将服务贸易划分为技术知识密集型和劳动密集型，或是根据服务产生阶段将其分为传统服务和新兴服务，并据此判定一国服务贸易结构及其优化程度。但这些分类方法主观程度较高，无法得到精确数据的支持。为此，本文在樊纲等（2006）和杜修立等（2007）设计的商品贸易技术结构指标基础上，构建服务贸易技术含量和技术结构指数，考察我国和其他国家服务贸易技术结构及其变化趋势，审视我国服务贸易的国际竞争力。

二、指标设计和数据来源说明

Rodrik（2006）和关志雄（2002）指出，高收入国家生产的产品技术含量较高。这类观点同样适用于服务贸易。虽然服务贸易产品大都是无形商品，但其价格也是由服务或生产服务产品的相对成本来决定的。高收入国家生产和服务部门的劳动成本较高，为获得国际贸易竞争优势就必须依靠其技术优势来提供高技术含量产品。为构建服务贸易技术含量指标，令服务贸易技术含量满足如下假定：高收入国家提供或生产的服务或服务产品的技术含量较高，反之则较低。同时，将其定义为出口该种服务或服务产品的各国收入水平的加权和，权数为该种服务或服务产品出口国的出口额占该种服务或服务产品世界总出口额的份额，k 项服务贸易的技术含量用公式表示为 $STC_k = \sum_{i=1}^{n} se_{ik} Y_i$，其中 se_{ik} 为权重，表示 i 国 k 项服务贸易出口份额，即 $se_{ik} = x_{ik} / \sum_{i=1}^{n} x_{ik}$。$x_{ik}$ 为 i 国 k 项服务贸易出口额。Y_i 表示 i 国的人均收入水平，以各国人均 GDP 来代替人均收入。

按照服务贸易的 BOP（Balance of Payments）分类方法，可得到各类服务贸易的技术含量，但衡量的仅为世界服务贸易技术的相对水平。为全面认识我国服务贸易技术结构及其变化趋势，进一步通过两个视角考察技术结构，即服务贸易整体技术水平和技术结构优化程度，设计出一国服务贸易技术水平指数和技术结构优化指数。依据服务贸易技术含量的测算结果，将技术水平指数定义为该国所有服务贸易技术含量的加权和，记为 ESTC，$ESTC_i = \sum_{k=1}^{m} STC_k \times se_{ik}$，$se_{ik}$ 为 k 项服务或服务产品出口在世界该类总出口中所占的份额。利用技术水平指数可以测算并分析服务贸易技术在一定时期内的变化趋势，也可以实现不同国家或地区的横向比较。由于技术水平提升并不意味其技术结构就一定已经得到优化，为此还需要引入服务贸易比较优势指数（CA），即为一国某项服务贸易的世界份额与世界贸易中该项服务贸易占服务贸易总额的份额比，$CA_k = (x_{ik} / \sum_{i=1}^{n} x_{ik}) / (x_k / \sum_{k=1}^{m} x_k)$，其中 x_{ik} 表示 i 国 k 项服务贸易的出口额，x_k 表示 k 项服务贸易的世界出口总额。在此基础上定义服务贸易技术结构优化指数，即以一国出口服务贸易比较优势指数为权数的服务贸易各项目技术含量加权和，即为 $OSTC_i = \sum_{k=1}^{m} CA_k \times STC_k$。

在对服务贸易进行分类时，依据世界贸易组织对国际服务贸易界定标准，采用服务贸易的 BOP 统计方法将服务分成三大类：运输、旅游和其他服务。其他服务包括通信、建筑、计算机与信息服务、保险服务、金融服务、专利与特许权、其他商业服务、个人文化与娱乐服务和政府服务。服务贸易技术含量及整体技术结构水平的测算需要各国人均 GDP 及服务贸易的出口数据。其中人均 GDP 数据来自联合国数据库（UNdata）和世界银行数据库（World Bank），以美元为计价单位。服务贸易出口数据需要服务贸易按 BOP 统计分类下的各类服务贸易项目出口额，数据来自联合国贸易发展委员会统计手册 2009 年版（Unctad Handbook of Statistics 2009），采用当前美元价，联合国贸易发展委员会对服务贸易的分类标准及统计口径与 BOP 统计完全相同。

三、服务贸易技术含量及其变动趋势

依据 BOP 分类，11 类服务贸易项目的技术含量及其变化趋势如图 1 所示。数据显示，1995~2007 年的服务贸易技术含量发展态势大致趋同，各服务项目技术含量的整体随时间不断提升，这主要归功于信息技术发展对服务贸易技术水平的推动作用。同时，服务贸易技术含量变化可以分为两个阶段：第一个阶段是 1995~2001 年，主要特征是服务贸易技术含量变化明显且 STC 值的上升趋势不显著，在几乎无增长趋势的通道内小幅波动。第二个阶段是 2001~2007 年，各项服务贸易技术含量提升较快，其增长率明显有别于第一个阶段。当然，这主要是与科技进步息息相关，高新技术迅猛发展使产品更新换代速度加快，服务贸易的技术含量也不断提高。同时可以看出，金融业、专利及特许权和保险业技术含量最高，金融业技术含量峰值约为 54710（2007 年）。金融业 STC 值从 2001 年开始迅猛增长，到 2007 年达到最高值，与其他类别服务贸易的 STC 值差距较大并且始终处于高位。究其原因，主要是金融保险服务贸易项目技术含量提升直接来自于现代科学技术飞速发展

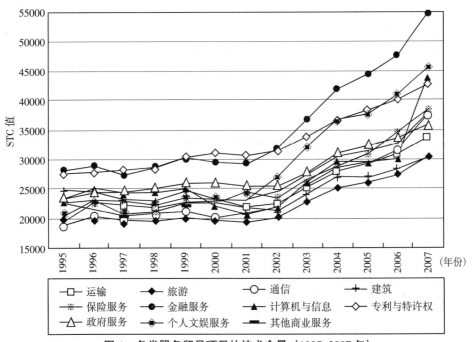

图 1　各类服务贸易项目的技术含量（1995~2007 年）

和信息技术持续进步以及在金融领域的大规模应用。世界经济发展经验表明，金融业往往是信息技术发展的方向标，金融服务水平提升能有效带动信息技术在其他经济部门的应用（刘丽文，2006）。

保险业技术含量在 1995~2000 年处于中等水平，但在 2001 年后其 STC 值增长迅速，增长率略高于金融服务贸易，2007 年的技术含量提高到服务贸易的第 2 位。可以说，现代科技对金融、保险业的影响主要体现在金融、保险服务方式及产品等方面。特别是近年来金融服务业的竞争日益激烈，各商业银行和保险公司为确保其自身的领先地位，纷纷进行技术改革与创新，并加大对高新技术的应用，进行服务方式与产品创新，使其服务技术含量明显增加。也正是信息技术发展和金融保险服务业对信息技术的投入，使其技术含量高于服务贸易的平均水平。相对于金融保险业，专利及特许权服务技术含量发展态势却相对缓慢，不过 1995~2002 年其技术含量与金融保险基本相当，主要是源于专利及特许权服务业的特殊性，这一领域聚集了高技术和高素质人力资本，形成了高工资，致使其具有较高的技术含量。但在 2002 年后，其技术含量发展速度不及金融保险业，从 2006 年起其STC 值下降到第 3 位，表明专利及特许权服务技术创新受到抑制。

运输、旅游作为传统服务贸易，其技术含量指标始终处于较低水平。其中旅游业 STC值 1996~2007 年一直最低，这直接受制于旅游业的贸易对象及贸易方式。传统旅游业主要以自然人文资源为主，属于资源密集型的服务行业，其技术含量往往较低。但近些年旅游运输服务贸易 STC 值稳中有升，主要归功于现代科技与传统服务贸易相结合。如地理信息技术、移动通信技术、全球定位技术和电子数据交换技术在运输产业的广泛应用，提高了旅游服务的运输效率及质量。旅游业充分利用信息技术开发电脑预定系统且逐渐采用电子商务模式，能够提升旅游业服务贸易的技术含量。据世界旅游组织预计，5 年之内，旅游电子商务将占全球所有旅游交易的 25%（魏敏，2006）。此外，通信、建筑、计算机与信息服务、其他商业服务、个人文娱服务和政府服务这几类服务贸易项目的技术含量水平变化态势趋同。除计算机与信息服务外，各项服务贸易的 STC 值变化趋势较为稳定。其中，计算机与信息服务贸易的技术含量在 21 世纪初出现了明显变化，2007 年 STC 值首次超过专利及特许权，仅次于金融和保险业。不过，属于技术及资本密集型服务产业的计算机与信息服务业，其 STC 值在所有服务贸易中优势并不明显，仅处于中等偏上水平。

四、我国服务贸易技术结构及其国际比较

利用技术水平的 ESTC 指标，对比我国和其他国家的服务贸易技术水平，结果见图 2、图 3。图形显示：相对于欧美发达国家，我国服务贸易技术整体水平偏低，ESTC 值小且增长缓慢，处于所选择的代表性国家的底端，但高于发展中国家和世界平均水平。其中，作为贸易大国与强国的美国，其服务贸易整体技术水平较高，1995~2002 年其 ESTC 值在

60000~75000，之后开始迅速增长并在 2007 年达到最大值 96156，且 1995~2007 年始终处于世界第一位，明显高于其他发展中国家和发达国家。英国服务贸易整体技术水平仅次于美国，但两者差距较大，其 ESTC 值仅达到美国的 1/2，但其技术水平的变化趋势却与美国相似。日本的技术水平变动趋势较为平缓，其 ESTC 值比较稳定，近年来上升趋势也并不明显，其服务贸易整体技术水平在所有国家中处于中上等水平。爱尔兰和印度的 ESTC 值起点较低，但近些年服务贸易整体技术水平增长明显，但增速不及英美两国。同样作为发展中国家的印度整体水平优于我国。

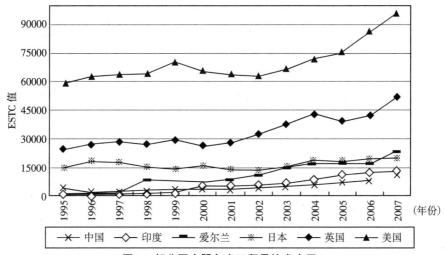

图 2　部分国家服务出口贸易技术水平

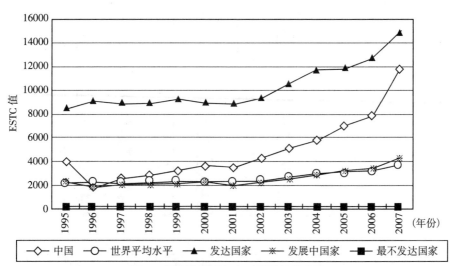

图 3　部分地区服务出口贸易技术水平

为更直观地考察不同国家各类服务贸易项目的出口份额及 ESTC 值，我们根据上述对各类服务贸易项目技术含量的测度结果，按照服务贸易出口品的技术含量值高低将这 11 类服务贸易分为四大类：第一，金融、保险服务；第二，计算机信息、通信、专利及特许权服务；第三，政府服务、文娱及其他商务服务；第四，旅游、运输、建筑服务。这四大类服务出口贸易技术含量水平依次降低。归类后，以该大类服务贸易项目出口份额来描述该国的出口贸易技术结构分布，选择部分年份（即 1997 年和 2006 年）各国服务贸易技术结构进行分析，结果如图 4、图 5 所示。我们不难发现：①我国服务贸易技术结构分布呈尖塔形，即技术含量高的金融保险业出口规模最小，而技术含量最低的旅游、运输和建筑业的出口规模最高。虽然近 10 年来服务贸易技术整体水平有所上升，但各项服务附加值与技术含量都很低，与英美等发达国家差距较大，并且也明显落后于印度等发展中国家。②服务贸易技术结构分布没有发生显著变化，始终保持技术含量高的服务品出口份额低，而技术含量低的服务出口份额高的状态。相对于其他发达国家来说，我国服务贸易技术整体水平仍然偏低，其结构也不具有竞争力，资源及劳动密集型的传统服务贸易是出口的主体，金融保险和计算机信息通信等服务项目始终是中国服务贸易的弱项，这也是致使中国服务贸易出口技术整体水平过低的主要原因。这可能在于我国服务贸易起步较晚，服务贸易相关的基础设施不完备，政策法律法规不健全，导致服务贸易企业规模小且管理落后。同时由于资本、人才和技术方面的约束，我国服务型企业普遍缺乏自主知识产权、先进技术以及国际营销渠道等核心要素，服务贸易技术水平低且不具有国际竞争力。运输旅游服务出口份额虽相对较大，但服务质量和技术含量与国际运输旅游服务水平相比仍存在较大

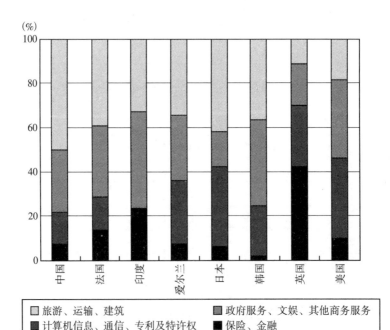

图 4　1997 年主要国家服务出口贸易技术结构分布

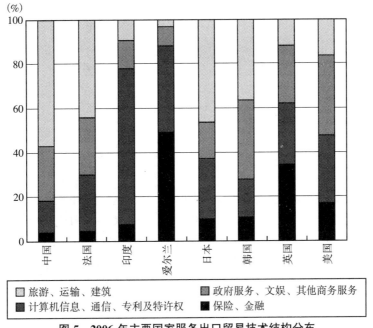

图5　2006年主要国家服务出口贸易技术结构分布

差距。虽然金融保险计算机信息等高端服务贸易企业发展较快，但出口规模小且发展速度缓慢，技术被动模仿现象明显。

　　当然，伴随技术进步，各项服务贸易的技术含量逐渐增加，各国服务贸易技术水平也呈现出上升趋势，这在一定程度上表明技术进步使服务贸易技术结构得到提升，但这并不能说明服务贸易技术结构已经得到优化。事实上，各主要贸易国服务贸易技术结构优化程度不同。为清晰刻画不同国家的变化差异，利用服务贸易技术结构优化指数，对各主要贸易国家的服务贸易技术结构优化程度进行比较，结果见表1。该表显示各国的服务贸易技术结构优化程度普遍有所提升，但变动趋势却表现出不稳定特征且样本区间内波动不具有规律性。从绝对量上讲，欧美国家技术结构优化水平明显高于我国，但在发展中国家，在2001年之前我国还高于印度，但之后我国服务贸易技术结构优化水平开始落后，表明我国服务贸易国际竞争力在下降。我国服务贸易技术结构除1997年外都高于韩国，这和我们的直观判断相悖，可能原因是指标设计未考虑出口规模，或者是在服务贸易的出口上大小国之间可能不太具有可比性。由于受出口规模和初始年份的影响，各国出口贸易技术结构优化水平并没有准确刻画各国服务贸易的真实技术结构和变化趋势。

表1　部分国家服务贸易技术结构优化指数的变化趋势

国家	年　份						
	1995	1997	1999	2001	2003	2005	2007
中国	136426.28	53987.67	83131.76	85078.67	123957.29	180736.73	301419.08
法国	601864.28	538025.30	430899.92	420092.79	497581.82	544107.01	540734.73

国家	年 份						
	1995	1997	1999	2001	2003	2005	2007
印度	9859.37	18782.06	28321.40	161457.59	176174.07	307185.91	310569.59
爱尔兰	40413.12	42295.48	285240.69	300865.81	446282.32	594505.97	703985.01
日本	370980.48	593847.98	393858.79	393382.70	434850.81	515032.46	548747.61
韩国	51440.22	55952.16	51280.09	73372.84	69327.40	105794.76	143635.54
英国	1028509.62	1110838.34	890999.67	836269.15	1026924.47	1110652.81	1443121.39
美国	2184220.51	2185395.51	2167756.65	1993811.27	1933931.26	2309932.94	3274530.96

为直接表现出技术结构优化程度及其变化趋势，以实现地区间差异对比，修正服务贸易的技术结构优化水平的指标记为 COSTC，$COSTC_i = (OSTC_i - OSTC_{min})/(OSTC_{max} - OSTC_{min})$，$COSTC_i$ 表示国家 i 的相对服务贸易技术结构优化指数，$OSTC_i$ 为国家 i 的技术结构优化指数，$OSTC_{max}$ 和 $OSTC_{min}$ 分别表示同期技术结构优化水平的最大和最小值。很明显，经标准化处理后的 COSTC 取值介于 [0，1]，累积折线图结果见图 6。

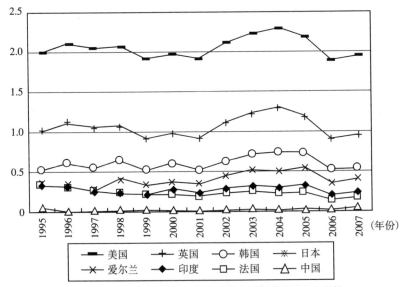

图 6 主要国家的服务贸易技术结构优化指数变动趋势

图 6 显示：①各主要贸易国服务贸易技术结构优化分成三个层次，第一个层次为美国，第二个层次为其他发达国家，第三个层次为以中印为代表的发展中国家。美国技术进步结构优化程度最高，其次是英国，而中国不仅远低于发达国家，而且落后于同属于发展中国家的印度。其中，爱尔兰和日本服务贸易技术结构优化程度处于中等水平，虽然爱尔兰与印度的优化指数起点大致相同，但 1998 年后爱尔兰的技术结构优化程度明显高于印度，其中计算机信息服务迅猛发展是两国服务贸易结构提升的主要动因，但爱尔兰的服务

贸易技术结构优化指数无论是在水平值上还是在增速上都强于印度。②各主要贸易国服务贸易技术结构优化趋势并不明显，而我国服务贸易技术结构优化程度有限且增长最为平缓，相对于其他国家而言并没有明显的上升趋势。虽然在前述分析中发现我国服务贸易技术整体水平有所提高，但其技术结构优化程度却不尽如人意，明显与我国贸易大国的地位不相符。若仅考察服务贸易技术整体水平，忽视我国技术结构是否已得到真正的优化，易得出中国服务贸易技术得到迅速提升且优于世界平均水平的片面结论。因此，我国在服务贸易技术结构优化升级方面能否真正得到提升还应引起足够关注，只有在服务贸易技术水平提升的基础上，服务贸易技术结构实现进一步的优化，才能使我国服务贸易具有一定的国际竞争力，在国际贸易竞争日益激烈的今天成为真正的贸易强国。

五、基本结论

本文运用技术含量的 STC 指数对国际服务贸易 11 类服务项目进行测度，这 11 类服务项目技术含量由高到低分别为金融、保险、专利及特许权、政府服务、其他商务服务、计算机信息、文娱、通信、建筑、运输、旅游服务。测算结果发现，作为新兴服务贸易的金融、保险和专利及特许权服务技术含量水平较高，传统的以自然资源和劳动为主要生产要素的旅游、运输和建筑服务的技术含量水平则较低，但随着信息科学技术的发展与普及，其技术含量有所提升。我国服务贸易整体技术水平较低，但高于发展中国家和世界平均水平，且技术结构分布呈现尖塔形，即技术含量较高的金融保险业出口规模小，而技术含量较低的旅游、运输和建筑业出口规模高，这种技术结构分布并未随着时间的推移而发生改变。虽然我国服务贸易技术整体水平有所提升但其结构优化程度有限，国际竞争力并未随服务贸易量增长而得到有效提升。

参考文献

[1] 程南洋，杨红强，聂影. 中国服务贸易出口结构变动的实证分析 [J]. 国际贸易问题，2006（8）.

[2] 仇怡. 基于对外贸易结构的技术扩散效应比较研究 [J]. 中国软科学，2009（7）.

[3] 陈燕清. 中印两国服务贸易出口结构变动的比较及启示 [J]. 黑龙江对外经贸，2008（9）.

[4] 杜修立，王维国. 中国出口贸易技术结构及其变迁：1980~2003 [J]. 经济研究，2007（7）.

[5] 樊纲，关志雄，姚枝仲. 国际贸易结构分析：贸易品的技术分布 [J]. 经济研究，2006（8）.

[6] 关志雄. 从美国市场看中国制造的实力——以信息技术产品为中心 [J]. 国际经济评论，2002（7-8）.

[7] 王煜. 我国服务贸易结构国际比较及优化 [J]. 财贸研究，2007（5）.

[8] 杨青. 对我国服务贸易结构的思考 [J]. 现代商贸工业，2008（11）.

[9] 余道先，刘海云. 我国服务贸易结构与贸易竞争力的实证分析 [J]. 国际贸易问题，2008（10）.

[10] 郑吉昌，朱旭光. 全球服务贸易转移与国际服务贸易发展趋势 [J]. 财贸经济，2009（8）.

[11] Alan Deardorff. International Provision of Trade Services, Trade, and Fragmentation [J]. Review of In-

ternational Economics, 2001, 9 (2).

[12] Bernard Hoekman, Guy Karsenty. Economic Development and International Transaction in Services [J]. Development Policy Review, 1992, 2.

[13] Hausmann, Jason Hwang, Dani Rodrik. What You Export Matters [Z]. NBER Working Paper, No. 11947, 2005.

[14] Rodrik D. What's So Special about Chinas Exports [Z]. NBER Working Paper, No.11947, 2006.

[15] Weiss Lall, Zhang. The Sophistication of Exports: A New Measurement of Product Characteristics [J]. World Development, 2006, 34 (2).

[16] Xu Bin. Measuring the Technology Content of China's Export [Z]. China Europe Business School Working Paper, 2006.

Is Technical Structure of Service Trade of China Optimized?

Dong Zhiqing and Xia Xiaodi

Abstract: The paper uses STC index to explore the technical content of service trade, as well as overall technical structure. From 1995 to 2007, the level of technology content of emergingt rade such as financial services, insurance and franchise services is very high, overall technical level of service exports of China is relatively low and technical structure does not change over time .We also find that the degree of optimization is extremely low and international competition is not consequently enhanced with the increase of service trade volume.

Key Words: Service Trade; Technology Content; Technical Structure

生产性服务业与制造业的互动机理：
理论与实证 *

高觉民　李晓慧

【摘　要】本文对资本要素和劳动要素在产业视角下进行了分解与重构，构建了生产性服务业与制造业互动机理模型，然后运用 2000~2007 年中国省际面板数据，通过包括制造业与生产性服务业产出方程在内的联立方程组，对其互动关系进行实证研究。结果表明，生产性服务业的发展促进了制造业的增长，同时，制造业的增长显著促进了生产性服务业的发展，而且生产性服务业内部各部门与制造业均呈现互动发展关系。鉴于此，应运用互动机理确立产业结构转型战略，为其营造低交易成本的制度环境，调整和优化制造业与生产性服务业结构，培育产业集群和服务外包，促进生产性服务业和制造业的积极互动。

【关键词】生产性服务业；制造业；互动机理

一、文献评述与问题提出

20 世纪六七十年代以来，生产性服务业（Producer Services）一词就显现于经济学文献中。归纳 Stanback 等（1981）、Marshall 等（1987）、Gruble 和 Walker（1989）、Coffey（2000）等人的观点，生产性服务业是指用于满足中间生产需求，通过市场化模式向生产企业和其他组织的生产活动提供中间投入服务的产业，主要包括金融业、保险业、房地产业和商务服务业、信息服务业等行业和部门。

对生产性服务业的研究不可避免地涉及制造业与生产性服务业的互动关系及其机理问题。归纳中外一些学者的研究可以看出：首先，两者具有互动性质。从根源上看，两者的

---

* 作者：高觉民（1956—），男，山西五寨人，南京财经大学国际经济与贸易学院教授，经济学博士；李晓慧（1981—），女，江苏淮安人，首都经济贸易大学经济学院博士研究生。

本文引自《中国工业经济》2011 年第 6 期。

关系是以中间性服务的投入建立起来的，进一步讲，这种投入的分工化使生产性服务业成为生产者财富形成过程的中介（Grubel & Walker，1989）；从表现形式上看，生产性服务业与制造业之间存在相互作用、相互依赖、共同发展的互动关系（Se-Hark Park & Kenneth，1989；Se-Hark Park，1999；Guerrieri & Meliciani，2005）。这些研究有：Jones 和 Kierzkowski（1990）的生产段和服务链理论、Markusen（1989）的服务部门内部专业化（内部积聚）理论和 Francois（1990）的外部专业化（强调服务业在协调和连接各专业化中间生产过程中的外部积聚作用）理论。制造业的发展、分工的深化促进了生产性服务业的发展，主要因为它是服务业产出的重要需求部门（Cohen & Zysman，1987；Klodt，2000），而制造业细分的结果导致更多的生产性服务需求。Markusen（1989）运用数理方法证明，随着市场扩张，厂商数目和生产规模会扩大，分工更加细化，使生产性服务业与制造业不断分离，从而促进生产性服务业不断发展。Francois（1990）指出，在经济全球化、企业国际化进程中，企业规模得以扩大，有利于劳动分工深化，从而获得规模经济和专业化经济。其次，生产性服务业在互动过程中对制造业效率提高具有前提性和基础性。Markusen（1989）指出，生产性服务业通过提供专业化服务，有利于制造业降低成本，提高效率。Eswaran 和 Kotwal（2002）认为，服务部门的扩张通过两种途径促进制造业发展，一是促进专业化和分工深化，二是降低投入到制造业的中间服务的成本。服务分工深化和服务种类的增加将有效降低制造业的生产成本。顾乃华等（2006）还通过理论分析和经验研究提出，在中国的经济转型期，发展生产性服务业有利于提升制造业的竞争力。江静等（2007）的理论和实证分析表明，生产性服务业的发展促进了制造业效率的提升[①]。吕政等（2006）在对两者互动关系内在机理、归纳和比较国际经验的研究基础上，分析了中国生产性服务业的瓶颈，提出消除进入壁垒、促进分工与产业关联、推动服务业创新、优化区域产业布局等建议。

在对我国生产性服务业和制造业两者关系的研究中，除以往的定性研究外，主要集中于生产性服务业对制造业效率和竞争力的影响及对两者之间长期均衡关系的检验等。现有文献很少从产业整体与内部结构的关系方面，特别是将这些关系建立在要素分配基础上，来解释生产性服务业和制造业的交互作用，因而不能从内在联系上刻画两者的互动关系。本文认为，应将投入要素细化，从产业内部的投入要素研究两者互动的深层机理。本文试图通过对要素的结构性分解与组合，并运用面板数据联立方程估计法进行实证，目的是寻求使两者共生发展的动力。本文将在文献评述和提出问题的基础上，构建生产性服务业与制造业互动关系与机理的理论模型，并进行实证检验和分析，提出有关政策建议。

---

① 也有学者，如代中强（2008），利用中国长三角 16 城市时间序列数据研究后，认为大部分城市制造业和生产性服务业存在单向的因果关系，制造业和生产性服务业的"互动融合论"不成立。

二、理 论 模 型

本文中的机理是指系统整体与内部结构之间相互作用的过程、方式及运行原理。制造业与生产性服务业之间的互动机理，就是产业整体与其内部制造业和生产性服务业之间的相互作用过程的原理，两者互动是因为它们存在相互获得利益的意愿。对此，我们可借用"柯布—道格拉斯"生产函数进行研究。设一个产业内含制造商和生产服务商，反映其总产量的生产函数如下：

$$Q_T = AL^{\alpha}K^{\beta}\eta \tag{1}$$

下面从产量规模和投入要素比例进行设定和说明。首先，从产量规模视角看，设定：Q_T 中存在两个影子产量规模，即该产业结构中存在制造商产量规模 Q_m 和附加在其上的服务商规模 Q_s（下标 m 表示制造业，s 表示生产服务业，下同），反映了产业内部的分工。该产业总规模与其制造业规模存在一定的比值关系，如果这个比值是 σ（$0 < \sigma < 1$），则有 $Q_m = \sigma Q_T$，同样有 $Q_s = (1-\sigma)Q_T$，生产服务附加的规模与制造商生产规模的比例为：$\dfrac{Q_s}{Q_m} = \dfrac{1-\sigma}{\sigma}$。因此，两个影子产量规模的关系为：$Q_s = \dfrac{1-\sigma}{\sigma}Q_m$。其次，从投入要素比例看，分别设定：综合技术水平（包括经营管理水平、劳动力素质、引进先进技术等）$A = A_m A_s$，残差项 $\eta = \eta_m \eta_s$；设 λ 为一常数，令 $\alpha + \beta = \lambda$。只有在 $\alpha + \beta = \lambda \geqslant 1$，即存在产业总体的规模报酬不变或递增时，才有对生产性服务进行投入的必要。根据以上设定，我们对上述生产函数的结构进行分解（分为四个要素）并重新组合。式（1）可写为：

$$Q_T = A_m A_s (L_m^{\alpha_1} L_s^{\alpha_2})^{\alpha} (K_m^{\beta_1} K_s^{\beta_2})^{\beta} \eta_m \eta_s \tag{2}$$

其中，$L_m^{\alpha_1}$、$L_s^{\alpha_2}$ 表示劳动要素的分解，$K_m^{\beta_1}$、$K_s^{\beta_2}$ 表示资本要素的分解。式（1）可以理解为某个产业的宏观投入状况，因此，其内部总能找到一种组合，使得下式成立：

$$Q_T = A_m L_m^{\alpha\alpha_1} K_m^{\beta\beta_1} \eta_m \cdot A_s L_s^{\alpha\alpha_2} K_s^{\beta\beta_2} \eta_s = Q_m Q_s \tag{3}$$

进而有：

$$Q_s(L, K) = \frac{1-\sigma}{\sigma} A_m L_m^{\alpha\alpha_1} K_m^{\beta\beta_1} \eta_m \tag{4}$$

$$Q_m(L, K) = \frac{\sigma}{1-\sigma} A_s L_s^{\alpha\alpha_2} K_s^{\beta\beta_2} \eta_s \tag{5}$$

式中，$\alpha\alpha_1$ 和 $\beta\beta_1$、$\alpha\alpha_2$ 和 $\beta\beta_2$ 是 Q_T 中两个影子产业（下文将其视为产业中的子产业）要素分配后的产出弹性系数。它反映出在现有技术水平（A_m、A_s）并在制造业和服务业产权分离条件下产业内部的规模结构和发展趋势。该产业的产出弹性系数 $\alpha\alpha_1 + \beta\beta_1 + \alpha\alpha_2 + \beta\beta_2 = \alpha + \beta = \lambda \geqslant 1$，是其整体规模收益不变或递增的一个基础条件。

据式（3）和式（4），可以得出联立方程：

$$
\begin{cases}
Q_T = A_m L_m^{\alpha\alpha_1} K_m^{\beta\beta_1} \eta_m \cdot Q_s \\
Q_s = A_s L_s^{\alpha\alpha_2} K_s^{\beta\beta_2} \eta_s = \dfrac{1-\sigma}{\sigma} A_m L_m^{\alpha\alpha_1} K_m^{\beta\beta_1} \eta_m
\end{cases}
\tag{6}
$$

下面，就该联立方程中的内在关系，从产业结构规模比例、互动存在条件（存在性）与要素配置、产业整体各因素之间互动运行过程三个方面对其机理进行说明：

第一，这个联立方程反映了以产量为特征的产业规模 Q_T、制造业规模 Q_m 和生产性服务业规模 Q_s 的总量与内部分量的关系（在式（6）中，具体包括如下结构关系：Q_T 与 Q_m 和 Q_s 的关系、Q_m 与 Q_s 之间的比例关系、Q_s 与 $L_s^{\alpha\alpha_2}$ 和 $K_s^{\beta\beta_2}$ 的关系等），进而反映出制造业和生产性服务业的互动关系。产业总规模是由制造业和生产性服务业共同支撑的，在一定技术和市场条件下，制造业和生产性服务业一般维持一个比例，即 $\dfrac{1-\sigma}{\sigma}$。它反映了生产性服务业的一个基本性质：以制造业产量为基础并附于其上的"服务附加"性质。因而，从机理上看，服务业的服务附加"从量于"制造业产量，进而使生产性服务业的资本投入和劳动投入"从量于"制造业的产量。式中这个比值关系表明，只要知道生产性服务业与制造业的投入产出规模之比，就能根据要素的不同投入量，确定该产业内部制造行业和生产性服务业的结构。尽管价格和成本的变动可以导致生产方式改变，并引起这个比值的变动，但在通常的技术和市场条件下，这个比值基本上是稳定的。[①]

第二，在上述方程中，生产性服务业和制造业存在互动的必要条件是：产业总体至少存在规模收益不变；其充分条件是 $(1-\sigma)/\sigma$ 不变。前者反映出产业总体的扩张趋势，当规模收益不变时，产业总体靠所投入资本和劳动的数量扩张而获得产出数量的同比例增长；而当规模收益递增时，后者反映出内部子产业存在互动的积极意愿，表明产业总体增长是靠子产业产出数量共同增长实现的。那么，在 $(1-\sigma)/\sigma$ 不变的条件下，被分解的资本要素与劳动要素投入具有怎样的产出，才能使得生产性服务业和制造业的互动或积极互动存在呢？设 θ 为制造业规模收益弹性系数，$\lambda-\theta$ 为生产性服务业规模收益的弹性系数，其中，$0<\theta<\lambda$。在 $\alpha+\beta=\lambda\geq 1$，$\alpha\alpha_1+\beta\beta_1\geq\theta$ 和（或）$\alpha\alpha_2+\beta\beta_2\geq\lambda-\theta$ 的条件下，一个产业中的制造业和生产性服务业的存在具有意义。不仅如此，也有共生的可能。也就是说，当两个子产业分别至少存在规模收益不变的情况，两者才有互动的动力。在下列三种情况下，都可能存在互动：①$0<\theta<1$ 和 $\lambda=1$；②$0<\theta<1$ 和 $0<\lambda-\theta<1$；③$\theta>1$ 和 $\lambda-\theta>1$。

第一种情形：当 $\alpha\alpha_1+\beta\beta_1=\theta$ 和 $\alpha\alpha_2+\beta\beta_2=1-\theta$ 时，整个产业的规模报酬不变。从产业整体考察，尽管要素分解后的子产业的产出弹性均小于1，但产业整体的效率靠数量

---

① 例如，在充分竞争条件下，一些容易进入的产业常常处于饱和状态，产量增加使价格总趋势趋于一条水平直线，导致产量趋于相对稳定；在寡头垄断条件下，经营者为获得垄断利润而发生市场分割行为，从而产品的市场规模被限定；在垄断竞争条件下，市场被领导性企业所控制，价格领导的参照性使被领导企业在产量和价格上受到限制。因此，上述的规模之比可视同常量。

扩张维持。生产性服务业和制造业互动的特征是：前者靠后者产出在数量上的增减而发生被动性互动。

第二种情形：当 $\alpha\alpha_1 + \beta\beta_1 = \theta$ 和 $\alpha\alpha_2 + \beta\beta_2 > \lambda - \theta$ 时，制造业规模报酬不变而生产性服务业规模报酬递增，表明制造业生产效率不随生产规模扩大而提高，而生产性服务业在现有装备下的投入会使产业整体的效率得到提高。因此，这种情形往往属于生产性服务业主导性质的互动，有时生产性服务业起着单独拉动的作用。

第三种情形：当 $\alpha\alpha_1 + \beta\beta_1 > \theta$ 和 $\alpha\alpha_2 + \beta\beta_2 > \lambda - \theta$ 时，制造业规模报酬和生产性服务业规模报酬都递增，表明制造业和生产性服务业基于现有技术扩大各自的规模并增加产出都具有较高的效率。不仅如此，这种情况还反映出两者积极的互动关系，两者之间既分工又关联，导致一方增长引起另一方增长。它不仅使劳动与资本在不同行业配置中处于有利状态，还能激发可持续的优化配置，从而实现可持续的相互拉动。这种互动是更严格意义上的互动。

以上情形中的 θ 值有两种理解。一是 θ 值可以理解为使得制造业与生产性服务业两者共存并且有意义的值。其理论解释是：参与要素分配的 θ 在 0 与 λ 之间寻找一个制造业和生产性服务业的"纳什均衡"。一般情况下，θ 可根据不同产业中的制造行业进行测定，其数值往往不同。在本文中，两个子行业的规模收益在小于 1 的情况下，就能达到规模收益递增。二是 λ 值越接近于 θ，生产性服务业在整个产业中的比例越小，那么制造业的"自我服务"就越多（例如，我国目前有些制造业存在自我服务），这种情况属于互动不充分或互动不协调；相反，如果 $\lambda - \theta$ 越大，即两者的差越大，生产性服务业的比例就越大，那么制造业的"自我服务"就越少。

第三，方程反映了以制造业和生产性服务业各自内部和它们整体的运行机理与机制。式（6）中，被分解的 $L_m^{\alpha\alpha_1}$、$K_m^{\beta\beta_1}$、$L_s^{\alpha\alpha_2}$、$K_s^{\beta\beta_2}$、A_m、A_s、η_m 和 η_s 等必须依靠一套产品生产、流通系统才能和谐运行，即它需要一套附着在产品之上的技术、产业分工、市场与市场化甚至城市化等更复杂和更深层次的社会经济运行机制。制造业与生产性服务业互动机制的关键是"承载"所投入要素的中间产品，它是制造业和生产性服务业相互循环并周而复始运作的物质基础。应当指出，大规模的中间产品的流动必须靠资本市场和劳动市场的运作，特别是在现代市场经济条件下，更需要金融服务的支持与控制。互动的载体——三个基本市场（商品市场、金融市场和劳动市场）的状况影响着不同的要素投入变化，进而又影响到产出的变化，给互动带来复杂性（见图 1）。

在现实经济运行中，资本投入 K 中制造业的 $K_m^{\beta\beta_1}$ 不仅包含机器、设备及设施等投入，还包含用于生产产品原材料的可变资本投入；生产性服务业的 $K_s^{\beta\beta_2}$ 不仅包含物流设施及交通工具等投入，还包含从制造商那里购入产品的可变资本投入，所有投入都属于中间投入。同时，$K_s^{\beta\beta_2}$ 中含有 Q_m 的成分，是实现所有中间投入的中间投入。服务商通过其市场行为，在制造业的产成品 Q_m 上附加服务才形成完整的产品。应当这样认为，在同一技术水平环境下的一个产业中，制造业的投入是资本和生产者劳动（目的是使得物质转换）。经

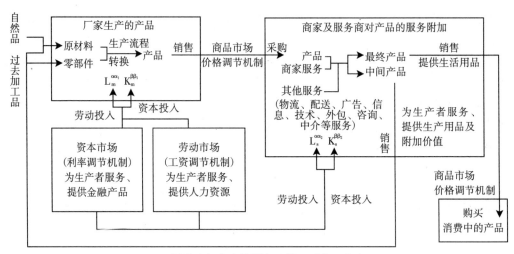

图1　制造业与生产性服务业的互动与运行机理

注：本图中生产性服务业提供的中间产品，是指商家从生产商那里采购的产品。撇开价值不谈，从产量的视角看，它是制造业的产量向服务业的平移。因此，在现实中的产品累加中，除服务业自身用于附加价值增值的资本投入外，$K_s^{\beta\beta_2}$ 中有大量的投入是采购了以 $K_m^{\beta\beta_1}$ 为基础的 Q_m，这是其资本投入的一个重要部分。

营物质产品的生产性服务业，如批发业和物流业等，其投入包括购买产品在内的营销投入和经营者劳动（目的是使得产品转移）；而有些生产性服务业，如金融业、研发业等，其投入主要是人力资本和劳动的投入（最终目的是实现物质转换和产品转移），很少有购买产品在内的营销投入。由于我国统计资料中缺少生产性服务业的资本投入数据，为方便研究，本文用购买 Q_m 的资本投入来替代 $K_s^{\beta\beta_2}$ 做近似处理，其产出弹性系数服从该服务行业，并以 $Q_m^{\beta\beta_2}$ 表示，误差计入残差项中去。另外，社会环境（如市场化和城市化等）也将对 $Q_m^{\beta\beta_2}$，进而对 Q_s 产生影响。上述综合效应使得 η_n 变为 η_n'，使上述联立方程组式（6）变为式（7），从而使得对一个产业中两者互动关系的研究具有现实的操作性。

$$\begin{cases} Q_T = A_m L_m^{\alpha\alpha_1} K_m^{\beta\beta_1} \eta_m \cdot Q_s \\ Q_s = A_s L_s^{\alpha\alpha_2} K_s^{\beta\beta_2} \eta_n' \end{cases} \tag{7}$$

该方程组的合理性可通过实证检验部分予以验证。值得一提的是，本文将在下面实证后的分析中，针对不同行业是否直接"购买"制造业产品的具体情况，决定是否加入相应的要素数值，以使得分析更接近现实。

三、实证检验的计量模型、数据选取及变量说明

上述内容从理论上推导了生产性服务业与制造业互动关系的内在机理，但数理模型仅

是对两者之间关系的抽象分析，理论分析需要更多经验证据的支撑。本部分试图对上述理论分析进行经验验证，用联立方程方法检验要素分解条件下生产性服务业与制造业之间互动关系的存在性。

基于研究现实经济运行的考虑，我们根据方程（7），通过联立方程计量模型来实证检验生产性服务业与制造业之间的互动效应。采取联立方程组估计法不仅可以同时考察环境变化、生产性服务业与制造业产出增长之间的内在互动及反馈机制，而且便于根据经验分析结果，更为全面地考察经济系统外生变量对产业发展的影响效应。本文主要考虑两类外生变量的影响：一类是影响产业发展的控制变量，如城市化水平、市场化水平等；另一类是影响产出变化的要素投入，包括物质资本、劳动投入等。具体的计量模型如下：

$$\begin{cases} \ln Q_{m,it} = \alpha_i + \alpha_1 \ln Q_{s,it} + \alpha_2 \ln K_{m,it} + \alpha_3 \ln L_{m,it} + \alpha_4 \ln Mar_{it} + \varepsilon_{it} \\ \ln Q_{s,it} = \beta_i + \beta_1 \ln Q_{m,it} + \beta_2 \ln L_{s,it} + \beta_3 \ln Urb_{it} + \beta_4 \ln Mar_{it} + \mu_{it} \end{cases} \tag{8}$$

其中，下标 i 和 t 分别表示地区和年份，α 和 β 为常数项，ε 和 μ 为随机误差项。Q_m 表示制造业增加值，反映制造业的发展水平；Q_s 表示生产性服务业增加值，用交通运输仓储及邮政通信业（tra）、金融保险业（fin）、房地产业（est）以及科学研究和综合技术服务业（rd）四个行业增加值的总和代表生产性服务业发展水平。K_m 表示制造业资本，L_m 表示制造业的劳动投入量，L_s 表示生产性服务业的从业人员数量。控制变量 Urb 表示城市化水平，用非农业人口占总人口的比例表示，一般而言，随着城市化水平的提高，服务业尤其是生产性服务业将快速增长。Mar 表示市场化程度，用市场化指数表示[1]，反映经济体制和制度因素对产业发展的影响。变量的具体定义如表 1 所示。

表 1　变量定义的说明

变　量	符　号	单　位	定　义
制造业增加值	Q_m	亿元	制造业产出增加值
生产性服务业增加值	Q_s	亿元	生产性服务业产出增加值
制造业资本	K_m	亿元	企业固定资产年平均余额
制造业劳动力	L_m	万人	制造业就业人员年末人数
生产性服务业劳动力	L_s	万人	生产性服务业就业人员年末人数
城市化水平	Urb	%	非农业人口数量/总人口数量
市场化程度	Mar		市场化指数

本文选取了 2000~2007 年中国 30 个省、自治区和直辖市的面板数据，西藏自治区未列入样本。数据来源于历年《中国统计年鉴》、《中国工业经济统计年鉴》、《中国劳动统计年鉴》和《中国人口年鉴》以及各地区统计年鉴，具体包括各地区相应年份的制造业增加

---

[1] 本文的市场化指数采用樊纲、王小鲁等 2010 年所著的《中国市场化指数——各地区市场化相对进程 2009 年报告》中所测算的结果。他们以大量调查数据为基础，从政府与市场的关系、非国有经济的发展、产品市场的发育、要素市场的发育、市场中介组织发育和法律制度环境五个方面，构建了反映市场化进程的指标，并采用主成分分析法生成各指标的权重，加权计算出各地区的市场化指数。

值、企业固定资产年平均余额及年末从业人员数，以及生产性服务业增加值、年末从业人员数及城市化水平等方面的统计数据。考虑到数据的可获得性，用全部国有以及规模以上非国有工业企业固定资产年平均余额代替制造企业固定资产年平均余额。为消除价格水平的影响，以 2000 年为基期，对制造业增加值、生产性服务业增加值以及制造企业固定资产年平均余额进行相应调整。

四、实证结果分析

联立方程组由多个方程组成，各个方程包含的变量之间可能存在互为因果的关系，所以需要对系统中各个方程之间的关系进行严格的定义，否则联立方程组中的系数就可能无法估计。因此，在进行联立方程组估计之前，首先要判断它是否可以估计，也就是联立方程组的识别（Identification）。检验上述联立方程模型的秩条件和阶条件，可以发现两个方程的秩条件和阶条件成立[①]。所以，该模型是可以识别的。具体对面板数据的联立方程组进行估计时，考虑到各方程之间残差的相关性，采用似乎不相关回归法（Seemingly Unrelated Regression，SUR）。使用计量软件 Stata11.0 对联立方程进行估计，结果如表 2 所示。

表 2　联立方程估计结果

被解释变量：$\ln Q_m$		被解释变量：$\ln Q_s$	
$\ln Q_s$	0.414*** (5.13)	$\ln Q_m$	0.603*** (15.94)
$\ln K_m$	0.553*** (5.75)	$\ln L_s$	0.140* (1.82)
$\ln L_m$	0.029 (0.51)	$\ln Urb$	−0.101 (−1.40)
$\ln Mar$	0.592*** (6.61)	$\ln Mar$	0.285*** (5.30)
Adj-R^2	0.958	Adj-R^2	0.967
Obs	240	Obs	240

注：括号内为 t 值；***、**、* 分别表示在 1%、5% 和 10% 水平下显著。

综合上述对联立方程模型的回归方程中各解释变量的估计结果，下面对回归结果予以分析和讨论。

1. 生产性服务业与制造业互动关系的整体分析

依照表 2 的数字，按前面理论分析中的式（6）、式（7）及三种情形，制造业整体的 θ 值为：$\theta = 0.553 + 0.029 = 0.582$；制造业与生产性服务业的 λ 值为：$0.582 + 0.140 + 0.603 = 1.325$。这表明，两者在总体上存在规模报酬递增，具有互动的产业规模基础。其互动具

[①] 方程识别的秩条件可以表述为：在一个含有 k 个内生变量的 k 个方程的联立方程系统中，一个方程是可识别的，当且仅当能从系统的不含该方程外的所有变量的系数矩阵中构造出至少一个 (k−1)×(k−1) 阶的非零行列式。方程识别的阶条件是：如果一个方程是可识别的，那么它所包含的先决变量的个数必须大于等于它所包含的内生变量的个数减 1。

体表现为：

（1）生产性服务业的发展促进了制造业的发展。生产性服务业产出的回归系数为0.414，并且在1%的水平下显著。这意味着生产性服务业产值增长1个百分点，可以拉动制造业产值增长0.414个百分点。从理论上看，生产性服务业是制造业发展的高级要素，随着产出的增长，生产性服务分工细化和种类增加，其所蕴含的人力资本、知识资本、技术资本不断增加，而且更为专业化。生产性服务业的发展使这些要素充分融入商品和服务的生产中，在一定程度上构成了这些要素进入生产过程的通道，提高了商品和服务生产过程的效率，加速了制造业产出的增长。生产性服务（如科技研发、管理咨询等）发挥着把技术进步和创新转化为生产能力和国际竞争力的重要作用。

（2）制造业的发展显著促进了生产性服务业的发展。制造业产出的回归系数为0.603，并且在1%的水平下显著。这表明制造业产值增长1个百分点，可以带动生产性服务业产值增长0.603个百分点。从理论上来说，随着经济规模的扩大和制造业部门的扩张，生产的社会化和专业化程度提高，必然会衍生出对服务业的中间需求，服务业及其内部各行业向制造业提供的生产性服务随之增加。当然，在当前制造业竞争较为激烈且停留在低端层面，以及我国整体商业环境还不够完善的背景下，制造企业外包生产性服务环节的动机还不强烈，对生产性服务的需求也较弱。随着制造业发展水平的不断提升，其对于生产服务业的潜在需求还将进一步扩大。

（3）制度因素对产业发展具有明显的推动作用。市场化程度对制造业产出的弹性系数高达0.592，对生产性服务业产出的弹性系数为0.285，并且均通过了1%的显著性水平。这就意味着市场化指数提高1个百分点，制造业产值增加0.592个百分点，生产性服务业产值增加0.285个百分点。这表明随着我国市场化水平的提高，制造业和生产性服务业增加值将趋于增长。需要说明的是，生产性服务业产出方程的估计结果表明城市化并没有促进生产性服务业的发展。这可能与我国城市化的发展阶段有关。目前我国整体上城市化发展水平仍然较低，城市化可能更多地带动了消费性服务业的发展。随着城市化水平的提高，生产性服务业增加值将不断增长。

但是，简单的初级要素投入对产业发展的作用较小。从制造业和生产性服务业的产出方程可以发现，劳动力的回归系数都较低。其中，制造业的劳动产出弹性是0.029，生产性服务的劳动产出弹性是0.140。可以看出，劳动等初级要素在产业发展中的作用日趋减弱。此外，制造业产出方程的回归结果表明，资本的产出弹性是0.553。可见，物质资本仍是拉动我国制造业增长的关键要素。我国产业的发展必须逐步实现从粗放型向集约型转变，更多地依靠技术进步和制度创新。

以上实证分析表明，总体上看，我国生产性服务业与制造业具有互动发展的机制。生产性服务业作为制造业的中间投入，在一定程度上促进了制造业的增长。并且，制造业对生产性服务业的需求也较为明显，制造业的增长显著促进了生产性服务业的发展。简单的要素投入对产业发展的作用日趋减弱，这也说明要推动产业发展必须依靠技术进步和制度创新。从制度层面看，市场化水平对产业的发展发挥了积极作用。

2. 生产性服务业的细分行业与制造业互动关系分析

本文选取生产性服务业内部的交通运输仓储及邮政通信业、金融保险业、房地产业、科学研究和综合技术服务业等行业的数据，对它们与制造业的相互关系进行分析。表3是在联立方程模型中分别代入生产性服务业细分行业后的实证估计结果。

表3　细分行业的估计结果

被解释变量: lnQ_m		被解释变量: lnQ_{tm}		被解释变量: lnQ_m		被解释变量: lnQ_{fin}	
lnQ_{tra}	0.248*** (5.53)	lnQ_m	0.316*** (4.94)	lnQ_{fin}	0.111*** (5.61)	lnQ_m	0.957*** (7.57)
lnK_m	0.658*** (9.04)	lnL_{tra}	0.056 (0.41)	lnK_m	0.688*** (9.81)	lnL_{fin}	0.288* (1.95)
lnL_m	0.163** (2.29)	$lnUrb$	0.110 (0.75)	lnL_m	0.104** (1.97)	$lnUrb$	−1.028** (−2.12)
$lnMar$	0.703*** (9.42)	$lnMar$	0.329*** (3.71)	$lnMar$	0.819*** (10.84)	$lnMar$	−0.221 (−1.29)
Adj-R²	0.972	Adj-R²	0.929	Adj-R²	0.974	Adj-R²	0.891
Obs	240	Obs	240	Obs	240	Obs	240
被解释变量: lnQ_m		被解释变量: lnQ_{est}		被解释变量: lnQ_m		被解释变量: lnQ_{rd}	
lnQ_{est}	0.128*** (2.77)	lnQ_m	0.881*** (7.08)	lnQ_{rd}	0.126*** (5.05)	lnQ_m	0.777*** (3.59)
lnK_m	0.623*** (6.50)	lnL_{est}	0.039 (0.77)	lnK_m	0.723*** (9.51)	lnL_{rd}	0.262 (1.10)
lnL_m	0.088 (1.26)	$lnUrb$	0.465* (1.95)	$lnLm$	0.091 (1.57)	$lnUrb$	1.184*** (3.27)
$lnMar$	0.752*** (8.69)	$lnMar$	0.386*** (2.89)	$lnMar$	0.650*** (6.76)	$lnMar$	0.633** (2.45)
Adj-R²	0.962	Adj-R²	0.944	Adj-R²	0.963	Adj-R²	0.933
Obs	240	Obs	240	Obs	240	Obs	240

注：括号内为 t 值；***、**、* 分别表示在 1%、5% 和 10% 水平下显著。

依据前面的理论分析，交通运输仓储及邮政通信业、房地产业与"购买" $Q_m^{\beta\beta_2}$ 中间产品存在直接关联性，而金融保险业、科学研究和综合技术服务业与"购买" $Q_m^{\beta\beta_2}$ 中间产品存在间接关联性。所以，以式（7）为基础，对于前两者需要用四个细分的产出弹性指标进行加总，对于后两者则用三个细分的产出弹性指标进行加总，以使我们的分析贴近现实。下面，从两个层面试验性地对上述细分的生产性服务业与制造业的规模报酬、不同行业中两者互动并促进对方增长状况进行分析。

第一，$Q_m^{\beta\beta_2}$ 介入的规模报酬情况：交通运输仓储及邮政通信业的 θ 值为：0.658 + 0.163 = 0.821，λ 值为：0.658 + 0.056 + 0.163 + 0.316 = 1.193；房地产业 θ 值为：0.623 + 0.088 = 0.711，λ 值为：0.623 + 0.039 + 0.088 + 0.881 = 1.631。

第二，$Q_m^{\beta\beta_2}$ 不介入的规模报酬情况：金融保险业的 θ 值为：0.688 + 0.104 = 0.792，

λ 值为：0.688 + 0.288 + 0.104 = 1.08；科学研究和综合技术服务业的值 θ 为：0.723 + 0.091 = 0.814，λ 值为：0.723 + 0.262 + 0.091 = 1.076。

从以上数字可以看出，在我国上述细分的生产性服务业与制造业的互动中，规模报酬是递增的，属于前面理论模型中的第二种情形。它表明，我国这些行业中的两者互动关系是生产性服务业主导性质的互动，但不存在第三种情形的两者积极互动。与其他产业相比，交通运输仓储及邮政通信业的 λ 值较接近 θ 值，表明其拉动制造业较弱；而房地产业的 λ 值离 θ 值最远，则拉动力最强。

实证结果还表明，交通运输仓储及邮政通信业、金融保险业、房地产业、科学研究和综合技术服务业的发展促进了制造业的增长。其中，交通运输仓储及邮政通信业、金融保险业、房地产业、科学研究和综合技术服务业产值每增长 1 个百分点，分别可以带动制造业产值增长 0.248 个、0.111 个、0.128 个和 0.126 个百分点。同时，制造业的增长也带动了这些部门的发展。制造业产值每增加 1 个百分点，可以分别带动交通运输仓储及邮政通信业、金融保险业、房地产业、科学研究和综合技术服务业产值增长 0.316 个、0.957 个、0.881 个和 0.777 个百分点。经验分析结果与经济理论分析和客观事实是相符的，同时，也验证了生产性服务业各细分行业与制造业均呈现相互依赖、相互促进、共同发展的互动机制。

五、结论与政策建议

本文对生产性服务业与制造业之间互动关系的存在性进行了理论与实证分析。研究表明，不仅在生产性服务业与制造业之间，而且在细分的行业内两者也存在相互影响、相互作用、共同发展的互动关系，它们各自的增长又促进了对方的增长。进一步分析表明，其积极互动的条件是：在服务市场化条件下，生产性服务业与制造业之间及各自内部的要素存在较高效率的配置。但是，计量分析表明，尽管存在生产性服务业的主导性互动，但我国制造业增长对生产性服务业增长的拉动力度显著大于生产性服务业发展对制造业发展的促进作用，这表明我国正处于产业转型的新阶段。不但制造业面临转型升级的问题，而且生产性服务业既面临瓶颈问题，又面临转型问题，因此，两者积极的互动作用不充分。这些问题既表现为部分制造业存在非市场性服务（自我服务）而难以产生需求，又表现为一些生产性服务业投入不足而难以产生供给。为解决这些问题，就需要充分利用生产性服务业与制造业的互动发展机制，制定切实可行的政策，以实现制造业和生产性服务业新的飞跃。

（1）确立生产性服务业的发展战略，提升要素投入的质量，及早进行转型升级。从互动原理可以看出，未来高端的生产性服务业就是未来高端的制造业的控制者和设计者。我国生产性服务业、制造业的高端化必须以人力资本、知识资本集聚的现代生产性服务业为支撑。发展现代生产性服务业应着力于国际竞争的需要，以提高国家的竞争力；同时，着力于国内适应新型工业化的需要，以提升国内的产业结构。

（2）推进市场化，为资本要素与劳动要素的高效配置营造较低交易成本的市场环境。为此，应该加快服务业领域的体制改革。一是处理好政府与市场的关系，增加市场分配资源的比重，减少政府对企业的干预；二是建立平等、规范的市场准入和市场退出制度，降低服务业的进入壁垒，打破行政垄断和地区壁垒，以促进社会资金投入的增加；三是调整和完善财税和金融体制，在保持政策统一性的前提下，采取一定的财政补贴或税收优惠政策，健全投融资的市场机制，为促进制造业和生产性服务业互动发展进一步创造良好的外部环境。

（3）从互动关系视角来看，未来几年内，仍要调整制造业和生产性服务业的结构。据此，要抑制部分生产性服务业（如房地产业）过度扩张和改变部分生产性服务业瓶颈问题，加大对紧缺的生产性服务行业的物质资本要素和人力资本要素的投入，重点扶持现代服务业集聚区、现代物流业、现代批发业、商务服务业、技术服务业、信息服务业及其他中介组织等领域的建设；对于那些瓶颈性的生产服务业，要引导制造业重点发展核心业务，剥离非核心业务，鼓励生产性服务组织从制造业中分离，建设新的生产性服务业市场，以形成坚实的互动基础。

（4）为促进生产性服务业与制造业的积极互动，应从以下两个方面进行培育。一是培育产业集群。应以制造业为中心，有针对性地鼓励企业实施跨地区、跨行业的兼并重组，吸引关联性服务业进入，促进服务业的集中化、大型化、组织化，变单纯的制造业集聚为集成制造与服务多功能的产业集群。二是培育服务外包基地。应以培育承接国际性 BPO 和 KPO 项目的国家品牌为重点，建立"以大带小"、以"离岸承接"带动"在岸承接"，进而带动国内制造业的创新链，按照国际标准（如 ISO9000 体系和 CMM/CMMI 体系等）实施生产经营管理；强化服务外包业务中的语言与跨文化交流能力、大型系统集成管理、软件开发与设计技能等培训。通过以上培育，使制造业与生产性服务业的互动能力得到增强。

参考文献

［1］顾乃华，毕斗斗，任旺兵.中国转型期生产性服务业发展与制造业竞争力关系研究——基于面板数据的实证分析［J］.中国工业经济，2006（9）.

［2］江静，刘志彪，于明超.生产者服务业发展与制造业效率提升：基于地区和行业面板数据的经验分析［J］.世界经济，2007（8）.

［3］吕政等.中国生产性服务业发展的战略选择——基于产业互动的研究视角［J］.中国工业经济，2006（8）.

［4］代中强.制造业与生产者服务业的互动关系——来自长三角的证据［J］.产业经济研究，2008（4）.

［5］Cohen S., Zysman J. Manufacturing Matters：The Myth of the Post-industrial Economy［M］. New York：Basic Books，1987.

［6］Eswarn，Kotwal. The Role of the Service Sector in the Process of Industrialization［J］. Journal of Development Economics, 2002 (2).

[7] Francois J. Producer Services, Scale, and the Division of Labor [J]. Oxford Economic Papers, 1990 (4).

[8] Guerrieri Paolo, Meliciani Valentina. Technology and International Competitiveness: The Interdependence between Manufacturing and Producer Services [J]. Structural Change and Economic Dynamics, 2005, 16 (4).

[9] Herbert G.Grubel, Michael A.Walker. Service Industry Growth: Cause and Effects [M]. Fraser Institute, 1989.

[10] Klodt H. Structural Change Towards Services: The German Experience [R]. University of Birmingham IGS Discussion Paper, 2000.

[11] Jones R., Kierzkowski H. The Role of Services in Production and International Trade [M]. Basel Blackwell Inc., 1990.

[12] Markusen J. Trade in Producer Services and in Other Specialized Intermediate Inputs [J]. American Economic Review, 1989, 79 (1).

[13] Marshall J. N., Damesick P., Wood P. Understanding the Location and Role of Producer Services in the U. K. [J]. Environment and Planning, 1987 (19).

[14] Se-Hark Park., Kenneth S.Chan. A Cross-Country Input-output Analysis of Intersectoral Relationships between Manufacturing and Services and their Employment Implications [J]. World Development, 1989 (2).

[15] Se-Hark Park. Intersectoral Relationship between Manufacturing and Service: New Evidence from Selected Pacific Basin Countries [R]. ASEAN Economic Bulletin, 1999.

[16] T. Stanback, P. Bearse, T. Noyelle, R. Karsek. Services: A New Look at the U. S. Economy, Totowa, N. Y. [R]. Allan Held Osmun and Co, 1981.

[17] W. J. Coffey. The Geographies of Producer Services [J]. Urban Geography, 2000, 21 (2).

Theoretical and Empirical Study on the Interactive Mechanism between Producer Services and Manufacturing

Gao Juemin and Li Xiaohui

Abstract: By decomposing and reconstructing of industrial elements of capital and labor, this paper constructs a model of the interactive mechanism between producer services and manufacturing, and then makes an empirical study based on multiple equations by using Province-level Panel Data of 2000-2007. The results indicate that the interactive mechanism is obvious. The development of producer services and manufacturing are considered interdependent.

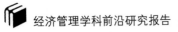
Furthermore, the interaction between different sector of producer services and manufacturing are also identified. Accordingly, the paper put forward some policy suggestions to use the interactive mechanism.

Key Words: Producer Services; Manufacturing; Interactive Mechanism

生产性服务业对工业获利能力的影响和渠道*

——基于城市面板数据和 SFA 模型的实证研究

顾乃华

【摘　要】 本文引入地理距离、政策环境、工业企业整合价值链的能力变量，从理论层面分析了生产性服务业对工业发挥外溢效应的渠道，并利用城市面板数据和随机前沿函数模型，对理论推演的假说进行了检验。本文主要结论是：①工业企业借助服务外包整合自身价值链能够提高获利效率，在我国城市中，就整体而言，生产性服务业对工业获利技术效率提升发挥着正向作用；②生产性服务业与工业之间的地理距离与生产性服务业对工业获利能力的外溢效应负相关，提高生产性服务业集聚程度有助于增强其对工业的外溢效应；③政策环境的完善程度正向影响着生产性服务业对工业获利能力的外溢效应，推进工业和服务业的改革开放，有助于两者形成更良性的互动发展关系；④在外部制度环境欠完善、制造和服务环节利润率差别显著的情况下，工业企业的价值链整合能力与生产性服务业对工业获利能力的外溢效应负相关。

【关键词】 生产性服务业；外溢效应；随机前沿函数模型

一、引言

生产性服务（也称为生产者服务，Producer Service）指那些被其他商品和服务的生产者用作中间投入的服务。对应地，生产性服务业则指生产性服务企业的集合体。从外延角

---

*　基金项目：国家社会科学基金项目"分工组织演进与发展现代产业体系"（批准号 09CJY043）；教育部哲学社会科学研究重大课题攻关项目"中国现代产业体系研究"（批准号 08JZD0014）；广东省哲学社会科学"十一五"规划项目"技术预见与二、三产业互动的技术基础构建"（批准号 08D–01）。

作者：顾乃华（1977—），男，江苏响水人，暨南大学产业经济研究院副教授，管理学博士。

本文引自《中国工业经济》2010 年第 5 期。

度看，生产性服务业包括狭义生产性服务业（包括金融、保险、法律、工商服务、经纪等）以及大部分的分配性服务业（包括商业、运输、通信、仓储等）（薛立敏等，1993）。生产性服务业与工业到底是怎样的关系？在资源有限的情形下，为推动经济增长和实现经济的可持续发展，应该对它们实行怎样的产业政策？理论界对这一问题的回答差别较大，相关观点可归纳为"需求遵从论"、"供给主导论"、"互动论"和"融合论"。"需求遵从论"认为，工业是服务业（包括生产性服务业）发展的前提和基础，服务业发展处于一种需求遵从的地位，即其通过对经济增长尤其是制造业扩张所引致的服务需求来产生影响，因此服务业发展附属于工业发展；"供给主导论"认为，服务业尤其是生产性服务业是工业生产率得以提高的前提和基础，没有发达的生产者服务业，就不可能形成具有较强竞争力的工业部门；"互动论"认为，生产性服务业和工业表现为相互作用、相互依赖、共同发展的互动性关系；"融合论"认为，随着信息通信技术的发展和广泛应用，生产性服务业与工业之间的边界越来越模糊，两者出现了融合趋势。我们认为，可以从时间和空间两个维度入手调和上述四种观点的冲突，也就是说在不同经济发展阶段和不同地区，生产性服务业与工业间的主导关系会发生改变，表现为上述四种关系中的一种。Hutton（2004）指出，在经济发展过程中，生产性服务业的特性和功能并非静止不变，而是在经历不断凸显和强化的过程。在工业时代，由于生产性服务越来越广泛地被动参与到生产制造的过程中，它的角色逐渐从具有"润滑剂"效果的管理功能，转变成一种有助于工业生产各阶段更高效运营以及提升产出价值的间接投入；在后工业时代，经济发展不仅依赖于工业生产，而且仰仗于各个经济部门，生产性服务更全面地参与到经济发展的各个层面而成为新型技术和创新的主要提供者和传播者，具有战略功能和"推进器"效果。

现在的问题是在我国当前所处经济发展阶段，生产性服务业与工业之间是怎样的关系？对于此问题，学术界的回答莫衷一是。张世贤（2000）认为，工业化是我国经济和社会发展难以跨越的"卡夫丁峡谷"。我国的现代化任重道远，我国工业在国际市场上的优势正在转化为竞争优势，所以我国应当进一步扩大工业投资，提高工业在国民经济中的比重。他认为，只有工业化和城市化都达到了一定水平，才能形成对服务业的需求和市场，服务业才有可能获得高的要素投入回报。江小涓等（2004）、李江帆（2005）、吕政等（2006）、郑凯捷（2008）等指出，服务业特别是生产性服务业比重提高，是产业结构高级化的标志。我国的工业化高速发展却伴随着服务业的相对滞后，是增长机制呈现粗放特征的表现，也是我国工业在整个国际产业价值链中处于低端的重要原因。我国服务业发展滞后、效率较低，已经成为制约我国未来经济增长的重要因素。

对于如何看待生产性服务业与工业的关系，我们的观点如下：一是在中国很多城市正逐步呈现"后工业化"社会特征的阶段，在理解服务业和工业的关系时，应该对以往侧重从最终需求因素出发认识发展服务业意义的观点和理论进行扬弃，增加供给角度的解释机制，尤其是要从工业经济内部去寻找发展生产性服务业的内在动力与机制。事实上，产业结构变迁的动力机制通常体现在最终需求、中间需求和技术进步这三大方面（后两者属于广义供给因素）。但在以往许多经典的模型中，产业结构变迁是随着经济增长而自然形成的，或主要是由于代表经济增长水平的产出收入水平所推动和决定的，在服务理论领域影响甚大的贝尔的后工业化社会理论、鲍莫尔的成本病模型、富克斯的服务需求弹性理论等概莫能外，究其原因就在于这些理论都是建立在服务业活动的最终需求性质之上的（郑凯捷，2008）。二是既然生产性服务业和工业间的关系会随着时间演变而不同，那么逻辑上的理论推演可能总是"仁者见仁、智者见智"，终结相关理论争论以及指导政策制定需要研究者提供确凿的经验证据。为数不多的研究者已经在实证检验方面进行了有益探索。顾乃华等（2006）基于省际面板数据进行的经验分析表明，发展生产性服务业有利于提升工业的竞争力，市场化程度越高的地区（如中国东部地区），生产性服务与工业的互动关系越突出，那些企业无法自身提供的生产性服务（如金融服务）对工业竞争力提升的作用更为明显。江静等（2007）利用省际面板数据和工业细分行业面板数据进行的实证结果表明：生产性服务业的扩张促进了工业整体效率的提高；交通运输仓储和邮电通信业对劳动密集型行业的影响最为明显；资本密集型行业的效率提升，在很大程度上受到金融保险业发展的影响；科学研究对工业的影响具有滞后性，并且对技术密集型行业影响最大。

可以看出，上述实证研究仍有进一步提升的空间：①这些实证文献的着眼点主要还是检验生产性服务业对工业外溢效应的存在性，基本没有涉及产生这种外溢效应的渠道，因而引申出的政策含义也就只能停留在应该发展生产性服务业这个层面，而不能回答如何增强生产性服务业对工业的外溢效应这类问题。②以省作为数据采集对象与生产性服务业主要集中在城市的布局特点不吻合。服务业具有生产和消费同时发生且服务产品不可储存的特点，这不仅要求服务业的运行主体和物质手段的集中，而且要求服务对象的聚集，所以服务业的布局和发展主要集中在城市特别是区域性中心城市。③检验生产性服务业外溢效应所使用的指标值得商榷。根据价值链理论，生产性服务业对工业的外溢效应主要表现在，工业企业通过实行"主辅分离"将原先内置于企业之中的部分服务环节市场化、社会化之后，能够提高竞争优势和获得更高水平的利润。因此，对于追求利润最大化的工业企业而言，检验生产性服务业外溢效应的对应变量应该是利润水平。江静等（2007）使用工业全员劳动生产率作为检验方程的因变量，这显然有失偏颇，这不仅未能反映出资本深化在工业效率提升中的作用以及由此产生的回归方程内生性问题，而且也可能因未考虑到企业的行为动机是追求利润增长而非追求劳动生产率提高，从而使延伸出来的政策建议因不能和工业企业的需求兼容而丧失效力。顾乃华等（2006）在检验方程中使用的是综合竞争力指标，其通过数据包络分析法计算得出，其中产出指标包括相对劳动生产率和产业利润率，这也存在将社会目标与企业目标混同的弊端。此外，通过求解纯数学的线性规划来完成对工业效率的测定缺乏更为牢固的经济理论基础，而且也不能为判断模型拟合质量提供各种统计检验值，因而可信度较弱。

基于上述现有相关文献的可拓展之处，本文拟从供给视角出发，基于城市面板数据，利用经济计量方法，检验生产性服务业对工业外溢效应的存在性，并重点分析其产生的渠道；揭示在什么类型的地区以及怎样的政策背景下，借助外部生产性服务业才能显著提升工业的获利能力，又在何种情况下发展生产性服务业会挤压工业的利润，从而衍生出更丰富的政策含义。

二、理论分析和基本假说

1. 分工、价值链整合与生产性服务业的外溢效应

我们可以从宏观功能和微观功能两个视角考察生产性服务业对工业的外溢效应，分别主要对应分工理论和价值链理论，前者常出现在研究经济增长的文献中，后者是研究工业企业服务外包动机和效果常见的思路。Riddle（1986）认为，服务业（主要指生产性服务业）是促进其他部门增长的过程产业，是经济的"黏合剂"，是便于一切经济交易的产业，是刺激商品生产的推动力。从服务业通过拓展工业分工体系所实现的内生发展过程也可以看出，生产性服务业和工业之间是具有深度关联和互动的，服务经济在内涵上就是由服务活动的介入、引导、衔接、协调形成一个前所未有的紧密黏合的社会生产网络，从而促进工业和整个社会生产生活发展和经济财富快速增长（郑凯捷，2008）。格鲁伯和沃克（1989）认为，利用奥地利学派的生产迂回学说可以清楚地阐述生产性服务业同工业之间的关系。奥地利学派认为，除了资本密集度能提高生产力外，生产过程的重组和迂回也是提高生产力的重要因素。因为更加迂回的生产过程不仅需要使用更为专业的劳动力与更多的资本，而且生产步骤的增加也扩大了中间投入的数目。在格鲁伯和沃克看来，生产性服务业实质上是在充当人力资本和知识资本的"传送器"，将这两种能大大提高最终产出的资本导入生产过程之中。薛立敏等（1993）认为，可以把生产性服务的提供者看作一个专家的集合体，这个集合体提供知识及技术，使生产迂回度增加，生产更加专业化、资本更为深化，并提高劳动和其他生产要素的生产力。由上可见，从分工视角关注生产性服务业对工业的外溢效应，主要是从宏观经济增长角度入手，关注的是这种外溢效应对于工业生产率提高以及整个经济增长的作用，而忽略这种外溢效应产生的微观机制。根据该理论，我们可以预见，随着经济的发展、市场容量不断扩大、分工与专业化逐渐深化，经济效率将越来越取决于不同生产活动之间所建立起来的联系的属性，但我们却无从得知在整体效率提升中，企业的获利能力会发生怎样的改变。

我们认为，既然企业是市场经济的主体，产业政策应该也只能通过市场机制起作用，那么只有从企业行为和动机入手，才能准确理解生产性服务业对工业产生外溢效应的机制，以及制定正确的促进生产性服务业发展的政策。事实上，生产性服务作为工业企业的投入要素，在具体的生产过程中，企业需要首先就它们做出"做"或"买"的决定，即是在自己内部生产还是从外部市场采购，因为这一决定直接影响企业的成本结构、制造方式、组织结构以及区位选择。在此过程中，政府只能通过改变社会的交易成本结构，生产性服务企业只能通过提高自身服务产品的相对竞争力，诱使工业企业选择服务外包而非自己生产，但却不能强迫它们这样做。当越来越多的工业企业发觉对以前由内部提供的生产性服务活动进行垂直分解而有利可图时，这些外包出去的业务会逐渐形成独立的产业，并

进而借助规模经济效应和学习效应的不断释放而成长壮大。但如果忽略了上述生产性服务业发展的微观机制，无论是通过补贴、税收等政策工具来支持特定生产性服务行业的发展，还是人为促成工业企业服务外置和事业单位后勤服务社会化，都可能诱发企业通过寻租而不是市场竞争而获得优势地位，这显然违背了产业政策的初衷。

从企业竞争策略角度看，工业企业愿意将生产性服务外部化，原因在于：面对不确定性，通过外购或者分包服务，可以分散风险和将资源集中在最有竞争优势的环节，从而增强企业的灵活性和效率，提高企业核心竞争力。在特定条件下，通过签订合约外购服务或者采用其他"半结合"式的非完全市场化组合形式（如企业联盟、分包等），可以使原生产单位既具有一定效率，又能在竞争方面保持灵活性且更能专注于自身的核心竞争力。上述现象可以借助价值链模型进行解释。价值链理论把企业的所有活动都视为企业创造价值的活动，并将其比喻为一个彼此相连、环环紧扣的链条（价值链）。价值链可以分为两大部分：一是企业的基本活动（一般意义上的"生产经营环节"，包括设计产品的物质创造及其销售、储运和售后服务等）；二是企业的辅助活动（包括企业组织建设、人事管理、技术开发和采购等）。根据企业的价值链，可以把企业的生产活动分为上、中、下游三个环节：产品开发、采购管理等为上游环节；生产加工为中游环节；产品运输、市场营销和售后服务为下游环节。以往无论是学术界还是实践部门都对利润在价值链上的分布状况给予了超乎寻常的重视。在企业价值链的运动过程中，并非这个链条上的每一个环节都创造同等利润，企业所创造的利润实际上来自价值链上的某些特定活动，众所周知的"微笑曲线"反映的正是该现象。但我们认为，忽视企业驾驭不同价值链环节的能力，单单关注利润、增加值在价值链环节上的非均衡分布，很可能产生误导性的结论。与新古典经济学的看法不同，在企业能力理论视野中，企业不是将各种投入转换为产出的"黑箱"，而是各种资源的集合体。企业将自身的各种有形和无形的资源转变成独特的能力，其决定着企业将各种投入转换为产出的效率，也决定着企业适合驾驭哪种类型的价值链环节。不顾及自身的资源和能力，好高骛远地在"微笑曲线"的两端大展拳脚，显然是不切实际的。事实上，在市场经济成熟的国家，工业企业尤其是中小企业通过服务外包重组自身价值链（包括将"微笑曲线"两端的研发、营销等环节外置），使自身资源、能力和价值链环节更为匹配，也是非常普遍的生产组织方式变革现象。对应地，某个特定企业和地区能否在国际市场上取得竞争优势，关键也就看它能否在价值链的全球化整合中抓住那些战略环节。但不顾自身的比较优势，盲目追求占领价值链的战略环节，同样无法获得超额利润。

综合上面的分析，我们可以用如下逻辑链条来刻画生产性服务业对工业产生外溢效应的机制：生产性服务业发展→刺激工业企业动态匹配自身资源、能力与价值链的动机→工业企业服务外包→工业企业资源和能力被集中在优势环节、获利能力提升。在上述机制下，生产性服务业在满足工业企业服务外包需求的过程中，在规模经济和学习效应的作用下，自身的业务水平也不断提高，同时分工也更加细化，提供服务所发生的成本也在不断降低，进而又推动工业企业将更多服务环节进行外部化。很显然，上面刻画的是一个正向反馈机制，它需要完善的制度环境支撑，否则这种正向反馈不仅有可能被削弱、终止，其至可能在相反的方向上发展，出现生产性服务业发展挤压工业利润空间的现象。因此，在研究生产性服务业对工业的影响时，我们不仅应考察净溢出效应，更应研究产生溢出效应的条件。基于现有文献，本文接下来主要考虑三类影响溢出效应的条件：生产性服务企业和工业企业的地理距离、政策环境、工业企业整合价值链的能力。

2. 影响生产性服务业外溢效应的条件分析

（1）地理因素。生产性服务业高知识密集、产品易逝性的特征决定了它和工业企业的地理距离是影响其外溢效用的重要因素。也正因此，在政策层面，经常可观察到我国各地区之间为吸引生产性服务企业进驻而出台相互竞争的地方政策。Andersson（2004）指出，生产者服务分布是工业分布的函数，工业分布也是生产者服务分布的函数，这种联动效应主要基于两者之间的"客户—供应商"关系，即工业需要在较近的空间距离中充分利用生产性服务的投入。Black 和 Henderson（1999）利用 1972~1992 年美国企业普查数据对企业产出的影响因素进行了分析，他们发现高技术产业存在明显的静态和动态本地化经济效应，企业产出受到现有企业和新出现企业数量的影响比较显著。Branstetter（2001）利用美国和日本企业的研发和专利数据研究表明，两国国内的技术溢出效应远大于两国间的技术溢出效应，这说明地理距离影响着研发服务业溢出效应的强度。Keller（2002）构造了溢出效应随地理距离衰减的函数，用于衡量 OECD 成员国中的小国和大国之间技术扩散的空间效果，发现国与国间的距离增加 1200 公里，技术扩散会减少 50%。在理论层面，可以从规模经济、信任、劳动力"蓄水池"、投入品共享、知识扩散等多个维度来理解外溢效应随地理距离衰减的原因。以往文献在研究我国生产性服务业对工业的外溢效应时较少考虑地理距离的作用，其主要原因是以往研究大都基于省级层面的数据，因而难以将生产性服务业与工业间的距离量化。本文以城市样本作为实证研究的对象，引入城市所在省的生产性服务业数据作为较远地理距离生产性服务供应量的替代变量，使我们能够衡量和测算生产性服务业在不同地理层次上的分布及其对工业获利能力影响的差别。当然，本文的处理方式也是比较粗略的，如果能够获得生产性服务企业和工业企业详细的地理信息，那么将使结论的精度大大提高，但这种做法在目前很难获得数据支撑。

综上所述，提出待检验假说 1：生产性服务业与工业之间的地理距离与生产性服务业对工业获利能力的外溢效应负相关。

（2）政策环境因素。服务产品的无形性和消费、供给的同时性决定了在服务交易过程中，需求方既无法在交易之前对服务产品质量进行检验，又很难在事后对其质量进行有效的评估，因而多数服务产品属于"信任品"的范畴。对应地，大多生产性服务行业则属于契约密集型产业，即服务业的生产和交易将涉及更为密集和复杂的契约安排（汪德华等，2007）。在这样的情况下，如果没有外部力量来保护契约的执行，相对于其他产业的交易，生产性服务交易的供需双方更难以对交易的利益和风险形成稳定的预期。可见，制度在生产性服务业发挥对工业的外溢效应中扮演着非常重要的角色。制度作为社会的博弈规则，或更严格地说人类设计是制约人们相互行为的约束条件，它定义和限制了个人和企业的决策集合。根据制度经济学的文献，制度可以是非正式的约束（如社会规范、惯例、道德），也可以是有意识设计或规定的正式约束，包括政治规则、经济规则和合同等。非正式制度的变迁往往是集体行动的结果，同时也是非常缓慢的，本文不拟对其论述。经济规则用来界定产权，即使用和处置经济资源，并从中获取效用或收益的权利约束。合同作为微观主体之间签订的关于物品使用和交易的（可执行的）协议，受产权规则的制约。可见，在生产性服务业与工业互动发展层面，经济规则（也可将之简单等同于政策环境）是最核心和可建构的制度。就我国而言，改革开放以来，在经济蓬勃发展的背后，同时在演绎着轰轰烈烈的制度变迁，计划体制向市场经济体制的转型总体上是从三个方面展开的：进行经济的非国有化、提高经济的开放程度、实行财政改革，这些制度变革和政策调整必然影响着生产性服务业对工业的外溢效应，尤其是前两者的影响最为直接。

根据超产权理论，只有在市场竞争日趋剧烈的环境下，利润激励才能发挥其刺激经营者的成本意识和增加它们努力和投入的作用。经济的非国有化进程和对外开放反映的正是市场化进程的一个非常重要的方面，在经济市场化的进程中，企业间的竞争越来越激烈，很多低效率的国有企业被民营企业、外资企业淘汰出局，市场化引发的竞争加剧对生产性服务业与工业互动发展而言将产生多重正向作用。首先，从工业企业角度看，竞争产生的生存动力、信息比较动力将迫使它们不断寻找更低成本的生产组织方式，逐步从依靠消耗资源等刚性投入、扩大生产规模的增长方式向更多依靠创新和知识等柔性资源投入、不断丰富发展内涵和提高产品附加值方向转型。2000 年，我国工业中间投入中生产性服务所占比重只有 12.0%，远低于美国的 32.6%、德国的 28.4% 和日本的 26.6%（吕政等，2006）。究其原因，主要就在于我国工业的竞争环境和自身素质与这些国家存在较大差距。特别是对于国有及国有控股企业来说，由于劳动用工体制僵化，业务调整和人员精简还面临着高昂的交易成本，导致对外包服务需求不足。其次，从生产性服务业方面看，市场化改革和开放将缓解国有垄断体制对生产性服务业发展造成的束缚和压制，从而提高它们的效率以及对工业服务外包的吸引力。由于体制、政策的原因，我国生产性服务业的市场准入门槛普遍高于工业，管制过多、市场化程度低的问题较为突出。较高的进入门槛和狭窄的市场准入范围将绝大多数潜在投资者拒之门外，造成服务业部门资源流入不足，弱化了竞争机制在产业发展中配置资源的基础性作用，其结果是服务业创新不足，企业经营效率低下，供给能力的扩张受到制约，这在一定程度上抑制和削弱了工业企业外包生产性服务的内在动力。最后，从一般意义上来说，市场化的推进和开放度的提高有利于形成一个新的市场规则，改变原有的通过行政性力量配置资源的做法，使得真正有市场竞争力的企业得以生存和发展，提高市场配置资源的效率，这实际上也是改革开放的外溢效应（严冀等，2005），而新的市场规则正是保证生产性服务供需双方有稳定预期的重要条件。

综上所述，提出待检验假说 2：政策环境的完善程度正向影响着生产性服务业对工业获利能力的外溢效应。

（3）工业企业整合价值链能力因素。既然服务外包本质上是工业企业动态匹配自身资源、能力与价值链环节的结果，那么工业企业自身的价值链整合能力势必就成为影响服务外包行为、生产性服务业外溢效应的重要因素。根据价值链理论，利润主要集中在服务环节。此外，从国际经济竞争的现实看，企业竞争优势的获得对加工制造环节的依赖性也在逐渐减少，生产性服务活动成为越来越具有战略意义的环节。根据 Dennis 和 Kambil (2003) 的研究，对于一个典型的工业企业而言，来自售后服务和零部件的收入和利润分别占全部收入和利润的 25% 和 40%~50%。在汽车行业，售后服务和零部件给企业带来将近 80% 的收入和 50% 以上的利润；在个人电脑和机车行业，只有不到 25% 的收入来自产品的销售，而大部分收入来自售后服务。我们可以推断，工业企业价值链整合能力越强，其通常越不倾向于将服务环节这一利润增长点外置；即使选择服务外包，通常也局限于那些非核心的服务性经济活动。事实上，服务外包与工业企业服务化即使在发达国家也是并行不悖的两种趋势。在很多工业企业纷纷将服务环节外置的同时，也有部分工业企业通过企业再造和并购重组等方式，从销售产品发展成为提供服务和成套解决方案，部分工业企业甚至实现了向服务提供商的转型。例如，Xerox 谋求从复印机制造商向"文档服务公司"转变；IBM 意欲从大型机和个人电脑制造商向信息服务公司转型；GE 公司明确提出要由工业公司转变为服务业公司，并且已经进行了战略调整。从工业企业自身看，无论是实施服务化战略还是实行服务外包，可能都有助于自身竞争优势和获利能力的提升。但在目前的统计体系中，只有独立于工业企业之外由生产性服务企业提供的生产性服务业才被纳入统计范围，在此情形下，工业企业服务化将与生产性服务业对工业的外溢效应负相关。就我国来看，由于服务业的改革和开放进度是滞后于工业的，提供服务的利润空间要比提供工业产品高。加之市场中介组织、法律制度环境等发育得仍不是很成熟，社会对商业违约、欺诈行为的发现、惩戒能力有限。此时，那些价值链整合能力强的企业可能更容易实施服务化战略，自设研发、营销、投资、物流乃至地产开发等部门。

综上所述，提出待检验假说 3：工业企业的价值链整合能力与生产性服务业对工业获利能力的外溢效应负相关。

三、实证检验

1. 计量模型

与江静等 (2007) 使用全员劳动生产率作为检验生产性服务业外溢效应方程的因变量不同，本文拟使用工业企业获利的技术效率作为因变量。如果把利润表达成资本、劳动力投入的函数，那么获利的技术效率指某个地区实际所处的利润生成曲线同最大可能曲线（技术前沿）之间的距离，越接近技术前沿，说明效率越高，也就是同样的资本和劳动力投入产生了更多的利润。要取得获利的技术效率量化值，通常有数学规划和经济计量两种方法，目前理论界的总体评价是：经济计量方法有很强的政策倾向，可以用来评价政策的实施效果，数学规划方法则有很强的管理决策效应。通常认为，在模型设定合理且采用面板数据的条件下，经济计量方法会得到比数学规划方法更好的估计效果。结合本文的研究取向以及所使用的数据特征，本文选用经济计量方法，并以 Battese 和 Coelli 在 1995 年提出的随机前沿函数模型（SFA）为蓝本。该模型的最大特点在于可以同时对前沿函数和技术无效函数的参数进行估计。具体而言，以 C–D 函数作为前沿函数的具体形式，即：

$$\ln PT_{it} = b_0 + \eta_t + \alpha \ln K_{it} + \beta \ln L_{it} + (V_{it} - U_{it}) \tag{1}$$

其中，i 和 t 表示地区和时间；PT、K 和 L 表示制造业利税水平、资本投入量、劳动投入量；b_0 为待定常数项；η、α、β 为技术前沿随时间变化趋势（也称为技术进步）的系数、资本的利税产出弹性、劳动力的利税产出弹性；$(V_{it} - U_{it})$ 为回归方程的随机扰动项，V_{it} 指经济系统不可控因素（如观测误差等）冲击的噪声误差，其服从对称的正态分布 $N(0, \sigma_V^2)$，并且独立于 U_{it}，U_{it} 指那些在 t 时期仅影响 i 地区的随机因素，其服从单侧正态分布 $N(M_{it}, \sigma_U^2)$。M_{it} 对应的函数即为技术无效函数，$e^{-M_{it}}$ 表示 i 地区第 t 年的技术效率水平，M_{it} 越大，表明技术效率越低，或者说是技术无效程度越高，也意味着其制造业获利效率越高[1]。结合前文的理论分析，其具体形式为：

$$M_{it} = \delta_0 + \delta_1 PS_i + \delta_2 GE_i + \delta_3 PS_i \times RO_i + \delta_4 PS_i \times FA_i + W_{it} \tag{2}$$

其中，i、t、W_{it} 的含义同上；δ 为待定系数；PS、GE、RO、FA 分别表示生产性服务业发展水平、地理距离、政策环境和工业企业价值链整合能力。引入政策环境、工业企业价值链整合能力与生产性服务业发展水平的交叉项，而不是它们各自的单独项，原因是我们要检验的是政策环境和工业企业价值链整合能力对生产性服务业对工业外溢效应强度的影响，而非它们对工业获利效率的影响。

判断前述模型设定是否合理，可以计算式（1）的随机扰动项中技术无效所占的比例，也就是考察式（3）中 γ 的大小：

$$\gamma = \frac{\sigma_U^2}{\sigma_U^2 + \sigma_V^2} \quad (0 \leqslant \gamma \leqslant 1)$$

当 γ 接近 0 时，表明实际获利水平与可能最大利润的差距主要来自不可控因素造成的噪声误差，这时用普通最小二乘法（OLS）即可实现对生产参数的估计，而没有必要采用随机前沿模型；γ 越趋近于 1，越能说明前沿生产函数的误差主要来源于随机变量 U_{it}，采用随机前沿模型对函数进行估计也就越合适。

2. 数据说明和变量定义

本文使用的样本包括 2003~2007 年我国大陆 26 个省份（剔除了四个直辖市以及缺失数据的西藏）所辖的 222 个地级市，缺少部分地级市样本是因为数据缺失。2003 年为初始年份，是因为国家统计局在 2002 年对《国民经济行业分类与代码》国家标准进行了修订，在对原服务行业门类调整和修订的基础上，新增了"信息传输、计算机服务和软件业"、"住宿和餐饮业"、"租赁和商务服务业"、"水利、环境和公共设施管理业"、"教育"、

---

[1] 倘若某地区实际利润点恰好位于技术前沿上，即它的 M_{it} 为 0，技术效率值为 1，但这不代表该地区的制造业已经完全发挥出资源创造利润的潜力。随机前沿生产函数模型提供的技术效率水平是相对其他地区而言的，技术效率值为 1 仅意味着该地区和其他地区相比，其技术效率是最高的。

"国际组织"六个门类，取 2003 年之后的数据可避免统计口径不一致的问题。

定义变量所使用的原始数据来自 2004~2008 年《中国城市统计年鉴》。鉴于生产性服务业主要集中在城市，故将范围设定为市辖区而非全市。由于该城市统计年鉴没有提供工业的利润数据，我们用限额以上工业企业利税总额来衡量式（1）中的 PT，由于税收与利润的比例通常保持稳定，这种近似替换不会引发比较大的误差，因时间较短也未对数据进行消胀处理；K、L 分别用限额以上工业企业的固定资产净值年平均余额和年平均从业人员数表示。由于生产性服务业属于知识和人力资本密集型行业，劳动投入是决定生产性服务种类的重要变量，因此，我们选取生产性服务业的就业人员占总就业人员的比重作为式（2）中生产性服务业发展水平（PS）的衡量指标，根据前文对 SFA 模型的阐述，预期 PS 的系数符号为负，表明生产性服务业发展水平能够正向影响工业的获利技术效率。但在现实经济统计中，生产性服务业的行业划分与界定是个难点，因为有些服务业（如交通运输服务、银行服务业等）既可以看作是生产性服务业，也可以看作是消费性服务业（为居民和一般消费者服务），只不过不同服务行业的侧重点有所不同而已（江静等，2007）。结合生产性服务业的内涵、外延，并考虑到数据可获得性，本文选取"交通仓储邮电业"、"信息传输、计算机服务和软件业"、"金融业"、"租赁和商业服务业"、"科研、技术服务和地质勘查业"这五个行业来代表生产性服务业。由于缺少生产性服务企业和工业企业详细的地理信息，无法准确测量它们之间的地理距离，因此我们引入各城市所在省的生产性服务业就业比重作为地理距离的替代指标，预期其系数为 0，表明工业的获利效率仅受所在市生产性服务业发展水平的影响，而与更广范围的省的生产性服务业发展水平无直接关系。式（2）中的政策环境（RO）用限额以上港澳台投资工业和外商投资工业的总产值占全部限额以上企业工业总产值的比重衡量[①]，预期其与 PS 交叉项的系数为负，表示政策环境能正向调节生产性服务业对工业获利能力的外溢效应。工业企业价值链整合能力（FA）用企业的平均就业人数表示，就业人员越多意味着企业价值链整合能力越强，根据前文分析，预期其与 PS 交叉项的系数为正。

3. 实证结果

利用 Frontier 4.1 软件，对全国样本城市数据进行回归（称为模型 1），可获得式（1）和式（2）对应的计量模型的各项参数，结果如表 1 所示。其中，γ 值为 0.938，表明前沿生产函数的误差中有超过 90% 的成分来源于式（2）中包含的变量因素，不可控因素产生的噪声仅占很小比重，模型设定合理可靠。前沿生产函数中的时间趋势系数为 –0.019，但不显著，意味着 2003~2007 年我国城市工业的获利技术效率并没有显著的变化。lnK、lnL 的系数分别为 0.894、0.242，且均在 1% 的水平上显著，前者显著大于后者，这表明目前我国城市工业企业的利润增长主要来自资本积累，劳动力对利润的贡献相对较小。

[①] 由于《中国城市统计年鉴》没有提供不同所有制服务业的经济数据，因而不能构建衡量服务业改革开放进度的指标。但由于一个地区服务业的改革开放进度往往与工业的改革开放进度高度正相关，因而这种近似处理也不会产生较大偏差。

在技术无效函数中，与理论预期一致，生产性服务业发展水平 PS 为-0.239，且在 5% 的水平上显著，这意味着如果 A 城市的生产性服务业就业比重高出 B 城市 5%，在其他因素相同的情况下，大约会促使 A 城市工业的获利水平比 B 城市高 0.239%。GE 的系数显著为正，表明所在省的生产性服务业发展水平对所辖城市生产性服务业发挥对工业的外溢效应存在负向作用，这与我们的理论预期存在一定差别。其中的原因可能在于，我国城市之间的生产性服务业发展缺乏有效的区域分工和协作机制，省层面生产性服务业比重高往往意味着所辖城市间存在比较严重的生产性服务业重复发展和结构趋同，从而使得城市生产性服务业难以形成有效集聚。吕政等（2006）指出，在分税制刺激下，受地方利益的驱使，在生产性服务业发展中出现了比较严重的低水平重复建设、过度竞争和资源浪费。例如，以长三角为中心的华东地区，机场数已达每万平方公里 0.8 个，超过美国平均数 0.2 个，已经成为国际上机场密度最高的地区之一；长江江苏段南京往下内河港口林立，能力一扩再扩，现拥有万吨级码头泊位 100 多个，但大多货源不足、浪费严重。由于缺乏有效的区域分工，重复建设、结构雷同不可避免地要降低生产性服务业增长的集约化程度和效率。此外，我国城市化水平与工业化进程出现了比较明显的脱节，城市化进程相对滞后和工业布局相对分散弱化了对生产性服务的中间需求，这也进一步放大了生产性服务业发展中重复建设的弊端。模型 1 中的政策环境、工业企业价值链整合能力与生产性服务业发展水平交叉项的系数分别为-0.005、0.055，且均在 1% 的水平上显著，这与前文的理论预期完全一致，政策环境和工业企业价值链整合能力确实从正反两个方向影响着生产性服务业对工业的外溢效应。

根据模型 1 提供的各市 2003~2007 年工业企业获利技术效率的数值，对其时空特征做

表 1 模型参数的最大似然估计结果

	模型 1（全国城市样本）			模型 2（东部地区城市样本）			模型 3（中西部地区城市样本）		
	系数	标准差	t 检验值	系数	标准差	t 检验值	系数	标准差	t 检验值
前沿生产函数									
截距	−1.429***	0.118	−12.126	−1.207***	0.182	−6.647	−1.545***	0.173	−8.904
t	−0.019	0.017	−1.142	−0.006	0.022	−0.276	−0.031	0.025	−1.213
$\ln K_{it}$	0.894***	0.041	21.708	0.780***	0.057	13.68	0.941***	0.060	15.787
$\ln L_{it}$	0.242***	0.042	5.788	0.332***	0.064	5.220	0.237***	0.073	3.249
技术无效函数									
截距	−11.89***	2.807	−4.237	−31.55***	10.216	−3.088	−6.234**	2.782	−2.241
PS	−0.239**	0.094	−2.551	−0.322**	0.132	−2.437	−0.160	0.123	−1.298
GE	0.273***	0.066	4.135	1.656***	0.515	3.214	−0.017	0.066	−0.252
PS × RO	−0.005***	0.001	−3.710	0.000	0.000	0.565	−0.005***	0.002	−2.789
PS × FA	0.055***	0.017	3.127	0.050**	0.021	2.379	0.038*	0.022	1.698
δ^2	5.824***	1.143	5.097	3.353***	0.953	3.517	5.928***	1.419	4.177
γ	0.938***	0.014	65.501	0.924***	0.023	39.750	0.924***	0.020	47.333
其他信息									
Log 函数值	−1371.568			−427.182			−9.11.786		

	模型 1（全国城市样本）			模型 2（东部地区城市样本）			模型 3（中西部地区城市样本）		
	系数	标准差	t 检验值	系数	标准差	t 检验值	系数	标准差	t 检验值
LR 检验值	128.107***			53.120***			65.340***		
样本数	1110			435			675		
年数	5			5			5		
横截面数量	222			87			135		

注：***、**、* 分别表示变量通过 1%、5%和 10%的显著水平检验；技术无效率函数中的负号表示变量对制造业的技术效率有正向影响，反之亦然；LR 检验值服从混合卡方分布。

进一步简要分析。从时间维度看，经历了先降后升的演变历程，这 5 年的平均值分别为 0.69、0.57、0.55、0.61 和 0.68。造成工业企业获利技术效率自 2003 年起下行的原因主要在于国家宏观调控政策的变化。2004 年，针对当时经济发展中出现部分行业过热的问题，中央政府决定进行宏观调控，以规避经济风险。自 2004 年 4 月起，国家利用货币政策、财政政策及行政手段对发展过热的行业进行调控，主要目的是试图使工业尤其是重工业增速回落，使服务业增速回升。2006 年后工业企业获利技术效率回升，可能也主要与此时国家削弱调控力度有关。从区域角度看，东部城市工业企业获利技术效率显著高于中西部城市，2007 年平均值分别为 0.71、0.66 和 0.63。

为进一步验证假设检验的稳健性，我们将所有样本数据分成东部地区和中西部地区两组，根据前面所述方法构建回归模型（称为模型 2 和模型 3）。从回归结果中可以看出，大部分结论都没有改变，但也出现了一些差别。具体而言，模型 2 和模型 3 的 γ 值均提示应该使用随机前沿函数进行分析；资本和劳动力的利润弹性系数也均表明，工业企业的利润增长主要来源于资本的贡献。在两个模型的技术无效函数中，PS 的系数符号尽管一致且与理论预期相符，但在中西部城市样本模型中，其未能通过 10%的显著性水平检验，这可能与中西部城市生产性服务业发展水平较低有关。这或许也在提示，生产性服务业要想发挥对工业的外溢效应，需要迈过特定的"门槛"水平。GE 的系数在模型 2 中显著为正，而在模型 3 中为负但不显著，这与前文的分析一致，说明越是发达的地区越可能存在生产性服务业发展的重复建设问题，而在生产性服务业发展相对落后的城市之间反而可能形成正的区域外溢效应。PS 与 FA 交叉项的系数在两个模型中均显著为正，这与理论预期一致，说明无论是经济发达的东部地区还是在欠发达的中西部地区，价值链整合能力越强的工业企业往往越不倾向于利用服务外包。这也说明由于制度环境不尽完善、工业和服务业改革跛足前行，即使在我国发达的东部地区，也还未能形成有效的刺激工业企业利用服务外包的氛围。此外，值得注意的是，在模型 2 中，RO 与 PS 交叉项的系数为 0，但不显著。我们认为这并不意味着政策环境因素在东部地区对生产性服务业与工业互动发展不起作用，造成 RO 与 PS 交叉项的系数在东部地区不是显著为正的原因可能与 RO 的指标选择有关。目前在东部地区，无论是港澳台地区投资的工业企业还是外商投资的工业企业，仍主要以加工型、出口型、生产型企业居多，而且大多属于跨国公司全球生产组织体系中的封闭环节，产品线和产业链延伸不足，呈现"两少一多"特征，即外资企业对本地金融机构的信贷服务需求少；产品设计、关键技术、零部件依赖于进口，对本地研发或技术服务需求少；产品直接出口多，而且多进入跨国公司营销体系（吕政等，2006）。因此，在东部地区用限额以上港澳台地区投资工业和外商投资工业的总产值占全部限额以上企业工业总产值的比重来定义政策变量，既有合理的一面，能够反映改革开放程度对生产性服务业与工业互动发展的正面影响，同时也会因未能剔除上述外资经济"两少一多"特征对本土生产性服务业发挥外溢效应造成的负面效应，从而中和掉一部分正面效应。

四、结论和政策建议

本文基于有关生产性服务业与工业关系文献的最新发展，引入地理距离、政策环境、工业企业整合价值链的能力变量，从理论层面分析了生产性服务业对工业发挥外溢效应的渠道，并利用城市面板数据和随机前沿函数模型，对理论假说进行了检验。本文主要结论是：①工业企业借助服务外包整合自身价值链能够提高获利效率，在我国城市中，就整体而言，生产性服务业对工业获利技术效率提升发挥着正向作用；②生产性服务业与工业之间的地理距离与生产性服务业对工业获利能力的外溢效应负相关，提高生产性服务业集聚程度有助于增强其对工业的外溢效用；③政策环境的完善程度正向影响着生产性服务业对工业获利能力的外溢效应，同步推进工业和服务业的改革开放，有助于两者形成更良性的互动发展；④在外部制度环境欠完善、制造和服务环节利润率差别显著的情况下，工业企业的价值链整合能力与生产性服务业对工业获利能力的外溢效应负相关。

本文的政策含义有：①应放弃对经济服务化的顾虑，如经济服务化会导致制造业衰退、产业空心化等，科学、理性地促进生产性服务业发展，能够促成制造业获利能力的提高、产业链的扩展、生产效率的大幅提升以及附加增值能力的提高。②优化产业布局，大力推进生产性服务业在城市集聚发展，尤其是要克服生产性服务业发展过程中的地方保护、重复建设等问题，从而缓解乃至杜绝不合理的城市间生产性服务业同构现象。③加快推进和完善垄断性服务行业的改革，除个别涉及国家安全和必须由国家垄断经营的领域外都要进一步推进改革；扩大服务业的开放领域，这不仅包括金融、保险、贸易等外资已经进入较多的行业，而且还应包括通信、会展、专业商务服务等众多以往开放程度较低的行业。④尽快在私产和合同保护、行政环境的透明、产业政策的有效性、经济机构间的信任和公共机构的诚信、劳动力再就业培训等诸多方面，取得卓有成效的进步，降低服务外包的合作风险，推动相关企业间合作，实现社会化服务与制造环节的"无缝式对接"。

参考文献

[1]［加］格鲁伯，沃克.服务业的增长：原因和影响（1989）[M].陈彪如译.上海：上海三联书店，

1993.

[2]顾乃华，毕斗斗，任旺兵.中国转型期生产性服务业发展与制造业竞争力关系研究——基于面板数据的实证分析 [J].中国工业经济，2006（9）.

[3]江静，刘志彪，于明超.生产者服务业发展与制造业效率提升：基于地区和行业面板数据的经验分析 [J].世界经济，2007（8）.

[4]江小涓，李辉.服务业与中国经济：相关性和加快增长的潜力 [J].经济研究，2004（1）.

[5]李江帆.产业结构高级化与第三产业现代化 [J].中山大学学报（社会科学版），2005（4）.

[6]路江涌.外商直接投资对内资企业效率的影响和渠道 [J].经济研究，2008（6）.

[7]吕政，刘勇，王钦.中国生产性服务业发展的战略选择——基于产业互动的研究视角 [J].中国工业经济，2006（8）.

[8]汪德华，张再金，白重恩.政府规模、法治水平与服务业发展 [J].经济研究，2007（6）.

[9]薛立敏等.生产性服务业与制造业互动关系之研究 [M].中国台湾：中华经济研究院，1993.

[10]严冀，陆铭，陈钊.改革、政策的相互作用和经济增长——来自中国省级面板数据的证据 [J].世界经济文汇，2005（1）.

[11]张辉.全球价值链理论与我国产业发展研究 [J].中国工业经济，2004（5）.

[12]张世贤.工业投资效率与产业结构变动的实证研究——兼与郭克莎博士商榷 [J].管理世界，2000（5）.

[13]郑凯捷.从以分工为代表的中间需求因素审视迈向服务经济的结构转型过程——研究视角的转变及其综述 [J].南京社会科学，2008（1）.

[14] Andersson M. Co-location of Manufacturing & Producer Services: A Simultaneous Equation Approach [R]. Working Paper, 2004.

[15] Black D., Henderson V. Urban Growth [J]. Journal of Political Economy, 1999（107）.

[16] Branstetter L. Are Knowledge Spillovers International or Intranational in Scope? Microeconometric Evidence from the U. S. and Japan [J]. Journal of International Economics, 2001（53）.

[17] Battese, Coelli. A Model for Technical Inefficiency Effects in a Stochastic Production Frontier for Panel Data [J]. Empirical Economics, 1995（20）.

[18] Dennis M.J., Kambil A. Service Management: Building Profits after the Sale [J]. Supply Chain Management Review, 2003（1-2）.

[19] Hutton T.A. Service Industries, Globalization, and Urban Restructuring within the Asia-Pacific: New Development Trajectories and Planning Responses [J]. Progress in Planning, 2004（61）.

[20] Keller W. Geographic Localization of International Technology Diffusion [J]. American Economic Review, 2002, 92（1）.

[21] Riddle. Service-led Growth: The Role of the Service Sector in the World Development [M]. Praeger, New York, 1986.

Effects and Channels between Producer Services and Profits of Industries

——Empirical Research Based on Cities' Panel Data and SFA Mode

Gu Naihua

Abstract: In this paper, we investigate theatrically the impact and mechanism of producer services on profits of industries by bringing in geographic scopes, policy environment and the firms' ability of management value chain. Then, we test the hypotheses basing on cities' panel data and SFA mode. According to the theoretical study and empirical research, we get the following results. Firstly, producer services did help promote the industries' profits in the whole in China. Secondly, geographic scopes and the firms' ability of management value chain have a significantly negative correlation with the spillover effect that caused by producer services. Thirdly, policy environment has a positive correlation with the spillover effect that caused by producer services.

Key Words: Producer Services; Spillover Effect; Stochastic Frontier Approach

服务业增长：真实含义、多重影响和发展趋势*

江小涓

【摘　要】 本文分析服务业的复杂性和研究难点，提出"真实"与"名义"两类增长因素及其影响，预测达到人均国民收入 4000 美元后中国服务业的发展趋势，强调加快服务业改革开放的重要性。

【关键词】 服务业；增长；改革开放

服务经济本质上是一种非实体化的经济。服务业在定义和测度、评价标准、生产和消费关系、数量和价值关系、劳动生产率变化等方面与制造业有很大差异，还涉及许多超经济的问题。与过去 30 年由制造业推动的高增长时期相比，服务业加快发展的含义及其对增长、就业、物价总水平、收入分配和国民福利的影响比较复杂，有些可能超出我们的经验和预期。本文将择要讨论上述问题，预测服务业加快发展和比重提高的可能性，并提出改革开放对促进服务业发展的重要意义。

一、服务业的复杂性和研究难点

服务业的复杂性至少体现在以下三个方面：构成庞杂、性质差异和目标多元，这些都给分析研究和实际工作带来了困难[①]。

* 作者：江小涓，国务院研究室，邮政编码：100017，电子邮箱：jxiaoj@ vip. sina. com。作者感谢匿名评审人认真、专业、精彩的评审，本文根据评审意见做了多处重要修改。
　本文引自《经济研究》2011 年第 4 期。
　① 这几个方面的特点特别是前两点可参见 Baumol（1967）、Fuchs（1968）、格鲁伯和沃克（中译本 1993）、黄少军（2000）、任旺兵和李冠林（2004）等。作者在以往文献基础上做了进一步概括。

（一）构成庞杂

服务业的构成极其庞杂，既包括传统"纯劳动"型服务业，如家庭服务、餐饮、警察、保安等行业，也包括资金、设备和技术高度密集的服务，如电信服务、航空服务等行业，还包括知识含量很高的研发、软件、咨询、创意等行业；既包括最具备完全竞争性质的商业零售、餐饮、演艺、商务服务等行业，也包括最具备自然垄断性质的金融、电信和网络设施等行业。服务业还包括大量超出经济意义的行业，如教育、文化、卫生以及社会管理和政府部门等。构成的庞杂给研究工作带来许多难题，这里提及两个方面。一是"共性"难以概括，反映服务业一般特征的普适分析框架不易构造，因此，在服务经济研究领域，除少数研究服务经济"一般理论"的文献外，绝大部分都是分行业的研究，描绘不出服务业作为一个整体的全貌。二是统计困难，服务业统计中存在的缺口和缺陷相对较多，如我国目前就存在资料来源缺口和口径不同、房地产业数据低估、家政等服务未被计入、服务价格指数缺失等问题[1]。在各国经济统计中，服务经济遗漏都较多。从最近两次经济普查的结果看，我国常规统计的主要问题是低估了服务业的规模和比重[2]。

（二）性质差异

服务业的分类角度较多，从本文研究内容的需要强调两种分类角度[3]。首先，可区分为传统服务业与现代服务业。这两类服务业性质迥异，研究者也有各自的分类标准。本文中，传统服务业往往指早于现代制造业就存在和发展的服务产业，如家庭服务、零售服务、旅行服务、教育服务、医疗服务、文化艺术服务、治安和国防服务、行政服务等，较早时期的服务经济研究都以此类服务业为对象[4]。其特点包括：一是"结果无形"，即服务过程不产生有形结果；二是"生产和消费同步"，即服务生产和服务消费同时同地发生，生产完成时服务已经提供给了消费者；三是"不可储存"，由于必须同步，服务无法储存[5]；四是"不可贸易"，同步和不可储存的特点，使服务无法在一地生产而在另一地消费；五是所有权不能完全让渡，商品交易的是商品所有权，服务是人力资本从事经济活动的过程，不存在所有权的交易，服务只是让渡人力资本使用权[6]。

上述性质使较早时期的传统服务业具有以下经济学意义上的重要特征。第一，没有规

---

① 对我国服务业统计中的问题可以参见许宪春（2004），载于江小涓主编（2004a）。国外学者的经典文献可以参见 Griliches（1992，1994），他提出服务业是"不可测度部门"。

② 2004 年普查中，GDP 多出 2.3 万亿元，93%来源于第三产业，第三产业比重由普查前的 31.9%提高到 40.7%。2008 年普查中，GDP 多出 1.1 万亿元，97%来自第三产业，第三产业比重由 39.8%提高到 41.8%。

③ 对更多分类角度有兴趣的读者，可参考黄少军（2000）。

④ 在长期发展中，这些行业的技术手段和经营模式等都不断与时俱进，"传统"不意味着落后。

⑤ 服务能力有可能储存，如修路、购买武器等，但服务本身如运送乘客、抗击敌人等是不可储存的。

⑥ 希望了解服务业严谨定义的读者可参考联合国《1993 年国民账户体系》。不过，"服务"的定义是一个长期争论的问题，因为有不少例外，如牙医工作是服务却提供假牙这种有形产品。但是由于其他定义的共识性更差，至今学术界仍然广泛使用这些特征来定义服务和服务业。

模经济。由于服务生产和消费不可分离而是同时同步进行，消费需求又高度个性化，因此"批量"、"标准化"、"劳动分工"等导致规模经济生产的基本要求不能满足。第二，技术含量低。制造业的进步主要体现在高效率机器设备上，多数传统服务业是直接的劳务活动，机器设备难以普遍应用。第三，劳动生产率提高缓慢。上述原因促使劳动生产率提高的主要因素都体现不到服务业上，有学者甚至将服务业称为劳动生产率的"停滞部门"（Baumol，1967）。

现代服务业指随着现代制造业的出现以及人们生活方式的变化而发展起来的服务业，如金融服务、商务服务、市场营销服务、研发设计服务、信息服务、交通运输服务等行业。现代服务业具备了技术含量高、规模经济显著、劳动生产率提高快的特点。同时，采用信息技术使一些传统服务业的性质也发生变化。例如，音像制品将音乐会等无形服务过程变为了有形制品，生产和消费可以异时异地，可以储存和进行贸易。近些年网络技术的发展再次改变了部分服务的特性，此时演艺服务不需要在生产者和消费者之间交换有形的存储介质，服务就可以随时随地消费。网上交易、电信、远程教育和医疗、视频会议等新的服务方式，都使相应的服务业态在很大程度上脱离了服务的传统特征。

其次，服务业可以划分为可标准化的服务业和不可标准化的服务业两类。可标准化的服务业强调结果或过程的同质化，因此可以使用提高效率的设备和实现规模生产，以提高劳动生产率，如信息、通信、金融、批发业等。不可标准化的服务业，其性质与前者相反，不可能用机器替代劳动和大规模同质化生产。其中一些属于专业知识密集型服务如医疗、教育、文化、咨询等；另一些属于直接劳动型服务，如家政、保安、保洁等。这个分类虽然国内不经常用，但本人认为十分重要：它涉及规模经济、劳动分工、劳动生产率等经济分析中最核心的概念，两种类型的服务业对经济增长和服务相对价格变化的影响也很不相同。

（三）目标多元

服务业覆盖的范围跨越经济和社会领域，很大一部分处在"社会事业"领域中。随着收入水平的提高和人们消费结构的变化，越来越多的消费者愿意以个人支付的方式增加科技、教育、卫生、文化、体育等服务消费，这必将导致社会事业的经济功能明显增强，市场化产业化发展的部分日益重要。社会事业各个部门成为国民经济特别是服务业的重要组成部分。从其他国家在我们这个发展阶段的规律和经验看，这些领域的产出应该占GDP的20%以上和服务业的40%以上。但是，政府能够提供的服务消费很有限，这就要求吸纳更多的社会资金进入，激发活力提高效率，大幅度增加服务产出。

这部分的分析表明，研究服务经济应该特别注意以下几点。一是"总量"分析和揭示"规律"要谨慎。不同服务行业的汇总数据只是一组高度离散数据之和，平均值并不能代表"一般性"。二是时间序列分析要谨慎。存在"快变量"是服务业的特点，如信息技术的出现就是"非边际"的革命性变化，简单的趋势外推和比较研究有可能导致较大偏差。三是判断服务业的发展水平要谨慎。服务业统计困难，易漏、易误因素多，服务业产值和比重被低估的概率较大。四是存在多元目标和多种评判标准，需要权衡不同角度的关切，统筹考虑公共资源和市场资源的合理配置。

二、真实增长与名义增长：服务业比重上升的含义

服务业在国民经济中比重上升的含义与制造业有很大不同。理解服务业增长含义的核心是：比重上升的原因可能是真实增长，也可能是名义增长。先看一个例子。

1980年，北京买一台17寸黑白电视机的价格约为1000元，聘一位家政服务员的价格约为500元/年。简化起见，以它们分别代表商品消费和服务消费，则当时两者的比例关系为2∶1，以商品消费为主。2008年，北京买一台21寸平面彩色电视机的价格约为1000元，聘一位家政服务员的价格约为15000元/年，两者比例关系为1∶15，以服务消费为主。再简化、放大为国民经济结构，服务消费占国民经济的比重从1987年的33%上升到了2007年的94%。然而对消费者来说，消费结构并没有实质改变：仍然是买了一台电视和聘用了一位家政服务员。决定服务消费支出结构变化的是制造和服务两者比价关系的变化。

这个案例说明了实际消费结构（以消费内容衡量）和名义消费结构（以支出结构衡量）的差异。当然，在经济发展各个阶段，实际消费结构和名义消费结构都存在差异，但这种差异在服务经济比重加快上升的时期特别显著。作者根据相关文献提供的研究思路和服务业发展现实，尝试概括提出决定服务业在国民经济中比重上升的四个主要因素，解释上述差异显著的原因可以概括为"一实三名"。

（一）新增服务消费：真实增长

服务消费的真实增长是指服务消费"量"的实在增长。生活型服务消费需求的真实增长有几种类型。一是收入提高产生的服务需求，如高等教育服务、文化休闲服务、体育健身服务等。二是技术发展提供的新业态和新品种。与互联网相关的服务最有代表性，以网络游戏产业为例，2008年，我国网游产业销售收入达到184亿元，同比增长77%，已远远超过电影、电视娱乐节目和音像制品这传统三大娱乐节目的收入（课题组，2009）。三是制造业产品带动的关联服务消费，如汽车服务、通信服务、网络服务等。四是公共服务持续增加。生产型服务需求的真实增长主要来源于技术变化、产业组织变化和最终需求变化的引导。随着科技进步，新产品、新设计、新的加工工艺等不断出现，作为中间技术投入源源不断地供应给农业、制造业甚至服务业自身。制造业越来越复杂的分工体系，要求有密集的服务网络如物流服务、供应链服务等将其联结成协作体系。产品复杂性的不断增加，要求有方便快捷的客户服务如培训服务、售后服务等。

（二）服务相对价格上升：名义增长之一

前面已经指出，许多直接提供劳务的服务业，劳动生产率提升较慢。因此，虽然制造业和服务业的工资水平都在提高，但制造业劳动生产率的提高能够将其抵消，而服务业中工资上涨更多地表现为服务价格较快上涨。这就是前面例子中电视机和家政服务相对价格显著变化的原因。这种情况下，虽然以增加值衡量的服务产出比重上升，但服务量并没有相应等幅增长。由此可以看出，制造业和服务业价值比重变化并不等于"数量"比重的相应变化。制造业以产值衡量的产出比重虽然下降，但实物产出却在持续增加。服务业则相反，产值比重上升并不代表服务量的相应上升[①]。

（三）服务专业化和外移：名义增长之二

这是指原本处于制造业生产过程中或制造企业内部的服务供给独立出来，由专业化企业提供，形成生产性服务业。现代大工业的发展是建立在"福特模式"基础上的，追求规模经济和范围经济，产品从设计、制造到销售和售后服务等，都在同一个企业内部完成。在这个体系中，商品价值中含有大量服务内容。然而，随着技术进步和市场竞争日趋激烈，这种无所不包的纵向生产组织方式在许多领域不再有竞争力。每个企业只能集中在有限的核心业务上，其他业务希望由更专业化的公司提供。因此，企业将部分原本内部提供的零部件和服务转为从外部购买。特别是 20 世纪 90 年代信息技术广泛应用以后，服务切割、外移显著加速，成为产业分工发展的一个重要方面。切割、外移的服务从信息系统维护、售后服务、后勤等"非核心业务"，逐步扩展到研发设计、供应链管理、人力资源管理等核心业务。这类中间服务增长在很大程度上是对原有制造体系中内含服务的"切割"和外移，服务从企业的内部环节转变为外部的市场关系，从内部分工转变为社会分工。此时的服务业增长并没有为国民产出提供一个增量，而只是生产方式和生产组织形式的变化[②]。

（四）自我服务转为市场化服务：名义增长之三

在社会成员流动性不强、社会分工不发达时，许多服务在家庭内部和亲朋之间无偿提供，不被计入国内生产总值之中。随着社会和家庭结构的变化，相当一部分家政服务社会化，成为有酬劳动，就产生了 GDP。这个变化被形象地描述为"自己洗涮变为相互洗涮"。服务业的这种增长潜力在我国同样存在，2008 年国家统计局对十个城市做了无酬劳动时间调查，有 79% 的受访者参与了无酬劳动；男性参与率为 60%，人均 2 小时 18 分/天，女性参与率为 97%，人均 4 小时 30 分/天；平均到全体国民，人均 2 小时 44 分/天，如果其中

---

① 程大中教授（2009）对这个问题做过深入的实证研究，表明近些年我国服务消费支出的增长，主要受服务价格上升的影响。

② 对生产性服务业外移的更多分析，可参见程大中（2009）；对跨国公司研发和相关中间服务外移的更多分析及相关文献来源，可参见江小涓（2008）。

一半逐步转化为有酬劳动并取得社会平均收入，GDP 要增加 10%左右①。

三、"名义"增长的"真实"意义

服务业"真实增长"的积极意义无需赘述。需要特别分析的是"名义增长"。从静态和微观看，这些增长是"名义"上的，然而从动态和宏观看，它们都蕴含着真实变化，有重要意义。特别要关注三个积极影响和三个长期挑战：对提高生产效率、提高服务水平和改善收入分配的积极影响，对交易费用、稳定物价和公共服务可持续性带来的长期挑战。

（一）三个积极影响

1. 提高生产效率

在初始阶段，企业内部服务切割、外移和家务劳动社会化确实是"名义"增长，但之后，由于生产组织方式、激励机制等发生变化，生产效率得以"真实"提高。

首先是专业化分工的深化。生产性服务如研究设计、供应链管理、市场和客户服务等，都是高度专业化的知识密集型服务，每一项业务需要的专业能力积累和人力资本构成不同，以往内部提供，业务量有限，不可能形成高度专业化的团队。外移给专业服务企业提供，可以显著提高专业化水平。其次是扩大规模经济效应。单个企业对生产性服务的需求有限，而且往往具有间隔性。以售后服务为例，推出新产品后一段时期需求较大，此后趋于稳定。专业化的客户服务公司能为多个企业错期提供服务，需求峰谷互补，达到规模经济。有了足够的规模，就能够使用最先进的设备和聘用更专业的人才，降低成本并提供更好的服务。最后是促进人力资本能力积累。专业化有利于工作能力的提高，这种现象在 IT 行业最普遍。专业化 IT 企业中的员工有机会参与不同项目，能力积累很快。如果一个企业自建 IT 系统，技术人员就要守着一个不变的系统进行维护类的工作，因此留住优秀的技术人员很困难。还有一类服务是企业中的非核心业务，如已中止业务的老客户服务、保洁、保安服务，餐饮服务等，员工没有好的升迁前景，没有自豪感，缺乏激励，难以管理。如果将这些业务外移出去，交给专业公司提供，这些业务就是专业公司的主业，员工有更多的发展机会。

2. 提高服务水平

一些看上去"相同"服务的价格上升，其中有劳动成本上升导致的名义增长，但服务质量和水平也在提高。一是等量服务中的技术和知识含量增加。如同病人手术费用的上

---

① 从发达国家经验看，不可社会化的家务劳动大体占到一半：一是有些不宜或不愿社会化，如照看亲人特别是儿童，乐在其中的房屋和花园修整等；二是服务价格上涨阻止社会化，如聘用全职保姆价格昂贵，从而出现全职主妇；三是服务商品化，如购买洗衣机替代洗衣服务等。

升，除医护人员工资水平上涨外，还有一部分来自医生受教育年限增加、手术器械和监护设备费用增加等因素的影响，使手术过程的知识含量和技术含量增加①。二是服务消费中的"愉悦"因素增加，如宽敞舒适的购物、用餐环境，专业豪华的音乐厅，无排队等候时间，工装整洁、举止优雅的服务人员等，都会使同样质量的零售商品、食品饮品和演出活动的价格大大上升。

3. 增加劳动报酬

从消费者的角度看，人工成本上升带来的服务价格上涨是"名义增长"；但是从服务提供者的角度看，这种"名义增长"却是真实的收入增长。从国民经济整体看，服务业中劳动报酬的增长快于其他生产要素报酬的增长，表明劳动者在收入分配中份额的增加。因此，服务业发展的一个重要意义是增加劳动报酬，改善收入分配。在发达经济体中，人力资本在国民收入分配中居首要地位，利润、利息和税金一般只占总收入的30%左右，其余主要为人力资本收入。服务业增长及劳动报酬相应的快速增加，将成为改善收入分配的一个重要途径。发展服务业还能改善长期收入分配。服务业中相当一部分与人的能力形成和发展有关，教育发展使更多的人接受更高水平的教育，缩小不同出身劳动者在知识、技能方面的差别；卫生、文化、体育等行业的发展，可以普遍提高国民身心健康水平，缩小公民在身体素质和文化修养等方面的差别。尤其重要的是能够使青少年不因家庭贫富而产生智力和体能方面的显著的差别，从而减弱收入差距的代际传递。

（二）三个长期挑战

1. 增加交易费用

前面已经指出，服务供给从制造业中分离出来，能够提高专业化分工水平和提高生产率。但是，专业化分工和市场协调机制并不免费，原本内含在企业内部的服务独立出去，通过签订市场契约供给服务，必然产生新的交易费用。与制造业相比，服务专业化可能产生更多的交易费用。因为服务不提供实物产品，因此其产出结果难以衡量，越是高知识含量和专业化程度高的服务，投入和结果的不确定性就越强：研究开发新技术、新产品，市场营销，管理活动等，都不易事先确定衡量标准。许多生产型服务贯穿于企业生产经营活动全过程中，而不是像零部件制造和加工工序那样可以完全独立进行，如开发新产品要与企业各个部分的能力相匹配。实际上，许多生产型服务都是一个在应用中持续改进和与相关各方互动的过程，参与各方的知识和技能都需要整合，服务提供要贯穿于企业全部流程之中，将这些服务移出企业外部通过契约方式外部供给，市场合约谈判和执行困难，交易成本可能很高。正是这些原因导致长期以来生产型服务的专业化程度大大低于制造过程的专业化程度。近30年来生产性服务外移和专业化速度加快，主要得益于技术发展特别是

---

① 一个可以讨论的观点是，如果知识和技术投入增长反映在服务质量提高上，应该视为是"真实增长"。例如，医生现在每天可以诊治的病人数量与10年前一样（即所谓的实物劳动生产率没有提高），而收费大大提高（即所谓的成本上升），但现在医生诊治的水平与10年前相比可能大大提高，能解决许多以前诊断不清、治疗不了的疾病（质量上升）。

信息技术的发展。专业化的研发、设计、编程、物流等生产型服务企业，可以以极低的成本通过网络即时联结用户企业，介入加工制造过程的各个环节，提供全过程的专业服务。不过，即使如此，生产型服务的外移和专业化的成本与风险仍然较高，在专业化的益处和市场交易的成本之间寻求平衡点，将是生产型服务业选择组织模式的长期权衡。

2. 物价上升的长期压力

从宏观经济的角度看，由于服务业价格上升速度高于制造业，服务业较快发展有可能引起价格总水平的较快上升，因此在服务业加快发展和比重上升的时期，有出现通货膨胀的倾向。鲍莫尔阐述过一个非均衡增长对稳定物价影响的宏观经济模型：在一个生产率增长内在不均衡的经济中，由于名义工资是同水平增加，那么生产率停滞部门（主要是服务业）的成本（主要是工资成本）将不断上升，导致其价格越来越高（Baumol, 1967）。鲍莫尔自己用投入产出表对美国 1947~1976 年的数据进行了计算，发现相当一部分服务业虽然产值比重上升，但实际产出比重基本不变，证明了这些服务业具有劳动生产率上升慢、价格上涨快的特点，其他研究者也有类似发现（Baumol et al., 1991；Kravis et al., 1983）。许多国家包括我国近些年的经验都表明，工业化发展到一定程度后，导致物价上涨的因素中，服务价格上升的影响最显著。

3. 公共服务可持续的长期压力

国际经验表明，公共服务是典型的劳动密集型服务业，单位服务成本长期呈现上升趋势，提供同样服务需要越来越多的财政支出。同时，公共服务还具有不完全受市场力量约束的特征，提供者没有竞争压力，成本上升过快；消费也不全部由消费者直接购买，公众要求政府不断增加供给。两种因素叠加必然导致政府支出水平不断增加，因此政府不得不把国民收入中越来越大的份额投入这些领域。发达国家的经验表明，如此长期下去难以为继。有研究者将公共服务部门的过快增长看作发达经济体经济增长停滞的重要原因[①]。

四、对服务业增长前景的一个预测

本部分从国际比较和我国现阶段国情出发，结合上述分析，对我国服务业的增长前景做一点预测。

（一）国际经验比较：进入中等偏上收入国家行列后服务业比重明显上升的可能性增加

虽然服务业占国内生产总值比重随收入水平提高而提高是一个总体趋势，但是，这种趋势的含义是"平均值"还是"普遍性"，在不同阶段并不相同。总体上看，收入水平低

---

① 这种现象被称为"生产者太少"，非生产的公共部门占有了过多资源，如可参见 Bacon 和 Eltis（1996）。

组别的国家，其服务业比重更多地表现出"平均值"的特点，即这个组别中各个国家服务业的比重与平均值的离散程度很高，甚至看不出收入水平与服务业比重的规律性。随着收入水平的提高，各个组别内不同国家服务业比重与平均值的离散程度下降，服务业比重上升呈现出较强的规律性。表1和表2是按照世界银行分类标准统计的不同国家组别描述统计量。其中，上下四分位数和四分位矩是能够表示样本离散程度的三个统计量。将一组样本按照数值由小到大排列，其中排列在第25%位置的值为下四分位数，排列在第75%位置的值为上四分位数，上四分位数与下四分位数的差为四分位矩。这三个统计量能够反映样本分布的离散情况，与同样表示离散程度的标准差相比，它不会受到极端值的影响。

表1 不同类型国家服务业增加值比重

	低收入国家	中等偏下收入国家	中等偏上收入国家	高收入国家
平均值	44.1	53.5	60.4	68.0
中位数	44.9	55.0	62.5	71.1
最大值	63.4	79.0	78.3	98.0
最小值	21.3	19.6	20.0	4.7
上四分位数	52.6	62.3	68.5	77.3
下四分位数	38.0	44.8	55.0	65.9
四分位矩	14.6	17.5	13.5	11.4
标准差	11.0	13.8	13.1	16.9
样本数	33	49	45	44

注：国家分类：根据世界银行标准划分，即以2009年人均GNI划分为四个类别，低收入国家、中等偏下收入国家、中等偏上收入国家和高收入国家。划分标准分别为：低于995美元、996~3945美元、3946~12195美元、12196美元及更高。数据时间：服务业增加值比重主要是2009年数据，共173个有效样本，其中个别国家由于缺乏数据，使用的是2008年或更早年份数据。服务业就业比重由于2008年和2009年数据严重缺乏，使用的主要是2007年数据，共110个有效样本。

表2 不同类型国家服务业就业比重

	低收入国家	中等偏下收入国家	中等偏上收入国家	高收入国家
平均值	27.3	44.5	58.3	69.8
中位数	25.5	41.8	59.9	71.3
最大值	44.3	61.9	75.2	85.6
最小值	8.6	24.7	28.4	54.4
上四分位数	39.7	51.8	64.3	76.0
下四分位数	17.5	36.9	50.1	64.3
四分位矩	22.2	15.0	14.2	11.7
标准差	12.9	10.1	9.3	8.2
样本数	8	20	31	51

注：数据说明同表1。

图 1 和图 2 是服务业增加值比重和服务业就业比重与人均 GNI 的散点图，为了让代表各个国家的点尽量均匀散布，横坐标的刻度不是均匀的，实际刻度经过了对数调整，是取过自然对数后的人均 GNI[①]。

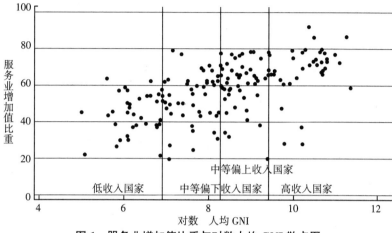

图 1　服务业增加值比重与对数人均 GNI 散点图

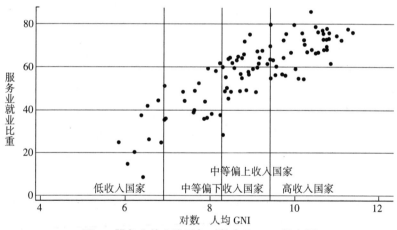

图 2　服务业就业比重与对数人均 GNI 散点图

从上面一组图中可以看出，按组别看，服务业增加值比重和就业比重都随收入水平提高而提高，这一点已多有论者，无需再赘述。这里我们强调，在不同收入水平下，这种趋势的普遍性有较大差异。

先考察服务业增加值比重指标，标准差指标显示高收入组别离散程度最大，但是从散点图可以看出，这主要是受到了 5 个极端值的影响，占总样本数的比重不到 10%。为了排除极端值的影响，我们考察服务业增加值的四分位矩，中等偏下收入组四分位矩为 17.5，

---

① 低收入、中等偏下收入和中等偏上收入三个组别分布在 0~12195 美元收入的区间，而高收入一个组别分布在 12195~40000 美元的区间，如果水平轴刻度均匀，会出现布点极不均匀的情况。

即位于中间位置的50%的样本点散布在44.8%~62.3%的范围内。相比之下，中等偏上收入组四分位矩为13.5，位于中间位置的50%的样本点散布在55%~68.5%的范围内，比中等偏下组别明显缩小。高收入组四分位矩为11.4，位于中间位置的50%的样本点散布在65.9%~77.3%的范围内，散布范围进一步缩小。服务业就业比重逐级上升的规律更加明显，而且各个组别相对更为集中一些。中等偏下收入组中间位置的50%的样本点散布在36.9%~51.8%的范围内，中等偏上收入组别是50.1%~64.3%，高收入组别是64.3%~76%。四个组的四分位矩分别为22.2、15、14.2和11.7，标准差分别为12.9、10.1、9.3和8.2，散布范围逐级缩小，样本更为集中。这组数据表明，中等偏上收入组别处于服务业比重明显上升的阶段，而且这种上升趋势比较普遍，"例外"较少，即这个组别的国家不仅服务业所占比重的"平均数"上升相对较快，而且各个国家偏离这个"平均数"的差异较少，具体到每个国家，服务业进入较快发展期的概率较大。也就是说，进入中等偏上收入组别后，与低收入和中等偏下收入阶段相对，服务业加快发展的"普遍性"和"规律性"更强一些。

有国外学者最新的研究表明，服务部门增长呈现两波（Two Waves）态势。第一波发生在人均收入1800美元以下（以2000年购买力平价美元计算），在达到大约1800美元时则趋于稳定。第二波出现在人均收入4000美元左右，服务部门产出份额又开始上升，进入"第二波"增长。1990年以后，由于信息与通信技术在服务业的应用，第二波增长启动的收入水平降低了。这个研究结论与上述四个阶段服务业比重上升的规律大体上是一致的。此外，研究还发现，开放程度高的国家，服务业比重上升的速度相对较快，显然这是有利于我国服务业发展的因素（Eichengreen & Gupta, 2009）[①]。

2010年，我国人均国民收入已经达到4000美元，进入了中等偏上收入组别，同时也进入了服务业"第二波"增长期。与上、中等组别的情况相比，我国服务业的两项发展指标在同组内比较都明显偏低，2009年，我国第三产业增加值比重和就业比重分别只有43.4%和34.1%，而中等偏上收入组别的两项指标平均值分别为60.4%和58.3%，我国数据明显偏低。大幅度偏离正常值意味着"纠偏型"发展的余地较大。

（二）国情分析：促进服务业加快发展的真实因素和名义因素已经具备

1. 真实需求快速增加

随着产业升级和竞争加剧，农业和制造业对新增中间服务投入的需求快速增加。收入增长带动居民消费结构升级，各类新型服务消费增长很快，公共服务也快速增长。笔者曾经分析过影响我国服务业发展的相关因素，研究表明，收入水平、城市化水平、人口规模和人口密度都对服务业增加值的比重有显著影响（江小涓等，2004）。这些因素的影响在未来都会继续增强。

2. "名义增长"的影响增强

首先是劳动成本快速上升，对劳动密集型服务业有显著影响。近几年我国全口径的劳

---

① "两波增长态势"的文献来源引自匿名评审人的评论。

动成本增长持续保持两位数，据国家统计局的数据，2000~2009 年，城镇各类单位就业人员平均工资年均增长率达到 14.9%（数据来自《中国统计年鉴》(2010)）。这个趋势在一定时期内不会改变，服务业是劳动密集型行业，可以预期其成本水平将快速上升。其次是中间服务外移的趋势仍将持续并加强。随着技术更新加速、生产性服务不断外移和服务全球化趋势的增强，制造业将内含服务环节切割外移的趋势不会改变。最后是城镇化转向以农民市民化为重点，农村家庭迁移城市速度将明显加快，以往农村自给型服务将加快社会化。

3. 政策环境明显改善

近些年来，国内各方面对服务业发展重要性的认识有明显提高，中央政府和各层级地方政府都将促进服务业发展置于重要地位。有一种普遍存在的观点认为，服务业税负过重是影响服务业发展的重要因素，但这个判断可能并不全面。据作者的粗略估算，服务业的税负并不高于制造业，而且总体上还略低于制造业。以 2008 年为例，作者粗略计算的结果是，第三产业营业税/ 增加值的平均税率为 6.63%，在扣除了免税行业并对数据口径和可比性做了必要调整之后，实际税率为 7.45%，明显低于制造业 11.82% 的实际增值税率。估算的具体数值可能存在偏差，但服务业税负相对并不高的基本判断应该能成立。

总之，结合国际比较和国内情况，可以预期在未来一段时期，我国服务业占 GDP 的比重有明显提高。

五、加快服务业改革开放

促进服务业加快发展和提高竞争力，加快改革开放是一个关键举措。

（一）加快服务业改革

1. 放开进入和加强竞争

有一部分服务业如金融业、电信业、文化传媒、教育、医疗卫生等行业和领域，程度不同地与自然垄断、经济命脉、公益性质、文化传承、价值取向和舆情导向等问题相关联，长期以来存在着各种类型的进入管制和竞争限制[①]。其中有些是必要的，如坚持义务教育和公共卫生的政府主导性。但也有不少是以这些特征为借口，禁止或限制竞争者进入，导致服务内容单调、服务质量差和高收费，抑制了消费增长，从而抑制了服务业的发展。这方面改革的空间很大，包括放宽准入领域，降低准入条件，推进国有企事业单位改革，培养多元化的竞争主体等。改革多年来的经验表明，竞争能够提高质量，降低成本，推动技术进步，从而促进服务消费和增长。电信行业提供了一个很好的案例，在电信巨头

---

① 更多的分析可以参见杨伟民（2004）、江小涓等（2004b）、李勇坚等（2008）。

拆分重组、同一领域多家企业进入后，竞争推动服务品种增多、价格下降和服务质量改善，消费潜力大量释放，呈现出爆发式增长。

2. 加快社会事业领域改革

今后一段时期，我国公共服务部门增长较快，科技、教育、卫生、文化等部门占 GDP 的比重持续上升。按照这些领域已经制定的中长期发展规划并考虑各相关因素后估算，到"十二五"末期，我国社会事业领域的公共支出有可能占到 GDP 的 12% 左右，再加上社会资金的投入，这些领域的支出可能超过 GDP 的 20%，占届时服务业比重的 40% 以上，地位和影响非常重要。这些领域的改革包括三个方面。一是提高事业型服务的效率。要用好巨额财政资金为公民提供优质的基本公共服务，要花钱促发展，也要花钱建机制。例如，提高公共研发投资的效率，关键是要发展出一套机制，使那些无效创意和低水平的重复研究能被尽早发现和摈弃，使资源不至于被浪费。二是公共服务方式和主体多元化。即使是基本公共服务，也可以通过购买服务、委托外包等方式，增加选择空间和竞争压力，提高服务效率。三是放开非基本公共服务领域。随着收入水平的提高，居民对教育文化体育等服务消费的需求不断增加，而财政支撑的供给能力有限，因此需要通过市场化融资聚集更多资源，提供更多更好的服务。这是尊重消费者个人选择、满足公民多样化需求的必然，也是加快服务业发展的重大举措。

3. 加快人事制度改革

从总体上看，服务业内部收入差距要大于农业和制造业，这是因为服务业比农业和制造业更加依赖于人力资本。越是高知识含量和高度专业化的服务，少数人力资本的重要性就越突出。在研发、设计、演艺、影视、体育等科技和文化创意行业，个人才能往往居核心地位。为了有效激励关键员工，需要给予特殊的高报酬。在不少国家的最高收入人群中，"特殊人才"多于"资本家"，如影星、歌星、球星、著名主持人、大企业家、著名律师、著名专栏作家等，都位居收入塔尖。因此，服务业需要有更加灵活的组织形态和分配结构，以体现个性化的贡献。如以个人为核心的"工作室"，高水平专业人士的"多点执业"，因事而设的"创作组"，大量的个体自由职业者等，都是服务业特有的组织方式。在我国，大部分高水平专业人员集中在国有事业单位，以受教育程度、工作年限、职位职称等作为收入分配的主要决定因素，其对高水平个体的激励明显不足，人员的流动性又较差。需要加快改革，形成更灵活有效的人事管理制度，使关键优秀人才能够更好地发挥作用。

4. 促进金融创新

金融是服务业的重要组成部分，更重要的是，金融创新对服务业发展至关重要。一是支持服务生产。许多服务业的核心资本是人和专业知识，没有可抵押的实物资产，需要金融创新提供适合的融资方式。二是支持以未来收入支付当前服务消费。例如，教育贷款使家庭经济困难的青少年可以先接受教育再支付费用。三是支持用未来可变现的资产支付当前服务消费。如各种形式的倒按揭服务，或者老年人将房屋产权抵押给银行或保险公司等金融机构，金融机构对房产价值和抵押人的寿命进行估算后，按月将现金支付给老人，老人去世后房屋产权归金融机构；或者老人向金融机构贷款消费，继承人承诺将房屋拍卖后用一部分钱还款等。我国城市有大量"房产富翁，现金穷人"，这些金融服务对"老人经济"的发展很重要，老年人对医疗看护、养生健身、生活服务、旅游、文化娱乐等服务的巨大需求依此才能够有效实现。

（二）加快服务业对外开放

服务全球化是当前经济全球化进程中最鲜明的阶段性特征。从宏观指标上看，服务贸易和服务业跨国投资的增长速度快于全球贸易和投资总额的增长，其中服务业跨国投资增长更快，占全球跨国投资存量的比重由 20 世纪 90 年代初期的 45%，上升到 2006 年的64%。从企业层面看，服务业跨国公司在全球跨国巨头中已占有重要位置。100 家最大跨国公司中，服务业公司从 1995 年的 12 家增加到 2007 年的 35 家。服务业跨国公司的"跨国程度"明显上升，从 1995 年的 32%上升到 2006 年的 54%，上升了 22 个百分点，这些公司海外业务的重要性已经超过了本土业务[①]。各国服务业相互渗透、融合和依存，国际化的服务供给和消费不断增加。我国以往的开放重点是制造业领域，服务业开放相对滞后。据笔者的估算，开放对我国制造业增长的贡献约为 28%，而对服务业增长的贡献仅为7% 左右。服务业扩大开放将推动我国服务业加快发展和提高竞争力。

即使在"社会事业"领域，非基本公共服务的全球化趋势也明显加快。在教育领域，教育理念、培养目标、课程设置和教学方法、高校科学研究等方面的跨国交流和融合日益加强，教材、师资和学生的跨国流动日趋频繁。美国、英国和澳大利亚的高等教育年出口额都已超过 100 亿美元，德国已有 1/5 以上的职教机构开展了跨国教育服务。在科技领域，科技全球化是近十年来全球化中最重要的新特征之一，大量的新知识、新技术以商品贸易、跨国投资、技术贸易和人员流动等为载体，迅速在世界范围内得以应用。在文化领域，借助数字技术和网络技术，影视作品、音乐制品、书刊、网络游戏等文化产品的制作和消费大量跨国进行。在医疗领域，无论是药品研发还是医疗服务，都以外包、远程诊疗、医疗旅游等方式大量跨国展开。在体育领域，运动员、教练员国际交流频繁，各国取得突破的非传统优势项目，大都有外国教练的指导。对外开放使我们能有效利用"两个市场"、"两种资源"，进而丰富和提高人民群众的服务消费，促进服务业发展和增强国际竞争力。

服务业开放中有几点应该特别重视。一是吸引人力资本流入。在服务业的许多领域中，人力资本是知识和技能的主要载体，要努力吸引全球最好的群体加入，为国内和国际市场服务。二是引进高端服务业。教育、医疗、文化等服务业中，优质人力资源集中在国有事业单位，民间投资主要处在低端水平，短期内很难形成竞争能力。引进外资和人才，能够很快形成高端服务能力，满足消费需求，同时通过竞争和示范效应，促进国内服务业

---

① 跨国程度用资产总额中海外资产的比重、销售总额中海外销售的比重和雇员总数中海外雇员的比重这三个指标表示，体现了海外生产、海外市场和海外员工的重要性。这三项指标的平均数构成跨国经营指数。数据由作者根据2006 年世界投资报告中的企业名录和相应数据计算得出，均为简单平均数。

提高效率和改善服务。三是发展服务外包。目前跨国服务外包已经覆盖信息系统服务、软件编程和家庭办公、商业流程、远程医疗和教育、物流和零售批发商业、文化娱乐、金融保险、信息技术、物流等各类服务业。今后若干年，大、中专毕业生将成为我国新增就业者的主要组成部分，发展服务外包能够提供更多的国际化"白领"岗位。2009年，我国服务外包行业新增71.1万从业人员，其中大专以上毕业生49万，占69%。

（三）几点初步结论

从本文的分析中可以得到以下几点初步结论。第一，我国服务业进入了加快发展阶段，服务业增长加速和比重显著提升的"拐点"有望出现，将对增长、就业、提高生活质量和改善收入分配产生积极影响。第二，服务业增长有多重含义，真实增长和名义增长都是服务业加快发展和比重上升的必然通道，产生的影响无法完全趋利去弊，要处理好机遇和挑战的关系，特别需要应对好物价总水平和公共服务可持续的长期压力。第三，深化改革开放很重要。要消除进入障碍和垄断力量，可以通过竞争促进服务业降低成本、提高质量和改善服务，特别是公共服务领域要加快改革开放，从"事业型"发展为主转向"事业型"、"产业型"并重发展，聚集更多资源，开拓更多消费空间。第四，服务经济理论研究有待加强。服务业有一些独特特点，不宜简单套用以往研究实物经济时的分析框架和思路，促进服务业发展需要加强服务经济的基础理论研究。

参考文献

［1］巴师夏.和谐经济学（中译本）［M］.北京：中国社会科学出版社，1995.

［2］陈宪，黄建锋.分工、互动与融合：服务业与制造业关系演进的实证研究［J］.中国软科学，2004（10）.

［3］程大中.中国生产性服务业的增长、结构变化及其影响——基于投入产出法的分析［J］.财贸经济，2006（10）.

［4］程大中.收入效应、价格效应与中国的服务性消费［J］.世界经济，2009（3）.

［5］格鲁伯，沃克.服务业的增长：原因与影响（中译本）［M］.上海：上海三联书店，1993.

［6］黄少军.服务业与经济增长［M］.北京：经济科学出版社，2000.

［7］江小涓.中国经济运行与政策报告：中国服务业的增长与结构［M］.北京：社会科学文献出版社，2004.

［8］江小涓等.服务业与中国经济：相关性、结构转换和加快增长的潜力［J］.经济研究，2004（3）.

［9］江小涓，李勇坚.关于测度服务业发展水平的探讨［J］.财贸经济，2004(7).

［10］江小涓.服务全球化的发展趋势和理论分析［J］.经济研究，2008（2）.

［11］课题组.2009中国传媒产业发展报告［M］.北京：社会科学文献出版社，2009.

［12］李勇坚，夏杰长等.制度变革与服务业成长［M］.北京：中国经济出版社，2008.

［13］联合国贸发会议.世界投资报告2006（中译本）［M］.北京：中国财政经济出版社，2008.

［14］联合国贸易与发展会议.世界投资报告2004：转向服务业（中译本）［M］.北京：中国财政经济出版社，2004.

［15］任旺兵，李冠林.我国服务业的发展与创新［M］.北京：中国计划出版社，2004.

[16] 萨伊. 政治经济学概论（中译本）[M]. 北京：商务印书馆，1997.

[17] 斯科特·麦克凯恩. 商业秀——体验经济时代企业经营的感情原则（中译本）[M]. 北京：中信出版社，2004.

[18] 许宪春. 中国服务业核算及其存在的问题研究 [A]//江小涓. 中国经济运行与政策报告：中国服务业的增长与结构 [M]. 北京：社会科学文献出版社，2004.

[19] 杨伟民. 我国服务业滞后的原因 [J]. 经济研究参考，2004（15）.

[20] 约瑟夫 B.，J. H. 尔摩. 体验经济（修订版）（中译本）[M]. 北京：机械工业出版社，2008.

[21] Bacon Robert, Walter Eltis. Britain's Economic Problem Revisited [M]. Macmillan Press, 1996.

[22] Baumol W. J. Macroeconomics of Unbalanced Growth [J]. American Economic Review, 1967, 57.

[23] Baumol W. J., Sue A. Blackman and Edward N. Wolff. Productivity and American Leadership: The Long View [M]. The MIT Press, 1991.

[24] Bryson J. R., P. W. Daniels. Service Industry in the Global Economy, Vol. I and II [M]. Edward Elgar Publishing Limited, 1998.

[25] Eichengreen B., Poonam Gupta. The Two Waves of Service Sector Growth [Z]. NBER Working Paper Series, 2009.

[26] Falvey R. E., Norman Gemmell. Are Services Income Elastic? Some New Evidence [J]. Review of Income and Wealth, 1996 (3).

[27] Feketekuty G. International Trade in Services: An Overview and Blueprint for Negotiations [M]. Cambridge Mass, Ballinger, 1988.

[28] Fuchs R. V. The Service Economy [M]. New York: Columbia University Press, 1968.

[29] Griliches Z. Output Measurement in the Service Sectors [M]. University of Chicago Press, 1992.

[30] Griliches Z. Productivity, R&D and the Data Constrain [J]. American Economic Review, 1994, 84 (1).

[31] Grubel H. G. All Traded Service Are Embodied in Materials or People [J]. World Economy, 1987 (10).

[32] Hill T. P. On Goods and Services [J]. Review of Income and Wealth, 1977, 23 (4).

[33] Kravis I. B., Alan W. Heston and Robert Summers. The Shard of Services in Economic Growth [A]// Adams and Hickman. Global Econometrics: Essays in Honor of Laurence R. Klein [M]. The MIT Press, 1983.

[34] Mandel M., Steve Hamm, Christopher J. Farrell. Why The Economy Is A Lot Stronger Than You Think [J]. Business Week, 2006 (2).

[35] Park, Se-Hark. International Relationship between Manufacturing and Service [J]. ASEAN Economic Bulletin, 1994 (10).

[36] Walker R. A. Is there a Service Economy? The Changing Capitalist Division of Labor [A]//Bryson and Daniel. Service Industries in the Global Economy [M]. Edward Elgar Publishing, 1998.

Growth of Service Industries: True Meaning, Multiple Influences and Trend

Jiang Xiaojuan

Abstract: Aiming at the complexity of the service industries, this paper analyzes two types of factors and their influences, respectively "true" and "nominal". At last, this paper forecasts the trend of services and emphasizes the importance of opening-up and reform in service industry.

Key Words: Service Industry; Growth; Reform and Opening-up

国际服务外包下接包企业技术创新能力提升路径*
——基于溢出效应和吸收能力视角

李元旭　谭云清

【摘　要】国际服务外包可在东道国产生知识或技术溢出效应，这些效应为东道国接包企业从一些低附加价值环节入手而嵌入全球价值链、获取新的知识，进而为提高其技术创新能力提供了有利的机会。然而，溢出效应不会自动产生，它在很大程度上取决于东道国接包企业的吸收能力，接包企业的吸收能力对于国际服务外包知识溢出及其技术提升起着关键的影响作用。本文基于不同国际服务外包模式不同的知识溢出内容，提出了接包企业的学习方式、学习内容以及学习与吸收的路径，并结合国际服务外包中不同知识外溢和接包企业的吸收能力，有区别、有针对性地提出了接包企业技术创新能力的提升路径。

【关键词】国际服务外包；溢出效应；吸收能力；接包企业

一、引言

Grossman（2005）指出，"我们正处于一个外包的时代，外包已成为一项企业普遍认同的经营管理方式"。2009 年，我国完成服务外包交易金额 138.4 亿美元，其中，离岸外包 100.9 亿美元，同比增长 115.1%。NASSCOM 的研究报告预测，到 2010 年左右，全球有10000 亿美元的信息技术外包（ITO）、10000 亿美元的流程外包（BPO）、140 亿~160 亿美元的知识外包（KPO）。据麦肯锡预计，在经济形势好转的情况下，全球离岸外包商务技

* 基金项目：国家自然科学基金项目"中国企业承接跨国公司服务外包研究：基于合法性视角"（批准号70972042）；上海市哲学社会科学基金项目"上海企业承接国际服务外包研究"。
作者：李元旭（1966—），男，湖北宜昌人，复旦大学管理学院教授，博士生导师；谭云清（1970—），男，湖南祁东人，复旦大学管理学院博士后，上海立信会计学院副教授。
本文引自《中国工业经济》2010 年第 12 期。

术服务市场到 2020 年高达 5000 亿美元，其潜在市场更是高达 1.65 万亿~1.8 万亿美元。国际服务外包不仅是跨国公司"归核化"战略调整的副产品，同时全球价值链上的国际服务外包知识溢出和学习为接包企业增强技术创新能力提供了重要的机遇。按照后发优势的假说，接包企业可以通过技术引进或模仿加速其技术进步，但是从经验来看，技术追赶并不是一个全球性的普遍现象。为什么参与同一价值链分工体系和相同的知识溢出背景下的接包企业，有的技术进步快，有的技术进步慢，有的甚至持续落后并长期固化在全球价值链的低端？Cohen 和 Levinthal（1989，1990）创造性地提出吸收能力的概念，认为吸收能力是影响企业创新和竞争优势的重要原因。因此，基于承接跨国公司服务外包的溢出效应和接包企业吸收能力视角，研究国际服务外包下接包企业技术创新能力的提升路径，对新形势下承接企业的做强做大和我国现代服务业发展，促进我国产业结构的调整与升级，都具有重大的理论意义和现实意义。

二、国际服务外包：组织间知识溢出的一种重要机制

国际服务外包是发达国家的企业（发包商）将信息系统构架、应用管理和业务流程优化等业务，发包给发展中国家的服务提供者（承接商），以降低成本、优化产业链、提升企业核心竞争力的行为。从全球价值链体系的基本格局来看，发包商（即跨国公司）一般占据产业价值链的高端，要么拥有先进的技术和管理知识，要么拥有良好的品牌和渠道资源，位于价值链低端的一般是为发包商提供服务的接包商。由于要素的生产力差异和价值链进入壁垒的高低区别，价值链各环节的价值创造能力会有不同，处于价值链高端的企业通过控制核心技术和产业标准能够获取大量的经济租金。因此，处于价值链低端的企业有通过技术创新向价值链高端或向更高附加值的价值链攀升的强烈动机，而价值链中组织间的知识溢出和学习吸收为企业实现这种攀升创造了重要机遇。

主流的观点（Jones & Chen，2005；Grossman & Helpman，2002）认为，国际服务外包对发展中国家是良好的机遇，对接包国经济增长有积极影响。UNCTAD 认为，国际服务业外包中的跨国公司对发展中国家的技术发展有很大贡献，它不仅带来硬件技术（如设备），而且带来很多软件技术（知识、信息、专长、组织技巧、管理、市场）。关于国际服务外包的知识溢出效应的宏观探讨，有利于我们理解国际知识溢出与国家经济增长和技术进步的关系，但是，宏观层面的探讨难以理解知识溢出促进企业创新的微观机制，特别是不便于理解隐性知识溢出，而隐性知识是企业知识积累和技术创新的关键（Nonaka et al.，2000）。因此，有必要从企业层面深入探讨国际服务外包中的知识溢出问题。

为此，我们建立一个三阶段博弈模型，研究在一定条件下，国际服务外包合作中拥有知识优势的跨国公司存在向承接企业进行知识溢出与转移的动力。我们假定博弈存在三个参与者 A、B、C，跨国公司 A 出于降低成本或提高企业核心竞争力的目的寻求具备服务

能力的接包企业 B，按跨国公司 A 的规范提供指定产品或服务，并进而以 A 的品牌在国际市场上销售。服务外包合作过程中存在溢出知识到 B 以及外溢知识到 B 的同类企业 C 的可能（如通过人力资源流动、竞争的压力、产业集聚与产业关联等渠道）。技术能力积累到一定程度后，接包企业 B 与企业 C 进而决定是否以其自有品牌参与产品市场价格竞争。模型包括以下三个阶段：一是跨国公司 A 与接包企业 B 签订服务外包合约。二是国际服务外包过程中出现知识外溢与转移，接包企业 B 的同类企业 C 参与竞争。三是产品市场价格竞争。我们进而对模型进行如下条件限定：①跨国公司 A 在国际市场营销的边际成本为 MC_A，企业 B 与企业 C 在国际市场营销的边际成本均为 MC_{BC}，且 $MC_A \leq MC_{BC}$，跨国公司 A 节省的营销成本可以理解为其在国际市场上的品牌优势。②有效的知识溢出既需要知识溢出方的相应指导，也需要知识接收方付出一定的学习成本以提高知识吸收能力。假定知识溢出总成本为 TC，跨国公司 A 承担份额 θ、接包企业 B 承担份额（$1 - \theta$）的学习成本。这里 $\theta \in [0, 1]$，即外包关系中任何一方可以单独承担全部的知识溢出成本。③接包企业 B 与企业 C 的边际生产成本均为 mc（可以考虑为对于接包企业 B 与企业 C 来说获取劳动力、土地等生产要素的机会均等），跨国公司 A 单独生产的边际成本要大于 mc，这是由跨国公司 A 寻求外包以增强竞争力的考虑而来的。但考虑到接包市场进入门槛低，在此假设跨国公司 A 总能找到愿意提供接包的服务企业（不排除从其他区域市场上寻求接包企业的可能），以弥补自身生产成本较高的劣势。④存在进入者时，产品市场以及接包市场均进行伯川德价格竞争，不考虑合谋等情况。

我们先以不考虑知识溢出的情况为基准模型。在此情况下，跨国公司 A 与接包企业 B 分别是最终产品市场或服务市场中的垄断者，双方依照利润最大化的原则选择适当的价格水平。为简便起见，设跨国公司 A 在最终产品（或服务）市场上所面对的是线性需求函数 $q = a - bp$，其中 p 为最终产品市场上的销售价格。通过采用逆向归纳法求解得到跨国公司 A 与接包企业 B 的利润分别为：

$$\pi_A^* = \frac{[a - b(mc + MC_A)]^2}{16b} ; \quad \pi_B^* = \frac{[a - b(mc + MC_{BC})]^2}{16b}$$

从阶段三产品市场竞争情况入手，可以细分为企业 B、C 不参与产品市场竞争与参与产品市场竞争两种情况。第一种情况：企业 B、C 均停留在接包阶段，由于进行的伯川德价格竞争，接包企业 B 与企业 C 的利润为：$\pi_B^{**} = \pi_C^{**} = 0$，跨国公司 A 的利润为：

$$\pi_A^{**} = \frac{[a - b(mc + MC_A)]^2}{8b}$$

所以，对于跨国公司 A 来说，只要 $\pi_A^{**} - 2TC \geq \pi_A^* - \theta TC$，即满足式（1）的条件，跨国公司 A 就存在扩大接包商数量的动力。

$$\frac{[a - b(mc + MC_A)]^2}{16b(2 - \theta)} \geq TC \tag{1}$$

因此，在知识溢出总成本 TC 不太大的情况下，接包企业 B 与企业 C 的利润仍然为 0，跨国公司 A 有拓展服务提供商并进行充分的知识溢出或转移的动力。换句话说，外包中承接企业在不参与最终产品市场竞争的情况下存在获取知识溢出的可能。

第二种情况：接包企业 B 与企业 C 以自有品牌参与产品市场价格竞争的情况下，跨国公司 A 的利润水平为：$\pi_A^{***} = (MC_{BC} - MC_A)[a - b(mc + MC_{BC})]$，显然，只要 $\pi_A^{***} \geq \pi_A^*$，即：

$$(MC_{BC} - MC_A)[a - b(mc + MC_{BC})] \geq \frac{[a - b(mc + MC_A)]^2}{16b} \tag{2}$$

在满足式（2）的跨国公司 A 的市场优势足够显著的情况下，产品市场竞争不会降低跨国公司 A 的利润水平，存在由跨国公司 A 向接包企业 B 与企业 C 转移知识的可能。

通过以上分析，我们可以得出：接包企业在不参与产品市场价格竞争的情况下，跨国公司通过知识溢出来拓宽接包企业的数量，可以改变接包市场的竞争结构从而降低接包企业报价，并从中显著获益。在知识溢出成本满足式（1）的数量范围内，跨国公司存在进行知识溢出并承担知识溢出成本的动力。接包企业在转向自有品牌，参与产品市场价格竞争的情况下，如果跨国公司的营销等优势足够显著，在满足条件式（2）的情况下，跨国公司也存在向接包企业进行知识溢出的动力。

诚然，跨国公司在面临技术或知识的溢出和转移时，通常也会留一手作为防备，尤其是面对核心知识或技术的溢出时。随着接包企业对产品开发的深度参与，隐性知识的溢出可能造成跨国公司核心技术泄露、扩散的风险，因此，跨国公司可能会策略性地减少或避免核心隐性知识溢出。但是，一般情况下，为了双方的共同利益，跨国公司不仅不会阻碍技术或者知识的溢出，反而还会鼓励一般性知识或技术的垂直流动。大量研究发现，跨国公司服务外包通常通过技术与管理示范效应、人力资本流动、产业集聚和产业关联等途径主动或被动地实现其对接包企业的知识或技术的溢出。如有时候为了使项目团队更高效地工作，外包双方的关键管理人员和技术人员常常需要分享他们的知识和技能；而为保证接包企业的产品或服务符合既定的标准，跨国公司通常为承接方提供一定的规程与技术标准，有时甚至包括必要的技术支持。尽管目前还没有准确的数据来说明知识溢出与转移的程度，但是有证据显示国际服务业外包的进入确实产生知识或者技术溢出，并对接包国或接包企业的技能、知识和专长等产生促进作用。如爱尔兰本土软件企业的创业者，主要是从国外公司流回的技术人员，其中，2/3 的本土企业家曾在爱尔兰的外国公司里工作过，半数在国外的软件业和相关部门工作过，半数在现在已成为他们自己公司客源的部门里工作过。UNCTAD 在分析印度承接国际软件外包经验时认为，尽管从总体上来讲，外包到印度的软件服务依然还处在价值链相对低端的位置，但是一些证据显示它们在很快地爬升，向更高增值的水平爬升。如印度的 Wipro、Infosys 等公司通过多年从事软件外包的经验积累，现在已经可以在咨询业务和解决方案等高附加值业务上与 IBM 等跨国公司进行竞争，已走出一条典型的从学习、模仿到超越的道路。

三、吸收能力：国际服务外包知识溢出的关键影响因素

国际服务外包中知识溢出的影响因素多种多样。Hamel（1991）研究发现，外包合作双方的策略意图、开放程度和接受能力等是组织间学习的决定因素。Cummings 和 Teng（2003）研究了企业研发合作中成功进行知识转移的概念模型，认为影响知识转移的因素为知识特性、企业间关系特性、知识接收者特性以及企业行为活动特性等。Narula（2004）研究认为，技术外溢的过程和程度等是由外溢技术的拥有者（跨国公司）和外溢技术的接收者（东道国企业）两个方面共同决定的。Hau 和 Evangelist（2007）的实证研究发现，学习意图和学习能力对市场营销知识（包括隐性和显性知识）的获取具有正面影响，而知识保护具有负面影响；合作方的协助只对显性知识获取具有显著影响，而文化距离只对隐性知识获取具有负面影响。也有研究认为，技术溢出效应的强度受到当地企业的学习能力与吸收能力、市场环境等因素影响。

事实上，国际服务外包中知识或技术溢出效应的影响因素通常可以归结为两个层面，即区域层面和企业层面的因素。区域层面即从区域间的知识差距、技术距离等角度，探讨区域间知识溢出效应的影响因素。为了使区域间知识溢出的影响因素明确化，可以通过式（3）表示：

$$S_{ij} = \frac{\delta_i}{\gamma_{ij}} e^{-(\frac{1}{\delta_i}G_{ij} - \mu_i)^2} \tag{3}$$

其中，S_{ij} 表示区域 i 接受区域 j 的知识溢出，δ_i 表示区域 i 的学习能力或吸收能力，G_{ij} 表示两区域之间的知识差距，γ_{ij} 表示区域 i 与 j 之间的技术距离。可见，区域间知识差距、技术距离和吸收能力是区域 i 接受区域 j 知识溢出的主要影响因素。

企业层面即基于企业学习理论，研究企业间知识溢出和创新的关系。为了使企业间知识溢出的影响因素明确化，也可以通过式（4）表示，即：

$$SP_{ij} = \sum_{i=1}^{m} \sum_{i \neq j} \left[(1 - d_i^{geo}) \cdot (1 - d_k^{geo}) \cdot \frac{1}{1 + d_{jl}^{tech}} \cdot t_{ik,jl} \cdot \exp\left(-\frac{t_{ik,jl}}{\gamma_i}\right) \right] + \sum_{i=1}^{m}$$
$$\left[\frac{1}{1 + d_{jl}^{tech}} \cdot t_{ik,jl} \cdot \exp\left(-\frac{t_{ik,jl}}{\gamma_i}\right) \right] \tag{4}$$

其中，SP_{ij} 表示知识溢出效应，d_i^{geo} 表示地理距离，d_{jl}^{tech} 表示技术距离，$t_{ik,jl}$ 表示技术差距，γ_i 表示吸收能力或者学习能力。公式前半部分表示企业间知识溢出，后半部分表示企业内知识溢出。可见，企业间地理距离、技术上的距离与差距，以及吸收学习能力等都是知识溢出效应的重要影响因素。

从式（3）和式（4）中我们可以发现，溢出知识的效果及影响因素非常复杂，但无论

是从区域层面还是从企业层面上看，接受主体都必须具备吸纳外溢效应的能力。吸收能力是溢出效应发挥作用的核心因素，决定了当地企业是否能够吸收国际服务外包知识的外溢效应。

通常，从吸收过程看，在国际服务外包中，接包企业对于跨国公司溢出的先进知识的学习与吸收需要经过知识获取、消化、转化和应用四个阶段。在知识吸收的四个阶段中，知识获取和知识消化是知识转移的初始阶段，接包企业通过识别并获取跨国公司外溢的有价值的知识或技术，在此基础之上，在沟通和学习的过程中发生互转化和自转化，并以知识螺旋的形式进行升华和创造。在将知识有效并创造性地应用于企业实践的过程中，知识优势逐渐转化为企业的竞争优势。接包企业知识学习与吸收的这四个阶段各有不同，但相互关联。在经历了这四个阶段的转化之后，这一过程并未终结。由于知识应用能力反过来又能够提高企业未来获取新知识的能力，从此，知识吸收能力的发展便开始了新一轮的循环，呈现一种螺旋上升的状态。

如果把上述四个阶段比作一个阶梯，企业能否从下面的台阶上升到上面的台阶，在我们看来，关键要看在知识消化、吸收的过程中，接包企业的 R&D 资本、人力资本、社会资本和学习机制的存量以及组织创新的氛围等因素（见图 1），这些因素是接包企业吸收溢出知识能力的基础。需要说明的是，企业吸收能力架构所形成的五个能力维度，并非是我们的主观想象，而是我们综合了过去多年有关企业吸收能力的重要文献并进行分析的结果。它们是：①R&D 资本（Stocket et al., 2001；Zahra, 2002；Jansen et al., 2006；Gomez & Vargas, 2009）；②人力资本（Shenkar & Li, 1999；Lane et al., 2001；Vinding, 2006；Romer, 1990；Grossman & Helpman, 1991）；③社会资本（Gupta & Govindarajan, 2000；Ramasamy et al., 2006；Bronte, 2008）；④学习机制（Zahra, 2002；Tu et al., 2006；Cuellar & Gallivan, 2006）；⑤组织创新的氛围（Levinson & Asahi, 1995；Nevis et al., 1995；Roth et al., 1994）。

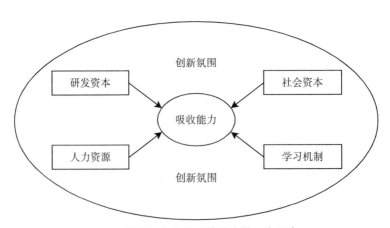

图 1 提升接包企业吸收能力的五个因素

四、基于溢出效应和吸收能力的接包企业技术创新能力的提升路径

1. 基于不同类型溢出知识的接包企业学习和吸收路径

我国是世界制造业大国，但产业发展长期滞留在全球价值链的低端环节，以接包为基础的服务产业更是面临深层次的问题，如对外资和外部订单过度依赖、行业核心技术和关键部件过度依赖于外部供给、产业组织层次低下、产业附加值不高等。这种产业发展模式已成为我国许多经济社会问题的根源，如能源资源过度消耗、环境污染严重、自主创新能力不足、国际竞争力弱等。如何通过加速本土企业自身的知识积累以赶上作为先进发包企业的跨国公司步伐，是当今理论界和实务界最为关心的问题之一。就目前的情况而言，本土接包企业通过承接跨国公司服务外包的方式融入全球价值链，积极参与全球竞争，不失为一种现实的选择。作为接包企业，能否在承接国际服务外包的过程中，通过有效获取先进发包企业的溢出知识或技术，以达到迅速提升企业组织营运效能和竞争力的目的，并最终实现企业在全球价值链中地位的提升，这在很大程度上取决于其学习方式、学习内容以及学习和吸收的路径。结合跨国公司溢出知识的特点，我们认为，接包企业有如下学习和吸收路径。

就学习方式而言，接包企业全球价值链上的学习必须同时采用利用型学习和探索型学习两种学习方式。利用型学习强调知识的应用，强调合作利用现有知识（利用旧经验）；探索型学习更强调知识的创造和获取，强调合作共同创造知识（获得新经验）。对于本土接包企业而言，利用型学习和探索型学习是互补而不是非此即彼的关系。Knott（2003）指出，丰田公司就成功地同时进行了这两种学习：利用型学习使得公司学习曲线成本降低，而探索型学习使得公司不断地推出新产品和创新。

从动态视角看，本土接包企业需要经常转换其侧重的学习方式。具体来看，当本土接包企业对利用型学习的效果感到满意时，就会持续进行利用型学习。当本土接包企业对探索型学习的效果感到满意时，就会持续进行探索型学习。当本土接包企业不满意当前学习方式带来的学习效果时，利用型学习和探索型学习就会发生相互转换。正如 Levinthal 和 March（1993）指出的，"仅仅进行利用的组织一般都会变得过时"。当过分的精练和经验的过分利用导致绩效低于满意水平时，对利用的不满可能引发本土接包企业进行探索型学习。这一行为过程可称为开放（Opening-up），开放描述了从持续的利用过程转变到持续的探索过程，它涉及从惯例化和重复的利用过程进入一个诸如试验的探索过程。当然，开放并不是一个对外界环境的自动响应，它发生在行为的旧方式受到挑战，并被认为已经过时之际（March et al.，2000）。这一过程经常涉及现有和主导世界观的冲击，通常会带来危机。这是一个包括"关键的自我反思"的阶段，这一阶段，现有的经验受到新经验的挑战，在社会互动中形成的新知识可能导致对现实的不同理解（March et al.，2000）。此外，

本土接包企业过分的探索可能导致其绩效下滑。此时，把注意力集中于经验就成为一种必要。这一行为过程可称作聚焦。通过聚焦，本土接包企业产生了惯例以及试验的准确和自由的联合。本土接包企业通过聚焦其经验学习而产生了经验的可靠性（Mikael Holmqvist，2003）。因此，本土接包企业在学习的过程中，需注意到四个相互关联的学习行为方式的转变：行动、开放、试验和聚焦。其中，行动是本土接包企业学习过程的第一个状态，涉及本土企业对经验或外溢知识的利用。如果本土接包企业过度依赖或者一味地仅想着利用跨国公司外包溢出的技术和知识，而不进行知识创造，在大多数情况下，本土接包企业难以适应环境的变化，难以应对激烈的市场竞争，糟糕的绩效将最终导致其不得不增加其组织透明性，深化其与跨国公司的关系，并与其共同进行探索型学习，这一过程就是开放。在开放后，密集的试验阶段紧接而至，外包企业间持续互动、合作，共同进行探索型学习。随着试验的结束，本土接包企业开始从持续的探索到持续的利用转变，并通过相关规范对如何利用知识达成一致。

在学习与吸收的内容上，由于外包的具体内容不同，国际服务外包通常可分为信息技术外包（ITO）、业务流程外包（BPO）、知识管理外包（KPO）三种类型。ITO、BPO 和 KPO 模式的接包企业在价值链上不同的知识区间，决定了其承接不同的知识溢出内容和学习与吸收内容（见表1）。

表1　ITO、BPO、KPO 模式的知识溢出和接包企业学习与吸收内容

项　目	ITO	BPO	KPO
基本知识	系统操作、系统应用服务、基础技术服务等知识	产品开发设计、人力资源、金融服务、售后服务、物流和采购、市场营销、培训等知识	观念、技能、技术、管理、研发、标准等知识
自主创新程度	低	中等	高
知识溢出和学习路径	以产品开发设计知识为主的客户知识溢出和接包企业学习与吸收	以价值链上某一环节为主的客户知识溢出和接包企业学习与吸收	产品开发知识和创新知识共享；跨产业价值链的知识溢出和接包企业学习与吸收

资料来源：作者整理。

承接 ITO 的企业一般富有相关的基础知识，很少参与客户产品的核心研发，其自主创新能力低。良好的价值链外包关系将使其能够学习并吸收客户的溢出知识（以产品开发设计知识为主）。其学习与吸收过程包括被动学习和主动学习两种：被动学习主要的决定因素是合作项目的特性和客户的要求。如客户在外包中规定一系列的标准，要求厂商在质量、价格及时间上精益求精，这些标准将迫使厂商不自主地学习和提升其能力。主动学习起源于意识到双方能力的差距与合作过程中的模仿效应。接包企业羡慕客户的知识和能力，以客户为标杆进行有计划的外部标杆学习，通过组织间人员的交流与互动，双方的长期合作将缩短能力差距。

承接 BPO 的企业有一定的产品开发设计知识或者品牌推广和销售服务等知识，具有中等程度的研发自主权和技术专利，凭借快速且优质的新产品开发设计或者品牌推广和

销售服务能力获取具有价值链上某一环节（如强大的营销能力）的客户订单。价值链上组织间学习与吸收以价值链上某一环节（如品牌商市场营销等）知识为主，其他环节知识为辅。

KPO外包模式下，承接企业拥有较高的研发自主权和技术专利，甚至是产业标准制定者。企业能够建立、管理和维护国际性营销渠道和品牌，并与客户共享产品开发设计知识和创新知识，甚至参与跨产业价值链知识溢出的学习与吸收。

资源基础观认为，稀缺的、有价值的和不容易模仿的资源是企业竞争优势的源泉。知识基础观进一步认为，隐性知识由于具有这些特征，对于企业来说非常关键。通常，接包企业的知识管理侧重于显性知识吸收，而对隐性知识吸收不够重视，对隐性知识的管理更缺乏一套成熟的制度安排，这在很大程度上造成了接包企业知识吸收水平的落后。学习与吸收跨国公司的隐性知识对接包企业提升技术创新能力和核心竞争力有重要作用。因此，接包企业应大力增强合作项目双方的理解和信任，增加沟通交流的渠道，促进客户隐性知识的溢出和自身对隐性知识的学习和吸收。

美国加州大学洛杉矶分校主力教授保罗·帕瓦罗（Pavlou，2004）认为，组织学习可以对知识鉴别、转换和探索，以产生新知识，加强现存企业资源重整能力。这种学习与吸收能力说明企业有使外部知识成为有用知识的能力，如当企业从伙伴关系中获得知识并转换成其专有知识。同时，组织需具备可整合不同领域知识的能力，尤其在高度动态市场下则需要创造较多的新知识，并把这些知识运用到新产品发展、改善流程、组织决策和新创事业等方面。因此，企业需要通过学习与吸收才能实现其创新和技术提升的目的。

在对于跨国公司外溢知识或技术的学习与吸收的路径依赖上，我们认为，接包企业需要经过知识获取、知识消化、知识转化和知识应用四个阶段。学习与吸收的四个阶段决定企业吸收跨国公司外溢知识的效率和效果，并最终影响接包企业技术创新的绩效。在知识获取阶段，接包企业需要识别、评价和取得跨国公司所溢出的知识。接包企业通过对跨国公司溢出知识的获取，大规模增加企业的知识存量，为以后知识在企业内部的进一步流转和创造提供基础。通常，接包企业知识获取的机制包括非正式接触、人员流动、购买技术、观察和模仿伙伴使用的技术，或根据伙伴给予的方向改变现有技术等。在知识消化阶段，接包企业需要凭借企业经验分析、理解所获得的跨国公司溢出的知识，主要包括企业外部新知识（跨国公司溢出的知识）与企业已有知识的融合及其在企业内部的共享活动两个方面。继知识获取和知识合并之后，接包企业将外部知识转变为适合本企业的内部知识，知识在转移过程中得到升华，并进入知识转移过程中更高级的阶段——知识应用阶段，接包企业利用已经获得的知识和整合后的知识实现企业创新。企业知识应用能力通过使企业改善、扩展和重新配置现存的各种组织能力，或者通过运用整合后的知识到企业的生产系统中形成新的组织能力的方式，将企业拥有的各种知识有效地转换成企业的竞争优势，最终实现改善企业创新（绩效）的目的。知识应用的能力不同于知识获取能力、知识整合能力和知识转化能力，它重在选择不同的技术，并对其进行长期培育，在此基础上进行研究开发，最终将这些技术有机融合，实现创新，完成组织的战略部署。

考虑到隐性知识的难以显现、难以整合等特点，加上企业间的文化差异等诸多原因，接包企业对于隐性知识的学习与吸收具有更大的难度。隐性知识溢出的特点，决定了承接企业不同的学习与吸收路径。我们综合了国内外有关研究文献以及我国企业的学习与吸收实践，对接包企业提出如下具体学习与吸收路径（见表2），以加强对跨国公司隐性知识的学习与吸收，提高学习与吸收的效率和效果。

表 2　隐性知识吸收的困难以及学习与吸收路径

序　号	问　题	学习与吸收路径
1	难以显现	个体直接参与到知识的运用过程，在干中学，边干边学
2	难以扩散	通过企业间关键管理者和技术人员的直接接触、面对面的交流与学习
3	难以整合	加强对知识利用的共同理解
4	企业间差异	建立企业间的社会资本和关系资本，加强双方的信任、相互了解与合作等
5	文化差异	加强双方的相互沟通与交流、参观访问、现场会议等

资料来源：参考 Collins 和 Hitt 等（2006）整理。

2. 基于溢出效应和吸收能力的接包企业技术能力的提升路径

结合国际服务外包中跨国公司不同知识与技术的外溢效应和接包企业的不同吸收能力，在上述学习和吸收路径上，接包企业可以有区别地、有针对性地通过以下路径提升其技术创新能力（见表3）。

表 3　国际服务外包接包企业技术提升路径

跨国公司 接包企业	溢出效应大	溢出效应小
吸收能力强	A. 借助跨国公司强大的溢出效应和自身强大的吸收能力来提升技术创新能力，如在海外或与跨国公司联合建立研发机构、开辟合作渠道等	C. 溢出效应小，技术的提升除了依靠企业自身的努力外，还可以通过促进跨国公司知识溢出，以及选择有技术水平差距的适宜接包对象和政府规划接包投资导向等
吸收能力弱	B. 加强自身吸收能力的培养，借助跨国公司强大的溢出效应提升技术创新能力。除传统方法外，有效办法就是将不合时宜的科层要素转变为市场要素，将市场竞争机制引入企业内部，以及增加人力资本投资补贴等	D. 容易形成对外部技术的依赖，容易被边缘化。企业除自身努力提升技术创新能力外，国家还应确定适宜的贸易服务政策和贸易开放度，以空间换时间，促进处于边缘化的接包企业技术创新能力的发展

资料来源：作者整理。

A 区域：跨国公司知识或者技术溢出效应大，接包企业的吸收能力强。这是一个非常理想的状况。在这种情况下，接包企业应借助跨国公司强大的溢出效应和自身强大的吸收能力快速提升技术创新能力。具体的措施如接包企业可以在海外独立建立或者与跨国公司联合建立研发机构，及时跟踪世界最新的技术发展。通过学习和模仿跨国公司的做法，国内接包企业利用国外先进的科研环境或者跨国公司先进的知识和技术进行技术研究和开发工作，以最快的速度提升自身的技术创新能力。此外，还可以积极开辟各种合作渠道，为接包企业技术开发人员提供一个可以与国外技术研发人员进行沟通交流的窗口和平台，如在国际软件外包中，要求双方对涉及的技术和商务需求有着深入的了解，这就使企业必须通过正式和非正式的渠道在组织内部扩散知识。国内研发机构与外资研发机构开展的研发合作，使得国内研究机构在取得各项研究成果的同时，通过在研发过程中接受外资研发机构有关研究开发上下游工作的具体部署，满足外资研发机构对国内研发机构在研发成果方面提出的各项指标要求，接受外资研发机构为国内研发机构提供的各项培训，可以潜移默化地学习大量国际先进的研究开发方法和经验，可使国内研发机构在较短的时间里迅速提高研发水平。

B区域：跨国公司知识或者技术溢出效应大，但接包企业的吸收能力弱。在这种情况下，接包企业很难吸收跨国公司外溢的技术和管理知识，因此，接包企业应大力加强自身吸收能力的培养，通过借助跨国公司强大的溢出效应提升技术创新能力。在提高接包企业的吸收能力的措施和建议方面，正如前文所述，由于涉及企业吸收能力的影响因素很多，人们对这些影响因素的探讨通常是割裂开来进行的，缺乏系统性、连贯性，因而据此所提的对策也难免单一。如文献普遍认为接包企业应做到：①加大企业科技经费投入，增加知识存量。②促进外包合作中的互动和信任。③培育有利于提高吸收能力的企业文化等。实际上，从企业科层角度看，吸收能力可以分为个人层面吸收能力、团队层面吸收能力、组织层面吸收能力。就组织吸收能力的形成机理而言，员工个人因素是基础，组织因素是保证，团队因素在其中起着重要作用。制约组织吸收能力发挥有效作用的原因在很大程度上应该归于组织的科层要素。科层要素贯穿组织始终，并且与上述影响组织吸收能力及组织创新的内部因素紧密关联，这些因素的变化消长均在科层行政机制层面有所反映，因此科层可以为我们系统、全面地理解组织吸收能力及组织创新问题提供很好的视角。同时，与科层行政机制相伴存在的另一个重要概念是市场竞争机制，我们进而还可以从科层机制和市场竞争机制的互替视角来探讨组织吸收能力及组织创新问题，这会给我们提供比传统研究更为广阔、更为宏观的视野，并能使组织吸收能力及组织创新在实践层面更富操作性。诚然，研究发现，组织科层因素既能促进组织吸收能力的形成，又能制约吸收能力的形成，组织吸收能力通常面临科层困境。我们认为，一个有效的解决办法就是把不合时宜的科层要素转变为市场要素，将市场竞争机制引入企业内部，以提高企业吸收能力，进而从根本上保证接包企业提升技术创新能力的质量。此外，研究表明，人力资本投资对技术或知识的吸收和经济增长起着关键作用。值得注意的是，人力资本投资对产出的水平效应可以通过工资报酬率的提高而得到补偿，然而人力资本通过增强吸收能力而提高经济增长率的间接效应则无法通过工资率变化来反映。由于人力资本投资速度取决于人力资本投资的回报率，因此促进人力资本积累的关键在于提高人力资本投资的回报率。由于人力资本投资存在巨大的间接效应和外溢作用，除了企业提高人力资本的工资报酬率外，政府对人力资本投资进行适当的补贴也是非常必要的。

C区域：跨国公司知识或者技术溢出效应小，接包企业的吸收能力强。在这种情况下，一方面，由于跨国公司知识或者技术溢出效应小，但是接包企业有很强的学习和研发投入，这时主要依靠自身的努力来提升技术能力和创新。此时虽如逆水行舟，付出的努力和艰辛比较大，但是只要有学习和创新的勇气，并进行长期不懈的努力，就会取得成功。另一方面，可以采取措施，引导跨国公司进行知识或技术溢出。如产业集群的形成，有利于改善基础设施条件，吸引跨国公司投资的关注，同时还可以加速信息传播，促进集群企业之间的技术学习与交流。当然，跨国公司知识或者技术溢出效应小有时是由于跨国公司和接包企业之间的知识或技术水平差距小造成的，此时，接包企业就应该选择与自己有适宜技术水平差距的发包企业。在接包时尽量瞄准那些处于前沿并且比自身技术要高的适宜的高端技术或知识的跨国公司。值得注意的是，最优技术差距不仅取决于接包企业与跨国公司现有的技术水平，而且它也是本国或者本地区的技术参数、偏好参数、人力资本以及技术吸收能力系列因素的函数，因此，国家或地方政府部门还应该综合自身的生产环境、消费结构、要素禀赋等因素，从战略的高度来规划适宜的接包投资导向。

D区域：跨国公司知识或者技术溢出效应小，接包企业的吸收能力弱。在这种情况下，接包企业很容易形成对来自跨国公司外部技术的依赖，由于跨国公司知识或者技术溢出效应小，同时接包企业又缺乏自身的学习、研发和创新，这种状态下的接包企业近乎束手待毙，很容易被逐出市场，出现"挤出效应"，并极可能被跨国公司边缘化。此时，接包企业技术创新能力的提升，除了依靠自己的力量，通过自身努力不断加强自主创新的情况外，国家制定适宜的贸易政策和贸易开放度也十分必要。为扶持国内服务接包企业，国家和政府有关部门应加强相关法律的配套制定，把市场出让程度、期限对等条件在相应的外资投资法律、法规中加以严格规定，特别是对于知识或技术溢出效应小的国际服务外包项目，可以在接包合同中明确规定取得其技术转让的年限，否则中方有权拒绝相关国际服务外包项目的进入。例如，韩国企业与外商合作合资时，一般要求外商在4年内必须转让其先进技术。国家通过制定适宜的贸易政策和贸易开放度，以空间换时间，促进处于可能被边缘化的接包企业技术创新能力的提升与发展。

参考文献

[1] 徐二明，陈茵. 基于知识转移理论模型的企业知识吸收能力构成维度研究 [J]. 经济与管理研究，2009 (1).

[2] 苏卉. 高新技术业代工合作中知识转移运行机制与效率研究 [D]. 上海交通大学博士学位论文，2008.

[3] Cohen W., Levinthal. Innovation and Learning: The Two Faces of R&D [J]. Economic Journal, 1989 (99).

[4] Cohen W., Levinthal. Absorptive Capacity: A New Perspective on Learning and Innovation [J]. Administrative Science Quarterly, 1990 (35).

[5] Jones, Chen Lurong. What Does Evidence Tell Us about Fragmentation and Outsourcing [J]. International Review of Economics and Finance, 2005 (14).

[6] Grossman G. M., Helpman E. Integration versus Outsourcing in Industry Equibrium [J]. The Quarterly Journal of Economies, 2002 (2).

［7］Nonaka, Toyama R. SECI, Ba and Leadership: A Unified Model of Dynamic Knowledge Creation［J］. Long Range Planning, 2000 (33).

［8］Bandyopadhyay, P. Pathak. Knowledge Sharing and Cooperation in Outsourcing Projects—A Game Theoretic Analysis［J］. Decision Support Systems, 2007, 43 (2).

［9］Hamel. Competition for Competence and Inter-partner Learning within International Strategic Alliances［J］. Strategic Management Journal, 1991 (12).

［10］Cummings J. L., Teng B. Transferring R&D Knowledge: The Key Factors Affetcing Knowledge Transfer Success［J］. Journal of Technology Management, 2003 (20).

［11］Stock G.N., W.A. Fischer. Absorptive Capacity and New Product Development［J］. Journal of High Technology Management Research, 2001, 12 (1).

［12］Narula R. Understanding Absorptive Capacities in An "Innovation Systems" Context: Consequences for Economic and Employment Growth［J］. MERIT Research Menorandum Series, 2004 (3).

［13］Hau L. N., F. Evangelist. Acquiring Tacit and Explicit Marketing Knowledge from Foreign Partners in Ijvs［J］. Journal of Business Research, 2007, 60 (11).

［14］Zahra S. A. Absorptive Capacity: A Review, Reconceptualization and Extension［J］. Academy of Management Review, 2002 (27).

［15］Vinding A. L. Absorptive Capacity and Innovative Performance: A Human Capital Approach［J］. Economics of Innovation and New Technology, 2006, 15 (4/5).

［16］Gupta V. Govindarajan. Knowledge Flows within Multinational Corporations［J］. Strategic Management Journal, 2000 (21).

［17］Ramasamy B., K.W. Goh, Matthew C.H. Yeung. Is Guanxi (Relationship) a Bridge to Knowledge Transfer［J］. Journal of Business Research, 2006, 59 (1).

［18］Bronte W. Inter-firm Trust in Buyer-supplier Relations: Are Knowledge Spillovers and Geographical Proximity Relevant［J］. Journal of Eeonomic Behavior & Organization, 2008, 67 (34).

［19］Michael J. Cuellar, Michael J. Gallivan.A. Framework for Ex Ante Project Risk Assessment Based on Absorptive Capacity［J］. European Journal of Operational Researeh, 2006, 173 (3).

［20］Knott A. M. Exploration and Exploirarion as Complements［A］// N.Bonris. The Strategic Management of Intellectual Capital and Organizational Knowledge［M］. Oxford: Oxford University Press, 2003.

［21］Mikael Holmqvist. Adynamic Model of Intra-and-Interorganizational Learning［J］. Organization Studies, 2003 (1).

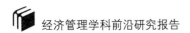
Study on the Technology Capability Improvement of the Service Supplier under International Service Outsourcing

——Based on Spillover Effects and Absorbing Capabilities

Li Yuanxu and Tan Yunqing

Abstract: International service outsourcing can cause knownoledge and techlogy spillover effects in host countries. This effects provide new opportunity and condition for the service providers to gain new knowledge and enhance their technology by embedding in global value chain starting from the low value added parts. Nevertheless, spillover effects can not emerge automatically and rely on service providers absorbing capabilities in host countries to a great extent. It is played an important role for absorbing capabilities from the service supplier to obtain knowledge and technology spillover effects and to improve their technology. The paper, on the one hand, based on different knowledge spillover contents and service outsourcing models, gives the service suppliers some advices on the learning ways, learnig contents and learnig paths; On the other hand, based on different spillover effects and absorbing capabilities, puts forward some choices of paths for the improvement of the suppliers' technology in host countries.

Key Words: International Service Outsourcing; Spillover Effects; Absorbing Capabilities; Service Supplier

中国老人医疗保障与医疗服务需求的实证分析 *

刘国恩　蔡春光　李　林

【摘　要】本文采用 2005 年中国老年健康长寿调查数据库（CLHLS）22 省调查数据，建立了中国 65 岁以上老年人群的医疗服务需求模型，实证分析了医疗保障对老人医疗服务需求的影响。本文的主要结果如下：第一，医保制度对老人医疗服务的影响主要表现在提高就医概率，而非就医选择行为的改变，同时医保制度又明显地促进了老人及时就医率的上升。第二，医保制度对减轻老人家庭医疗负担具有显著作用。第三，城镇医保和公费医疗所发挥的作用明显高于其他保险形式。本文的基本判断是，国家医保政策在改善中国老人医疗服务利用和减轻老人家庭医疗负担方面确实发挥了良好的积极作用，并且更多地惠及了就医必要性更大的老年人群，从资源配置角度看是提高效率的。因此，进一步推进全民基本医疗保障制度的建设不仅是国家惠及全民的医改重任，也是中国医疗卫生行业应对老龄化挑战的有效选择。

【关键词】老龄化；医疗保障；医疗需求

一、引 言

中国在改善人口健康方面取得了巨大进步，在过去的 10 年间人口预期寿命的延长高于世界平均水平。与此同时，人口老龄化也对中国医疗服务体系提出了新的挑战。根据2000 年第五次全国人口普查结果，中国 65 岁以上人口已经达到 8811 万，占总人口的 7%

* 作者：刘国恩，北京大学光华管理学院，邮政编码：100871，电子邮箱：gordon@gsm.pku.edu.cn；蔡春光，上海财经大学高等研究院，邮政编码：200433，电子邮箱：Chunguangcai@gmail.com；李林，北京大学中国医药研究中心，邮政编码：100871。作者感谢国家自然科学基金重点项目（项目编号：70533010）和上海财经大学"211"工程三期重点学科建设项目的资助，感谢匿名审稿人的意见，文责自负。

本文引自《经济研究》2011 年第 3 期。

（中国国家统计局，2001）。

老龄化对健康和医疗的影响极其显著。一方面，老人由于生理机能衰退和抵抗力下降，患病率和发病率明显增加，这必然导致对医疗服务需求的显著增加（Gerdtham，1993）。研究文献显示，65岁以上人口的人均医疗费用大约是65岁以下人口的3~5倍（Grant et al.，1999）。另一方面，老人的慢性病率增加，通常是总人口的2~3倍，这使老人的医疗服务需求比一般人群高很多。根据全美医疗服务调查，2005年一般人群人均医疗服务开支为3366美元，65岁以上人群人均开支近15000美元，是前者的4倍多。中国的情形有所不同，虽然老人的医疗服务需求也比一般人群高，但开支比一般人群要低很多，冯学山等（1999）的研究发现在1.6倍左右。近期的国务院城镇居民医疗保险调查显示，65岁以上老人的次均门诊费用为1811元，一般人群的次均门诊费用为958元（刘国恩等，2008）。中美两国揭示的数据差别显著，但其原因在文献中阐述甚少。一般而言，老龄化、保险制度和新技术的应用是影响医疗需求的三大决定因素。根据中国的老龄化趋势预测，在医疗服务价格不变的情况下，人口老龄化导致医疗费用的负担每年将以1.54%的速度递增，未来15年因人口老龄化造成的医疗费用的负担比目前增加26.4%（仇雨临，2008）。因此，加强对中国老人健康和医疗服务需求的研究，是科学应对中国老龄化挑战的重要手段。

人类在解决个人医疗负担的实践中，越来越清晰地认识到建立社会医疗保障制度的重要性（WHO，2000）。Arrow早在1963年开创性的研究中指出，医疗保障能够缓解医疗风险带来的经济损失。医疗保障不仅能够分散患病的经济负担，而且可以使那些本来没有能力就医的人能够得到及时的医疗服务。另外，医疗保障也是提高人们获得高质量医疗服务的重要途径（Gertler et al.，1997；Buchmueller，2005）。中国政府自2006年以来推进了空前的医疗体制改革，并于2009年4月颁布了《关于深化医药卫生体制改革的意见》。医改方案特别强调了在2009~2011年要着力抓好五项重点改革，其中首项就是加快推进基本医疗保障制度的建设。在新医改方案指导下，中国医疗保障制度的建设进展迅速，目前已形成了三大基本医疗保险网：城镇职工基本医疗保险、城镇居民基本医疗保险、新型农村合作医疗，覆盖人口达11.3亿。当然，人群广覆盖只是医保制度建设的第一步，不同保障制度间的管理衔接、保障水平的平衡，以及特殊人群的制度安排等，都是进一步深化医改的重要内容。其中，针对老龄化的挑战，如何根据老龄人群的服务需求特点和变化规律，制定相适应的医保制度，无疑是至关重要的环节。

本文旨在研究中国65岁以上老人的医疗服务需求医保制度的作用和影响，我们的研究集中在三个问题：第一，在中国的城乡，医疗保障如何影响老人的有效医疗需求。第二，医疗保障可以在多大程度上减轻老人的家庭医疗负担。第三，不同的医疗保障计划对老人医疗需求和医疗负担的不同影响。

二、文献综述

（一）医疗保障与医疗服务需求

20 世纪，人类的预期寿命延长了近 30 年，其中有 5 年可以归功于医疗服务的改善（Bunker，1995）。对此，医疗保障发挥的作用功不可没，其根本原因在于医疗保障提高了医疗服务需求。美国兰德（RAND）公司在 20 世纪 70 年代进行了划时代的医保实验，研究发现，医疗保险对人们的医疗服务利用确实具有显著的作用（Manning et al.，1987；Pauly，2005）。在国际卫生经济研究领域，大多数研究主要从就医可及性、医疗费用和医疗质量这三个角度分析了医疗保障对医疗服务利用的影响（Currie et al.，1996）。研究认为，缺乏医疗保障是阻碍人们获得医疗服务的主要原因，没有医疗保障的患者接受医生推荐的治疗方案的数量低于有医疗保障的患者（Baker et al.，2001）。医疗保障能够提高疾病诊断率，从而提高对慢性病的控制能力。研究还发现，医疗保障是促进人们获得高质量医疗服务的重要方法，能够使医疗需求从公共部门向私人部门转移（Gerler et al.，1997）。另外一些研究关注医疗保障对不同人群（如不同种族、收入、性别、年龄等）医疗服务利用的影响，研究医疗保障对提高医疗平等性的作用（Yip et al.，2001）。

必须指出的是，研究医疗保障对医疗服务需求的影响面临若干方法论的挑战，特别突出的是内生性和样本选择问题（赵忠，2005）。关于医疗保障的内生性问题，RAND 曾采用随机实验的方法，以消除个体选择医疗保障所产生的内生性。基于非随机的调查数据，一般采用工具变量、半参数估计或建立结构方程等计量方法减少内生性影响。关于医疗需求的自选问题，研究者主要采用 Heckman 选择模型以及两部模型（Two-part Model）、四部模型等进行处理。例如，高梦滔、姚洋（2004）曾使用中国农业部的 8 省农产调查数据，采用了 Heckman 选择模型和双变量 Probit 选择模型处理样本选择问题，研究了农村人口两周内患病和医疗支出的影响因素。Mocan 等（2004）用中国 10 个省（市）城市家庭的调查数据，分别建立了两部模型和离散因素模型（Discrete Factor Model），估计了收入等因素对家庭医疗支出的影响。Wagstaff 和 Lindelow（2005）利用 CHNS 的 1991 年、1993 年、1997 年、2000 年的面板数据，采用固定效应模型考察了被调查家庭户主的保险状况与医疗消费和劳动时间等之间的关系。封进等（2006）采用 CHNS 调查数据，分别建立了医疗决策模型和医疗支出模型，利用工具变量及 HauSman 检验的方法估计了中国农村医疗消费和收入水平之间的关系。林相森、舒元（2007）以不同的方式使用了两部模型方法，利用 CHNS 2000 年的调查数据，研究了影响中国居民医疗消费的各种因素。

本文的研究对象是 65 岁以上的老人，他们的医疗保障形式主要是通过其原工作单位获得的公费医疗和职工基本医疗保险，自己选择参加的商业保险的比重很低，农村合作医疗的比重仅在 0.95% 左右。封进等（2007）的农村医疗保障研究显示，中国农村医疗保障较少的缴费金额、较高的风险规避性、较低的医疗支出倾向和政府财政补贴是导致逆向选择问题较小的主要原因，因此中国老人参加医疗保障的逆向选择问题对本次研究的影响较小。关于样本选择问题的处理，本研究主要通过运用 Heckman 选择模型和两部模型获得无偏估计值。

（二）医疗服务需求的测量及影响因素

医疗服务可分为预防性医疗服务（Preventive Care），包括常规体检、疫苗接种、健康教育与健康档案等；治疗性医疗服务（Curative Care），包括门诊就诊率、急诊率、住院医疗服务等（Sudano et al., 2003）。各种指标对医疗服务利用的测量都存在一定的局限性，研究中常用的是医疗服务利用综合指标即医疗总费用，它能够从总体上获得医疗服务状况的信息，包括医生诊疗费、医院治疗费、处方和非处方药费以及非治疗性费用等（Grossman, 1972）。但是它要求医疗服务市场是充分竞争的，否则价格不能充分代表医疗的边际成本。另外医疗总费用是医疗服务价格、数量和质量的综合体现，因此它无法区分医疗服务的数量改变与质量改变。研究中也采用就医率、住院率、住院时间等来表示医疗服务的利用情况，它们能够从某一角度衡量医疗服务的状况，但是它们只能反映医疗服务利用的频率，无法反映医疗服务质量。此外，部分研究发现，及时就医情况对老人健康有非常重要的影响（顾大男，2002），因此我们采用及时就医作为衡量老人医疗服务有效需求的指标。

影响个人医疗服务利用的因素除了医疗保障，还有健康状况、性别、受教育程度、收入、婚姻状况等（Busch, 2005）。研究文献表明，健康状况的性别差异较大，男性的死亡率高于女性，但是女性无论是慢性病还是急性病发病率均高于男性。受教育程度与健康状况正相关，受教育程度高的人更倾向于采用健康的生活方式，他们对健康的评价高，为改善健康的支付意愿也高（Gertler, 1990），因此他们对医疗服务的需求更大。许多研究表明，收入对医疗服务利用有显著影响，高收入人群的医疗服务利用程度明显高于低收入人群。对发展中国家的研究发现，富裕阶层更能够获得及时的医疗服务（Makinen, 2000）。对发达国家的研究也发现相似的结果，平均收入以上人群获得及时医疗服务的可能性是平均收入以下人群的两倍以上（Schoen, 2000）。

三、数据和基本模型

（一）数据和变量

本文数据来自"中国老年人口健康影响因素跟踪调查"，该调查的详细情况在一些文献中做过详细介绍（Zeng et al.，2001）。我们采用 2005 年的横截面数据，其中包括 15638 名老人，去除缺乏相关变量的样本，我们最终使用 14000 人的样本（关于变量的统计分析见表 1）。

表 1　变量的统计分析

变量	定义	平均值	标准差
因变量			
患病能否及时就医	1 = 能够及时就医，0 = 不能及时就医	0.885	0.319
log 医疗费用总支出		6.141	1.540
log 家庭医疗费用总支出		5.993	1.471
自付比率	家庭医疗费用与总医疗费用的比值	0.891	0.441
自变量			
先决变量			
年龄	65~79 = 0，80~89 = 1，90~99 = 2，100 以上 = 3	1.289	1.112
性别	男性 = 1，女性 = 0	0.431	0.495
受教育程度	没上过学 = 0，上过学 = 1	0.398	0.489
城乡	城镇 = 1，农村 = 0	0.450	0.498
婚姻状况	目前有配偶（已婚且同住，已婚不同住）= 1 目前无配偶（离婚、丧偶、未婚）= 0	0.333	0.471
存活子女数		3.483	1.985
居住方式	独居 = 0，与人合住 = 1	0.872	0.334
省份	东部省份 = 0，中部省份 = 1，西部省份 = 2	0.804	0.868
使能变量			
医疗保障	自家支付（自己、配偶、子女）= 0，保险支付（公费医疗、合作医疗、国家和集体补助、城镇医保）= 1	0.144	0.352
log 人均年收入		7.985	1.075
需求变量			
健康自评	很差 = 0，比较差 = 1，一般 = 2，较好 = 3，很好 = 4	2.393	0.895
最近两年是否患重病	否 = 0，是 = 1	0.209	0.407
患有慢性病数		2.189	3.840

根据本文的研究目的，我们重点讨论医疗保障对老人及时就医、医疗费用和家庭自付医疗支出的影响。一般而言，决定人们医疗服务需求的因素有很多，包括服务价格、医疗技术、健康状况，以及人口学和社会经济特征。本次研究根据所获数据的情况，应用研究卫生服务利用的经典 Anderson 模型（Anderson et al.，1983），结合老人特点，把医疗服务利用的决定因素归为三大类：先决变量（Predisposing）、使能变量（Enabling）以及需求变量（Needing），可以用下式表示：

$$y = f(X_p, X_e, X_n)$$

其中，y 表示医疗服务利用变量，如医疗总费用、能否及时就医、家庭自付医疗总费用或家庭自付医疗费用比；X_p 表示先决变量，包括年龄、性别、城乡、婚姻状况、存活子女数、区域、居住状况；X_e 表示使能变量，包括家庭年收入、受教育水平、医疗保障；X_n 表示需求变量，主要指决定个人医疗需求的指标，即健康状况（健康自评、最近两年是否患重病、患慢性病次数）。

（1）研究模型的因变量。关于第一个研究问题，即医保如何影响医疗服务利用，我们采用总医疗费用和能否及时就医。对于第二个研究问题，即医保对医疗负担的影响，我们采用家庭自付医疗费的绝对值，以及家庭自付医疗费用的相对值（家庭自付医疗费用/总医疗费用）。由于总医疗费用和家庭自付医疗费用呈偏态分布，全部因变量都采用对数形式。

（2）研究模型的自变量。医疗保障是我们重点关注的变量。具体而言，若老人医疗费用主要由医保（包括公费医疗、合作医疗、国家和集体补助、城镇医保）支付则定义为1，否则为 0[①]。对于研究问题三，即度量不同医保制度的影响，我们分别将公费医疗、合作医疗、国家和集体补贴、城镇医保作为分类变量，其中家庭支付仍作为基准。收入是另一个重要变量，在模型中采用上年家庭人均收入的对数值。

在先决变量中，年龄是一个重要变量，由于不同年龄段的老人医疗需求可能不同，将老人依据年龄划分为四个阶段：65~79 岁、80~89 岁、90~99 岁和 100 岁以上。由于中国存在很明显的城乡二元结构以及经济发展的区域差异，这些因素可能影响老人医疗需求，因此模型中纳入了城乡和地区变量。另外，由于家庭是老人重要的生活依托，因此现存家庭子女数可能也会影响老人医疗需求。同时，老人的居住状态、性别、受教育程度也作为控制变量加入模型。

关于需求变量，我们分别选择老人主观健康测度——健康自评、客观健康指标——最近两年内是否患重病以及患慢性病次数这三个指标来表示老人的健康状况。健康自评采用 5 级指标：很好、好、一般、不好、很不好。据此定义 4 个相互独立的虚拟变量，用以代表 5 种健康状态（"很不好"为参照组）。变量的编码和定义见表 1。

（二）计量模型

1. 样本选择模型（Sample Selection Model）

老人总医疗支出模型的建立旨在分析医疗保障对老人医疗支出的影响。在实际生活中，可能存在由于医疗服务价格高或者就医不便等因素，导致老人生病该就医但没有就医，因此医疗总支出为 0，从而我们无法观测到在不同条件下老人的真实医疗支出。这种老人的自我选择就医行为会产生样本选择偏差（Sample Selection Bias）。Heckman（1974）提出样本选择模型纠正这种偏差，它包括选择方程和结果方程。本文中，选择方程决定了老人是否选择就医，结果方程估计就医老人的医疗支出。根据样本选择模型，老人选择就

[①] 这个变量对应问卷中的问题"老人医疗费用主要由谁来支付"，问卷中没有量化主要支付的比重。选项包括：城镇医保、公费医疗、国家和集体补助、合作医疗、自己、配偶、子女，另外问卷中也没有特别标明医疗保障是保障老人本人还是其家人。

医的决策与医疗支出是相关的，零支出包括了老人不必就医和应就医而未就医两种可能的观察结果。

选择模型：当 $z_1^* = W_1\alpha_1 + \varepsilon_1 > 0$，$z_1 = 1$；否则 $z_1 = 0$

支出模型：当 $z_1 = 1$，$\log y_1 = X_1\beta_1 + \mu_1$

其中，ε_1；$\mu_1 \sim N^2(0,0;1,\sigma^{21};\rho)$。可知：

$$E(\log y_1|z_1 = 1, X_1, W_1) = X_1\beta_1 + \rho\sigma_1\phi(W_1\alpha_1)/\Phi(W_1\alpha_1)$$

其中，ϕ 是标准正态密度函数，Φ 是标准正态分布函数。本文采用两步法进行估计。

2. 两部模型（Two-part Model）

在分析老人的家庭医疗支出模型时，若样本中存在大量零医疗支出，则不符合样本随机误差正态分布的假设，从而导致估计误差，Duan 等（1983）提出两部模型的方法进行修正。根据两部模型的基本假定，家庭医疗支出是否发生并非自我选择的结果，而更多的是与其他外生因素（如医保政策的规定等）有关，这与家庭医疗支出是相对独立的。

第一部分是选择模型：当 $z_2^* = X_2\alpha_2 + \varepsilon_2 > 0$，$z_2 = 1$；否则 $z_2 = 0$

第二部分是支出模型：当 $z_2 = 1$，$\log y_2 = X_2\beta_2 + \mu_2$

其中，$\varepsilon_2 \sim N(0,1)$，$\mu_2 \sim N(0,\sigma_2^2)$。

可知：

$$E(y_2|z_2 = 1, X_2) = \Phi(W_2\alpha_2)\exp(X_2\beta_2 + \sigma_2^2/2)$$

本文采用极大似然法进行估计。

另外，我们建立老人家庭医疗支出占总医疗支出比重的模型，旨在分析医疗保障对老人家庭相对医疗负担的影响。由于比重值介于 0~1，本文采用广义线性模型进行估计。对于老人是否及时就医问题，我们采用 Logit 模型估计医疗保障对老人及时就医的影响。本文均采用 Stata 软件进行数据分析。

四、实证分析结果

（一）医疗保障对老人医疗需求影响的描述性分析

随着年龄的增长，老人健康自评状况变差（见表2），65~80岁老人健康自评状况明显好于 80 岁以上老人。80 岁以上老人自评健康很好的都低于 10%。超过 20% 的 100 岁以上老人健康自评很不好。对老人健康客观指标——近两年重大疾病患病率的分析（见表3）同样也表明随着年龄增长，老人患病率增加，尤其是 100 岁以上老人常年卧床者是 80 岁以下老人的 10 倍以上。由此看出，老人随着年龄的增长，身体状况变差，客观上对医疗服务的需求应该增加。

表2 老人分年龄段健康自评状况

单位：%

	65~69 岁	70~79 岁	80~89 岁	90~99 岁	100 岁以上	合计
很好	14.92	11.41	9.62	9.20	7.44	10.08
好	40.02	37.58	36.39	35.11	29.80	35.52
一般	31.23	33.15	32.06	31.16	27.36	31.11
不好	12.78	15.26	15.41	12.01	12.05	13.62
很不好	1.05	2.6	6.52	12.52	23.35	9.67

表3 老人两年内重大疾病患病率

单位：%

	65~69 岁	70~79 岁	80~89 岁	90~99 岁	100 岁以上	合计
0 次	83.09	79.00	78.26	79.29	78.87	31.96
1 次以上	16.85	20.78	20.68	18.62	18.40	49.75
常年卧床	0.06	0.22	1.06	2.09	2.73	18.29

　　然而，从老人实际医疗总费用与年龄之间的关系看（见图1），虽然城镇老人实际年医疗总费用高于农村老人，但是总体上均表现为实际医疗总费用随年龄增长而减少。以上初步的描述性分析说明，中国老人医疗的有效需求受限比较明显，并且，随着年龄增长，问题似乎越发严重。

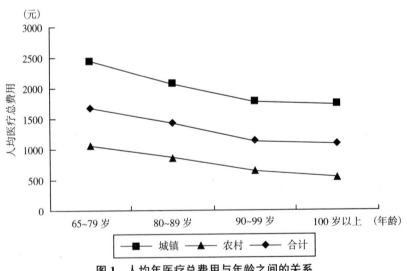

图1 人均年医疗总费用与年龄之间的关系

　　再考察目前中国老人家庭医疗负担，总体医疗费用负担超过70%（见图2）。分年龄段对老人家庭医疗负担进行分析，可以看出随着年龄的增加，家庭医疗费用负担比重增大。对比前面分析可以推断，老人医疗费用主要由家庭负担是目前老人随着年龄增长，医疗有效需求降低的主要原因。农村家庭收入低，但是家庭要负担95%以上的老人的医疗费用，因此农村老人医疗需求不能满足的情况更为严重。

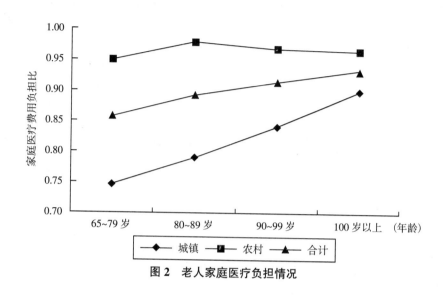

图2　老人家庭医疗负担情况

最后来观察医疗保障对老人家庭医疗负担的影响（见图3），无论在城镇还是在农村，有医疗保障的老人家庭医疗负担都在全自费负担的65%以下。公费医疗和城镇医保的作用最为明显，有公费医疗的老人家庭医疗负担低于30%左右；城镇和农村的有城镇医保的家庭医疗负担分别在30%和45%左右。

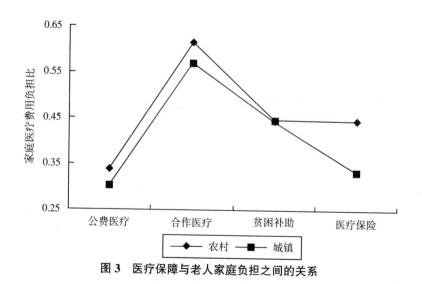

图3　医疗保障与老人家庭负担之间的关系

（二）老人医疗保障状况的描述性分析

总体而言，老人医疗保障覆盖率很低（见表4），80%以上的老人主要由家庭支付医疗费用。公费医疗和城镇医保支付方式分别为5.38%和5.73%，合作医疗仅为0.94%。随着年龄增大，医疗保障程度下降。数据分析还表明，农村中75%以上的老人没有任何医疗保障，城镇中46%以上的老人没有任何医疗保障。中国老人医疗保障还存在明显的地域差异，目前经济发达省份中的老人参与率比较高：上海、江苏、北京、广东居于前四位，而安徽、河南、广西、江西居于后四位。

表4　老人医疗费用支付方式统计

单位：%

	65~79岁	80~89岁	90~99岁	100岁以上	合计
公费医疗	7.27	6.38	4.59	1.82	5.38
合作医疗	1.06	0.96	1.05	0.56	0.94
贫困补助	1.04	2.13	1.94	3.04	1.90
城镇医保	8.65	5.22	4.46	3.04	5.73
家人	77.77	79.63	83.09	84.66	80.36
其他	3.96	5.11	4.49	6.50	5.31
支付不起	0.25	0.57	0.38	0.38	0.38
合计	100	100	100	100	100

老人的医疗保障参与率具有明显的城乡差别（见图4），整体上城镇老人社会保障参与率达到53.8%，而农村老人社会保障参与率不足城镇的一半。女性老人社会保障参与率总体上低于男性，其中农村女性老人医疗社会保障参与率仅为22.07%，是应当重点关注的人群。

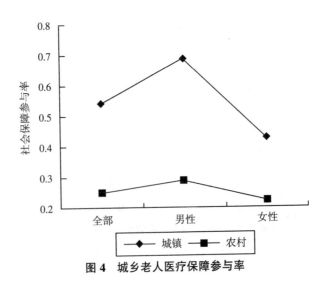

图4　城乡老人医疗保障参与率

（三）老人医疗服务需求模型及其应用分析

依据估计的中国老人医疗需求模型（见表5和表6），几个重点因素值得一提。首先，年龄是影响老人医疗服务需求的显著变量，年龄分组表明，老人医疗服务利用率随着年龄的增加而降低，100岁以上高龄老人的及时就医率与医疗费用都显著小于其他年龄组，这与随年龄增大健康状况越差而更需要服务的变化形成明显反差。其次，中国城镇和农村老人医疗服务状况存在明显差别，城镇老人的及时就医程度和医疗费用都显著高于农村老人。同时，由于中国东部、中部、西部经济发展不平衡，老人的医疗服务状况也存在区域差别，总体上东部地区老人医疗服务利用情况最好，西部地区老人医疗服务获得状况最差。另外，存活子女数量和与人同住都对老人医疗服务利用率具有显著的增加作用。和预期的一样，老人健康状况也是医疗服务利用的重要决定因素，无论老人健康自评还是客观患病情况都一致表明，老人的医疗服务开支随健康恶化而增加。使能变量中家庭收入对提高老人获得医疗服务具有明显的正向作用。下面我们着重分析本文要考察的三个主要问题。

表5　老人总医疗费用 Heckman 模型

自变量	模型1		模型2		模型3	
	选择方程	支出方程	选择方程	支出方程	选择方程	支出方程
80~89 岁	0.047 (0.036)	0.027 (0.039)	0.019 (0.036)	−0.022 (0.037)	0.015 (0.037)	−0.029 (0.035)
90~99 岁	0.016 (0.038)	−0.021 (0.041)	−0.003 (0.038)	−0.063 (0.034)	−0.008 (0.039)	−0.061 (0.038)
100 岁以上	0.087 (0.043)	−0.057 (0.046)	0.076 (0.043)	−0.118** (0.043)	0.054 (0.044)	−0.120** (0.042)
男性（女性=0）	−0.109*** (0.030)	−0.092** (0.033)	−0.100*** (0.030)	−0.089** (0.031)	−0.096** (0.031)	−0.074** (0.030)
受教育程度	0.159*** (0.031)	0.045 (0.034)	0.154*** (0.031)	0.027 (0.031)	0.163*** (0.032)	0.046 (0.031)
城镇（农村=0）	−0.007 (0.028)	0.33*** (0.030)	−0.025 (0.028)	0.278 (0.029)	−0.029 (0.029)	0.272*** (0.028)
婚姻状况	0.021 (0.035)	0.123*** (0.036)	0.008 (0.035)	0.113*** (0.034)	0.009 (0.035)	0.112*** (0.032)
存活子女数	0.021*** (0.007)	0.040*** (0.007)	0.019*** (0.007)	0.030*** (0.006)	0.021 (0.007)	0.035*** (0.006)
中部（东部=0）	−0.101** (0.034)	−0.099** (0.037)	−0.097** (0.034)	−0.054 (0.035)	−0.116*** (0.034)	−0.051 (0.034)
西部	0.102*** (0.032)	−0.559*** (0.033)	0.124*** (0.032)	−0.485*** (0.031)	0.115*** (0.032)	−0.477*** (0.030)
医疗保障（无=0）	0.082* (0.041)	0.541*** (0.043)	0.050 (0.041)	0.470*** (0.041)	0.054 (0.042)	0.462*** (0.039)
log 人均年收入	−0.035** (0.014)	0.215*** (0.015)	−0.029* (0.014)	0.228*** (0.014)	−0.017 (0.014)	0.253*** (0.014)

续表

自变量	模型 1		模型 2		模型 3	
	选择方程	支出方程	选择方程	支出方程	选择方程	支出方程
患慢性病数	0.036*** (0.004)	0.040*** (0.004)	0.030*** (0.004)	0.025*** (0.003)	0.028*** (0.004)	0.023*** (0.003)
近两年是否患重大疾病			0.878*** (0.043)	1.113*** (0.033)	0.831*** (0.044)	1.031 (0.033)
健康自评较差					−0.213 (0.154)	−0.255* (0.103)
健康自评一般					0.387** (0.149)	−0.584*** (0.099)
健康自评较好					−0.526*** (0.150)	−0.874*** (0.101)
健康自评很好					−0.683*** (0.153)	−0.964*** (0.107)
与人同住（独居=0）	0.157*** (0.038)		0.160*** (0.037)		0.176*** (0.038)	
lamda		−0.408*** (0.071)		−0.602*** (0.036)		−0.665*** (0.029)
最大似然比	−26512.424		−25158.616		−24880.78	
样本量	13876		13876		13876	

注：*、**、***表示在10%、5%、1%水平上显著。

表6 老人及时就医模型

自变量	全部样本	城镇	农村
80~89 岁	−0.026 (0.086)	0.039 (0.154)	−0.071 (0.103)
90~99 岁	−0.064 (0.089)	−0.011 (0.164)	−0.089 (0.107)
100 岁以上	−0.335*** (0.096)	−0.260 (0.174)	−0.370*** (0.116)
男性（女性=0）	0.019 (0.069)	0.061 (0.125)	0.076 (0.084)
受教育程度	0.036 (0.073)	0.078 (0.126)	−0.025 (0.090)
婚姻状况	−0.062 (0.083)	−0.224 (0.150)	0.0004 (0.099)
存活子女数	0.126*** (0.015)	0.130*** (0.027)	0.128 (0.018)
中部（东部=0）	−0.034*** (0.076)	−0.453*** (0.133)	−0.268** (0.093)
西部	−0.275*** (0.070)	−0.205 (0.125)	−0.278*** (0.086)
医疗保障（无=0）	0.687*** (0.134)	0.971*** (0.191)	0.250 (0.199)

自变量	全部样本	城镇	农村
log 人均年收入	0.657*** (0.032)	0.523*** (0.054)	0.696*** (0.041)
患慢性病数	0.090*** (0.011)	0.132*** (0.022)	0.062 (0.014)
近两年是否患重大疾病	−0.087 (0.072)	0.029 (0.125)	−0.145 (0.088)
健康自评较差	0.315 (0.180)	0.202 (0.326)	0.373 (0.218)
健康自评一般	0.975*** (0.176)	0.897** (0.319)	1.021*** (0.212)
健康自评较好	1.564*** (0.181)	1.771*** (0.332)	1.499*** (0.217)
健康自评很好	2.035*** (0.224)	2.363*** (0.422)	1.925*** (0.266)
与人同住（独居=0）	0.511*** (0.079)	0.829*** (0.141)	0.374*** (0.096)
最大似然比	−4145.047	−1357.937	−2763.588
样本量	14000	6341	7659

注：*、**、*** 表示在 10%、5%、1%水平上显著。

（1）研究问题一：医疗保障如何影响老人医疗服务的有效需求。

关于这个命题，我们主要考察两个指标，即老人医疗总费用和老人及时就医情况。在控制其他变量后，结果显示（见表5），医疗保障对老人医疗的影响主要表现在支出模型上。选择方程表明，医保对老人是否选择就医有正向作用，但并不显著，影响老人是否选择就医的决定因素是其自身健康状况。支出方程显示，医疗保障显著增加了老人医疗总支出，有医保的农村老人和城镇老人的医疗支出分别是自付支出的 1.53 倍和 1.44 倍。从绝对值来看，医保使老人医疗开支平均增加 638 元（p = 0.000），其中农村为 424 元，城镇为 916 元。

关于医保对老人及时就医率的影响（见表6），城镇和农村存在较大差异，前者影响较大并具有统计显著性，后者有所提高但不显著。在没有医疗保障的情况下，农村有约11%的老人无法及时就医，进一步的分析表明，经济原因是影响老人无法及时就医的主要因素。有医疗保障的农村老人及时就医率可以达到91%以上。另外，100 岁以上老人及时就医率明显低于其他年龄段老人，其中农村 100 岁以上老人及时就医率比其他年龄段低约4%，而医疗保障能够使及时就医率最低的 100 岁以上老人的及时就医率提高至 91%。

（2）研究问题二：医疗保障如何减轻老人家庭医疗负担。

关于医保能够在多大程度上减轻老人家庭医疗负担的问题，我们考察两个指标：老人家庭自付医疗费用负担的绝对值和老人家庭自付医疗费用负担的相对值。根据两部模型的结果（见表7），有医疗保障的家庭发生自付医疗费用的可能性以及金额都显著低于无医疗保障的家庭。医疗保障使老人家庭医疗负担减少 24.3%。根据本次样本家庭平均医疗费用 970

元推算，医疗保障能使家庭医疗负担减少 236 元，其中使城镇老人家庭的负担减少 32.6%，即 418 元（p < 0.001）。关于老人的相对家庭自付医疗负担的分析结果表明（见表 8），医疗保障使老人家庭自付医疗费用平均降低了 52%（p = 0.013）。从地域上看，西部地区老人家庭自付比重高出东部地区老人家庭 1.8%。

表 7 老人家庭自付医疗费用两部模型

自变量	模型 1		模型 2		模型 3	
	第一部分	第二部分	第一部分	第二部分	第一部分	第二部分
80~89 岁	0.039 (0.035)	0.022 (0.039)	0.016 (0.035)	−0.018 (0.035)	0.003 (0.036)	−0.035 (0.035)
90~99 岁	0.029 (0.037)	−0.014 (0.041)	0.011 (0.037)	−0.057 (0.037)	0.008 (0.038)	−0.061 (0.037)
100 岁以上	0.110** (0.042)	−0.045 (0.045)	0.089 (0.042)	−0.094* (0.041)	0.065 (0.043)	−0.111** (0.040)
男性（女性=0）	−0.126*** (0.029)	−0.136*** (0.032)	−0.132*** (0.030)	−0.143*** (0.030)	−0.120*** (0.030)	−0.119*** (0.029)
受教育程度	0.138*** (0.030)	0.054 (0.033)	0.136*** (0.031)	0.049 (0.030)	0.147*** (0.031)	0.0651* (0.030)
城镇（农村=0）	−0.034 (0.028)	0.314*** (0.030)	−0.056* (0.028)	0.258*** (0.027)	−0.060* (0.028)	0.251*** (0.027)
婚姻状况	0.034 (0.033)	0.121*** (0.035)	0.035 (0.034)	0.121*** (0.032)	0.030 (0.033)	0.115*** (0.032)
存活子女数	0.027*** (0.006)	0.048*** (0.007)	0.025*** (0.007)	0.040*** (0.006)	0.028*** (0.007)	0.045*** (0.006)
中部（东部=0）	−0.105** (0.033)	−0.136*** (0.037)	−0.089** (0.034)	−0.090** (0.034)	−0.112*** (0.034)	−0.093** (0.033)
西部	0.076* (0.031)	−0.518*** (0.032)	0.113*** (0.031)	−0.417*** (0.030)	0.098*** (0.031)	−0.422*** (0.029)
医疗保障（无=0）	−0.723*** (0.036)	−0.114** (0.047)	−0.785*** (0.036)	−0.218*** (0.043)	−0.793*** (0.037)	−0.243*** (0.042)
log 人均年收入	−0.033* (0.013)	0.166*** (0.015)	−0.030* (0.013)	0.179*** (0.014)	−0.015* (0.014)	0.211*** (0.013)
患慢性病数	0.024*** (0.003)	0.047*** (0.004)	0.019*** (0.003)	0.032*** (0.003)	0.018*** (0.003)	0.029*** (0.003)
近两年是否患重大疾病			0.708*** (0.037)	1.308*** (0.029)	0.642*** (0.037)	1.172*** (0.029)
健康自评较差					−0.297* (0.151)	−0.288** (0.097)
健康自评一般					−0.490*** (0.147)	−0.638*** (0.094)
健康自评较好					−0.611*** (0.147)	−0.983*** (0.095)
健康自评很好					−0.805*** (0.150)	−1.125*** (0.101)
调整 R^2		0.103		0.244		0.277
样本量	10830		10830		10830	

注：*、**、*** 表示在 10%、5%、1% 水平上显著。

表8　老人家庭自付比重模型

自变量	方程系数	边际效应
80~89 岁	0.062 (0.086)	0.003 (0.004)
90~99 岁	0.149 (0.092)	0.006 (0.004)
100 岁以上	0.173 (0.109)	0.007 (0.004)
男性（女性=0）	−0.132 (0.072)	−0.006 (0.003)
受教育程度	−0.227** (0.074)	−0.010** (0.003)
婚姻状况	−0.071 (0.080)	−0.003 (90.004)
存活子女数	0.074*** (0.016)	0.003*** (0.0007)
中部（东部=0）	0.288*** (0.089)	0.012*** (0.003)
西部	0.447*** (0.083)	0.018*** (0.003)
医疗保障（无=0）	−3.802*** (0.069)	−0.522*** (0.013)
log 人均年收入	−0.317*** (0.035)	−0.014*** (0.002)
最大似然比	−1947.346	
样本量	11387	11387

注：*、**、*** 表示在 10%、5%、1% 水平上显著。

（3）研究问题三：不同医疗保障形式对老年医疗服务利用的影响。

在整体分析模型基础上，我们进一步分别对公费医疗、合作医疗、贫困补助、城镇医保对老人医疗服务利用的影响进行了分析，模型主要集中在老人医疗费用、及时就医以及家庭医疗负担三个变量上（见图5、图6和图7）。公费医疗促使农村老人及时就医率提高7.99个百分点（p=0.000），城镇老人及时就医率提高2.96个百分点（p=0.000）。公费医疗促使城镇老人医疗支出提高1362元（p=0.000），农村老人医疗支出提高622元（p=0.000）。无论在农村还是在城镇，公费医疗促使家庭自付医疗费用比重减少60%以上。城镇平均家庭自付医疗费用减少421元（p=0.000），对农村自付医疗费用的影响不显著。

此外，城镇医保对老人医疗服务也具有显著影响，使城镇老人及时就医率提高了3.5个百分点（p=0.000），并使城镇老人医疗总费用增加816元（p=0.000），农村老人的总医疗费用增加703元（p=0.000）。同时，医保使城镇和农村老人家庭自付医疗费用比重分别下降了61%和54%。结果还表明，合作医疗和贫困补助也能够在一定程度上减少老人家庭医疗费用自付比重，但对老人及时就医、医疗总费用以及家庭医疗支出的影响没有统计显著性。

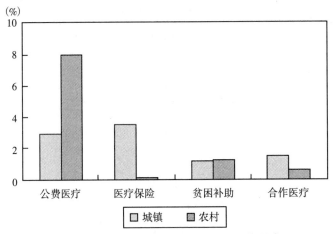

图 5　四种医疗保障形式对及时就医率的影响

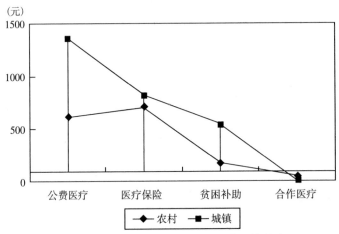

图 6　四种医疗保障形式对医疗总费用的影响

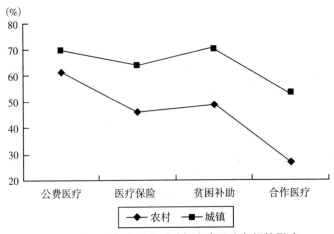

图 7　四种医疗保障形式对减轻家庭医疗负担的影响

五、基本结论

伴随加速的老龄化趋势，中国老年人群的医疗服务需求面临着日益严峻的挑战。本文应用 2005 年全国老年健康调查数据，对医疗保障如何影响老人医疗需求进行了系统的实证分析。以 Anderson 医疗服务利用模型为基本框架，本文分别估计了中国老人医疗服务利用的 Heckman 样本选择模型和两部模型，并据此对医疗保障如何影响老人医疗服务需求和家庭医疗负担进行了系统分析。本文的数据是专门针对中国老人健康状况进行的全国代表性调查，因此能够充分反映中国老人尤其是高龄老人的医疗状况。对老人健康状况的衡量，我们采用了老人的主观健康自评指标，也采用了包括患重大疾病情况等客观指标。研究中不仅从整体上分析医疗保障对老人医疗需求的影响，还具体分析了不同医疗保障形式（公费医疗、合作医疗、贫困补助、城镇医保）的影响，这对中国制定相应的医疗保障政策具有现实的参考价值。根据其研究结果，我们可以得出以下三个基本判断：

第一，医保制度对中国老人医疗服务的影响主要在于增加就医程度方面，而非是否选择就医的行为方面，后者更多取决于老人本身的健康状况。与此同时，对真正急需就医的老人而言，尤其是高龄老人，医保制度又明显地促进了及时就医率。这表明了中国医保制度更多惠及了那些就医必要性更大的老年人群，从资源配置效率角度看，国家医保政策的影响是正向的。

第二，医保制度对减轻中国老人家庭医疗负担具有非常显著的作用。就城乡平均水平而言，老人家庭总医疗负担可因此减轻 1/4 左右，而家庭自付费用占总费用的比重降低一半以上。

第三，就不同医保政策的效果而言，无论考察减轻老人家庭医疗负担还是提高及时就医率，城镇医保和公费医疗所发挥的作用都明显大于其他保险形式。当然，从公共财政对各项医保政策的投入力度看，该结果应该在预期之中。

总之，本文的实证研究表明，作为中国当前的主要医保形式，城镇医保和公费医疗确实在改善中国老人医疗服务利用和减轻老人家庭医疗负担方面都发挥了良好的积极作用，这为正在进行的国家医改提供了可贵的实证依据，特别是在建立和完善全民基本医保制度的过程中，本文的若干分析有助于客观认识老龄化趋势对中国医疗保障的挑战和影响，从而促进国家相应制度安排的科学发展。

参考文献

[1] 封进，秦蓓. 中国农村医疗消费行为变化及其政策含义 [J]. 世界经济文汇，2006（1）.

[2] 封进，宋铮. 中国农村医疗保障制度：一项基于异质性个体决策行为的理论研究 [J]. 经济学（季刊），2007（3）.

［3］冯学山，王德耀.中国老人医疗服务需求量分析［J］.中国卫生统计，1999，16（5）.

［4］高梦滔，姚洋.性别、生命周期与家庭内部健康投资——中国农户就诊的经验证据［J］.经济研究，2004（7）.

［5］顾大男.中国高龄老人就医及时性状况研究［J］.人口学刊，2002（3）.

［6］国家统计局.第五次人口普查主要数据公报（第一号），2000.

［7］林相森，舒元.中国居民医疗支出的影响因素分析［J］.南方经济，2007（6）.

［8］刘国恩等.国务院城镇居民医疗保险入户调查报告2008［J］.北京大学光华管理学院学报，2008.

［9］仇雨临.人口老龄化对医疗保险制度的挑战及对策思考［J］.北京科技大学学报（社会科学版），2005（1）.

［10］全国老龄工作委员会办公室.全国城乡贫困老人状况调查研究课题组　全国城乡贫困老人状况调查研究项目总报告［R］.2003.

［11］赵忠.健康卫生需求的理论和经验分析方法［J］.世界经济，2005（4）.

［12］Anderson R.，A. Mc Cutchenon，L. Aday. Exploring Dimensions of Access to Medical Care［J］. Health Services Research，1983，18.

［13］Arrow K. J. Uncertainty and the Welfare Economics of Medical Care［J］. American Economic Review，1963，53.

［14］Baker D. W.，Joseph J. S.，Jeffrey M. A.，Elaine A.B.，Avi D. Lack of Health Insurance and Decline in Overall Health in Late Middle Age［J］. New England Journal of Medicine，2001，345.

［15］Buchmueller T.C.，Grumbach K.，Kronick R.，Kanhn J. G. The Efiect of Insurance on Medical Care Utilization and Implications for Insurance Expansions：A Review of the Literature［J］. Medical Care Research and Review，2005，62.

［16］Bunker J. P. Medicine Matters after All［J］. Journal of the Royal College of Physicians of London，1995，29.

［17］Busch S. H.，Noelia Duchovny. Family Coverage Expansions，Impact on Insurance Coverage and Health Care Utilization of Parents［J］. Journal of Health Economics，2005，24.

［18］Currie J.，Gruber J. Health Insurance Eligibility，Utilization of Medical Care，and Child Health［J］. Quarterly Journal of Economics，1999，111.

［19］Duan，Naihua，Wilard Manning，Jr.，Carl Morris，Joseph Newhouse. A Comparison of Alternative Models for the Demand for Medical Care［J］. Journal of Business and Economic Statistics，1983，1(2).

［20］Gerdtham U.G. The Impact of Ageing on Health Care Expenditure in Sweden［J］. Health Policy，1993，24.

［21］Gerler P.，R. Sturm. Private Health Insurance and Public Expenditure in Jamaica［J］. Journal of Econometrics，1997，77.

［22］Gertler P.，G. J. Vander. The Willingness to Pay for Medical Care［M］. Baltimore：Johns Hopkins University Press，1990.

［23］Grossman M. On the Concept of Heath Care and the Demand for Health［J］. Journal of Political Economy，1972，80.

［24］Grant J.，Audrey Teasdale. Population Ageing and Health Spending：50-year Projections［Z］. Policy Branch Ministry of Health，Wellington，New Zealand，Occasional Paper 1999，2.

［25］Heckman J. J. Shadow Prices，Market Wages and Labor Supply［J］. Econometrica，1974a，42.

[26] Makinen W., Rauch A. Bitram, Gilson, McIntyre, Pannarinothai, Prieto, Ubilla, Ram. Inequalities in Health Care Use and Expenditures: Empirical Data from Eight Developing Countries and Countries in Transition [J]. Bulletin of the World Health Organization, 2000, 78.

[27] Mocan H. Naci, Erdal Tekin, Jeffrey S. Zax. The Demand for Medical Care in Urban China [J]. World Development, 2004, 2.

[28] Pauly M.V. Effects of Insurance Coverage on Use of Care and Health Outcomes for Nonpoor Young Women [J]. American Economic Review, 2005, 95.

[29] Schoen D., Des Roches, Donetan, Biendon. Health Insurance Markets and Income Inequality: Findings from An International Health Policy Survey [J]. Health Policy, 2000, 51.

[30] Sudano J. J., Baker D. W. Intermittent Lack of Health Insurance Coverage and Use of Preventive Services [J]. American Journal of Public Health, 2003, 93.

[31] Wagstaff, Adam, Magnus Lindelow. Can Insurance Increase Financial Risk? The Curious Case of Health Insurance in China [Z]. World Bank Policy Research Working Paper 3741, 2005.

[32] WHO. World Health Report 2000-Health Systems: Measuring Performance [R]. Geneva: WHO, 2000.

[33] Yip W., Berman P. Targeted Health Insurance in a Low Income Country and Its Impact on Access and Equity in Access: Egypt's School Health Insurance [J]. Health Economics, 2001, 10.

[34] Zeng Y., Vaupel J. W., Xiao Z., Zhang C., Liu Y. The Healthy Longevity Survey and the Active Life Expectancy of the Oldest Old in China [J]. Population: An English Selection, 2001, 13 (1).

Medical Insurance and Medical Care Demand for the Elderly in China

Liu Guoen, Cai Chunguang and Li Lin

Abstract: Using the 2005 Chinese Longitudinal Health Longevity Survey (CLHLS) data, this study estimates a set of medical care demand functions for the elderly aged 65 and above. The major findings are as follows. First, the medical insurance coverage primarily increases the intensity of medical care use when seeking care, rather than the choice of seeking care in general. In the meantime, the insurance coverage improves access to care tor those who do need care. Second, the insurance coverage also helps reduce the financial burden of illness both in terms of changes in Family-paid Expenditures and relative ratios to total expenditures, in a range of 25% and 50% respectively. Third, both urban medical insurance and the government insurance have greater impact than other insurance policies as expected. Our basic conclusion is that the national medical insurance policy does increase access to care in general, with greater

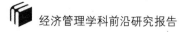

benefit effect on demand for necessary care, indicating an efficiency improvement in allocation of resources. Therefore, further developing the universal medical insurance policy is not only a core task of the state health reform but also a right effective approach for China to meet the increasing challenges of aging population.

Key Words: Aging; Medical Insurance; Medical Care Demand

生产性服务价值链嵌入与制造业升级的
协同演进关系研究*

刘明宇　芮明杰　姚　凯

【摘　要】企业基本活动外包通过发挥规模经济提高运营效率，支持性活动的外包通过提高专业化水平，获得更高的资源配置效率。它们分别以关系性和结构性两种方式嵌入制造业价值链中。形成了不同的网络关系。需要根据其经济特征和嵌入关系类型制定不同的政策，形成生产性服务业和制造业的协同演进，实现产业升级。发展关系性嵌入生产服务的重点是通过商业模式创新发现更有效率的价值创造方式，实现潜在的规模经济。生产性服务企业和制造企业需要形成超越一般市场交换的社会关系，通过信息交换和知识分享提高价值链的整体效率。结构性嵌入生产服务的效率提升不仅与自身的专业化水平有关，也与社会分工水平、技术水平、人力资本水平、社会环境等因素相关，更需要综合的政策予以推进。

【关键词】生产性服务；嵌入；规模经济；专业化经济；产业升级

一、文献概述

在产品生产和服务提供的过程中，作为中间投入品的服务被称为生产性服务（或称为生产者服务）。它和消费者服务不同，生产性服务不直接满足消费者的需求，它的作用在

＊基金项目：教育部"国际金融危机应对研究"应急课题"国际金融危机的环境中加快构建我国现代制造业体系的对策研究"（批准号：2009JYJR047）；复旦大学"211"三期重点项目"中国产业的科学发展与自主创新"（批准号：211XK06）；上海哲学社会科学规划青年项目"上海城乡一体化进程中的农村集体土地发展权流转与亲贫规制研究"（批准号2008EJB004）；国家自然科学基金项目"中国农地流转市场的纵向结构与农民交换权利研究：理论模型与政策设计"（批准号70973024）。

作者：刘明宇（1973—），男，山东临沂人，复旦大学管理学院教师，经济学博士；芮明杰（1954—），男，江苏宜兴人，复旦大学管理学院教授，博士生导师；姚凯（1971—），男，江苏徐州人，复旦大学管理学院副教授。

本文引自《中国工业经济》2010 年第 8 期。

于提高工业生产各阶段的运营效率，提升产出价值。生产性服务业是促进其他部门增长的过程产业，是经济的"黏合剂"，是便于一切经济交易的产业，是刺激商品生产的推动力（Riddle，1985）。

根据发达国家生产性服务业的发展经验，生产性服务业重要性的逐步提升表现为两个方面：一是在生产过程中，生产性服务投入制造业的比重不断增长（Uno，1989）；二是生产性服务业与制造业部门间的相互作用日益加深，形成共同发展的互补关系（Bathla，2003）。一方面，经济增长尤其是制造业扩张将会引致对生产性服务的需求（Guerrieri & Meliciani，2003）；另一方面，生产性服务业是制造业生产率得以提高的前提和基础，没有发达的生产性服务业，就不可能形成具有较强竞争力的制造业部门（Eswaran & Kotwal，2001）。Guerrieri 和 Meliciani（2005）使用 OECD 国家 20 世纪 90 年代的投入产出表研究 FCB 服务（Financial，Communication，Business Services）、国际竞争力和专业化的影响因素，发现各国的 FCB 服务用于中间投入的比重增长很快，制造业和服务业的需求以及信息和通信技术（ICT）是影响 FCB 服务国际竞争力和专业化的战略性因素。

现阶段中国服务业发展的滞后，特别是分销、物流、融资和其他生产性服务业发展的滞后，已成为影响在中国投资企业竞争力的最主要原因之一（江小涓、李辉，2004）。与 OECD 经济体相比，中国国民经济及其三次产业中的物质性投入消耗相对较大，而服务性投入（即生产性服务）消耗相对较小，中国生产性服务业发展的差距不只是由经济发展阶段决定的，而是在很大程度上源于社会诚信、体制机制和政策规制的约束（程大中，2008）。

在中国加快经济增长方式转变、促进产业升级的背景下，促进生产性服务业与制造业的协同发展非常重要。但是企业的经济行为不仅受到经济最大化动机的影响，也受到企业嵌入的关系网络的影响。Granovetter（1985）认为，嵌入性可以分成两大类：一类属于关系性嵌入；另一类则属于结构性嵌入。行动者在社会空间中的行为往往混杂着多种动机，仅用"理性行动者"或者"利益驱动"来解释所有的经济行动是不充分的（Granovetter，2001）。本文将嵌入性概念运用于生产性服务业与制造业间的价值链关系分析，认为一部分生产性服务关系性地嵌入制造业价值链中，其价值链的效率一方面受服务外包获得的规模经济效果影响；另一方面受生产性服务企业和制造业企业形成的关系网络影响。还有一部分生产性服务结构性地嵌入制造业价值链中，价值链效率不仅受生产性服务企业专业化经济水平的影响，也受到其所嵌入的社会关系网络的影响。在经济分析和价值链嵌入分析的基础上研究生产性服务和制造业的协同演化，可以得到一个更全面的视角。

二、生产性服务的外部化：理论模型

迈克尔·波特把企业内外价值增加的活动分为基本活动和支持性活动，基本活动涉及企业生产、销售、进料后勤、发货后勤、售后服务，支持性活动涉及人事、财务、计划、研究与开发、采购等（M.E.Porter，1985）。早期价值链的活动都在企业内部完成，企业的组织方式是高度一体化的。随着分工的不断深化和竞争的加剧，一些价值链环节从企业内部分离出来（包括服务环节和加工制造环节），成为独立的企业。它们通过市场交换为下游企业提供中间产品或服务，其中包括大量的生产性服务活动，这被称为生产性服务的外部化。生产性服务从制造业中分离出来，源于经济的利益动机和竞争压力：①分工深化的程度与规模报酬递增的程度密切相关，报酬递增的获得依赖于劳动分工的深化，这导致对劳动力更间接和迂回运用的外部经济性；②当企业的需求能够以比内部更低的价格从市场上获得时，竞争的压力使得企业必须从市场上购买。

生产性服务的外部化有两种类型：一类是价值链基本活动的外包。由于各价值链环节的规模经济水平不同，一部分环节从基本生产活动中分离出来，主要是为了实现这些环节的潜在规模经济效果。另一类是支持性活动的外包。这部分生产性服务的外部化是为了充分实现分工带来的专业化经济效果，包括生产性服务与制造业的分离和生产性服务自身的专业化分工深化。

1. 为了实现潜在规模经济效果的生产性服务外部化

传统理论模型在分析企业的成本函数时，将企业的投入看作不可分割的一个整体，企业根据固定投入的规模和产品的变动成本，计算盈亏平衡点，进行产品定价。但是在实际生产过程中，企业的很多投入是可分的，不同的固定投入服务于不同的价值链环节。不同价值链环节的规模经济水平是不同的，整体上生产决策的最优化并不能保证每个价值链环节的最优化，这可能使得一些环节潜在的规模经济潜力得不到充分释放，由此产生了生产性服务外部化的经济动因。

假定厂商内部存在两个价值链环节，用部门 A 和部门 B 表示，部门 A 是部门 B 的价值链上游环节，为部门 B 提供企业内部的生产性服务作为中间投入品，假设生产 1 单位 B 正好需要 1 单位 A，我们可以用相同的产出单位度量 A 和 B。

使用 Oz Shy（1995）的成本函数假设，假定生产厂商每个部门的成本函数为非线性的，部门 A 的成本函数记为 $TC_1(q) = F_1 + c_1q^2$，部门 B 的成本函数记为 $TC_2(q) = F_2 + c_2q^2$，厂商的总成本函数为：

$$TC(q) = TC_1(q) + TC_2(q) = (F_1 + F_2) + (c_1 + c_2)q^2 \qquad (1)$$

$$AC(q) = \frac{F_1 + F_2}{q} + (c_1 + c_2)q \qquad (2)$$

$$MC(q) = 2(c_1 + c_2)q \tag{3}$$

假定市场存在很多类似的产品供给，厂商在平均成本最小处进行生产，平均成本最小化条件为 $MC(q) = AC(q)$。

$$q^m = \sqrt{\frac{F_1 + F_2}{c_1 + c_2}} \tag{4}$$

此时，产品平均成本为：

$$AC^m = 2\sqrt{F_1 + F_2}\sqrt{c_1 + c_2} \tag{5}$$

假定交易费用为 0，分析在何种情况下，提供生产性服务的部门 A 将会从厂商的内部价值链中分离出来，实现外部化。

部门 A 平均成本最小化的条件为 $q_A^m = \sqrt{\dfrac{F_1}{c_1}}$，此时有：

$$AC_1^m = 2\sqrt{F_1 c_1} \tag{6}$$

部门 B 平均成本最小化的条件为 $q_B^m = \sqrt{\dfrac{F_2}{c_2}}$，此时有：

$$AC_2^m = 2\sqrt{F_2 c_2} \tag{7}$$

外部化的目的是为了更好地实现规模经济，即存在：

$$2\sqrt{F_1 c_1} + 2\sqrt{F_2 c_2} < 2\sqrt{F_1 + F_2}\sqrt{c_1 + c_2} \tag{8}$$

整理得：

$$(\sqrt{F_1 c_2} - \sqrt{F_2 c_1})^2 > 0 \tag{9}$$

只要 $\dfrac{F_1}{c_1} \neq \dfrac{F_2}{c_2}$，由于 q^m 既不是生产性服务 A 的最优产量均衡点，也不是产品 B 的最优产量均衡点，有 $AC_1^m + AC_2^m < AC^m$，因此，企业需要重新根据不同价值链环节的特点重新进行生产组织，而不是简单按照式（2）的平均成本曲线进行组织生产。

当 $q_A^m < q_B^m$，即 $\dfrac{F_1}{c_1} < \dfrac{F_2}{c_2}$ 时，厂商生产按照 q_B^m 产量生产，对于 $q_B^m - q_A^m$ 的差额部分，通过外购取得（产生部分的外购服务需求），则产品平均成本为 $2\sqrt{F_1 c_1} + 2\sqrt{F_2 c_2}$。

当 $q_A^m > q_B^m$，即 $\dfrac{F_1}{c_1} > \dfrac{F_2}{c_2}$ 时，在竞争的压力下，生产性服务 A 有动力从原有制造业价值链中分离出来，实现潜在的规模经济，部门 B 通过全部从市场外购服务部门 A 的服务完成产品生产（外购服务需求为 q_B^m），由于各个价值链环节都充分实现了规模经济，产品平均成本为 $2\sqrt{F_1 c_1} + 2\sqrt{F_2 c_2}$。

如图 1 所示，AC 为制造业服务内部化时的平均成本曲线，AC_1 和 AC_2 为部门 A 和部门 B 单独的平均成本曲线，AC_0 为服务外包情况下的平均成本曲线，AC_0 相比 AC 处于更低的位置上，更具有成本竞争力。分析表明，当企业价值链的活动可以分离并且分别存在规模经济的情况下，通过将一部分价值链活动外包，实现生产的专业化，能够充分发挥各

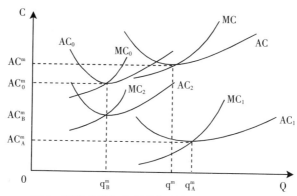

图1 制造业服务内部化与外包的平均成本曲线

资料来源：作者整理绘制。

自的规模经济，使整个价值链更有效率，从而可以提供更有竞争力的产品。

假定交易费用与采购次数和交易费用系数相关：$C_E = en$，n 为采购次数，e 为衡量每次完成交易进行产品搜寻、谈判、执行交易所需花费的费用，则必须满足式（10），服务外包才是合算的：

$$2\sqrt{F_1 + F_2}\ \sqrt{c_1 + c_2} - 2\sqrt{F_1 c_1} - 2\sqrt{F_2 c_2} > en \tag{10}$$

促进基本活动的生产性服务外包有两个途径：一是通过降低交易费用系数 e，提高交易效率，从而降低交易费用；二是通过长期合作，降低采购的合约成本。当生产性服务提供商和制造企业通过重复博弈形成了稳定的关系，对固定厂商的重复采购可以节约单位产品的交易费用。因此，制造厂商可以通过和生产性服务厂商的长期合作，有效地降低交易费用，获得规模经济的收益。

2. 为了实现专业化经济的生产性服务外部化

随着生产的复杂化和技术变革带来的知识更新速度加快，企业在知识学习上投入的时间越来越多。专业化分工既可以节约学习的时间，又可以获得"干中学"带来的报酬递增效果，于是一些专业化服务逐渐从制造业价值链中分离出来。本文在 Becker Gary 和 Murphy Kevin（1992）模型以及 Paul R. Krugman（1979）模型的基础上分析这一类专业化服务外包的经济意义。

假定一个企业完成一项任务 s 的时间可以分为两部分：用于专业化生产的时间 Tw(s) 和用于学习专业化技能的时间 Th(s)，T(s) = Tw(s) + Th(s)，$E(s) = dH^{\gamma}T^{\theta}h(s)$ 为小时生产率，人力资本 H 表示一般性知识，可以提高学习专业化技能的效率，$\gamma > 0$。通过两种时间的最佳分配，可以有效地提高专业化的经济效果。不考虑协调成本，则完成该项任务的生产函数为：

$$Y(s) = E(s)Tw(s) = A(\theta)H^{\gamma}\,T(s)^{1+\theta} \tag{11}$$

其中，A 为技术进步因子，θ 为专业化技能学习效率指数，$A = d\theta^{\theta}(1+\theta)^{-(1+\theta)}$。

假设该企业劳动时间中有比例 z 用于专业劳动，Tw(s) = zT(s)，Th(s) = (1−z)T(s) 用于专业学习提高生产率，有：

$$Y(s) = E(s)Tw(s) = A(\theta)H^\gamma (1-z)^\theta zT(s)^{\theta+1} \tag{12}$$

则该企业实现最大化产出 Y 时的时间分配比例为 $z^m = \dfrac{1}{1+\theta}$，最大产出为：

$$Y^m = AH^r T(s)^{\theta+1} \frac{\theta^\theta}{(1+\theta)^{1+\theta}} \tag{13}$$

假设专业化技能可以通过购入外包服务获得，则该企业可以将全部时间用来生产，购入的专业化服务同样能够使得生产过程富有效率。外购专业化的生产性服务可以使得企业的产出增加：

$$\Delta Y = AH^\gamma T(s)^{1+\theta}\left[1 - \frac{\theta^\theta}{(1+\theta)^{1+\theta}}\right] \tag{14}$$

使用 Paul R. Krugman（1979）的劳动需求函数，假设提供生产性服务的劳动需求函数为 $l_i = \alpha + \beta_{yi}$，用 ω 表示工资，那么生产性服务 i 的成本函数就为 $C_i = \alpha\omega + \beta\omega Y_i$。

提供生产性服务的企业必须先投入一段时间进行专业技能的学习或者研发投入，这构成了生产性服务企业的固定成本。生产性服务 i 的平均成本在一定范围内随着 y_i 的增大而下降，这是知识密集型生产性服务的特点。生产企业通过服务外包，自身从事专业化生产带来的产出增加为：

$$\Delta Y = AH^\gamma T(s)^{1+\theta}\left[1 - \frac{\theta^\theta}{(1+\theta)^{1+\theta}}\right] \tag{15}$$

假设 1 单位产出需要 1 单位生产性服务提供，最终产品的销售价格为 P，不考虑协调成本，则当 $\Delta YP > C_i$ 时，生产性服务要外包，即需要满足如下条件：

$$P\left[1 - \frac{\theta^\theta}{(1+\theta)^{1+\theta}}\right] - \beta\omega > \frac{\alpha\omega}{AH^\gamma T(s)^{1+\theta}} \tag{16}$$

$$P\left[1 - \frac{\theta^\theta}{(1+\theta)^{1+\theta}}\right] > \beta\omega \tag{17}$$

生产性服务外包的条件是外包带来的单位产品附加价值增加大于生产性服务的单位变动成本，这是服务外包能够发生的前提条件。生产性服务需要专业化技能的知识积累，形成一定的固定成本，随着服务外包规模的扩大，单位服务的成本下降，存在规模报酬递增。因此，生产性服务的规模经济效果越显著，生产性服务从制造业中分离的动力越强。同时，制造企业的人力资本水平越高，通过购入专业化服务提高生产效率的效果越显著，制造企业更有动力从市场购买专业化的服务。

那么，专业化分工是否越细越好？专业化分工是否存在边界？这需要进一步考虑专业化分工带来的协调成本。假定企业生产的某一种产品可以被分解为一系列相互补充的工作，每个人担任其中的一项工作，并相互连接他们的工作而形成一个生产团队。团队可以是在一个企业中的内部组织，也可以通过市场外购专业性的服务，最终完成产品的生产。产品生产过程中的专业化程度越高，参加团队的人数就越多，因此团队的人数 l 可以作为分工的一个指标。

假定该项任务需要的专业化劳动力的数量为 l，假设工人无天生差别，从事整个生产中的一份工作 w，w = 1/l。如果每一个人在相互联系的工作中分配一单位时间，有 T(s)ω = T(s)(1/l) = 1，则可以得到以专业化劳动力数量 l 来表示的生产函数 Y=AH^{γ}l$^{1+θ}$。

相应地，每一成员的生产函数为 y = Y/l = B(H，l) = AH^{γ}l^θ，B 表示专业化分工产生的人均收益，这一函数表明，人均产出随着人力资本和分工水平的提高而上升，分工深化会带来人均收益的增加。

但是，随着分工专业化程度的提高，也会出现一系列的矛盾冲突。如联合劳动中的偷懒问题、信息传递的损失、不同专业化技能间的协调问题等，将会增加协调成本。假定协调成本 C 随着 l，即团队所需专业化劳动力人数的上升而增加，具体分为两个方面：一是随着分工水平提高，协调所需知识的复杂性提高，协调的技术上的难度增加，用参数 k 表示；二是协调成本同时还受到一系列外部因素的影响，如信用环境、监督的有效性等，这些外部因素可以用参数 λ 表示。

则协调成本函数 C 为 C(l) = λl^k，λ > 0，k > 0。

同时，每项技能学习的固定成本和随产出增加的变动成本仍然发生，则包括各项专业服务的生产成本和团队协调成本的总的成本函数为 C(y) = αω + βy − λl^k。

综合分工的收益和成本，得出建立在人力资本、专业化经济和协调成本基础上的利润函数：

$$π = AH^γl^θP − (αω + βωAH^γl^θ) − λl^k \tag{18}$$

则最优专业化分工水平为：

$$l^m = \left[\frac{AH^γθ(P − βω)}{λk} \right]^{1/(k−θ)} \tag{19}$$

与均衡分工水平对应的最佳产出为：

$$y^m = A^{k/(k−θ)}H^{γk/(k−θ)}(P − βω)^{θ/(k−θ)}λ^{θ/(θ−k)}k^{θ/(θ−k)} \tag{20}$$

由此可见，当最终产品的附加值率较高时，专业化分工水平增加。当分工带来的协调的技术难度参数 k 增加时，分工水平下降。当分工的外部环境改善，降低交易成本时，参数 λ 减小，使得分工水平提升。学习效率的提高，使得分工水平增加；技术进步提高劳动生产率，使得分工水平提高；人力资本水平的提高增加了劳动生产率，使得分工水平提高。

总之，知识的积累不仅提高了每一团队成员的平均产出，而且提高了团队的边际产出，因而提高了团队的规模，即分工水平。人均产出的上升依赖于人力资本 H 的增长、技术水平 A 的增长和协调成本参数 λ 的下降。

三、生产性服务的制造业价值链嵌入与协同演进

1. 生产性服务的制造业价值链嵌入

基本活动外包主要是为了获得外部服务的规模经济，利用产品分工的迂回的报酬递增效果，保持本企业产品的竞争力。为了保持生产经营活动的连续性和协调性，生产性服务必须关系性地嵌入制造企业的价值链中，如物流服务、制造维修服务、客户关系管理、销售代理服务等。关系性嵌入使得合作企业间不断低成本、高效地交换那些至关重要的，无法通过市场机制获得的信息和知识。当组织之间存在嵌入关系时，由于信息交流更顺畅，企业内外部价值链能够更好地融合，这种匹配超出了市场交换关系中价格体系所起的作用，如图 2 所示。

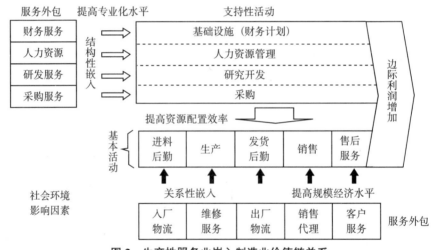

图2 生产性服务业嵌入制造业价值链关系

资料来源：作者整理绘制。

管理咨询、人力资源服务等并不直接参与企业的价值创造活动，主要依靠自身专业化的技能，帮助企业提高人力资本水平，提高专业化水平，从而改善企业资源配置的效率，最终增加产出。制造企业与服务外包企业之间的关系网络，结构性地嵌入由其构成的社会结构之中，受人力资本水平、技术水平、交易环境、分工水平、该区域特定的信任水平、习俗与价值观等网络结构性特征的影响。如果关系性嵌入是一种双边治理模式，结构性嵌入则是多维嵌入企业的社会网络中，呈网状结构。如果该网络形成了良好的信任、合作关系，企业间的关系就转变为"社会实施"的、"多次性"的信任博弈，从而可以在降低交易费用的前提下获得报酬递增的经济效果。生产性服务业的发展是随着制造业部门内部服

务职能的重要性、复杂性、多样性的发展变化，逐渐从"内部化"走向"外部化"，并由此推动制造业的升级。在产业升级过程中，生产性服务业与制造业之间呈现复杂的互动关系。一方面，制造业的升级产生对生产性服务业的需求，随着制造业部门的扩大，对生产性服务业的需求，如贸易、金融、交通、社会服务等，会迅速增加；另一方面，生产性服务业，特别是高端生产性服务业的发展，是形成具有较强竞争力的制造业部门的前提。如供应链服务有助于提高制造业生产率，研发设计则是提高产品附加价值的重要手段。生产性服务业的发展可以提高社会分工程度、获得报酬递增效果、降低社会经济运行的交易成本，从而有助于制造业竞争力的提升。生产性服务业和制造业部门表现为相互作用、相互依赖、共同发展的互动关系，并且随着经济发展，生产性服务业与制造业之间的互动程度加深。

2. 生产性服务业与制造业的协同演进

结构性嵌入制造业价值链的生产性服务相比制造业的类似职能有着更高的专业化水平，在嵌入支持活动的价值链后，通过向制造业输入更多的智力支持，提高了企业的资源配置效率。相当于通过迂回生产，间接提高了企业支持活动部门的人力资本水平。关系性嵌入基本活动价值链的生产性服务，则通过合并企业运营流程的同类项而获得规模经济，提高生产效率。这提高了制造业的竞争力，并激励制造业企业进一步专注于核心能力，将不擅长的服务外部化。

按照斯密定理，只有当对某一产品或者服务的需求随着市场范围的扩大增长到一定程度时，新的专业化生产者才能实际出现和存在。对生产性服务更大规模的市场需求，使得服务外包的种类增加，外包的数量扩大。随着市场范围的扩大，生产性服务的分工和专业化的程度不断提高，规模经济效果愈加显著，这促进了生产性服务业的升级。人力资本水平和服务效率的提高，又进一步支持了制造业的升级，制造业升级又产生了更多的服务外包需求。制造业升级和服务外包与生产性服务业的升级和嵌入，形成了一个累积因果循环，如图3所示。

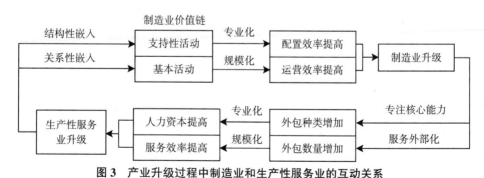

图3 产业升级过程中制造业和生产性服务业的互动关系

资料来源：作者整理绘制。

从更广的视角看，生产性服务与制造业的协同演进分为三个阶段：①生产性服务和制造业独立演化阶段。生产性服务为制造企业间的交易活动提供服务，主要发挥"经济润滑剂"的效果。这一阶段围绕生产过程的生产性服务内部化于企业内部价值链中。②生产性服务和制造业协同演化阶段。生产性服务从制造业价值链中分离出来，并重新嵌入生产过程中，直接提高整个价值链的效率，发挥着"经济发动机"的作用。如上述各类关系性嵌入和结构性嵌入的生产性服务，制造业的产业升级和生产性服务的产业升级相互需要，形成紧密的互动关系。③生产性服务分工深化阶段。这一阶段，生产性服务业内部分工深化，为生产性服务所提供服务的业务获得发展。通过提高生产性服务的专业化水平，进一步提高生产性服务的效率，间接提高制造业的效率。

四、案例研究：MRO 服务和 CRO 服务

1. MRO 服务的规模经济和关系性嵌入

MRO（Maintenance，Repair and Operations）是指工厂或企业对其生产和工作设施、设备进行保养、维修，保证其运行所需的非生产性物料，这些物料可能是用于设备保养、维修的备品备件，也可能是保证企业正常运行的相关设备、耗材等物资。制造企业备件业务的特点是：①制造企业的备件品种多、采购批量小、消耗低且无规律。采购部门的主要力量集中于直接性生产物料的采购上，对于备件采购一般缺乏所需要的知识，需要其他部门的协助才能确定备件的规格和型号。②与制造业价值链的联系紧密，备件一旦缺乏，会使整个生产过程停止，造成巨大损失。因此，此类业务的及时性和计划性非常重要。备件业务对于生产的顺利进行非常重要，但是又具有采购上的规模不经济特征。据调查估计，备件采购花费制造企业采购部门约 80%的精力，但采购金额却只占企业采购金额的 10%左右。这种规模不经济性使得制造企业有将这一类型业务外包的需要，这种情况下诞生了 MRO 服务商。

MRO 服务商通过将很多制造业企业的备件需求集中起来，获得规模经济。以提供 MRO 服务的跨国公司"固安捷"为例，公司全球 70 亿美元的产值，平均下来每个订单 200 美元。这 200 美元的订单包括很多零散的物品，如果让制造企业进行零散采购，其成本很高，而且如果在市场上众多的零售商那里采购，会造成备件质量无法保证。固安捷将制造业企业的一般性备件需求集中起来，形成了 50 万种产品库存，这形成了单个制造企业难以形成的规模优势。然后固安捷以产品目录的形式提供给制造企业，帮助制造企业迅速便捷地找到需要的备件。制造企业可以实现两个方面的节约：一是 MRO 服务的及时性和可计划性帮助制造企业减少了备件库存，甚至零库存，节约了库存资金；二是 MRO 目录服务使得产品价格是透明的，减少了企业进行价格比对的时间成本和人力成本。因此，MRO 实质上提供的并不是产品，而是快捷、准时、有计划的备件送达服务。

MRO 服务关系性地嵌入制造业价值链中，以固安捷公司为例，其 MRO 服务并不意味着提供最便宜的产品，而是帮助制造企业提高整个制造流程的效率。固安捷公司不仅帮助

客户快速找到所需要的备件，还帮助企业建立一个长期的 MRO 数据库，提供建议、共享数据和进行潜在的电子数据交换等。这些服务使固安捷公司和客户之间形成了超越一般市场交换的关系网络，在这个网络上的信息交换和知识传播有助于客户优化其采购流程，提高效率。固安捷公司通过获得大量的经常性客户，使得其备件的运营更有规模经济效果，从而使其服务更有竞争力，进而公司和接受服务的企业实现了双赢。

2. CRO 服务的专业化经济和结构性嵌入

CRO 服务（Contract Research Organization）全称为合同研发外包服务，最初主要存在于制药行业，是指一些制药企业委托合同研究机构开展专业化的技术开发和临床试验，以节省经费及人力，实现资源的最优化配置。CRO 服务使得世界制药业的研究开发日益专业化，这已成为当前全球制药业发展的趋势。有三种因素促使制药公司把它们的新药开发工作外包：①在产业专业化分工日益完善的情况下，制药公司开始把精力更集中地投入在业务的优化调整上，而将技术性强的研究开发委托给专业机构专职完成；②在新药研发数量不多的情况下，企业如果面面俱到，设置各种岗位，必然提高研发成本，许多厂商宁愿把开发部门的规模缩小，以外包形式与 CRO 合作已成为大多数企业的首选；③新药审批部门对新药申报的规定越来越多，CRO 会提供更专业化的服务，大大提高申报资料的质量（王静波，2004）。

随着 CRO 服务模式的发展，新药开发不再是必须投入巨大资金建立实验室，雇用庞大的研究队伍才能进行的商业活动。小型"拥有自主知识产权的公司"（简称 IPC）通过将具体的实验工作外包出去，可以以轻资产（不投资建立庞大的实验室）和轻团队（不建立做具体研发工作的庞大的研发队伍）的方式专注于新药的前期研究和开发，掌握最有价值的知识产权和成果，以保持创新的领先性和灵活性。

CRO 服务的价值链嵌入是结构性的嵌入，意味着它不仅嵌入在制造业价值链中，而且结构性地嵌入更广泛的社会网络中。近几年，新药研发服务发展最迅速的国家是印度和中国，由于具有高素质劳动力的低成本优势，全球几乎所有制药业巨头和著名的生化公司都已经成为印度和中国的客户。低端 CRO 市场的特点是劳动力密集型，进入门槛低、研发成分少、知识产权敏感度低、附加值低，这导致价格竞争严重。如进行简单化学合成的 CRO 服务，目前中国的 CRO 公司大多数都还集中在这个细分市场，实质上只是跨国医药公司在研发领域的"加工车间"，不仅获利微薄，而且面临着与印度企业越来越激烈的竞争。高端市场正好与低端市场相反，是资金和技术密集型的，进入门槛高、研发专业化水平高、知识产权敏感度高、附加值高，主要是差异化竞争，如新药研发的后期外包。高端市场发包企业除了关注 CRO 企业的软硬件水平，所在国家企业的诚信水平、政府的知识产权保护力度和法律环境，都成为 CRO 服务商筛选的重要因素。向高端 CRO 市场发展，是提高中国医药研发能力、探索中国新药创新之路的重要途径。但是这对 CRO 服务商的资源整合能力提出了更高的要求，它需要能够整合人才、技术、知识产权保护、融资、商务发展等多方面的资源。例如，上海张江高科技园区已经形成了比较成熟的生物医药研发外包服务模式，通过一系列平台建设和环境营造支持 CRO 企业向高端发展。

五、结论与启示

企业价值链的基本活动通过作用于产品的功能形成直接进行价值创造；支持性活动则是通过专业化管理提高基本生产活动的效率间接实现价值创造。价值创造方式的不同决定了生产性服务外部化具有两种不同的经济利益：基本活动外包可以通过进一步提高规模经济效果，提高运营效率；支持性活动的外包可以通过进一步提高专业化水平，获得更高的资源配置效率。基本活动的生产连续性特点要求这一类生产性服务关系性地嵌入制造业价值链中，通过关系网络形成更紧密的信息交换和知识分享，直接提高整个生产流程的效率。支持性活动的专业化特点使得外包的业务嵌入在一个专业化分工的网络中，其效率受到这个网络和社会环境的影响。

生产性服务的外包和价值链的嵌入提高了制造业的运营效率和资源配置效率，帮助制造企业专注核心能力，提高竞争力。这导致制造业更多的生产性服务外部化，形成更多的服务外包需求，促使服务外包的种类增加、规模扩大。生产性服务的规模提升和专业化分工深化，使生产性服务业的竞争力提升，能够为制造业提供更有效率的服务。这形成了一个制造业和生产性服务业协同演进、实现产业升级的循环累积因果关系。

不同类型的生产性服务具有不同的经济属性和社会关系属性，这对政府制定促进产业升级的政策有以下启示：一是生产性服务业的发展和制造业产业升级有着密切的协同关系，需要将促进生产性服务发展和制造业升级紧密联系起来，变单一的产业升级政策为协同的政策设计。二是对于关系性嵌入制造业价值链的生产性服务，商业模式创新的重点是发现更有效率的价值创造方式，实现潜在的规模经济。政策重点应该放在降低交易成本、优化创新环境上来，通过发展生产性服务外包来提高整个制造业价值链的效率，而不是通过简单化的内部业务剥离来提高服务业的比重。三是对于结构性嵌入制造业价值链的生产性服务，其竞争力不仅与自身的专业化水平有关，也与其嵌入网络的支持程度有关。整个社会的分工水平越高，支持性活动服务外包带来的生产效率提高就越显著。提高产品的附加值率、提高人力资本水平、加强技术进步、降低协调成本，都有利于提高分工水平。因此，发展结构性嵌入的生产性服务更需要一个综合性的环境营造，包括促进产品和服务升级、加强教育培训、鼓励研发投入、改善信用环境、加强知识产权保护等。四是当制造业和生产性服务协同演进发展到一定阶段，生产性服务的内部分工深化将成为整个分工网络效率提升的源泉，逐步形成以服务经济为主的经济结构，并通过高效的专业化分工网络保持制造业在价值链高端的控制力。政府需要根据生产性服务业和制造业协同发展的阶段、生产性服务的价值链嵌入方式，形成更有针对性的产业升级政策组合。

本文从生产性服务外包的经济动机角度和社会关系角度，进行了分类和一般抽象。实际上，不同产业具有不同的技术特征，其价值链嵌入和商业模式创新可能会表现出更复杂的组合，这些特殊规律有待于今后做更深入的研究。

参考文献

［1］江小涓，李辉. 服务业与中国经济：相关性和加快增长的潜力［J］. 经济研究，2004（1）.

［2］程大中. 中国生产性服务业的水平、结构及影响——基于投入—产出法的国际比较研究［J］. 经济研究，2008（1）.

［3］王静波. 全球合同研发外包（CRO）服务业发展动态与趋势［EB/OL］. http：//www.istis.sh.cn/list/list.aspx?id=801，2004.

［4］Bathla，Seema. Agriculture Market Intervention Policies：Trends and Implications in a New Regime［M］. Mimeo，Institute of Economic Growth，Delhi University Enclave，2003.

［5］Becker Gary，Murphy Kevin. The Division of Labor，Coordination Costs，and Knowledge［J］. The Quarterly Journal of Economics，1992（11）.

［6］Granovetter，Mark. Economic Action and Social Structure：The Problem of Embeddedness［J］. American Journal of Sociology，1985，91（3）.

［7］Granovetter，Mark. A Theoretical Agenda for Economic Sociology［A］//Mauro F. Guillen，Randall Collins，Paula England，and Marshall Meyer. Economic Sociology at the Millenium［C］. New York：Russell Sage Foundation，2001.

［8］Guerrieri P.，Meliciani V. International Competitiveness in Producer Services［R］. Paper Presented at the SETI Meeting Rome，2003.

［9］Kimio Uno. Measurement of Services in an Input–output Framework［M］. New York：Elsevier Sciences Publishers，1989.

［10］M.E. Porter. Competitive Advantage［M］. NY：The Free Press，1985.

［11］Mukesh Eswaran，Ashok Kotwal. Agriculture，Innovational Ability，and Dynamic Comparative Advantage of LDCs［J］. Journal of International Trade and Economic Development，2001，10（3）.

［12］Oz Shy. Industrial Organization：Theory and Application［M］. Cambridge：The MIT Press，1995.

［13］Paolo Guerrieri，Valentina Meliciani. The Interdependence between Manufacturing and Producer Services，Structural Change and Economic Dynamics［J］. Technology and International Competitiveness，2005（16）.

［14］Paul R. Krugman. Vehicle Currencies and the Structure of International Exchange［R］. NBER Working Papers，1979.

［15］Riddle. Service–led Growth：The Role of the Service Sector in the World Development［M］. Praeger，New York，1985.

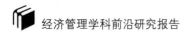
Co-evolution between Producer Service Embedded in Value Chain and Industrial Upgrade of Manufacturing

Liu Mingyu, Rui Mingjie and Yao Kai

Abstract: Primary activities service outsourcing raises running efficiency by realizing scale economy. Support activities service outsourcing allocates resources more efficiently by raising specialization level. They embed in value chain of manufacturing according to relational embeddedness or structural embeddedness. The government should formulate policy to promote Co-evolution of producer service and manufacture due to economic characteristic and types of embeddedness. It is important that company innovate business model to realize scale economy to develop producer service of relational embeddedness. Company of producer service and company of manufacture need build up social relationship to exchange information and sharing knowledge to improve total efficiency of value chain. We need series of comprehensive policies to develop producer service of structural embeddedness because its efficiency has contact with specialization, social division, technology, human capital, social environment and so on.

Key Words: Producer Service; Embeddedness; Scale Economy; Specialization; Upgrade of Industry

产业关联下的生产性服务业发展[*]

——基于需求规模和需求结构的研究

肖　文　樊文静

【摘　要】基于需求因素对生产性服务业发展的重要性，文章首先分析了影响生产性服务业发展的需求因素，包括需求规模和需求结构；然后根据我国生产性服务业发展的实际情况，剖析了需求不足的各种原因，并对此进行了实证检验。结果显示：以制造业为主的工业发展程度与生产性服务业发展正相关，但小于服务业对生产性服务业的促进作用；以制造业为主的工业企业规模与生产性服务业发展负相关，这可能与我国经济发达地区民营企业数目庞大而规模较小有关；加工贸易确实阻碍了制造业与生产性服务业的产业关联，影响了制造业对生产性服务业的有效需求；源自制造业的需求结构影响了生产性服务业内部结构的优化。

【关键词】需求因素；生产性服务业；制造业；加工贸易模式；服务业

20 世纪 80 年代以来，西方发达国家经济发展的显著特点之一，就是生产性服务业逐步取代制造业成为经济增长的主要动力和创新源泉^①。随着生产性服务业对经济发展推动作用的日益增强，关于生产性服务业的研究也日益丰富。但因为这些研究大都以发达国家或地区的生产性服务业为研究对象，主要关注生产性服务业发展对制造业作用的供给层面，很少提出改善需求结构以促进生产性服务业发展的建议。本文拟以相关研究文献为基础，结合中国产业结构发展的现状，从需求角度出发来探讨生产性服务业的发展问题。

---

*基金项目：国家社科基金重大项目"深入贯彻落实科学发展观　加快经济发展方式转变"（编号：10ZD&003）；浙江省自然科学基金（编号：Y6110226）。

作者：浙江大学经济学院。

本文引自《经济学家》2011 年第 6 期。

① 任旺兵.我国制造业发展转型期生产性服务业发展问题 [M].北京：中国计划出版社，2008.

一、相关文献综述

生产性服务业（Producer Services）的概念是 Machlup（1962）最早提出的，他认为生产性服务业必须是产出知识的产业[①]。1975 年，Browning 和 Singelman 在对服务业进行功能性分类时，也提出了这一概念，并认为生产性服务业是包括金融、保险、法律、工商服务、经纪等具有知识密集特征和为客户提供专门性服务的行业[②]。关于生产性服务业的概念较为统一的观点是：生产性服务是指被其他商品和服务的生产者作为中间投入的服务，与之相对应，生产性服务业是指生产性服务企业的集合体。[③]

近年来，随着生产性服务业对经济发展推动作用的日益增强，关于生产性服务业的研究也日益丰富。其中，对于生产性服务业发展的影响因素，国外学者普遍用垂直分工和外部化理论来解释[④⑤]，也有学者认为，制度因素、信息技术的发展和城市化进程的推进在很大程度上促进了生产性服务业的快速发展。国内对生产性服务业的研究还处于起步阶段，关于生产性服务业影响因素的研究除了有部分综述性的文献外，主要偏重于实证方面。研究发现，市场化程度低、工业生产方式落后、产业关联性弱、城市化发展落后是我国生产性服务业发展落后的原因[⑥]，专业化程度加深、效率提高和非国有产权比重的增加与生产性服务业发展显著正相关[⑦]，我国生产性服务业发展的差距在很大程度上也取决于社会诚信、体制机制和政策规制的约束[⑧]。

由于制造业与生产性服务业关系的紧密性，制造业与生产性服务业的互动成为近几年的研究热点[⑨]，但因为这些研究大都以发达国家或地区的生产性服务业为研究对象，主要关注生产性服务业发展对制造业作用的供给层面，很少提出改善需求结构以促进生产性服务业发展的建议。尽管 Francois（1990）认为生产性服务业的发展处于"需求遵从"地位[⑩]，

① Machlup F. The Production and Distribution of Knowledge in the United States [M]. New Lersey：Princeton University Press，1962.
② Browning C., Singleman J. The Emergence of a Service Society [M]. Springfield，1975.
③ 顾乃华等. 生产性服务业与制造业互动发展：文献综述 [J]. 经济学家，2006（6）.
④ Hansen N. Factories in Danish Fields：How High-wage, Flexible Production Has Succeeded in Peripheral Jutland [J]. International Regional Science Review，1991（14）.
⑤ Goe W. R. The Growth of Producer Services Industries：Sorting through the Externalization Debate [J]. Growth and Change，1991，22（4）.
⑥ 吕政等. 中国生产性服务业发展的战略选择——基于产业互动的研究视角 [J]. 中国工业经济，2006（8）.
⑦ 韩德超，张建华. 中国生产性服务业发展的影响因素研究 [J]. 管理科学，2008（12）.
⑧ 程大中. 中国生产性服务业的水平、结构及影响——基于投入产出法的国家比较研究 [J]. 经济研究，2008（1）.
⑨ 见顾乃华等（2006）对生产性服务业与制造业互动文献的综述.
⑩ Francois J. Producer Services, Scale and the Division of Labor [J]. Oxford Economic Papers，1990，42：715-729.

Klodt（2000）也认为服务业部门的发展必须依靠制造业的发展[①]，但促进生产性服务业发展的需求因素并未引起西方学者的充分重视。对此，江静、刘志彪（2010）认为，目前发达国家服务业发展政策的立足点主要是基于产业结构自动变迁的视角，其核心是"收入需求弹性"和"产业关联度"理论，这两个理论认为，自由市场会自发促进现代服务业提高[②]。因此，在需求不断提高的同时，供给方面的制约就显得越来越明显。所以，国外促进生产性服务业发展的政策大多是从供给视角展开的。但是，考虑到我国经济发展的具体情况，以及产业结构和外向型经济的特点，影响生产性服务业发展的需求因素非常值得关注。

二、影响生产性服务业发展的需求因素：一般分析

"交换能力引起劳动分工，而分工的范围必然总是受到交换能力的限制，换言之，即受到市场范围的限制。"亚当·斯密对市场范围影响劳动分工的论述表明，只有当对某一产品或服务的需求随着市场范围的扩大增长到一定程度时，专业化的生产者才可能出现和存在，这时市场需求才能够吸纳专业生产者的剩余产品和服务。生产性服务业的产生正是建立在专业化分工深化和企业外包活动发展的基础上，生产性服务业本身的发展就是服务活动"内部化—外部化"变迁的过程。在这一过程中，影响生产性服务业发展的最主要的需求因素是需求规模，即斯密所说的"市场范围"。同时，由于不同国家产业结构的差别，来自其他产业的需求结构也会对生产性服务业的发展及其内部结构造成影响。[③]

（一）需求规模促进生产性服务业发展的作用机制

需求规模对生产性服务业发展的作用主要体现在获得规模经济、生产迂回程度加强、降低外购交易成本三个方面。

首先，需求规模扩大带来的市场范围的扩大使得生产性服务业供应商能够获得更大的规模经济。跟其他产业类似，生产性服务业的发展也需要大量的前期投入，如科技和研发服务、金融服务等，其前期投入不低于制造业。当需求规模较小时，生产性服务一般内置于原制造企业；而当对生产性服务的需求规模逐渐扩大时，从制造企业内独立出来的生产性服务供给企业将获得专业化生产的规模经济。而且，大多数生产性服务部门是知识密集型的，知识的基本特征就是可以以较低的边际成本反复使用，特别是已经达到标准化生产的生产性服务行业，如 Windows、Office、金蝶财务软件等已经标准化的电脑软件，其边际

[①] Klodt H. Industrial Policy and the East German Productivity Puzzle [J]. German Economic Review, 2000, 1: 315-333.

[②] 江静，刘志彪. 世界工厂的定位能促进中国生产性服务业发展吗？[J]. 经济理论与经济管理，2010（3）.

[③] 需要说明的是，需求结构对生产性服务业发展的影响，同样是通过对不同类型生产性服务需求规模的作用而实现的。

成本几乎为零，市场需求规模扩大带来的规模经济远远超过其他产业。

其次，需求规模扩大增加了生产迂回程度，使得分工进一步细化，最终导致生产性服务业的专业化发展以及整体产业的效率提升。一般而言，对某一产业的需求规模越大，则市场可以容纳更加细致的分工，分工水平就越高。这一方面使每个生产性服务企业的工作范围越来越窄，因而需要外购更多的其他产品和服务，进一步扩大该企业与外界的关联度；另一方面能够通过迂回程度的增加延长产业链，提高生产效率，两方面的共同作用使得需求规模进一步扩大，成为新一轮分工深化的起点。

最后，需求规模的扩大间接地降低了制造业企业（或服务业企业）外购生产性服务的交易成本，进一步加大了对生产性服务的需求，形成了需求规模扩大和交易成本降低的良性循环。根据科斯的交易成本理论，企业是否会将生产性服务外包主要取决于本身的生产成本和外购的交易成本，故需求规模的扩大是否能够真正促进生产性服务业发展还取决于内置和外购成本的比较。一般来说，生产性服务内置的企业只为满足自己的需要而生产，而市场中的专业化企业则可以集中许多潜在购买者的需求，因而具有企业内部提供所不具备的专业化经济和规模经济，并且经常性的重复可以提高知识密集型和人力资本密集型服务过程的服务质量和效率；同时，相对于专业的生产性服务供给企业，将生产性服务内置的部门不会面临激烈的市场竞争压力，其降低成本和创新的激励比较弱。在需求规模扩大的情况下，这两方面的原因使得外购生产性服务的交易成本远远低于内置成本，制造业企业对生产性服务的需求进一步扩大，形成了两者的良性循环，并最终促进了生产性服务业的发展。

（二）需求结构对生产性服务业发展的影响

作为社会产出的中间投入性产业，生产性服务业的需求来源于国民经济的所有产业，但由于农业对生产性服务的需求较少（3%~5%），[①]一般的研究把需求来源分为制造业和服务业。由于国家间产业结构的差别，不同的需求结构会对生产性服务业的发展和其内部结构造成影响。这里，我们把对生产性服务业的需求结构定义为产业间结构（制造业和服务业需求的差别）和产业内结构（制造业和服务业内部各行业需求的差别），来探讨其对生产性服务业发展的影响。

首先，产业间结构的差异会影响需求规模对生产性服务业的拉动作用。制造业需求对生产性服务业的拉动主要来源于上节所述的规模经济和专业化，而服务业与生产性服务业的互动除了规模经济和专业化作用以外，还存在着一种"自我加强机制"（Self-enforcing Mechanism），这种"自我加强机制"来源于服务业各环节之间较强的关联效应造成的知识流动或"溢出效应"[②]，规模效应和"自我加强机制"的存在使得服务业对生产性服务业的

---

① 韩坚等.农业生产性服务业：提高农业生产效率的新途径 [J]. 学术交流，2006 (11).

② Guerrieri 和 Meliciani（2005）发现，知识密集型制造业活动占有率高的国家对知识密集型生产性服务业（金融、通信和商务服务业）的需求较大，从而更有可能发展该类型服务业的专业化和国际竞争力。

拉动作用强于制造业。研究表明，发达国家 20 世纪 90 年代末服务业自身对生产性服务业的需求已经超过了工农业之和[1]，来源于服务业的中间需求已成为生产性服务业发展的主要动力，这来源于服务业和制造业与生产性服务业之间不同的作用机制。

其次，产业内需求结构的差异会影响生产性服务业发展和其内部结构的优化，这里以制造业为例进行分析。由于制造业行业众多，不同类型的制造业产业特征不同，因而对不同类型生产性服务业的需求强度也会有所不同。一般来说，劳动密集型的资源性制造业和低技术制造业对批发和零售贸易业、交通运输仓储和邮政业的需求较大；而技术密集型的技术制造业和高技术制造业对商务服务业、计算机服务与软件业、金融业的需求较多。不同类型的制造业对生产性服务业各行业需求强度的差异直接影响了对生产性服务业各行业的需求规模，并最终影响了生产性服务业的内部结构。

三、我国生产性服务业发展中的需求问题分析

理论分析部分表明，影响生产性服务业发展的需求因素主要是需求规模和需求结构，需求规模的扩大和需求结构的升级是生产性服务业逐步专业化、市场化和高级化的前提条件。根据"产业关联理论"，在自由市场中由于中间投入增加所导致的对生产性服务需求的增加会自发促进生产性服务业的发展，但由于我国经济发展水平、产业结构和外向型经济有其自身的特点，下面我们具体分析我国生产性服务业发展中的需求问题。

（一）制造业发展落后和制造业企业传统的组织结构导致对生产性服务业的需求规模较小和层次较低

发达国家生产性服务业的经验表明，生产性服务业的发展依赖于社会分工的深化和服务外包的发展。我国制造业发展相对落后，劳动密集型和资源密集型的中低技术产品制造业仍占主导地位，很多企业仍采用传统、落后的生产模式，物质材料消耗成本比重较大，企业对金融服务、设计研发、信息技术、售后服务的重视度不够，影响了对生产性服务业的需求。同时，由于行政体制和市场机制的影响，我国制造企业组织结构仍然是"大而全、小而全"的模式，从产品设计研发、物资供应到生产加工、产品销售等过程，全部由一个企业内部完成，这不但影响了制造企业的专业化和经营效率，也因外部化需求不足而限制了生产性服务业的规模化发展。

当前，我国制造业企业对生产性服务业需求不足的表现为制造业企业的外包项目以零部件产品为主，即制造业的中间投入需求仍以制造业本身为主，生产性服务投入占总投入的比重偏小。2007 年，我国制造业的中间需求中，对农业及矿产资源和制造业本身的需

① 魏作磊，胡霞. 发达国家服务业需求结构的变动对中国的启示 [J]. 统计研究，2005 (5).

求之和达到了 84.3%，对生产性服务业的需求仅为中间总需求的 9.7%，而同一时期的美国制造业对生产性服务业的中间需求比重为 29.5%（见表 1）。

表 1　2007 年中、美两国制造业对各产业的中间需求比重

单位：%

中国		美国	
农业及矿产资源	15.7	农业及矿产资源	17.2
制造业	68.6	制造业	47.1
生产性服务业①	9.7	生产性服务业	29.5
水、电、燃气等及建筑业	5.2	公用事业和建筑	1.9
其他服务	1.0	政府服务及其他	4.3

资料来源：2007 年中国投入产出表、2007 年美国投入产出表。

另外，根据对 2007 年中、美两国投入产出表的计算结果可知，与美国等发达国家相比，我国制造业对批发和零售贸易业、交通运输仓储业和邮政业等传统生产性服务业的中间需求比重过大，为 56%；而对技术密集型、知识密集型的租赁和商务服务业、计算机和科学技术服务业的中间需求比重偏小，仅为 17%（美国同期的比例为 38%），这反映出我国制造业部门对生产性服务业的需求层次偏低，影响了生产性服务业的高层次发展，也对我国国民经济的持续增长和制造业的产业升级产生了制约作用。

（二）代工生产和加工贸易模式阻碍了生产性服务业与制造业的产业关联，使中国生产性服务业缺乏有效市场需求的支撑

产业关联理论认为，由于收入提高和中间投入增加所导致的对服务业需求的增加会自发地促进现代服务业发展，这一看法在产业链上下游的供需状况不受明显外在因素影响的假设下成立。我国制造业近些年的发展主要依赖于外向型经济，"两头在外"的发展模式曾经促进了中国经济的高速增长，但目前来看，这种模式阻碍了生产性服务业的发展。

一方面，代工生产和加工贸易模式使国内的制造厂商基本不参与研发设计、品牌经营和市场营销等现代产业竞争力的核心环节，这些业务由母国的生产性服务供应商承揽，或者由 FDI 引入的外商投资服务企业承担，这就降低了对中国本土生产性服务的市场需求规模和需求层次，抑制了国内生产性服务业的规模化向更高层次发展。另一方面，由于国内制造业缺乏本土高水平生产性服务企业的辅助，无法实现产业升级和竞争力提升，也就无法产生对高层次生产性服务的需求，代工生产和加工贸易模式不但抑制了生产性服务业的高端化发展，也阻碍了生产性服务业与制造业的良性互动。

根据中国投入产出表的计算可知，1997~2002 年，整体制造业中间投入中生产性服务业的比重由 12.26% 提高到了 15.24%；但此后五年，在我国以制造业为主的工业增加值提高了 133%、加工贸易出口额增加了 215% 的同时，生产性服务业在整体制造业中间投入中

---

① 这里的生产性服务业是指中间需求率超过 50% 的服务业。

的比重却持续下降了近6个百分点，到2007年时仅为9.72%，而其中下降最快的是非金属矿物制品业、造纸印刷及文教体育用品制造业、工艺品及其他制造业、木材加工及家具制造业、纺织服装鞋帽皮革羽绒及其制品业等我国加工贸易出口较多的资源性产业和低技术产业。[①]这表明在我国制造业快速增长的同时，对生产性服务业的需求却大幅下降，两者呈现独立发展的态势，这不符合产业关联理论的发展规律。其中主要的原因是以代工生产和加工贸易为主要特征的中国外向型经济的发展阻碍了制造业企业和生产性服务业的产业关联，最终使生产性服务缺乏有效的市场需求而发展滞后。

（三）服务业本身发展不足影响了生产性服务业的"自我增强"

国外学者Goe（1990）研究发现，西方发达国家的生产性服务业产品主要是供给服务部门而不是制造部门[②]。Juleff（1996）、Pilat和Wolfl（2005）、程大中（2008）的研究也支持这样的结论，认为服务业的增长主要依靠自身的"自我增强"作用[③][④][⑤]。从经济的不同发展阶段看，在工业化的前期、中期阶段，工业在国民经济中占据主导地位，生产性服务业主要为工业提供生产性服务。但是，随着服务业在国民经济中比重的不断增长，服务部门也会衍生出对金融、通信、商务服务等生产性服务的需求，从而增加生产性服务业的中间投入比重，进而形成生产性服务业的"自我增强"机制。

表2显示的美国服务业对各产业的中间需求比重中，服务业对生产性服务业的需求占总中间需求的68.5%，远远高于制造业部门的29.5%，这说明服务业特别是生产性服务业本身有很强的自我增强作用，服务业对生产性服务业的需求已经成为发达国家生产性服务业发展的主要动力。由于经济发展水平和产业发展阶段的差异，同美国相比，我国服务业对生产性服务业的中间需求比重过低，只有34.2%，但仍然高于我国制造业对生产性服务业的中间需求比重（9.7%），这意味着我国未来生产性服务业的发展在很大程度上将依赖于服务业自身的发展。

近年来，在国家政策的扶持下，我国服务业发展速度较快。但由于传统观念、体制、开放程度等因素的影响，服务业整体水平仍较低。世界银行的统计数据表明，与同等收入水平国家相比，我国服务业在国民经济中的比重（40%），明显低于相同收入水平的大部分国家，而且低于中低收入国家的平均水平（46%）。较低的服务业发展降低了对生产性服务业的需求规模，也限制了生产性服务业的自我增强作用。

---

① 这一部分的原始数据和数据计算结果可以向作者索取。
② Goe W. R. Producer Service, Trade and the Social Division of Labor [J]. Taylor and Francis Journals, 1990（24）：327-342.
③ Juleff L. E. Advanced Producer Services: Just a Service to Manufacturing [J]. The Service Industries Journal, 1996, 16（3）：389-400.
④ Pilat D., Wolfl A. Measuring the Interaction between Manufacturing and Services [R]. STI Working Paper, 2005(5).
⑤ 程大中. 中国生产性服务业的水平、结构及影响——基于投入产出法的国家比较研究 [J]. 经济研究，2008（1）.

表 2　2007 年中、美两国服务业对各种产业的中间需求比重

单位：%

中国		美国	
农业及矿产资源类投入	3.3	农业及矿产资源类投入	0.7
制造业中间投入	48.5	制造业中间投入	16.7
生产性服务投入	34.2	生产性服务业投入	68.5
水、电、燃气等及建筑业	4.9	政府服务及其他	8.8
其他服务投入	9.1	公用事业和建筑	5.3

资料来源：同表 1。

四、实 证 分 析

（一）变量、模型和数据来源

理论分析和统计性数据表明，需求不足已成为阻碍我国生产性服务业发展的主要因素，这一部分我们将对需求因素与生产性服务业的发展进行实证检验。考虑到数据的可得性，我们选取中间需求率较高的交通运输仓储和邮政业、批发和零售业、住宿和餐饮业、金融业四个行业[①] 的增加值为生产性服务业增加值，来衡量各地区生产性服务业的发展水平，用 ps 表示。基于上一部分的分析，影响生产性服务业发展的需求规模因素主要来自于制造业发展、服务业发展、加工贸易出口三个方面，我们用各地区以制造业为主的工业增加值、服务业增加值、加工贸易出口额以及规模以上工业企业的平均规模来衡量这些需求要素对生产性服务业发展的影响，分别用 manu、serv、pex、size 来表示。另外，考虑到各地区劳动力投入、资本投入以及经济发展水平的区别，我们选取各地区生产性服务业就业人员（labor）、地区生产性服务业固定资本投入[②]（capital）、地区人均 GDP（pergdp）作为控制变量来控制这些因素对生产性服务业发展的影响。

基本的计量模型如下：

$$ps_{it} = \alpha_0 + \alpha_1 manu_{it} + \alpha_2 serv_{it} + \alpha_3 pex_{it} + \alpha_4 size_{it} + \delta X_{it} + \varepsilon_{it} \tag{1}$$

模型中的 α_0 为常数项，α_1、α_2、α_3、α_4 为各变量的系数。由于制造业和服务业的发展对生产性服务业的发展有促进作用，预期 α_1 和 α_2 的符号为正；而加工贸易出口会增加制造企业对国外生产性服务业的依赖，削弱制造业与生产性服务业之间的产业关联，预期 α_3

[①] 这是 2004 年及之后的行业分类。2004 年之前的行业分类略有差异，我们相应地选取了交通运输仓储及邮电通信业、批发零售贸易及餐饮业、金融保险业三个行业。

[②] 这里的"固定资本投入"为采用永续盘存法（Goldsmith，1951）估计的各地区固定资本存量，公式为 $K_t = I_t + (1-\delta)K_{t-1}$。

的符号为负；按照企业规模与生产性服务外包需求的一般规律[1]，预期 α_4 为正。

以上的模型主要对需求规模与生产性服务业发展之间的关系进行检验，体现需求结构因素的只有 α_1 和 α_2 的大小关系，而产业内结构对生产性服务业发展的影响因为数据的不可得而无法直接检验。作为一种替代性的方法，我们按照一般的分类标准，把交通运输仓储和邮政业、批发和零售业作为传统生产性服务业的代表性产业（lps），把金融业作为现代生产性服务业的代表性产业（hps），分别与公式中的解释变量进行回归，间接地检验结构性因素的影响［公式（2）和公式（3）］。由于我国制造业和服务业对生产性服务业的需求仍然停留在对传统生产性服务的需求上，预期制造业和服务业对传统生产性服务业的影响大于对现代生产性服务业的影响。

$$lps_{it} = \beta_0 + \beta_1 manu_{it} + \beta_2 serv_{it} + \beta_3 pex_{it} + \beta_4 size_{it} + \gamma X_{it} + \varepsilon_{it} \qquad (2)$$

$$hps_{it} = \chi_0 + \chi_1 manu_{it} + \chi_2 serv_{it} + \chi_3 pex_{it} + \chi_4 size_{it} + \eta \chi_{it} + \varepsilon_{it} \qquad (3)$$

本文采用 2002~2008 年中国省级面板数据进行分析，数据来源为历年《中国统计年鉴》、《中国经济普查年鉴（2004）》、《中国国内生产总值核算历史资料（1952~2004）》和国研网数据库。由于西藏和青海的部分数据缺失，这里选取了除这两个地区之外的 29 个地区作为截面。

（二）回归结果和分析

表 3 为利用全国 29 个地区的面板数据，采用 Stata10 软件进行回归分析的结果。三个回归方程都进行过 Hausman 检验，均选用了固定效应模型。具体如下：

表 3　需求因素影响生产性服务业发展的实证结果

解释变量	被解释变量		
	ps	lps	hps
manu	0.120*** (0.000)	0.103*** (0.000)	−0.028*** (0.005)
serv	0.352*** (0.000)	0.113*** (0.000)	0.132*** (0.000)
pex	−0.021*** (0.000)	−0.009 (0.430)	0.216 (0.016)
size	−10.162*** (0.000)	−6.090** (0.042)	−8.113*** (0.001)
labor[1]	0.276*** (0.002)	0.008 (0.930)	28.864*** (0.000)
capital	−0.060* (0.055)	−0.002 (0.789)	−0.253 (0.335)

---

① Barcet A., Bonamy J., Mayere A. Les Services aux Enterprises: Problemes Theoriques et Methodologiques, Recherches Economiqueset Socials, 1983.

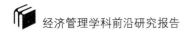

续表

解释变量	被解释变量		
	ps	lps	hps
pergdp	0.011*** (0.000)	0.008*** (0.003)	0.002 (0.331)
常数项	80.407*** (0.000)	339.767*** (0.000)	−329.858*** (0.000)
Hausman 检验	13.38 (0.063) *	208.18 (0.000)***	27.10 (0.000)***
F 值	1431.4 (0.000)	364.04 (0.000)	172.66 (0.000)
R²	0.984	0.939	0.879
样本量	203	203	203

注：括号内数值为 p 值。***、** 和 * 分别表示在 1%、5% 和 10% 水平下显著。

回归结果表明：

第一，以制造业为主的工业发展规模和服务业发展规模与生产性服务业发展正向相关，其系数分别为 0.12 和 0.35，二者都在 1% 水平下显著。这说明，一方面，虽然制造业发展落后和制造企业传统的组织结构导致对生产性服务业的需求规模较小和层次较低，但总体来说，其巨大的整体规模产生的需求促进了生产性服务业的发展；另一方面，2002~2008 年，全国工业增加值占国内生产总值的平均比重为 42%，而同期服务业增加值占 GDP 的平均比重为 41%，从规模来看，二者基本相当，但与生产性服务业发展程度相关系数的差别却很大，这说明服务业本身对生产性服务业的促进作用远远大于制造业。

第二，以制造业为主的工业企业规模与生产性服务业发展负相关，相关系数为−10.16，在 1% 水平下显著。根据预测，企业规模较大时分工会更细致，降低成本的需要会促使企业从外部购入非核心的生产性服务业，从而促进生产性服务业的发展，二者的相关系数应该为正，这与统计结果不一致。这可能是由于我国经济发达地区民营企业数目庞大，企业平均规模较小，而这些地区的生产性服务业发展水平却很高，由此造成二者的负相关。造成这一结果可能有两方面的原因：一是与国有大企业的集权式组织结构相比，民营中小企业的分权式组织结构对外部生产者服务的需求更大；二是国有企业与民营企业的经营目标不同，前者关注企业规模扩张和多元化经营带来的总产值扩大，而后者则更关注企业利润的最大化和核心竞争力的提高，这使得后者更有可能因降低成本的需要而选择将生产性服务外包。

第三，加工贸易出口指标与生产性服务业发展程度负相关，相关系数为−0.02，在 1% 水平下显著。这与预测一致，说明以代工生产和加工贸易为主要特征的中国外向型经济的发展阻碍了制造业企业和生产性服务业的产业关联，"两头在外"的发展模式降低了制造业对国内生产性服务业的需求，最终使国内生产性服务因缺乏有效的市场需求而发展滞后。

第四，间接检验产业内需求结构对生产性服务业发展影响的回归结果表明（见表 3 右边两列）：①制造业对传统生产性服务业的发展有明显的促进作用，其相关系数为 0.10，在 1% 水平下显著；而制造业与以金融业为代表的现代生产性服务业的发展负相关，二者的相关系数为–0.03，这说明我国以劳动密集型制造业为主的产业结构影响了生产性服务业内部结构的优化，阻碍了现代生产性服务业的发展。②服务业的发展对传统生产性服务业和现代生产性服务业都有显著的促进作用，其相关系数分别为 0.11 和 0.13，这说明服务业对生产性服务业的需求结构没有明显的倾向性。

第五，劳动力投入对生产性服务业发展有正向促进作用，这与生产性服务行业的知识密集型和技术密集型特征有关。劳动力是知识和技术最直接的载体，这也证明了生产性服务业发展过程中劳动力投入或人力资本投入的重要性。同时，人均 GDP 与生产性服务业发展正相关，收入效应明显，地方经济发展水平极大地促进了生产性服务业的发展。

五、结论与政策建议

实证结果表明，以制造业为主的工业发展规模和服务业发展规模促进了生产性服务业的发展，但服务业发展的促进效应大于制造业；以制造业为主的工业企业平均规模与生产性服务业的发展负相关，这跟企业的产权结构和经营目标以及是否进行规模扩张的动机有关；以代工生产和加工贸易为主要特征的中国外向型经济的发展确实阻碍了制造业企业和生产性服务业的产业关联，使得国内生产性服务业因缺乏有效的市场需求而发展滞后；供给方面的劳动力投入对生产性服务业发展有很大的促进作用，这与生产性服务业的知识密集型和技术密集型特征有关，同时，经济发展水平对生产性服务业发展有很强的收入效应。

在以上分析的基础上，作者认为，作为一个生产性服务业处于初级阶段的发展中国家，我们在从供给角度为生产性服务业发展提供支持外，更应该基于需求角度来促进生产性服务业的发展。第一，加强产业关联，促进制造业与生产性服务业的良性互动。目前来讲，制造业仍然是我国国民经济中比重最大的产业，也是生产性服务业需求的主要来源，政府应通过一定的财政或税收政策鼓励制造企业的生产性服务外包活动，特别是弱化对国有企业一体化的政策激励，并通过制度安排减少企业服务外包的市场风险，为生产性服务业创造大量的外部需求，推动生产性服务业的规模化和专业化发展。第二，应加强外资制造企业与本地生产性服务业的产业关联，充分利用外资制造企业巨大的生产性服务外包市场。具体来说，可以有针对性地引入相关的外资服务企业，并充分利用外资服务企业的"技术溢出效应"，提高本土生产性服务企业为外资制造业企业提供生产性服务的能力，从而扩大对本土生产性服务企业的需求范围。第三，充分认识来自服务业本身的需求，加快服务业发展，促进服务业与生产性服务业的产业关联和良性互动。通过体制、机制与政策创新，打破垄断，放宽准入领域，建立公开、平等、规范的行业准入制度，促进服务业的繁荣和有序竞争，最终实现生产性服务业的"自我增强"。

参考文献

［1］程大中. 中国生产性服务业的水平、结构及影响——基于投入产出法的国家比较研究［J］. 经济研究，2008（1）.

［2］顾乃华等. 生产性服务业与制造业互动发展：文献综述［J］. 经济学家，2006（6）.

［3］韩德超，张建华. 中国生产性服务业发展的影响因素研究［J］. 管理科学，2008（12）.

［4］韩坚等. 农业生产性服务业：提高农业生产效率的新途径［J］. 学术交流，2006（11）.

［5］江静，刘志彪. 世界工厂的定位能促进中国生产性服务业发展吗？［J］. 经济理论与经济管理，2010（3）.

［6］吕政等. 中国生产性服务业发展的战略选择——基于产业互动的研究视角［J］. 中国工业经济，2006（8）.

［7］任旺兵. 我国制造业发展转型期生产性服务业发展问题［M］. 北京：中国计划出版社，2008.

［8］魏作磊，胡霞. 发达国家服务业需求结构的变动对中国的启示［J］. 统计研究，2005（5）.

［9］Browning C., Singleman J. The Emergence of a Service Society ［M］. Springfield, 1975.

［10］Goe W. R. The Growth of Producer Services Industries: Sorting through the Externalization Debate ［J］. Growth and Change, 1991, 22（4）.

［11］Goe W. R. Producer Service, Trade and the Social Division of Labor［J］. Taylor and Francis Journals, 1990（24）: 327–342.

［12］Francois J. Producer Services, Scale, and the Division of Labor ［J］. Oxford Economic Papers, 1990, 42: 715–729.

［13］Hansen N. Factories in Danish Fields: How High–wage, Flexible Production Has Succeeded in Peripheral Jutland ［J］. International Regional Science Review, 1991（14）.

［14］Juleff L. E. Advanced Producer Services: Just a Service to Manufacturing ［J］. The Service Industries Journal, 1996, 16（3）: 389–400.

［15］Klodt H. Industrial Policy and the East German Productivity Puzzle ［J］. German Economic Review, 2000, 1: 315–333.

［16］Pilat D., Wolfl A. Measuring the Interaction between Manufacturing and Services ［R］. STI Working Paper, 2005（5）.

［17］Machlup F. The Production and Distribution of Knowledge in the United States ［M］. New Lersey: Princeton University Press, 1962.

The Development of the Producer Services Industry in Industry Association
—A Study Based on Demand Scale and Demand Structure

Xiao Wen and Fan Wenjing

Abstract: Based on the importance of the demand factors for the development of the producer services industry, first, we analyze the demand factors influencing it, including demand scale and demand structure. Then, we analyze various causes for demand insufficiency according to the practical conditions of the development of China's producer services industry, and conduct empirical test as well. The results show that: the development level of manufacturing-based industry is positively related to the development of the producer services industry, but its promotion effect is less than the service industry. The scale of manufacturing-based industrial firms is negatively related to the development of the producer services industry, which can be attributed to the large numbers of private firms with small scale in China's advanced economic regions. The processing trade indeed impedes industry association between the manufacturing industry and the producer services industry, influencing efficient demand of the former for the latter. The demand structure originated from manufacturing industry influences the optimization of the internal structure of the producer services industry.

Key Words: Demand Factor; The Producer Services Industry; The Manufacturing Industry; Processing Trade Pattern; Services

我国现代服务业主导产业选择研究 *

闫星宇　　张月友

【摘　要】本文试图建立现代服务业主导产业选择的指标体系，在对我国服务业各细分行业的资本存量进行估算的基础上计算我国现代服务业各细分行业的全要素生产率，然后综合多指标因素，采用层次分析法对我国现代服务业主导产业进行选择，最终确定租赁和商务服务业，信息传输、计算机服务和软件业，教育、文化艺术和广播电影电视业，金融、保险业，批发和零售贸易餐饮业；交通运输、仓储及邮电通信业为我国现代服务业的主导产业，并对促进我国现代服务业主导产业发展提出了相关的政策建议。

【关键词】现代服务业；主导产业；全要素生产率；层次分析法

一、问题提出

主导产业的选择基准研究比较成熟，包括比较优势基准、产业关联度基准、收入弹性基准、生产率上升率基准、钱纳里—鲁宾逊—塞尔奎因基准等，但都是针对第二产业的研究。作为第三产业的服务业与第二产业有着明显不同的特点，数据的详略和跨度也不一样，不可能按照工业主导产业选择的方法和指标来选择服务业主导产业，因而服务业主导产业选择的指标选择和确定仍是全新的课题。况且，设计指标对服务业主导产业进行选择时，资本存量作为一种重要的投入要素不得不考虑，而服务业特别是服务业分行业的资本存量数据，在国内各种年鉴和统计资料中都没有，必须对其进行估计，因而服务业各细分行业的资本存量数据的估算对我国现代服务业的主导产业选择至关重要。已有一些研究对中国的总量资本存量进行了估算，但没有估算服务业内部各细分行业的资本存量，更没有

* 基金项目：国家自然科学基金项目"基于流通创新的贸易增长方式转变研究"（批准号：70973049）。

作者：闫星宇（1969—），男，山西平遥人，南京财经大学国际经贸学院副教授，博士；张月友（1975—），男，安徽安庆人，南京财经大学国际经贸学院硕士研究生。

本文引自《中国工业经济》2010 年第 6 期。

计算服务业内部各细分行业的全要素生产率。基于此，本文试图建立服务业主导产业选择的指标体系，并在对我国服务业各细分行业的资本存量进行估算的基础上计算服务业各细分行业的全要素生产率增长率[1]，然后综合多个指标因素，运用层次分析法对我国现代服务业主导产业进行选择，以期对促进我国现代服务业发展的政策制定有所启迪。

二、我国现代服务业主导产业选择的基准和方法

1. 我国现代服务业主导产业选择基准

作者在综合相关文献的基础上，充分考虑现代服务业特征和数据的可获得性，以及主导产业特征和我国资源条件相容性，从需求、供给和比较优势三个角度出发，认为我国现代服务业主导产业的选择应遵循下述基准。[2]

（1）产业发展潜力基准。产业发展潜力取决于产业的需求收入弹性。需求收入弹性高的产业，随着人均收入水平的提高，需求扩张幅度较大，产业增长具有广阔的市场前景，迅速扩张的市场需求会拉动产业较快增长。将需求收入弹性较高的服务业细分行业作为主导产业，才能推动我国现代服务业的快速发展。这个选择基准主要是基于需求视角，使用的指标是需求收入弹性。

（2）技术进步基准。现代服务业是以信息技术、现代管理理念、现代经营方式和现代组织形式为支撑的服务业形式，发展现代服务业的本质是实现服务业的现代化。现代服务业主导产业高于其他产业的经济增长速度必须借助于产业的高效率来实现，也就是要有较高的全要素生产率，因而其技术应具有领先地位和较强的创新能力。技术进步速度是促进生产率上升的最突出因素，生产率上升率最能反映技术进步状况，其实质是指产业产出与全部投入要素之比的增长率，即全要素生产率的增长率，反映产业技术进步的速度和程度。选择技术进步速度快、技术水平高、技术要素密集的产业作为主导产业，可以保证产业结构不断保持技术领先，同时保证在分工中不断占据比较利益最大的领域。产业的生产率上升率越快，越能更好地反映当代世界科技发展的趋势，因而劳动生产率上升或技术进步速度较快是主导产业所必须具备的特征。技术进步最终必须体现在技术进步对产值增长的贡献上。技术不能转换成产值，说明产业经济系统中存在阻碍技术实现的障碍，不仅产

---

① 鉴于现代服务业至今还没有为政府和学界所认可的统一分类方法，根据其定义，主要以网络和信息技术为支撑，既包括新兴服务业，也包括运用现代技术对传统服务业的改造与提升。目前统计年鉴中服务业（第三产业）包括的各细分行业或多或少进行了信息化改造，只是程度不同而已。因此，本文对现代服务业和服务业将不做区分，本文的现代服务业数据就用服务业的各细分行业数据来描述。

② 根据赫希曼产业关联度基准，主导产业应该具备后向拉动效应和前向推动效应都强的特征，但产业的前向关联和后向关联强度的计算要依赖服务业投入产出表提供的数据。由于目前没有服务业投入产出表，所以不得不放弃基于投入产出表计算的产业关联基准，其替代研究方法有待后续研究和更多学者的进一步探索。

业本身不能很好地发展，而且对其他产业的推动和带动作用也自然有限，所以作者认为主导产业的选择需要考虑技术进步速度及其对产值增长速度的贡献。这个基准是基于供给视角的，使用的指标包括全要素生产率、技术进步速度和技术进步对产值增长的贡献。

（3）比较优势基准。这个基准基于主导产业的发展需要具有一定规模的考虑，因为具有规模的主导产业才能充分发挥带头和促进作用，包括静态比较优势基准和动态比较优势基准。静态比较优势基准是指根据现行生产要素或资源的相对优势来选择区域主导产业，要求重点发展那些可以充分利用相对优势的产业部门，然后以此为中心，按照产业部门之间的经济技术联系，逐步推动相关产业部门的发展，进而形成一个能充分利用本地区优势的产业结构。动态比较优势基准则是指将那些目前比较成本还处于劣势，但未来具有比较成本优势，有可能成为带动本地区产业结构高级化演进的幼小产业扶持为主导产业。这个基准所使用的指标包括产值规模、固定资产规模和就业规模。

2. 我国现代服务业主导产业选择方法

（1）构建指标体系。主导产业选择需要通过一定的指标体系进行测度，评价指标的选择和量化直接决定着评价结果的优劣。根据主导产业的选择基准，设计我国现代服务业主导产业选择的定量评价体系，如表 1 所示。

表 1　主导产业选择的定量测度体系

评价基准	指标设计	计算方法	指标说明
产业发展潜力基准	需求收入弹性	$E_i = \dfrac{\Delta Q_i / Q_i}{\Delta U / U}$	E_i 为产业 i 的需求弹性系数，$\Delta Q_i / Q_i$ 为产业 i 的需求增长率，$\Delta U / U$ 为同期全国城乡人均可支配收入增长率
技术进步基准	全要素生产率	$A_{i(t)} = \dfrac{Y_{i(t)}}{K_{i(t)}^{\alpha} L_{i(t)}^{\beta}}$	$A_{i(t)}$ 表示 i 产业在 t 年的技术水平，$Y_{i(t)}$ 表示 i 产业在 t 年的产值，K 表示资本，L 表示劳动力，α 表示资本的产出弹性，β 表示劳动的产出弹性
	技术进步速度	$\dfrac{\ln A_{i(t)} - \ln A_{i(t_0)}}{t - t_{(0)}}$	t_0 表示基期，其他指标解释同上
	技术进步对产值增长的贡献	$\dfrac{\ln A_{i(t)} - \ln A_{i(t_0)}}{\ln Y_{i(t)} - \ln Y_{i(t_0)}}$	指标解释同上
比较优势基准	产值规模	$R_{Y_{i(t)}} = \dfrac{Y_{i(t)}}{\sum\limits_{i=1}^{n} Y_{i(t)}}$	$R_{Y_{i(t)}}$ 表示 i 产业 t 期产值比重
	固定资产规模	$R_{K_{i(t)}} = \dfrac{K_{i(t)}}{\sum\limits_{i=1}^{n} K_{i(t)}}$	$R_{K_{i(t)}}$ 表示 i 产业 t 期新增固定资产比重
	就业规模	$R_{L_{i(t)}} = \dfrac{L_{i(t)}}{\sum\limits_{i=1}^{n} L_{i(t)}}$	$R_{L_{i(t)}}$ 表示 i 产业 t 期劳动就业比重

（2）模型运算。构建指标体系后，进行模型运算。模型运算一般包括三个步骤：①指标值和标准化值计算。利用统计年鉴等查找或计算各指标数值，为了消除量纲和量级的影

响,需要对各指标值进行标准化处理。②确定指标权重。目前确定指标权重的常用方法有德尔菲法、层次分析法、因子分析法、相关系数法、熵值法等,其中前两种为主观赋权法,后三种为客观赋权法,各有利弊,应根据评价内容的特点选择相应的方法。由于简单方便,在主观赋权法中使用最多的是层次分析法,而在客观赋权法中使用最多的是因子分析法。本文尝试因子分析法时发现各指标间相关性低,故使用层次分析法。③多指标合成。通过一定的算式将多个指标的评价值综合,以得到一个整体性的评价值。本文采用多指标加法合成法,然后对得分较高的产业部门再做定性分析,最终确定主导产业。

三、现代服务业各细分行业全要素生产率的计算

本文第二部分提到的现代服务业各细分行业的技术进步基准中的全要素生产率、技术进步速度和技术进步对产值增长的贡献三个指标的计算,涉及索洛剩余的估计,需要对服务业各细分行业的资本存量进行估算,并选择全要素生产率的计算方法,这是个重要的研究课题。

1. 计算方法

Chow 和 Lin(2002)、Wu(2003)研究表明,柯布—道格拉斯(C-D)生产函数很好地描述了中国的经济增长。因此,本文采用柯布—道格拉斯(C-D)生产函数 $Y = AK^\alpha L^\beta$ 计算我国服务业细分行业全要素生产率,其中,Y 表示产出,K 表示资本存量,L 表示劳动投入,α、β 分别表示资本的产出弹性和劳动的产出弹性。对 C-D 生产函数取对数,并令 $\alpha + \beta = 1$,即假设规模报酬不变,则生产函数变为 $\ln(Y/L) = \ln A + \alpha\ln(K/L)$,两边对时间求一阶导数并移项,令 y 和 k 分别表示人均产出和人均资本,则有:$\frac{\dot{A}}{A} = \frac{\dot{y}}{y} - \alpha\frac{\dot{k}}{k}$。根据以上两式即可计算我国现代服务业各细分行业全要素生产率以及全要素生产率的增长率。

2. 确定研究对象

为了适应国民经济社会发展变化的需要,以 2003 年为分界线,我国第三产业分类做了重大调整和变化。2003 年前(含 2003 年),我国第三产业包括农、林、牧、渔服务业,地质勘查、水利管理业,交通运输、仓储及邮电通信业,批发和零售贸易餐饮业,金融、保险业,房地产业,社会服务业,卫生体育和社会福利业,教育、文化艺术及广播电影电视业,科学研究和综合技术服务业,国家机关、政党机关和社会团体,其他行业,共计12 个细分行业。2003 年后,包括交通运输、仓储和邮政业,信息传输、计算机服务和软件业,批发和零售业,住宿和餐饮业,金融业,房地产业,租赁和商务服务业,科学研究、技术服务和地质勘查业,水利、环境和公共设施管理业,居民服务和其他服务业,教育,卫生、社会保障和社会福利业,文化、体育和娱乐业,公共管理和社会组织,共计

14 个细分行业。

作者注意到 2003 年前各年国家统计年鉴上没有对第三产业各细分行业（以下简称旧细分行业）进行再细分，而 2003 年后的各年国家统计年鉴对第三产业各细分行业（以下简称新细分行业）进行了再细分，从而启发我们在以第三产业各细分行业作为研究对象时，可以将新细分行业合并归类成旧细分行业进行分析，并且不失数据的准确性，处理的办法是对其进行细分和分割，然后加总到之前的行业数据里去，对于个别行业个别年份缺少的数据进行 5 年加权平均处理。此外，作者还注意到旧细分行业中的农、林、牧、渔服务业在 2004 年以后已经被归类为第一产业的细分行业，并且没有了"其他"这类既包罗万象数额又小的行业，分析时再保留旧细分行业中的农、林、牧、渔服务业和其他行业显然没有现实意义。因此，我们以旧细分行业目录为考察对象时，将农、林、牧、渔服务业和其他行业不予考虑。表 2 反映了第三产业新细分行业合并归类成旧细分行业的具体过程。

表 2　合并归类后的新、旧细分行业对照

旧细分行业	新细分行业
交通运输、仓储及邮电通信业	交通运输、仓储和邮政业
金融、保险业	金融业
房地产业	房地产业
社会服务业	居民服务和其他服务业
	租赁和商务服务业
	信息传输、计算机服务和软件业，水利、环境和公共设施管理业－水利管理业
	住宿和餐饮业－餐饮业
	娱乐业
批发和零售贸易餐饮业	批发和零售业＋餐饮业
地质勘查、水利管理业	地质勘查业＋水利管理业
卫生体育和社会福利业	卫生、社会保障和社会福利业＋体育
教育、文化艺术和广播电影电视业	教育、文化、体育和娱乐业－娱乐业－体育
科学研究和综合技术服务业	科学研究、技术服务和地质勘查业－地质勘查业
国家机关、政党机关和社会团体	公共管理和社会组织

3. 计算数据的估算和结果

技术进步基准的全要素生产率、技术进步速度和技术进步对产值增长的贡献 3 个指标的计算都需要全要素生产率的数据。按照 C-D 函数，在计算我国现代服务业各细分行业全要素生产率时，需要有我国现代服务业各细分行业的产出数据、资本存量数据和劳动投入数据。我国服务业的数据本来就少，服务业细分行业的数据就更难获得，为了保持数据的一致性和可获得性，作者以年底就业人员数表示劳动投入。对 2003 年前的年底就业人员数可以直接从《中国统计年鉴》上获取，2003 年后的《中国统计年鉴》和其他资料都没有给出，则以年底职工人数代替。这样，我国现代服务业各细分行业的产出数据和劳动投入数据就可以直接从《中国统计年鉴》上得到。但服务业细分行业的资本存量数据，在国内各种年鉴和统计资料中都没有，必须对其进行估计。已有一些研究估算中国的总量资本存量，但没有估算服务业内部各细分行业的资本存量，更没有计算服务业内部各细分行业的全要素生产率。

目前，已被普遍采用的测算资本存量的方法是戈德史密斯（Goldsmith）在 1951 年开创的永续盘存法，但这种方法需要较多的指标，估计比较困难。本文借鉴郭克莎（2003）、吕铁和周叔莲（1999）、干春晖和郑若谷（2009）的方法对我国服务业各细分行业的资本存量进行估算。①考虑到本文需要估计我国服务业各细分行业的资本存量，这就需要一个我国服务业基年（1990 年）的指标存量数据，因为我国统计年鉴对服务业细分行业产值的统计最早有记录的是 1990 年，根据需要，作者估算 1990 年后服务业的资本存量。已有研究又缺乏一个相对统一的估计值，以及将这一值分配到各个细分行业的合理方法，故本文采用干春晖和郑若谷（2009）第三产业 1990 年的以 1978 年为不变价格计算的并经调整的可比价格数据①。②对这一服务业资本存量，需要将其分割为服务业各细分行业的资本存量数据。方法是先计算 1990 年服务业各细分行业各自在全社会新增固定资产累计总额中的比重，将 1990 年服务业资本存量乘以这个比重即可得到 1990 年各细分行业的资本存量估计值。服务业各细分行业各自在全社会新增固定资产累计总额中的比重，对于 2002 年前的数据可以直接从《中国统计年鉴》上获取，2003 年后的数据，《中国统计年鉴》以及其他资料都没有给出，我们以城镇新增固定资产替代②。③对于 1990 年后服务业各细分行业的资本存量计算，以各年服务业资本形成总额作为当年的资本增量，各年服务业资本形成总额的数据可以直接从《中国统计年鉴》上先获得资本形成总额，然后乘以各年服务业新增固定资产占全部新增固定资产的比重来获得。再对这个数据同样采用②的计算方法在服务业各细分行业中进行分割。将各细分行业分割后得到的资本增量与上一年的资本存量相加作为各年服务业各细分行业资本存量的估计值。对缺乏数据的个别年份，采用 5 年简单平均处理获得数据。④利用固定资产价格指数（1990 年为 1，各年数据可以根据历年《中国统计年鉴》上的固定资产价格指数简单计算得到），对服务业各细分行业资本存量进行平减得到不变价格计算的资本存量数据。表 3 反映了 1990~2006 年我国服务业以 2003 年之前各细分行业目录列出的服务业各细分行业的资本存量数据③。

以上数据结合产值和劳动力数据，按照 C-D 函数方程并借助 EViews5.0 软件进行回归，经过简单计算，就可以得到我国服务业各细分行业的资本产出弹性、劳动产出弹性、全要素生产率和全要素生产率增长率。对服务业各细分行业数据进行平稳性检验，发现原

① 干春晖等估计的基期是 1978 年，采用估计基期同样是 1978 年的有徐现祥等（2007），1978 年的总资本存量估计结果为 6054 亿元，这个结果与王小鲁（2000）、张军（2004）的研究都比较接近。

② 由于作者计算的是服务业各细分行业资本存量和增量的比重，我国的农村服务业发展依旧有限，农村服务业资本增量比较小，以城镇新增固定资产替代全社会新增固定资产也比较合理，对计算结果影响不大。

③ 由于按照旧分类项目归类的新服务业各细分行业的产值较准确而又有记录的最新年份是 2006 年，为了数据的可比，对于其他变量尽管能获得 2008 年的数据，但也只取到 2006 年。

表3　1990~2006年现代服务业各细分行业的资本存量（以1990年不变价格计算）

单位：亿元

年份	地质勘查、水利管理业	交通运输、仓储及邮电通信业	批发和零售贸易餐饮业	金融、保险业	房地产业	社会服务业	卫生体育和社会福利业	教育、文化艺术和广播电影电视业	科学研究和综合技术服务业	国家机关、政党机关和社会团体
1990	406.21	2105.01	426.05	165.40	174.46	612.99	526.55	1290.75	283.90	756.06
1991	539.16	2899.75	622.13	226.15	224.42	933.77	625.73	1670.17	354.29	1018.39
1992	660.90	3567.93	859.02	293.57	316.15	1214.63	683.98	1934.28	383.08	1296.12
1993	715.83	4579.90	1125.47	385.84	484.24	1576.82	691.53	2061.96	400.17	1724.10
1994	883.19	6577.75	1519.33	545.39	814.09	2129.80	825.44	2455.26	470.58	2372.71
1995	1155.40	9418.44	1908.72	738.98	1014.04	2805.55	981.28	3123.81	589.54	3278.73
1996	1385.85	12484.80	2288.28	950.92	1218.95	3559.01	1177.14	3839.66	672.30	4217.92
1997	1674.00	15990.79	2701.09	1169.40	1405.48	4483.70	1387.30	4633.85	763.73	5262.91
1998	2058.75	19338.71	3183.84	1455.13	1660.41	6027.97	1635.77	5574.91	871.62	6605.67
1999	2624.32	23121.09	3607.35	1671.49	1886.88	7835.70	1940.09	6695.23	1006.14	8109.95
2000	3241.76	27735.49	4008.26	1799.21	2007.28	9407.09	2193.80	7773.25	1103.23	9290.00
2001	3893.89	32886.13	4493.52	1954.78	2213.24	11689.48	2587.14	9179.12	1241.73	10864.91
2002	4684.62	39308.32	5010.86	2039.76	2440.54	14413.41	3021.26	10714.68	1417.71	12608.74
2003	5040.64	41821.02	5487.03	2063.85	9270.94	17540.69	3206.67	11638.91	1526.71	13466.28
2004	5182.23	43549.42	5960.47	2058.32	16116.74	19971.74	3358.70	12271.04	1613.27	14048.88
2005	5508.09	47110.13	6822.24	2092.33	24296.63	23122.85	3674.33	13396.19	1729.76	15085.46
2006	5836.72	50782.44	7850.31	2121.34	33789.16	26744.84	4067.60	14393.91	1869.03	16215.15

资料来源：根据《中国统计年鉴》和"中经网"有关数据计算得到。

序列或一阶差分后、二阶差分后均通过了平稳性检验，并且在消除各序列自相关后，结果显示至少在10%的置信水平上各估计值显著，估计值最差的房地产业原变量87%相关。表4是我国服务业各细分行业的平均全要素生产率和平均技术进步速度（按技术进步速度降序排序）。

根据表4可知，我国服务业各细分行业1990~2006年按索洛剩余值计算出的平均全要素生产率排名前6位的分别是国家机关、政党机关和社会团体，房地产业，科学研究和综合技术服务业，批发和零售贸易餐饮业，社会服务业，金融、保险业。按平均技术进步速度排序，服务业各细分行业排在前6位的分别是教育、文化艺术和广播电影电视业，卫生体育和社会福利业，科学研究和综合技术服务业，金融、保险业，社会服务业，批发和零售贸易餐饮业。这里需要注意的是，由于索洛剩余值反映产值中除劳动和资本贡献外无法解释的部分，这部分不仅包括技术，而且包括对产值有重大影响的制度、土地等自然资源的贡献。尽管制度、自然资源等因素被新古典经济学忽略了，但在我国非常重要，这可能是国家机关、政党机关和社会团体与房地产业排在全要素生产率前两位的重要原因。21世纪以来，信息网络技术快速发展、精神娱乐消费需求大幅增加，以及奥运会成功主办引致体育产业蓬勃发展，使得高新技术在这些行业更新速度很快，这可能是教育、文化艺术

表 4　我国现代服务业各细分行业的平均全要素生产率和平均技术进步速度

项目	平均全要素生产率	平均技术进步速度
教育、文化艺术和广播电影电视业	0.981261803	0.016488247
卫生体育和社会福利业	0.978037136	0.015895081
科学研究和综合技术服务业	1.019201301	0.014354662
金融、保险业	1.007274477	0.008409315
社会服务业	1.013990011	0.007978821
批发和零售贸易餐饮业	1.016170125	0.000343023
地质勘查、水利管理业	0.999878190	-0.000974978
交通运输、仓储及邮电通信业	1.000438405	-0.001576938
国家机关、政党机关和社会团体	1.030460227	-0.002772811
房地产业	1.023351010	-0.013086083

和广播电影电视业与卫生体育和社会福利业按照技术进步速度排序时排在前两位的主要原因。当然，我们选择现代服务业主导产业时，还需要结合其他指标综合考虑。

四、现代服务业主导产业的选择

1. 根据建立的指标体系计算各指标值

采用《中国统计年鉴》（1990~2006）的数据和本文以上计算的数据，对我国现代服务业各细分行业的 7 项指标进行计算，并进行无量纲标准化处理（见表5）。

表 5　我国现代服务业各细分行业指标计算（以 1990 年不变价格计算）

项目	需求收入弹性	全要素生产率	技术进步速度	技术进步对产值增长的贡献	产值规模	固定资产规模	就业规模
地质勘查、水利管理业	0.02378	0.000330	0.999878	-0.000974978	0.0089	0.03141	0.0203
交通运输、仓储及邮电通信业	0.05430	0.000431	1.000438	-0.001576938	0.1711	0.28148	0.1204
批发和零售贸易餐饮业	0.07259	0.000300	1.016170	0.000343023	0.2626	0.04654	0.2083
金融、保险业	0.03232	0.327436	1.007274	0.008409315	0.1487	0.00951	0.0445
房地产业	0.15784	0.041457	1.023351	-0.013086083	0.0851	0.24669	0.0145
社会服务业	0.21407	0.000200	1.013990	0.007978821	0.1322	0.17006	0.0765
卫生体育和社会福利业	0.09592	0.028909	0.978037	0.015895081	0.0349	0.02293	0.0748
教育、文化艺术和广播电影电视业	0.09592	0.143364	0.981262	0.016488247	0.0349	0.08028	0.2274
科学研究和综合技术服务业	0.15704	0.002324	1.019201	0.014354662	0.0241	0.00990	0.0275
国家机关、政党机关和社会团体	0.07118	0.029145	1.030460	-0.002772811	0.0901	0.09080	0.1760

2. 建立定量评价模型

基于以上数据，首先，利用 SPSS 17.0 软件进行相关性分析，以相关系数矩阵 Bartlett 球形检定值的显著性和样本适切性 KMO 值为依据，检验样本数据是否适合因子分析，结果发现指标值之间的相关性非常低，不适合使用主成分分析法。其次，主导产业选择是一个多目标决策问题，考虑到我国现代服务业的特点、数据结构、指标赋权各方法的使用频度和优劣，因而采用层次分析法（AHP）对我国现代服务业各细分产业进行多目标综合排序。基本思路是将所要分析的问题层次化，然后根据问题的性质和所要达到的总目标，将问题分解为不同的组成因素，并按照因素间的相互关联影响以及隶属关系将因素按不同层次组合，形成一个多层次分析结构模型。最终系统归结为最低层（方案、措施、指标等）相对重要程度的权值或相对优劣次序的排序问题，如图 1 所示。

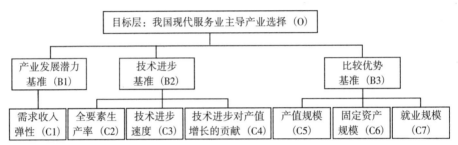

图1　我国现代服务业主导产业选择的 AHP 递阶层次结构模型

根据 AHP 层次结构模型，作者征询了服务业相关专家、技术人员和决策者的判断意见，对各指标赋权重后计算出我国现代服务业各细分行业的标准化得分，以加权求和的方法计算出各行业的综合评价值并排序（见表6）。

表6　我国现代服务业各细分行业的综合评价（降序排序）

项目	需求收入弹性	全要素生产率	技术进步速度	技术进步对产值增长的贡献	产值规模	固定资产规模	就业规模	综合得分	排名
社会服务业	0.054892	3.48495E-05	0.015104030	0.017707757	0.026637115	0.017184721	0.007725712	0.139286179	1
教育、文化艺术和广播电影电视业	0.024596	0.024980833	0.014616525	0.036593109	0.007032037	0.008112369	0.022965058	0.138895811	2
金融、保险业	0.008288	0.057054937	0.015003991	0.018663171	0.029961717	0.000960994	0.004494042	0.134426371	3
批发和零售贸易餐饮业	0.018614	5.22743E-05	0.015136502	0.000761286	0.052911545	0.00470291	0.021036154	0.113214257	4

续表

项目	需求收入弹性	全要素生产率	技术进步速度	技术进步对产值增长的贡献	产值规模	固定资产规模	就业规模	综合得分	排名
交通运输、仓储及邮电通信业	0.013924	7.51007E-05	0.014902164	-0.003499769	0.034475116	0.028443816	0.012159160	0.100479235	5
卫生体育和社会福利业	0.024596	0.005037324	0.014568487	0.035276669	0.007032037	0.002317098	0.007554029	0.096381525	6
科学研究和综合技术服务业	0.040268	0.000404951	0.015181651	0.031857948	0.004855934	0.001000404	0.002777217	0.096346423	7
国家机关、政党机关和社会团体	0.018252	0.005078446	0.015349361	-0.006153824	0.018154342	0.009175424	0.017774187	0.077629967	8
房地产业	0.040473	0.007223783	0.015243468	-0.029042533	0.017146887	0.024928254	0.001464351	0.077437664	9
地质勘查、水利管理业	0.006098	5.75017E-05	0.014893822	-0.002163813	0.00179327	0.00317401	0.002050091	0.025902568	10

五、结　论

如表6的综合评价所示，根据综合得分情况，排名前5的行业分别是社会服务业，教育、文化艺术和广播电影电视业，金融、保险业，批发和零售贸易餐饮业，交通运输、仓储及邮电通信业。这5个行业的综合得分都大于0.1，因而将这5个行业确定为现代服务业的主导产业。由于本文服务业各细分行业是按照旧的分类目录来研究的，对于教育、文化艺术和广播电影电视业，金融、保险业，批发和零售贸易餐饮业以及交通运输、仓储及邮电通信业，各旧细分行业内容能够与新细分行业内容一一对应。但旧分类的社会服务业对应着新分类的居民服务和其他服务业，租赁和商务服务业，信息传输、计算机服务和软件业，水利、环境和公共设施管理业扣除水利管理业的部分，住宿和餐饮业扣除餐饮业的部分，娱乐业共6个细分行业，因而需要进一步明确社会服务业的主导产业。基于数据的一致性和可比性，作者从规模基准视角（就业规模、产值规模和固定资产规模）进行比较选择。

根据图2，2003~2008年，只有租赁和商务服务业以及信息传输、计算机服务和软件业两个行业的就业规模逐年递增，其余4个行业的就业规模逐年递减。因而从吸纳就业角度而言，租赁和商务服务业，信息传输、计算机服务和软件业优于其余4个行业。根据图3，居民服务和其他服务业，水利、环境和公共设施管理业，住宿和餐饮业，文化、体育和娱乐业4个行业的产值规模变化比较平稳，其中住宿和餐饮业呈现稳中略有上升趋势，但从图4可以发现这4个行业的固定资产投资规模都是逐年递增的，而且递增的幅度越来越大。如果剔除固定资产投资规模递增的因素，这4个行业的产值规模是逐年下降的。可见这4个行业对资本拉动并不敏感，发展潜力有限。

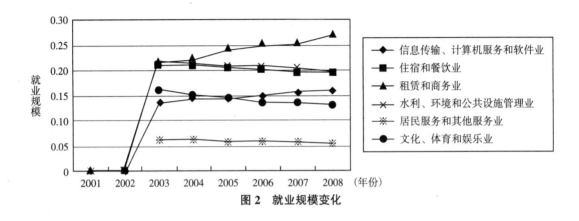

图2　就业规模变化

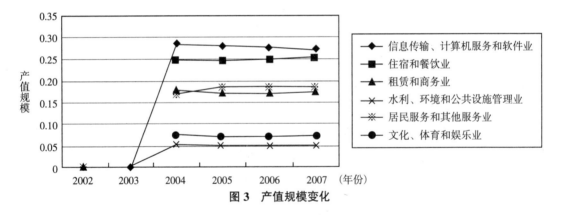

图3　产值规模变化

　　租赁和商务服务业的产值规模先下降后上升，信息传输、计算机服务和软件业的产值规模逐年下降，但幅度都非常小。信息传输、计算机服务和软件业的固定资产规模呈现逐年下降的趋势，且递减的幅度特别大；租赁和商务服务业的固定资产规模变化类似于其产值规模变化，先下降后上升。这表明租赁和商务服务业以及信息传输、计算机服务和软件业两个行业资本依赖特别严重，属于资本密集型行业。如果剔除固定资产投资规模下降的因素，租赁和商务服务业，信息传输、计算机服务和软件业这两个行业的产值规模将呈现强劲上升的趋势。这两个行业非常有潜力，但从图4中可以看出，目前我国对这两个行业的固定资产投入还不够，未来应大力发展，因而将其选为社会服务业的主导产业。

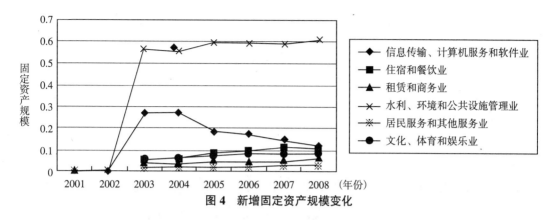

图 4　新增固定资产规模变化

综上所述，我国现代服务业的主导产业可以确定为租赁和商务服务业，信息传输、计算机服务和软件业，教育、文化艺术和广播电影电视业，金融、保险业，批发和零售贸易餐饮业；交通运输、仓储及邮电通信业。我国应把发展现代服务业主导产业同调结构、促转型紧密结合起来，坚持先进制造业与现代化服务业并举，主导产业与配套产业并行，以国际化引领、信息化助推、网络化搭台、集聚化载体、市场化推动，发展竞争力不断增强的现代服务业主导产业。

参考文献

[1] 刘志彪，郑江淮等. 服务业驱动长三角 [M]. 北京：中国人民大学出版社，2008.

[2] 王国生，安同良，刘志彪. 现代产业经济分析 [M]. 南京：南京大学出版社，2001.

[3] 杨治. 产业经济学导论 [M]. 北京：中国人民大学出版社，1985.

[4] 张军，吴桂英，张吉鹏. 中国省际物质资本存量估算：1952~2000 [J]. 经济研究，2004 (10).

[5] 杨永恒，胡鞍钢，张宁. 基于主成分分析法的人类发展指数替代技术 [J]. 经济研究，2005 (7).

[6] 蒋晓泉. 主导产业规划政策研究 [J]. 经济研究，1994 (5).

[7] 胡鞍钢，周绍杰. 新的全球贫富差距：日益扩大的"数字鸿沟"[J]. 中国社会科学，2002 (3).

[8] 郑若谷，干春晖，余典范. 转型期中国经济增长的产业结构和制度效应——基于一个随机前沿模型的研究 [J]. 中国工业经济，2010 (2).

[9] 郭克莎. 工业化新时期新兴主导产业的选择 [J]. 中国工业经济，2003 (2).

[10] 干春晖，郑若谷. 改革开放以来产业结构演进与生产率增长研究——对中国 1978~2007 年"结构红利假说"的检验 [J]. 中国工业经济，2009 (2).

[11] 王后虎. 就业弹性与主导产业的选择 [J]. 中国工业经济，1992 (7).

[12] 原毅军，孙晓华，柏丹. 我国软件企业智力资本价值创造潜力的评估 [J]. 中国工业经济，2005 (3).

[13] 费宇，关赟，李娟. 区域主导产业选择的定量分析——以云南省为例 [J]. 云南财经大学学报，2009 (4).

[14] 石磊，刘霞. 从全要素生产率（TFP）考察我国金融风险发生的可能性 [J]. 复旦大学学报（社会科学版），2006 (1).

[15] 陈晓剑，王淮学. 主导产业的选择模型 [J]. 中国管理科学，1996 (4).

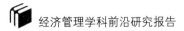
［16］ 梁东黎. 服务业在国民经济中的比重问题研究［J］. 产业经济研究，2009（2）.

［17］ 钱雪亚，严勤芳. 主导产业选择的原则及评价体系［J］. 统计与决策，2002（1）.

［18］ Engelbrecht H. Are Purchased Information Services Underused in Manufacturing? Evidence from Japan, Korea and Taiwan［J］. Applied Economics，1990，22（2）.

［19］ Jun Z. Investment，Investment Efficiency and Economic Growth in China ［J］. Journal of Asian Economics，2003（14）.

Research on Selecting the Leading Industries of Modern Services in China

Yan Xingyu and Zhang Yueyou

Abstract：The paper will establish selecting index system of leading industry of modern service，calculate total factor productivity of segment industry of modern service in China based on its estimating capital stock，combine with multi-index factor，and identify the leading modern service industry by analytic hierarchy process，finally argue that the leading modern service industry includes leasing and commercial services，information transmission，computer services and software，education，culture and arts，radio，film and television，finance and insurance，wholesale and retail trade and catering services，transport，storage，post and telecommunication services and put forward some policy suggestions to promote the development of the leading modern service industry.

Key Words：Modern Service Industry；Leading Industry；Total Factor Productivity；Analytic Hierarchy Process

服务经济学学科前沿研究报告

生产性服务业与制造业融合背景的
产业升级*

杨仁发　　刘纯彬

【摘　要】 生产性服务业与制造业融合有利于提升产业竞争力，促进产业升级。生产性服务业与制造业价值链环节上活动的相互渗透、延伸和重组，是生产性服务业与制造业融合发展的反映。价值链高度相关是生产性服务业与制造业融合的基础动力，技术创新是生产性服务业与制造业融合的内在动因，规制放松是生产性服务业与制造业融合的外在动因。生产性服务业与制造业融合过程实质是价值链分解和重构整合的过程，生产性服务业关系性地融合到制造业价值链的基本活动中，以及结构性地融合到制造业价值链的辅助活动中。根据价值链之间作用方式的不同，生产性服务业与制造业价值链分解和整合的方式和过程各不相同，从而形成不同的融合模式。

【关键词】 生产性服务业；制造业；价值链；融合

　　生产性服务业[①]是指在产品生产和服务提供的过程中，作为中间投入品的服务。它不同于消费者服务业，生产性服务业的主要作用在于提高制造业生产各阶段效率，提升产出价值，从而提高产业竞争力。从产业演变的视角看，生产性服务业与制造业的关系经历分立、共生互动和融合三个阶段，两者的关系由松散到紧密：一是生产性服务业和制造业分立阶段。生产性服务业为制造业的生产交易等活动提供服务，发挥"经济润滑剂"作用。这一阶段生产性服务业独立于制造业内部价值链。二是生产性服务业和制造业共生互动发展阶段。这一阶段生产性服务业从制造业价值链中分离出来，形成独立的生产性服务业，与制造业互动发展，从而提高制造业价值链效率，相互促进、相互支持，从而促进生产性服务业和制造业的产业升级。三是生产性服务业和制造业融合发展阶段。伴随制造业服务

　　* 作者：杨仁发、刘纯彬，南开大学经济学院。本文引自《改革》2011年第1期。该标题为《改革》编辑部改定标题，作者原标题为《基于价值链的生产性服务业与制造业融合理论阐述》。基金项目：教育部人文社会科学一般项目"中国生产性服务业与制造业融合发展研究"（批准号：10YJC790331）。

　　① 生产性服务业也称为生产者服务业，主要包括物流服务、金融保险、研发服务、法律服务、仓储运输、人力资本服务、会计服务、信息服务等服务领域。

化和服务业产业化，生产性服务业与制造业的界限越来越模糊，由共生互动逐渐合二为一。这种融合更多地表现为生产性服务业向制造业价值链的延伸、渗透和重组，生产性服务业正加速向制造业的研究、设计、物流、服务等过程展开全方位的渗透，两个产业相互融合，最终形成新型产业体系。

我国已进入工业发展新阶段，面临生产性服务业与制造业从共生互动到融合的转折。对处于新的国际竞争环境下的我国经济发展、转型与竞争力提升来说，研究生产性服务业与制造业融合发展具有重要的现实意义。主要体现在以下两方面：一方面，生产性服务业与制造业融合将加速我国工业化进程和二元经济结构转型。在新型工业化进程中，通过生产性服务业与制造业的融合，将优化资源配置，劳动力一定程度转移到非农产业，扩大就业，实现新的经济增长。另一方面，生产性服务业与制造业融合将提升中国产业的国际竞争力。目前，我国制造业整体竞争力较弱，主要表现在制造业技术含量低、产品附加值低、处于价值链低端等方面，而解决这一问题的关键，只能依靠制造业产业升级并提高我国制造业的国际竞争力，而实现这一目的的重要方式与渠道就是推进生产性服务业与制造业融合。生产性服务业与制造业融合过程其实就是技术含量增加与资源重新优化整合的过程。面临新型工业化任务，如果能够妥善处理好生产性服务业与制造业融合之间的关系，走一条生产性服务业与制造业融合发展的新型工业化道路，这次产业变革将成为提高我国产业结构发展层次与产业竞争力的绝好机遇。

价值链概念最早由美国学者 Michael E.Porter 于 1985 年提出。他认为，"每一个企业用来设计、生产、营销、交货以及对产品起辅助作用的各种活动集合，都可以用一个价值链表现出来"。① 企业价值的创造是通过一系列活动构成的，这些活动可以分为辅助活动和基本活动。辅助活动是指企业的辅助性增值活动，这些辅助活动通过外购投入、技术开发、人力资源等提供支持。基本活动是指生产经营的各个环节，包括内外部后勤、生产经营、市场营销、售后服务等。由于企业的每一项活动都可以创造价值，这些相互关联的活动构成一个创造价值的动态过程，即价值链。从价值链的角度，生产性服务业价值链包括产品开发、采购服务、物流配送、产品销售服务、人力资源服务等范畴；制造业价值链包括企业基础设施、人力资源管理、采购、内外部后勤、生产、市场销售等范畴。可以看出，生产性服务业价值链与制造业价值链之间关联性较大，结合点较多，因此，生产性服务业可以融合于制造业价值链中，生产性服务业与制造业融合从价值链的辅助活动和基本活动两方面进行。

关于生产性服务业与制造业融合，国内外的研究更多的是从制造业服务化角度展开。Vandermerwe 等（1988）将制造业通过其价值链逐渐前移或后移，运用服务提升自身产品竞争力，从而向服务转型，并将这一过程称为"服务化"。Pappas 和 Sheehan（1998）认为，在生产过程中，融入制造产品的创新、生产、销售等服务过程形成的综合体，形成"制造服务部门"。这就使得传统上具有明确边界的生产性服务业和制造业变得模糊起来，

---

① [美] 迈克尔·E. 波特. 竞争优势 [M]. 陈小悦译. 北京：华夏出版社，2005.

逐渐融合为一体。陆小成（2009）具体分析了生产性服务业与制造业融合的知识链模型，并提出生产性服务业与制造业融合的机制建设。另一些文献从价值链或产业链的角度研究服务业与制造业融合。Wirtz（2001）从价值链的角度具体分析媒体产业与通信业的融合过程，认为融合过程包括价值链分解与价值链重构两个阶段。Araujo 和 Spring（2006）从价值链角度分析企业和用户的关系，认为是混合产品和服务要素复杂组合的导向，这种导向是基于制造与服务融合，从而出现生产结构重组。刘鹏和刘宇翔（2008）从产业价值链的角度阐述生产性服务业与制造业的融合过程，但没有具体分析价值链之间如何进行融合。李美云分析服务业跨产业融合发展的趋势，提出服务业跨产业融合发展的互补型、替代型和结合型三种融合模式①。童洁等以实物产品和生产性服务的关联为切入点，分析制造业与生产性服务业的融合发展模式②。

现有的文献大多从不同的角度探讨生产性服务业与制造业融合发展的某一方面，缺乏系统的分析，尤其是从价值链的角度系统分析生产性服务业与制造业融合。在此，以价值链为视角，分析生产性服务业与制造业的融合动因、融合过程、融合模式，并提出生产性服务业与制造业融合的政策启示。

一、生产性服务业与制造业的融合动因

生产性服务业与制造业的融合是基于以下几方面原因：

（一）价值链的高度相关是生产性服务业与制造业融合的基础动力

生产性服务业与制造业价值链高度相关体现在两产业间的协同与竞争。生产性服务业特别是制造业竞争日益激烈，给企业带来严峻的挑战，同时也带来难得的发展机遇，企业将面临如何推动技术创新、业务创新和管理创新。这就需要企业在不断变化的竞争环境中不断探索如何实现利润最大化和保持长期的竞争优势，这也需要企业在竞争中协同，在协同发展中进行创新，实现某种程度的融合，这时企业的竞争和协同方式会发生改变。企业的竞争方式由单个企业间的竞争转向价值链的竞争，最终转向跨价值链间的竞争；协同方式也由最初的企业内部协同转向企业外部协同，由产业内部协同转向多个产业协同③。竞争与协同方式的变化促进生产性服务业构成要素与知识向制造业的扩散，促进生产性服务业与制造业向同一方向发展，形成融合型产品。生产性服务业与制造业融合发展，突破产业间的条块分割，加强产业间的竞争与协同关系，减少产业间的进入壁垒，降低交易成

---

① 李美云. 论服务业的跨产业渗透与融合 [J]. 外国经济与管理，2006（10）：25-42.
② 童洁等. 制造业与生产性服务业融合发展的模式与策略研究 [J]. 软科学，2010（2）：75-78.
③ 刘徐方. 现代服务业融合发展的动因分析 [J]. 经济与管理研究，2010（1）：40-44.

本，从而提高产业竞争力。因此，产业间价值链高度相关是生产性服务业与制造业融合的基础动力。

（二）技术创新是生产性服务业与制造业融合的内在动因

技术处于价值链的前端，是产业发展的原动力。生产性服务业与制造业都是以现代技术特别是信息技术为主要支撑。一方面，制造业技术创新开发出替代性或关联性的技术和产品，然后通过渗透扩散到生产性服务业中，从而改变制造业产品的技术路线，因而改变制造业的生产成本函数；同样，生产性服务业技术创新通过渗透到制造业中改变其生产成本函数，这种生产性服务业与制造业的相互渗透扩散为生产性服务业与制造业融合提供动力。另一方面，技术创新改变生产性服务业与制造业市场的需求特征，给原有产业的产品带来新的市场需求，从而为生产性服务业与制造业融合提供市场空间。技术创新在生产性服务业与制造业中的扩散导致技术融合，技术融合促使生产性服务业与制造业的技术壁垒逐渐消失，形成共同的技术基础，从而使技术边界趋于模糊，最终导致生产性服务业与制造业融合。但在产业发展的实践过程中，技术创新不一定导致产业融合。如果产业的技术创新大多发生在本产业内部，而不是发生在产业边界，则产业融合不会发生；并且只有对传统经营观念进行创新，将管理创新、技术进步、放松规制结合起来，产业融合才会变为现实。因此，技术创新是生产性服务业与制造业融合的内在动因，技术融合是生产性服务业与制造业融合的前提条件。

（三）规制放松是生产性服务业与制造业融合的外在动力

由于不同产业间存在着进入壁垒，不同产业之间也存在着各自的边界。美国学者施蒂格勒认为，进入壁垒是新企业进入过程中比旧企业多承担的成本，产业进入壁垒的主要形成原因是政府的经济性规则。目前生产性服务业在准入、经营、定价等方面都受到较多规制，而传统的多重规制及过度规制在较大程度上抑制了生产性服务业的发展，从而减少了竞争。规制放松不是单纯地减少规制或没有规制，而是使规制合理化，规制放松是减少对产业发展不利或不必要的规制，同时增加必要的激励规制，合理优化配置资源[①]。根据发达国家生产性服务业发展的经验，在生产性服务业发展过程中，政府规制政策对生产性服务业发展起到重要作用。政府规制直接决定生产性服务业进入市场的难易程度和机会，从而决定了生产性服务业的市场结构以及竞争程度。规制放松将使生产性服务业加入制造业的竞争中，使得生产性服务业价值链活动与制造业价值链活动相互配合，从而逐渐走向生产性服务业与制造业融合。在融合过程中，政府必须密切关注生产性服务业与制造业的发展动态，把握技术创新和技术融合对生产性服务业与制造业融合的影响，同时实行监管融合。因此，规制放松是生产性服务业与制造业融合的外在动力。

---

① 刘徐方. 现代服务业融合发展的动因分析 [J]. 经济与管理研究，2010（1）：40-44.

二、生产性服务业与制造业融合过程模型

Wirtz（2001）以传媒业和通信业为例，具体分析产业融合的价值链分解与价值链重构两个阶段；而 Greenstein 和 Khanna（1997）从理论上分析产业融合的价值链融合过程。借鉴 Wirtz（2001）、Greenstein 和 Khanna（1997）、李美云（2007）的观点，将生产性服务业与制造业价值链融合过程分为价值链的分解与价值链的重构两个阶段。在这一融合的过程中，当原有的制造业和生产性服务业的价值链由原来的链式结构分解为混沌的价值活动网络后，散落的价值链条被截取出来，并有所取舍地整合到新的产业价值链中。生产性服务业与制造业融合意味原有产业链的分解和新的融合型产业价值链的形成。

（一）价值链的分解

随着技术的进步、市场范围的扩大，社会分工更加细化，价值链的增值环节越来越多，价值链结构也更加复杂。当在技术创新和放松规制导致生产性服务业与制造业融合发生时，原有的制造业和生产性服务业价值链断裂分解为散落的价值链条，并最终导致原有制造业和生产性服务业价值链的分解，形成混沌的价值活动网络①。根据作用方式的不同，价值链的分解分为以下三种情况：

1. 渗透方式下的价值链分解

生产性服务业向制造业渗透是主要发生在那些保障制造业正常生产运作的生产性服务业中。当这些生产性服务业渗透到制造业中，制造业价值链中一些原有为生产服务的功能将从相关价值创造环节中分离出来。在制造业价值链中，从基本活动中的内外部后勤中分离出物流服务，从生产活动中分离出维修服务；从辅助活动中的基础设施分离出诸如财务会计、法律、质量管理的基础设施服务，从人力资源管理中分离出人力资源服务。这些分离最终将导致原有价值链的断裂和分解，而相关的生产性服务业价值链则被保留。

2. 延伸方式下的价值链分解

采用价值链延伸方式的生产性服务业主要是与制造业的研发、销售与服务密切联系的研发设计、销售代理服务、客户服务，这些生产性服务处于制造业价值链的上游或下游环节。因此，这些生产性服务业价值链向上或向下延伸与制造业价值链发生交叉时，制造业价值链就会发生分解。在一般情况下，制造业价值链中与生产相关环节的价值链被基本保留，而上游或下游的生产性服务环节的价值链则会被分离出来。

3. 重组方式下的价值链分解

在重组方式下，生产性服务业与制造业分解各自的价值链，价值链中那些在技术上和

---

① 李美云. 服务业的产业融合与发展 [M]. 北京：经济科学出版社，2007.

经济效果上可分离的价值活动将逐一分解，形成一种混沌状态下的价值链网。这些价值活动的技术性和经济性将决定价值链分解的程度的大小。价值链的分解应遵循两个基本原则：一是各个价值活动具有一定的技术上和经济上的独立性，即这些价值活动单独就能存在；二是该价值活动对竞争优势具有较大的影响，如对价值链差异化产生很大的潜在影响，或在成本中占有较大的比例。① 因此，与前两种分解方式相比较，这种分解方式的生产性服务业与制造业价值链分解程度最高。

（二）价值链的整合

对于生产性服务业与制造业融合过程来说，不同作用方式的价值链分解后，价值链的整合过程也不尽相同。

1. 渗透和延伸方式下价值链的整合

生产性服务业与制造业融合通过生产性服务业向制造业渗透或延伸来实现，称为"制造业服务化"过程，这一过程意味着原来以实物产品生产为价值链核心的制造业，必须重新审视其以往的价值链。当原有制造业的价值链中包括的自我服务环节，如研究开发、市场推广、服务等从制造业价值链中分离出来，分解为混沌网状结构后，企业根据自身的核心竞争力和未来潜在的市场需求，整合价值链，形成新的价值链，此时，价值链的核心将发生根本性变化，从原来以实物产品生产为核心的价值链，转变为以实现客户价值、为客户提供全方位服务为核心的价值链。新的价值链不仅包括制造业价值链的核心价值活动，还包括融合生产性服务业价值链的核心价值活动，这些价值活动不是简单的集中，而是分解并进行截取后的有序整合。

2. 重组方式下价值链的整合

生产性服务业与制造业价值链中技术上和经济效果上可分离的价值活动被逐一分解后，截取其中一些价值活动单位，整合形成新的价值链。在价值链的重组过程中，根据现有的产业特性和未来潜在的市场需求，截取原有价值链核心增值价值活动，这时并非截取原有制造业和生产性服务业价值链的所有价值活动，进行有序的重组整合，从而形成新的价值链。新的价值链使得原来有生产性服务的核心能力和服务体系转移到新的价值链中，从原来各自分散提供顾客的服务融合形成新的高效服务系统，为顾客提供一体化的解决方案，Wirtz（2001）把这种不同价值链的重组整合过程称为"价值增值环节一体化"。

总的来看，生产性服务业与制造业价值链上的活动差异以及活动间的协调程度是生产性服务业与制造业融合发展的反映。

生产性服务业与制造业融合通过价值链上的分解与整合，一方面，生产性服务业必须关系性地融合到制造业价值链基本活动中，以保持制造业生产经营活动的连续性和协调性，形成生产性服务业与制造业基本活动的融合，如融合形成物流服务、制造维修服务、客户关系管理、销售代理服务等，这种融合使得企业间可以不断地以低成本、高效率交换

---

① 李美云. 服务业的产业融合与发展 [M]. 北京：经济科学出版社，2007.

那些至关重要的、无法通过市场机制获得的信息和知识。生产性服务业与制造业的基本活动融合，实现了企业内外部价值链更好的融合，使得信息交流更加顺畅，这就超越了市场交换关系中价格体系所起的作用。

另一方面，生产性服务业与制造业的辅助活动融合，融合到企业的社会网络中，依靠自身专业化的技能，提高专业化水平和企业资源配置的效率，从而增加产出。该融合网络形成良好的信任和合作关系，企业间的关系就转变为"社会实施"的、"多次性"的信任博弈，从而降低交易费用，获得经济报酬递增的经济效果（刘明宇，2010）。

综上所述，在生产性服务业与制造业融合的过程中，原有的价值链分解为价值活动单位，形成混沌的价值活动网络，通过市场选择，截取一些最优或核心环节参与融合，并按照一定的联系进行价值系统重构，形成新的价值链。因此，价值链的分解不是最终目的，而是为了更好地进行生产性服务业与制造业价值链融合，融合成新的价值链，以创造出更大的价值。生产性服务业与制造业融合价值链过程模型用图1表示。

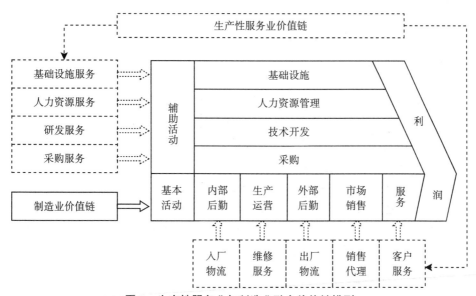

图1　生产性服务业与制造业融合价值链模型

资料来源：根据 Michael E. Porter（1985）、李美云（2007）、Wirtz（2001）、刘明宇等（2010）的研究成果综合整理。

三、生产性服务业与制造业融合模式分析

根据生产性服务业与制造业融合过程中价值链的相互渗透、延伸、重组作用方式，形成不同的生产性服务业与制造业融合模式。

(一) 互补型融合模式

互补型融合模式是指生产性服务业与制造业价值链间相互渗透，使生产性服务业与制造业之间融合成一种新型融合产品，融合后的产品更多地体现制造业的功能，同时兼有生产性服务业的特征。在这一融合过程中，生产性服务业与制造业通过相互合作以及价值链的相互渗透来实现两者的融合发展，这时，整个制造业价值链得以保留，相关的生产性服务业的价值链融入其中。在开发、生产、销售等活动构成的制造业生产价值链上，制造业与生产性服务业只有通过密切渗透和相互配合，才能实现制造产品和生产性服务捆绑销售，如产品的开发和设计由产品和生产性服务集成商完成，而制造和维修等业务则由相关的生产性服务业提供。在此模式下，生产性服务业与制造业在本质上是相关的，是通过满足客户对于实物产品和生产性服务的完整需求来实现的，只有通过制造业与生产性服务业在价值链上的相互渗透，才能提供完整的解决方案。

这种融合模式主要发生在为保证制造业正常运作的生产性服务业与制造业之间。Hockers (1999) 所指的"需求导向服务"以及 Marceau 和 Martinez (2002) 提出的"产品服务整合"都属于这种互补型融合模式下的融合产品。需求导向服务并不跟特定产品有关，而旨在提高顾客满意程度，如最小成本化计划、制造业设备管理；"产品服务整合"是指制造企业在生产过程中根据客户特别要求或偏好额外增加研发、设计、技术服务。这种融合模式扩展了生产性服务业与制造业的价值链内涵，更加关注消费者的需求，因而能有效地提高消费者的满意度，制造企业通过提高顾客满意度来提高客户或品牌忠诚度，从而提高其市场渗透力和产业竞争力。这种融合模式最为典型的是 IBM 为客户提供的信息系统整体解决方案。在这一融合模式下，培训、咨询等生产性服务全面渗透到 IT 制造业中，从而 IBM 为客户提供解决方案。这一解决方案不但包括服务器、终端机、网络设备及信息采集设备等硬件以及相关软件，还包括提供培训、咨询等生产性服务；而且根据客户的特点和特别需求，分析客户的业务流程、信息种类及处理、客户战略等问题，并提供相应的服务，以使其方案与客户需求相匹配。

(二) 延伸型融合模式

延伸型融合模式是指生产性服务业通过制造业价值链的延伸，在同一价值链上游或下游衍生出与实物产品相关的融合型产品。在制造过程中，随着产品对投入资源的要求增加，以及客户对产品的更加多样化，将形成对生产性服务的需求。因此，制造业通过分析产品特点，挖掘其从研发到售后的整个价值链，找到新的生产性服务需求，从而发掘新的利润增长点。这样就拓宽了生产服务业和制造业的领域，延伸生产性服务业和制造业价值链，也在一定程度上增强了生产性服务业和制造业的辐射功能，这样既能够开拓新的制造业市场，也可以带动生产性服务业的发展，这将在一定程度上增加产品的市场地位和竞争力，从而提升生产服务业和制造业的竞争力。基于延伸型融合模式，制造业的实物产品衍生出新的基于"用户导向"的生产性服务需求，这就使得生产性服务业领域不断拓展并渗透到制造业中，在生产性服务业与制造业融合的过程中，生产性服务业通过分工更加细化，发展集群化和提高专业化水平，从而提高服务能力，进而促进生产性服务业的发展。

这种融合模式主要发生在与实物产品销售和使用密切联系的生产性服务业与制造业之间，或者与实物产品研发相联系的研究设计等知识密集的生产性服务业与制造业之间。Hockers（1999）所指的"用户导向服务"以及White（1999）提出的"产品扩展服务"都属于这种延伸型融合模式下的融合产品。产品扩展服务是指服务提供者不拥有产品所有权，但必须随产品一起提供的服务，如维护、升级等服务，从而使制造者超越产品销售时点而与顾客保持长期的接触关系。这种延伸型融合模式较易出现在比较昂贵的产品或大型设备制造业上，如汽车制造业、大型机械设备制造业。以通用汽车、上汽集团合资建立的上海安吉安星信息服务有限公司为例，安吉安星信息服务公司不断拓展汽车价值链需求，从而为汽车用户提供更多有价值的生产性服务。该公司不断推出服务品牌和相关产品，如金融贷款服务、二手车业务等，进行价值链的延伸，同时为用户提供广泛的汽车安全信息服务，如撞车自动报警、道路援助、远程解锁服务、远程车辆诊断等，服务于消费者，为消费者创造更多价值，通过这种拓展提升上海通用汽车的产品竞争力和服务竞争力。这种模式是在价值链上通过创造和开发客户需求来实现产品的生产性服务。

（三）替代型融合模式

替代型融合模式是指生产性服务业与制造业通过价值链的分解、重组，形成新的价值链通道，从而形成新的融合型产品。在这一模式下，消费者购买产品的同时，可以获得能保证其有效运营的系列服务，从而大大增加产品的使用价值。制造业可以利用其在实物产品生产过程中长期积累的整个产品生产周期所要求的相关服务知识以及专业技术和设备，很方便地进入与实物产品相关的生产性服务业领域，通过价值链重组，推进相关技术、资源、业务以及管理组织的融合，扩展或改造其价值链上的价值创造环节，从而在向消费者提供"一站式购买"解决方案的同时，保持与顾客的多点接触，使双方的价值最大化。

在替代型融合模式下，制造业的实物产品与生产性服务业的服务通过技术、资源、业务、管理和市场等价值链的重组，给客户提供替代型融合产品。在这种模式下，企业提供满足客户一定需求的实物产品和生产性服务。两者重组结合出售，充分利用实物产品和生产性服务的不同优势，实物产品通过品牌、销售渠道等方面的优势来增加生产性服务业的需求，生产性服务业通过较低的交易费用、专业化水平等方面的优势来促进产品销售，从而占据和扩大不同的市场，产生更多的价值，形成"1+1>2"的效用。该模式通过替代型模式创新，使生产性服务和制造业在价值链上寻找新的重组结合点，从而在一定程度上拓宽生产性服务业和制造业的领域。在替代型融合模式下，企业通过价值链分解和重组，进行跨地区、跨行业的重组、合并和转型，此时，企业所属产业的定位不再清晰，转型后的企业不一定能清晰地定位是属于制造业还是生产性服务业，如GE、AT&T在其转型后，通过具有优势的产品和服务在市场上占据不同地位，形成替代型融合模式下新的竞争优势。在这一融合模式中，重要的是结合制造业自身业务的特点，找到制造业与生产型服务业价值链的最佳重组点，通过这种转型，企业能够产生新的竞争优势。这种替代型融合模式适合于大中型企业，尤其是拥有一定的品牌和市场地位的企业。这种融合模式主要发生在电信、通信、机械设备等行业。

四、结论与政策启示

生产性服务业与制造业融合发展是非常丰富的。生产性服务业与制造业价值链环节上活动的相互渗透、延伸和重组，是生产性服务业与制造业融合发展的反映。价值链的基本活动通过作用于产品的功能形成，直接进行价值创造。价值链高度相关是生产性服务业与制造业融合的基础动力，价值链上游的技术创新是生产性服务业与制造业融合的内在动因，而规制放松是生产性服务业与制造业融合的外在动力。生产性服务业与制造业融合过程实质是价值链分解和重构整合的过程，当技术创新和规制放松导致生产性服务业与制造业融合时，原有的价值链分解，形成混沌的价值活动。通过市场的选择，将一些最优最核心的价值活动按照一定的联系进行价值链的重构整合，实现生产性服务业与制造业价值链融合，在创造出更高顾客价值的基础上获得企业经济绩效的增长，提高基本生产活动效率，同时进一步提高规模递增的经济效果，从而提升制造业的产业升级以及带动生产性服务业的发展。生产性服务业与制造业价值链实质上有紧密的联系，针对不同类型的制造业和生产性服务业，根据价值链之间作用方式的不同，其价值链分解和整合的方式和过程各不相同，从而形成不同的融合模式，根据生产性服务业与制造业的不同特点，生产性服务业与制造业融合可采用互补型、延伸型、替代型融合模式。

根据以上分析，对于制定促进生产性服务业与制造业融合政策有以下启示：

第一，为更好地提供促进生产性服务业与制造业融合的条件，政府需要制定合理的规制政策，减少不合理的规制政策，以实现资源的最佳配置，促进生产性服务业与制造业融合，同时，政府也应制定合理的促进技术创新的政策。因此，需要政府将促进生产性服务业与制造业的政策由单一政策变为协同政策，以更好地实现生产性服务业与制造业的融合。

第二，生产性服务业与制造业融合过程实质上是价值链的分解和整合，在这一过程中，生产性服务业关系性地融合到制造业价值链的基本活动中，以及结构性地融合到制造业价值链的辅助活动中，因此，政策的制定需要考虑如何更好地促进这两方面的融合，应提供一个良好的融合环境，政策的重点应放在如何降低交易成本、鼓励研发投入、加强教育培训、优化创新环境、建设信息平台等方面，以提高生产性服务业与制造业融合效果。

第三，企业应根据生产性服务业与制造业融合的不同模式，充分发挥价值链作用，针对不同类型的企业选择不同的融合模式，以实现融合效果的最大化，从而提升企业竞争力。因此，企业应根据不同的融合模式选择不同的政策组合，应将政策的重点放在如何促进技术创新、降低协调成本、提高专业化水平等方面，以促进企业更好地融合发展。

参考文献

[1] [美] 迈克尔·E. 波特. 竞争优势 [M]. 陈小悦译. 北京：华夏出版社，2005.

[2] 李美云. 论服务业的跨产业渗透与融合 [J]. 外国经济与管理，2006 (10)：25–42.

[3] 童洁等. 制造业与生产性服务业融合发展的模式与策略研究 [J]. 软科学，2010 (2)：75–78.

[4] 刘徐方. 现代服务业融合发展的动因分析 [J]. 经济与管理研究，2010 (1)：40–44.

[5] 李美云. 服务业的产业融合与发展 [M]. 北京：经济科学出版社，2007.

The Industrial Upgrading against the Background of Integration between Productive Service Industry and Manufacturing Industry

Yang Renfa and Liu Chunbin

Abstract: The integration of productive service industry and manufacturing industry, will help improving the industrial competitiveness and promoting the industrial upgrading. The inter-penetration, extension and restructure of the value chains of productive service industry and manufacturing industry, are reflection of the integration development of productive service industry and manufacturing industry. The highly related value chains are the basic motivation of the integration of productive service industry and manufacturing industry, innovation is the intrinsic motivation, while deregulation is the external motivation. The integration of productive service industry and manufacturing industry is essentially the process of decomposition and reconstruction of the value chains. Productive service industry relationally integrates in the primary activities of the value chain of manufacturing industry and structurally integrates in the supporting activities of the value chain of manufacturing industry. Due to different action modes of value chains, there are different approaches and processes of decomposition and integration of the value chains of productive service industry and manufacturing industry to form different integration models.

Key Words: Productive Service Industry; Manufacturing Industry; Value Chains; Integration

工业和服务外包对中国工业生产率的影响 *

姚战琪

【摘　要】本文根据中国投入产出表，通过构建 CES 生产函数和超越对数生产函数，就中国工业行业的工业外包、服务外包和总体外包对生产率的影响进行实证检验，并探讨了技术进步对工业行业外包行为选择和生产率增长的影响。本文的分析结果显示：①工业外包、服务外包和总体外包对工业行业生产率都有促进效应，但服务外包的生产率效应大于其他两种外包对生产率的贡献。②从对工业产出的贡献角度分析，服务外包对总产出的贡献大于其他两种外包对产出的贡献。③将技术进步与外包的交互作用引入后，技术进步对生产率增长率的贡献大于工业外包和总体外包的贡献。同时，工业技术进步速度的加快减少了资本密集型行业的外包，但是，提高了技术密集型行业的外包。原因是技术通过改变成本的结构而使企业边界发生变化，从而影响了企业的选择。

【关键词】服务外包；工业外包；技术进步；生产率

一、引言及文献综述

目前，关于外包的热点问题研究主要集中在外包的经济效应、外包的动因、外包的就业效应和外包对产出和生产率的影响等领域。Feenstra 和 Hanson（1996，1997）的研究发现，外包对 20 世纪 80 年代美国熟练工人相对工资的上涨具有很强的解释能力。Feenstra 和 Hanson（1999）比较了贸易和技术变化影响工资的差异程度，发现国际外包和用于高技术的资本品的支出对非生产性工人的相对工资的增长均有明显影响。

外包对发达国家母国就业的影响成为众多学者关注的焦点问题之一，围绕外包对就业

---

* 基金项目：本文为国家社科基金重大项目"中国现代服务业发展战略研究"（编号：08&ZD041）的阶段性成果。

作者：姚战琪，中国社会科学院财政与贸易经济研究所，邮政编码：100836，电子邮箱：yzhanqi@yahoo.com。感谢匿名审稿人的宝贵建议，文责自负。

本文引自《经济研究》2010 年第 7 期。

影响的主流观点有三种：外包引起部分劳动力岗位的流失；外包推动就业的增加；外包影响就业的结构。也有部分研究认为，外包对就业存在负面效应。例如，Ron Hira 等就认为，20 世纪末期以来，美国电子工程师就业状况的明显恶化是与美国电子计算机行业大幅度的外包分不开的（龚雪、高长春，2005）。

外包（包含离岸外包和来自本土的外包）要求大量的沉没成本投入，许多生产效率较高的企业采用外包战略，使高效率企业的市场份额增加，并减少低效率企业的市场份额。由于外包导致生产要素在不同效率的企业之间重新配置，因此在产业层面提高了总量生产率水平（Olsen，2006）。另外，国际外包提高了对高技能工人的需求并增加了他们在劳动力市场中的份额，所以外包使劳动力市场的结构向高技能劳动力的方向转变。当国际外包增加了一个产业的劳动力要素的技能密集度时，外包会促进总量生产率增长。

近年来，部分国内学者开始关注外包对中国经济的影响。江小涓（2008）从合约理论角度提供了研究服务外包的一个理论分析框架。徐毅、张二震（2008）用生产函数法计算了以中国为本位的外包对劳动生产率的影响，但他们没有区分服务外包和工业外包对生产率影响的差异；王中华和代中强（2009）遵循 Amiti 和 Wei（2005）的模型及分析思路，计算了以我国为本位的工业行业物品外包、服务外包比率，并对两种外包的生产率效应进行实证分析，但没有分析外包的就业效应，同时使用的生产函数形式较为简单。

外包对中国工业行业的生产率具有何种影响？工业行业的服务外包和自身的工业外包对生产率的影响有何差异？技术进步对不同要素密集度的工业行业外包行为的影响有何差异？工业行业的外包是否像在发达国家那样，导致了就业显著减少？本文试图回答这些问题。本文根据 1997 年和 2002 年中国的投入产出表，就工业外包、服务外包和总体外包对工业生产率、就业和产出的效应与影响进行实证检验和比较，并深入分析了技术进步对工业行业外包行为选择、生产率的实质影响。结构如下：第一部分为文献综述；第二部分简要描述模型和研究方法；第三部分构造资料序列；第四部分为实证分析结果；第五部分为结论和政策建议。

二、模型和基本假定

（一）CES 生产函数形式对外包的生产率效应

本文使用不变替代弹性生产函数分析外包对产出和生产率的影响。具体函数形式为：

$$Y_i = A_i \left[\delta \bar{K}_i^{-\rho} + (1-\delta) \bar{L}_i^{-\rho} \right]^{-\frac{\mu}{\rho}} \tag{1}$$

其中，A 表示技术变化率，δ 和 $1-\delta$ 分别表示资本和劳动的分配系数，μ 表示规模报酬参数，$\bar{K}_i$ 和 $\bar{L}_i$ 分别表示有效资本和有效劳动水平。我们假定：$\bar{K}_i = \alpha_K (O_i) K_i$，$\bar{L}_i =$

$\alpha_L(O_i)L_i$，$\alpha_K(O_i)$ 表示资本的效率测量值，$\alpha_L(O_i)$ 表示劳动的效率测度。为了描述离岸外包对有效资本、有效劳动和技术水平变化的影响，设 $\alpha_K(O_i) = \exp(\beta_K O_i)$，$\alpha_L(O_i) = \exp(\beta_L O_i)$，$A_i = \overline{A}\exp(\eta_i + \zeta O_i)$。因此，式（1）可重新表达为：

$$Y_i = \overline{A}\exp(\eta_i + \zeta O_{i,t})\{\delta[K_i\exp(\beta_K O_i)]^{-\rho} + (1-\delta)[L_i\exp(\beta_L O_i)]^{-\rho}\}^{-\frac{\mu}{\rho}} \tag{2}$$

将式（2）两边取对数，并在 $\rho = 0$ 处按泰勒级数展开，得到以下模型：

$$\ln Y_{i,t} = \beta_0 + \beta_A O_{i,t} + (\mu-1)\ln(L_{i,t}) - \frac{\mu}{\rho}\ln\{\delta[k_{i,t}\exp(\beta_k O_{i,t})]^{-\rho} + (1-\delta)]\} + \varepsilon_{i,t} \tag{3}$$

其中，$k = K/L$，$\beta_k = \beta_K - \beta_L$，$\beta_A = \beta_L\mu + \xi$。

为了克服可能存在的内生性问题，同时对使用滞后变量的模型进行估计：

$$\ln Y_{i,t} = \beta_0 + \beta_A O_{i,t-1} + (\mu-1)\ln(L_{i,t}) - \frac{\mu}{\rho}\ln\{\delta[k_{i,t}\exp(\beta_k O_{i,t-1})]^{-\rho} + (1-\delta)]\} + \varepsilon_{i,t} \tag{4}$$

（二）Translog 生产函数形式对外包的生产率效应

除了 CES 生产函数以外，本文还采用两种投入的超越对数生产函数分析外包对生产率、产出的影响。具体生产函数形式为：

$$\ln(Y) = \beta_0 + \beta_K\ln K + \beta_L\ln L + \frac{1}{2}\beta_{KK}(\ln K)^2 + \frac{1}{2}\beta_{LL}(\ln L)^2 + \beta_{KL}\ln K \times \ln(L) \tag{5}$$

$\ln(Y)$、$\ln(K)$、$\ln(L)$ 分别表示总产出、资本和劳动的自然对数。我们借鉴徐毅、张二震（2008）的做法，将外包率与资本、劳动的对数分别相乘，进入超越对数生产函数。但与他们不同的是，我们不但考虑了行业的个体差异，也控制了时间效应的差异，即模型既包括不随时间变化的行业固定效应，也包括不随行业变化的时间固定效应。

$$\ln(LP_{i,t}) = \alpha_0 + \alpha_1 O_{i,t} + \alpha_K O_{i,t}\ln(K_{i,t}) + \alpha_L O_{i,t}\ln L_{i,t} + \alpha_{KK}(O_{i,t}\ln K_{i,t})^2 + \alpha_{LL}(O_{i,t}\ln L_{i,t})^2$$
$$+ \alpha_{LK}(O_{i,t}\ln L_{i,t}) \times (O_{i,t}\ln K_{i,t}) + \alpha_3 DS_t + \alpha_4 DJ_i + \varepsilon_{i,t} \tag{6}$$

其中，O 表示外包率，LP 表示劳动生产率，DS 表示时间固定效应，DJ 表示行业固定效应。将方程（6）中的劳动生产率换为总产出，即可用来估计外包对总产出的影响。

为了克服方程可能存在的内生性问题，同时使用滞后变量模型：

$$\ln(LP_{i,}) = \alpha_0 + \alpha_1 O_{i,t-1} + \alpha_K O_{i,t-1}\ln(K_{i,t}) + \alpha_L O_{i,t-1}\ln L_{i,t} + \alpha_{KK}(O_{i,t-1}\ln K_{i,t})^2$$
$$+ \alpha_{LL}(O_{i,t-1}\ln L_{i,t})^2 + \alpha_{LK}(O_{i,t-1}\ln L_{i,t}) \times (O_{i,t-1}\ln K_{i,t}) + \alpha_3 DS_t + \alpha_4 DJ_i + \varepsilon_{i,t} \tag{7}$$

本文拓展和修正了 Egger H. 和 P. Egger（2006）的模型，本文的模型与 Egger H. 和 P. Egger 模型的差别和贡献主要体现在：第一，本文探究了技术进步和外包的交互作用对生产率增长率的影响，以及技术进步导致不同要素密集度行业的企业边界变化所带来的外包行为差异；而 Egger H. 和 P. Egger 的研究并没有涉及这些内容。第二，本文使用两种投入的 CES 生产函数和超越对数生产函数，全面分析了外包对工业行业整体的劳动生产率的影响；而 Egger H. 和 P. Egger 的生产函数包括资本、低技能劳动和高技能劳动三种要素投入，重点分析了国际外包对低技能工人的劳动生产率的影响。第三，本文将工业行业外包进一步细分为工业外包、服务外包和总体外包，比较了三种不同形式外包对生产率的影响；而 Egger H. 和 P. Egger 对外包没有具体细分。第四，本文侧重于分析中国工业，不但分析了外包的生产率效应，也比较了三种外包对就业的影响；而 Egger H. 和 P. Egger 以欧盟制造业的面板数据为样本，没有分析外包对就业的影响等。另外，与徐毅、张二震（2008）等国内其他文献相比，本文不但分析了总体外包，也分析了工业外包和服务外包的生产率效应；同时采用 CES 生产函数和超越对数生产函数两种方法进行估计。由于本文使用工业分行业的资本存量指标，而不是多数文献常用的固定资产净值指标，因而在一定程度上提高了估算的精度。另外，本文采用的工业分类方法也不同于其他文献。

（三）外包与技术进步关系的基本模型

一方面，随着技术进步速度的加快，交易成本的下降幅度大于企业内部协调成本的节约程度，导致企业边界的缩小；另一方面，信息技术的运用和技术变化使企业内部协调成本的节约大于企业市场交易成本的下降，企业便趋向于纵向一体化，从而企业边界具有扩大的趋势。技术进步对企业边界产生的这两种完全相反的影响造成了两种不同的外包行为选择：前者增大了业务外包，后者减少了业务外包的可能性。因而，技术进步对外包的总体影响不确定。根据索洛增长模型中关于劳动生产率增长核算的基本公式，并考虑到技术进步与外包之间的交互影响，得到以下基本回归方程：

$$dllp_{i,t} = \alpha_0 + \alpha_1 dllk_{i,t} + \alpha_2 tfp_{i,t} + \alpha_3 O_{i,t} + \alpha_4 tfp_{i,t} \times O_{i,t} + u_{i,t} \tag{8}$$

其中，dllp 表示劳动生产率的增长率，dllk 表示劳均资本增长率，tfp 表示技术进步增长率。

同时，为了分析行业特征对外包行为影响的差异程度，我们估计以下方程：

$$O_{i,t} = \alpha_0 + \alpha_1 di_{i,t} + \alpha_2 dt_{i,t} + \alpha_3 di_{i,t} \times tfp_{i,t} + \alpha_4 dt_{i,t} \times tfp_{i,t} + u_{i,t} \tag{9}$$

上式中，d_i 表示工业行业要素密集度的二值变量，当行业为资本密集型工业行业时，d_i 等于 1，否则为 0；dt 表示反映行业技术密集度的虚拟变量，当工业行业为技术密集型行业时，该变量取值为 1，否则为 0。

三、数据序列构造

我们以《中国统计年鉴》中的产业目录为产业分类的基准，分别对 1997 年的 124 个部门和 2002 年投入产出表中的 122 个部门进行合并，并与统计年鉴中的产业相对应。最终采取统计年鉴上经过调整且各指标统计口径一致的 32 个分行业进行分析。

（1）产出指标。由于生产函数是两种投入的 CES 函数和超越对数生产函数，因而产出指标宜选用工业增加值。工业增加值取自各年《中国工业经济统计年鉴》，根据工业品分类出厂价格指数将工业各部门的名义工业增加值换算为以 1997 年为基础的实际产出。

（2）资本数据指标。本文中，资本存量指固定资本，不包括存货。我们采用普遍使用的固定资产永续盘存法计算固定资本。借鉴李小平（2007）的做法计算工业不变价的固定资本存量，即在按不变价计算的基年固定资本存量基础上，将每年固定资产变化额（用相邻两年的固定资产净值增加额代替）累加得到工业分部门的固定资本存量值。由于1990年前的固定资产投资价格指数缺失，1990年以前的固定资产投资价格指数来自郑玉歆（1998）的估计，1990年之后的资料来自《中国统计年鉴》。

（3）劳动指标。为了得到口径一致和可信度高的劳动资料，我们采用《中国统计年鉴》中工业各行业的职工年平均人数表示劳动投入。

（4）工资率。工资率按照中国投入产出表中各行业的劳动者报酬除以全部职工平均人数，并使用价格指数进行平减得到。

（5）技术进步。技术进步增长率使用根据Fare等（1994）构建的基于数据包络分析的Malmquist指数来代替。

（6）外包率指标。离岸外包率被定义为进口的中间投入占企业或者产业总成本的比重。Feenstra和Hanson（1999，2004）、Olsen（2006）等人给出了计算离岸外包比率的方法，我们具体使用以下方法：

$$OT = \sum_{j} \left(\frac{IN_i^j}{YD_i} \right) \left(\frac{IM_j}{TC_j} \right) \qquad (10)$$

其中，IN_i^j 表示产业 i 购买的物品 j 的规模，YD_i 表示产业 i 的非能源总投入，IM_j 表示进口的物品 j，TC_j 表示产品 j 的总消费，TC_j 的具体计算方法为产品 j 的总产出加进口减出口。

根据公式（10），不但可以计算总体外包率，还可以计算工业外包率和服务外包率。计算工业外包率时将 IN_i^j 换为 IN_i^m，即产业 i 购买服务行业 m 的规模；计算服务外包率时将 IN_i^j 换为 IN_i^s，即产业 i 购买的工业行业 s 的规模。因此，工业外包反映的是进口的工业品中间投入占中间投入总额的比重，而服务品外包为进口的服务品投入占中间投入总额的比重。

四、实证分析及解释

（一）使用超越对数生产函数计算外包的生产率效应

为了防止内生性问题，我们首先以人均产出为自变量来估计超越对数生产函数，并以此为基础测算外包对生产率的影响，估计结果见表1。同时，为了检验内生性对方程可靠性的影响程度，我们使用滞后变量回归法，即使用外包变量对其他变量的滞后一期作为随机变量代入方程（使用1997年和2002年的外包率分别对应1998年和2003年的资本存

表1 Translog 生产函数估计的外包对劳动生产率的影响（被解释变量为劳动生产率）

变量	总体外包			工业外包			服务外包		
	模型1	模型2	模型3	模型1	模型2	模型3	模型1	模型2	模型3
O	−21.79** (9.956)	−14.57** (5.747)	−8.908** (4.217)	−23.31* (11.96)	−15.21** (6.179)	−9.109** (4.392)	−143.5 (196.1)	−203.9 (146.5)	−141.0 (116.2)
OlnK	20.28*** (2.565)	17.41*** (1.832)	7.040*** (2.321)	20.87*** (2.988)	17.47*** (1.998)	6.939*** (2.341)	130.2* (66.33)	232.1*** (51.54)	75.85* (45.84)
OlnL	−27.18*** (3.815)	−24.34*** (2.893)	−10.73*** (3.270)	−27.75*** (4.286)	−24.61*** (3.058)	−10.48*** (3.327)	−49.83 (101.3)	−250.5*** (78.95)	−78.00 (64.50)
$(OlnK)^2$	−13.61*** (3.258)	−14.46*** (3.258)	−7.346 (5.096)	−14.41*** (3.872)	−15.29*** (3.846)	−7.540 (5.360)	−4383* (2179)	−2965 (2222)	−1940 (1588)
$(OlnL)^2$	−8.264 (11.45)	−14.60 (9.085)	−9.356 (12.98)	−9.819 (13.31)	−16.38 (10.37)	−10.04 (13.67)	−11070 (6789)	−3273 (6573)	−3869 (4726)
$(OlnK)\times(OlnL)$	27.25** (11.48)	32.50*** (10.38)	18.38 (15.82)	29.46** (13.48)	35.04*** (12.11)	19.11 (16.68)	12927 (7687)	6219 (7671)	5367 (5470)
DUM97			−0.666*** (0.142)			−0.679*** (0.140)			−0.876*** (0.152)
Constant	1.474*** (0.450)	1.598*** (0.303)	2.457*** (0.287)	1.494*** (0.522)	1.714*** (0.289)	2.430*** (0.244)	0.274 (0.240)	0.818*** (0.222)	2.082*** (0.304)
Hausman Test		23.15			23.05			22.16	
$P>\chi^2$		0.0007			0.0008			0.0011	
Observations	64	64	64	64	64	64	64	64	64
R-squared	0.9336	0.9313	0.647	0.9152	0.9120	0.642	0.8895	0.8678	0.5263
Number of unit	32	32	32	32	32	32	32	32	32

注：模型1、模型2、模型3分别为个体固定效应模型、个体随机效应和时刻固定效应模型。*** 表示1%的显著水平，** 表示5%的显著水平，* 表示10%的显著水平，括号中数字为回归标准误。

表2 滞后一期的 Translog 生产函数估计的外包对劳动生产率的影响（被解释变量为劳动生产率）

变量	总体外包			工业外包			服务外包		
	模型1	模型2	模型3	模型1	模型2	模型3	模型1	模型2	模型3
O	−16.23 (13.60)	−14.80** (7.038)	−7.398 (4.467)	−18.59 (16.03)	−16.08** (7.420)	−7.523 (4.645)	−191.7 (189.2)	−213.6 (152.1)	−235.1* (124.6)
OlnK	27.25*** (3.921)	20.49*** (3.114)	7.055** (2.759)	27.49*** (4.395)	20.02*** (3.307)	6.873** (2.769)	113.0 (74.74)	213.9*** (60.50)	129.4** (54.41)
OlnL	(7.334)	(5.088)	(4.056)	(8.045)	(5.298)	−10.63** (4.104)	−8.531 (116.2)	−208.2** (92.91)	−188.9** (85.40)
$(OlnK)^2$	−19.16** (8.470)	(7.229)	−10.78 (6.806)	−21.06** (9.920)	(8.198)	−11.00 (7.204)	−3641 (2262)	−2535 (2413)	−1381 (2940)
$(OlnL)^2$	−9.295 (30.23)	−22.29 (21.98)	−17.70 (18.89)	−16.35 (35.47)	−26.85 (24.32)	−18.53 (20.10)	−9960 (7075)	−3024 (7248)	−1127 (8468)
$(OlnK)\times(OlnL)$	37.43 (31.38)	46.31* (24.57)	29.16 (22.15)	44.69 (36.82)	51.50* (27.55)	30.05 (23.55)	10967 (7989)	5249 (8396)	3178 (10082)
DUM97			−0.755*** (0.134)			−0.764*** (0.132)			−0.990*** (0.193)

变 量	总体外包			工业外包			服务外包		
	模型1	模型2	模型3	模型1	模型2	模型3	模型1	模型2	模型3
Constant	1.402** (0.581)	1.439*** (0.354)	2.576*** (0.293)	1.395** (0.660)	1.645*** (0.332)	2.571*** (0.249)	0.458** (0.196)	0.867*** (0.207)	2.789*** (0.337)
Hausman Test		357.83			99.09			27.17	
$P>\chi^2$		0.0000			0.0000			0.0001	
Observations	64	64	64	64	64	64	64	64	64
R-squared	0.8808	0.8732	0.607	0.8583	0.8474	0.602	0.8829	0.8651	0.557
Number of unit	32	32	32	32	32	32	32	32	32

注：同表1。

量、劳动和其他变量）。从表1和表2可以看出，滞后变量回归法与方程（6）的统计结果相差不大，表明内生性问题不严重，不影响回归方程的可靠性。

首先，需明确三种外包带来的是哪种技术进步，是资本增进型的技术进步还是劳动增进型的技术进步。取劳动生产率的对数值对资本或者劳动的对数值和外包交互项乘积的导数，并将各变量的均值代入，可得到总体外包相应值分别为12.90和-14.80，工业外包分别为13.73和-15.83，服务外包相应值为177.27和-193.37。可以看出，不仅总体外包带来资本节约型技术进步，这一点与徐毅等（2008）的判断相似；而且服务外包和工业外包也带来资本节约型技术进步，这是后者没有注意到的。

可以通过计算劳动生产率对外包的边际影响来确定外包的生产率效应。由于固定效应模型的拟合度显著小于个体固定效应，因而使用个体固定效应模型计算外包对生产率的影响。将各变数的均值代入方程（6），对外包变量取导数后，计算结果显示，总体外包对劳动生产率的边际影响为4.25，工业外包相应值为4.05，服务外包相应值为200.33。这表明，工业总体外包比率增加1个百分点，劳动生产率增长4.25%；工业外包比率增加1个百分点，劳动生产率增加4.05%；服务外包比率增加0.1个百分点，工业劳动生产率增长20%。服务外包对工业生产率的影响明显大于工业外包和总体外包。服务外包回归模型的估计结果显示，部分系数的估计值在统计上不显著，这是由于工业行业的服务外包规模较小、市场力量不足所致，对服务外包固定效应模型中不显著的O、OlnL、(OlnL)² 以及(OlnK)×(OlnL) 四个变量做同时为零的显著性检验，F值为3.26，Prob > F =0.0272，F检验值有力地拒绝了四个变量同时为零的原假设。因此对服务外包的劳动生产率效应的估计结果仍具说服力。

分别计算三种外包率在1997年和2002年的均值，可以发现服务外包率虽然较低，但增长迅速，增长率远远大于其他两种外包，从而导致其对生产率的贡献效应较大。例如，1997年总体外包率、工业外包率和服务外包率均值分别为0.0903、0.0867和0.0022，2002年分别增加到0.1110、0.1042、0.0053，分别增长了22.9%、20.2%、141.6%。

（二）使用 CES 生产函数计算工业外包和服务外包对生产率的影响

使用 CES 生产函数法计算的三种外包对生产率影响的估计结果见表 3。与使用超越对数生产函数法相似，从滞后变量回归法与当期变量回归法的结果对比表明内生性问题不严重。根据 Hausman 统计值，总体外包和工业外包情形下的模型采取固定效应模型，而服务品外包情形则采取随机效应模型。

通过计算劳动生产率对外包的边际影响的方法来确定外包的生产率效应，具体计算公式为：

$$\frac{\partial \ln Y_{i,t}}{\partial O_{i,t}} = \beta_A \mu + \{\mu_\delta \beta_k [k_{i,t} \exp(\beta_k O_{i,t})]^{-\rho}\}/\{\delta[k_{i,t} \exp(\beta_k O_{i,t})]^{-\rho} + 1 - \delta\} \tag{11}$$

结果显示，总体外包对劳动生产率的边际影响为 2.5930，工业外包相应值为 1.7711，服务外包相应值为 113.6129。也就是说，工业总体外包比率增加 1 个百分点，劳动生产率增长 2.59%；工业外包比率增加 1%，劳动生产率增长 1.77%；服务外包增加 0.1 个百分点，劳动生产率增长约 11.4%。可以看出，CES 生产函数计算的外包对生产率的效应小于使用超越对数生产函数计算的外包对生产率的贡献。总体外包和工业外包对劳动生产率具有正的贡献，但贡献值较小。同时，工业外包对生产率贡献小于总体外包对生产率的贡献。与超越对数生产函数法的结果相似，服务外包对劳动生产率的贡献度明显大于总体外包和工业外包。

表 3　CES 生产函数关于外包对劳动生产率的影响（被解释变量为劳动生产率）

变　量	总体外包		工业外包		服务外包	
	模型 1	模型 2	模型 1	模型 2	模型 1	模型 2
μ	1.2723	0.7884	1.2640	0.7847	1.2639	0.8459
δ	0.5037	0.9162	0.4337	0.9033	0.4070	0.6989
ρ	−0.0250	−0.0142	−0.0031	−0.0065	0.0019	0.0053
β_k	−49.7953	−149.1564	−139.6288	−237.6321	−6128.9301	−5306.2060
β_A	28.1219	107.2353	74.6034	166.9141	3330.4704	3378.7238
β_0	−3.8441	1.3913	−4.1248	1.5280	−5.3903	−1.0204
观察值数	64	64	64	64	64	64
截面单元	32	32	32	32	32	32
R^2	0.9713	0.9667	0.9712	0.9665	0.9772	0.9732

注：分析软件为 Stata10.0。

从表 3 可以计算出总体外包情形下的要素替代弹性为 1.02，工业外包情形下的要素替代弹性为 1.006，服务外包下的替代弹性为 0.9947，三种情况下的要素替代弹性接近 1，这与多数文献测算的我国工业部门要素替代弹性约为 1 的结果相似。

（三）工业外包和服务外包对产出的影响

利用超越对数生产函数估计的工业外包、服务外包对总产出的影响见表4。利用与上一部分计算外包对劳动生产率的边际影响的相同方法，计算三种外包对总产出的边际影响。得到总体外包、工业外包和服务外包对总产出的边际影响分别为5.79、4.92和238.21。即总体外包比率增加1个百分点，总产出增长5.79个百分点；工业外包率增加1个百分点，劳动生产率增加4.92个百分点；服务外包率增加0.1个百分点，工业劳动生产率增长23.8个百分点。与前面分析的服务外包的生产率效应大于其他两种外包的贡献相似，服务外包对总产出的贡献也大于总体外包和工业外包的贡献率。

表4　Translog 生产函数形式估计的外包对总产出的影响

变量	总体外包		工业外包		服务外包	
	固定效应	随机效应	固定效应	随机效应	固定效应	随机效应
O	−25.24*** (8.969)	−43.98*** (5.880)	−27.38*** (9.854)	−46.44*** (6.213)	−62.70 (135.8)	−468.3*** (139.2)
OlnK	11.37*** (2.311)	12.01*** (1.853)	11.81*** (2.463)	12.41*** (1.924)	4.266 (45.94)	57.61 (47.87)
OlnL	−11.81*** (3.437)	−8.111*** (2.934)	−11.83*** (3.532)	−8.550*** (2.970)	101.0 (70.15)	111.7 (73.17)
(OlnK)²	−6.863** (2.935)	−9.355*** (3.260)	−7.370** (3.191)	−10.06*** (3.585)	−2880* (1509)	−1215 (1800)
(OlnL)²	−3.418 (10.31)	−12.81 (9.131)	−4.905 (10.97)	−14.32 (9.781)	−9652* (4702)	−4685 (5456)
(OlnK)× (OlnL)	13.46 (10.34)	22.81** (10.40)	15.11 (11.11)	24.99** (11.32)	9876* (5324)	3931 (6275)
Constant	5.852*** (0.406)	5.802*** (0.309)	5.829*** (0.430)	5.943*** (0.291)	5.297*** (0.166)	5.260*** (0.213)
Hausman Test		3.26		1.57		38.16
P>χ²		0.7752		0.9454		0.0000
Observations	64	64	64	64	64	64
R−squared	0.8337	0.7661	0.8223	0.7484	0.8363	0.7746
Number of unit	32	32	32	32	32	32

注：*** 表示1%的显著水平，** 表示5%的显著水平，* 表示10%的显著水平，括号中数字为估计值的标准误。

（四）技术进步对外包的影响及外包的行业特征分析

1. 技术进步对外包的生产率增长效应的影响

利用公式（8）计算的技术进步对外包的生产率增长率的影响估计值见表5。人均资本增长率和技术进步增长率与劳动生产率的增长率都保持正相关关系，并且通过了1%的显著性检验。由于技术进步和外包的交互项也纳入方程，因此，计算外包对生产率的影响必须考虑工业行业技术进步对外包生产率效应的作用程度，即外包对生产率增长率的贡献大小受到技术进步对外包的影响。根据豪斯曼检验，总体外包和工业外包的回归方程使用固定效应模型，服务外包使用随机效应模型。对方程（9）可以计算外包和技术进步分别对劳动生产率增长率的偏效应：①总体外包情形下技术进步和外包对生产率增长率的影响。将方程（9）对外包率取微分，即 $1.031 - 0.892 \times tfp$，将 TFP 的均值代入，等于 0.06。对 TFP 取微分得到 $0.982 - 0.892 \times O$，等于 0.89。可以看出，将技术进步与外包的交互作用引入方程后，总体外包对生产率增长的贡献程度远远小于技术进步对生产率增长的贡献。②工业外包情形下技术进步和外包对生产率增长率的影响。同样，将方程对外包取微分，得到 $0.989 - 0.84 \times tfp$，其值等于 0.07；对技术进步取微分，得到 $0.973 - 0.841 \times O$，等于 0.89。所以，在工业外包情形下，技术进步对生产率的贡献亦大于外包的贡献度。③在服务外包情形下，服务外包的系数和服务外包与技术交互项的系数的 t 统计量均不显著，而且它们联合假设的 F 检验的 P 值为 0.5639，所以我们不能拒绝这两个系数均为零的假设。因而，考虑了技术进步与服务外包的交互作用后，服务外包对劳动生产率增长率的影响较

表5　技术进步对外包生产率的影响

变量	(1) dllp	(2) dllp	(3) dllp	(4) dllp	(5) dllp	(6) dllp
dllk	0.978*** (0.0257)	0.0965*** (0.0260)	0.978*** (0.0252)	0.965*** (0.0254)	0.947*** (0.0262)	0.936*** (0.0259)
tfp	0.982*** (0.0371)	0.957*** (0.0388)	0.973*** (0.0341)	0.951*** (0.0354)	0.891*** (0.0338)	0.883*** (0.0338)
to	1.031** (0.399)	0.819** (0.415)				
tfpto	−0.892** (0.346)	−0.706* (0.361)				
io			0.989** (0.382)	0.795** (0.393)		
tfpio			−0.841** (0.328)	−0.678** (0.341)		
so					−2.054 (8.392)	−2.577 (8.343)
tfpso					1.488 (7.774)	1.817 (7.735)
Constant	−1.000*** (0.0432)	−0.970*** (0.0450)	−0.991*** (0.0399)	−0.964*** (0.0413)	−0.891*** (0.0365)	−0.881*** (0.0366)
Hausman Test		12.68		11.86		7.59
P>χ²		0.0130		0.0184		0.1079
R²	0.9127	0.9138	0.9130	0.9140	0.9181	0.9184
观察值数	64	64	64	64	64	64
截面单元	32	32	32	32	32	32

注：to 为总体外包，io 为工业外包，so 为服务外包；*** 表示 1%的显著水平，** 表示 5%的显著水平，* 表示 10%的显著水平，括号中数字为标准误，分析软件为Stata10.0。

难确定。在工业外包和总体外包情形下，技术进步与外包的交互项系数为显著的负数，预示着工业行业技术进步速度越快，外包对生产率增长率的贡献越小，说明工业的技术进步对外包具有一定的替代效应。但我们更为关心的是，技术进步对工业行业整体和不同性质行业的外包行为有何差异，以及这种差异对不同行业外包的生产率增长率的效应有何不同。以下对此进行进一步的分析。

2. 技术进步与行业的要素密集度特征对外包行为的影响

方程（9）的回归结果见表6。根据 Hausman 统计值，对总体外包、工业外包和服务外包的多变量方程均采用随机效应模型。

三种外包率对 di 和 dt 这两个虚拟变量回归的结果见表6的前三列。结果显示，对总体外包而言，样本中非资本密集型行业的外包率平均值为0.1011，资本密集型行业的平均值为0.099，非资本密集型行业外包率略高于资本密集型行业，但是这种差异不具有统计上的显著性；样本中非技术密集型行业的外包率平均值为0.09，技术密集型行业的外包率均值为0.14，二者相差5个百分点，且它们之间的差异通过了1%的显著性检验，表明技术密集型行业的总体外包率大大高于非技术密集型行业的外包率。对工业外包而言，样本中非资本密集型行业的外包率平均值为0.0956，资本密集型行业的平均值为0.0949，非资本密集型行业外包率略高于资本密集型行业，同样这种差异不具有统计上的显著性；样本中非技术密集型行业的外包率平均值为0.0854，技术密集型行业的外包率均值为0.139，二者相差5个百分点，且它们之间的差异也通过了1%的显著性检验，说明技术密集型行业的工业外包率大大高于非技术密集型行业的外包率。不同要素密集度行业的服务外包率差异不显著，并且它们各自外包率相比工业外包和总体外包更小。

技术密集型行业的三种外包比率均大于资本密集型行业的外包比率。在包括 di 和 dt 两个虚拟变量的基础上，加入技术进步与要素密集度的交互变量时，dt 的系数变为负数，但若计算要素密集度变量对外包率的边际影响时，技术密集型行业的外包比率仍大大高于其为资本密集型行业时的外包比率。即考虑技术进步与资本密集度和技术密集度之间的交互影响时，技术密集型行业的平均总体外包率为0.051，工业外包率为0.053，服务外包率为5.00e-06；相反，资本密集型行业的总体外包率为0.009，工业外包率为0.01，服务外包率为-8.26e-05。

同时，通过表6可以看出，技术进步对技术密集型行业的总体外包比率和工业外包比率都具有显著贡献。对总体外包而言，技术进步对非资本密集型行业外包率的影响程度是0.015，对资本密集型行业的影响程度是0.015-0.035，其值为-0.02，说明技术进步率提高1个百分点，资本密集型行业的总体外包率减少0.02。技术进步与表示资本密集度的虚拟变量间显著为负的交互关系表明，随着技术进步速度的加快，资本密集型行业的总体外包率每年平均下降0.035；技术进步对非技术密集型行业的影响程度是0.0009，对技术密集型行业的影响程度是0.0009 + 0.046，其值约为0.0469。即技术进步速度每提高1个百分点，技术密集型行业总体外包率将增加0.0469。从技术进步与代表技术密集度的虚拟变量间极为显著的正的交互关系分析，对技术密集行业，技术进步速度提高1个百分点，将使

表6 资本密集型行业和技术密集型行业的外包率的回归分析

被解释变量	(1) to	(2) io	(3) so	(4) to	(5) io	(6) so	(7) to	(8) io	(9) so	(10) to	(11) io	(12) so
di	-0.00170 (0.0175)	-0.000658 (0.0183)	-8.39e-05 (0.000661)				0.0377* (0.0221)	0.0356 (0.0224)	0.00139 (0.00148)			
dt				0.0524*** (0.0185)	0.0536*** (0.0194)	3.68e-05 (0.000786)				-0.0101 (0.0232)	-0.00715 (0.0234)	-0.00241 (0.00182)
tfp							0.0150*** (0.00502)	0.0136*** (0.00477)	0.000488 (0.000520)	0.0009 (0.00447)	0.000283 (0.00415)	-3.15e-05 (0.000501)
ditfp							-0.0352*** (0.0130)	-0.0326*** (0.0124)	-0.00135 (0.00128)			
dttfp										0.0464*** (0.0106)	0.0451*** (0.00978)	0.00182 (0.00124)
Constant	0.1011*** (0.00979)	0.0956*** (0.0102)	0.00377*** (0.000370)	0.0908*** (0.00799)	0.0854*** (0.00839)	0.00373*** (0.00034)	0.0813*** (0.0119)	0.0776*** (0.0121)	0.00312*** (0.00078)	0.0896*** (0.00963)	0.0850*** (0.00977)	0.00877*** (0.00068)
Haumant Test							0.05	0.04	3.46	0.32	0.29	2.14
$P>\chi^2$							0.9745	0.9780	0.1772	0.8520	0.8658	0.3435
R^2							0.4972	0.5618	0.1108	0.4385	0.4570	0.0566
观察值数	64	64	64	64	64	64	64	64	64	64	64	64
截面单元	32	32	32	32	32	32	32	32	32	32	32	32

注：to为总体外包，io为工业外包，so为服务外包；括号中数字为标准误；*** 表示1%的显著水平，** 表示5%的显著水平，* 表示10%的显著水平，分析软件为Stata10.0。

该行业总体外包率每年平均约增加 0.05。

对工业外包而言，技术进步对非资本密集型行业外包率的影响程度是 0.0136，对资本密集型行业的影响程度是 0.0136 – 0.0326，为–0.019，说明技术进步率提高 1 个百分点，资本密集型行业的工业外包率减少约 0.02。技术进步与表示资本密集度的虚拟变量间同样存在显著为负的交互作用，结果显示，随着技术进步速度的加快，资本密集型行业的工业外包率平均每年下降 0.033；技术进步对非技术密集型行业的影响程度是 0.0003，对技术密集型行业的影响程度是 0.0003 + 0.0451，其值约为 0.0454，即技术进步速度每提高 1 个百分点，技术密集型行业工业外包率约增加 0.05。从技术进步与技术密集度的虚拟变量间极为显著的交互关系分析，对技术密集型行业，技术进步使该行业工业外包率年均增加 0.045，即随着技术进步速度的加快，技术密集型行业的外包率随之增长。

作者的实证结果显示，工业技术进步对不同要素密集度的行业外包行为具有不同影响，技术进步减少了资本密集型行业的外包活动，但是增加了技术密集型行业的外包比率，根本原因是技术变化通过改变企业内部生产成本和市场交易成本之间的结构而使企业边界发生变化。具体而言，技术进步增大了资本密集型行业中企业的边界，而缩小了技术密集型行业的企业边界。作者的研究结果验证了曾楚宏和林丹明（2004）的观点，认为关于资本密集型企业的组织特征有利于应用信息技术，更显著节约内部生产成本，从而其边界逐渐扩大趋势；而对于知识密集型企业来说，其组织特征为应用信息技术后，更显著地节约市场协调成本，从而供企业边界缩小。王珺和侯广辉（2005）选择 1998~2002 年我国各省（市、区）高新技术产业发展与外包活动的案例研究，也证实了高技术企业与外包活动具有显著的正相关性。徐盈之等（2008）通过高技术产业中五个行业的面板分析，表明 R&D 投入的增长在很大程度上提升了企业中间投入的数量，即通过更多的外包来完成业务。本文再次提供了关于技术进步影响企业外包行为选择的直接证据。

（五）理论解释和进一步的分析

三种形式的外包均导致了产出增长和生产能力的提高，同时外包带来的是资本节约型技术进步。由此可以直观地认为，外包推动了我国生产可能性曲线的外移；由于外包导致的是资本节约型技术进步，将增加我国资本密集型产品的产出规模，减少劳动密集型产品的产出。尽管如此，这一结果也不表明中国已经在资本密集型产品的生产环节上具有很强的比较优势和竞争优势，这是根据当前中国在以产业内分工为主的分工格局中所处的位置和参与国际分工的具体形式得出的判断。随着信息技术、要素流动以及全球化进程迅速发展，分工逐步深化、细化，传统的国际贸易理论认为，发展中国家只能专业化生产劳动密集型产品，进口资本密集型产品的分工模式将得到修正，发展中国家开始深入地参与到产业链分工中，以中间品进出口贸易为主要内容的外包的出现使得发展中国家增加了资本密集型产品的生产。但值得指出的是，发展中国家增加资本密集型产品的生产，只是体现在最终产品上，从全球产业价值链角度分析，发展中国家的比较优势仍主要体现于劳动密集型生产环节，而发达国家在资本密集型和技术密集型环节上具有比较优势，因而发展中国家将资本密集型环节外包给发达国家，发达国家将劳动密集型环节外包给发展中国家，从而发展中国家进口更多的资本密集型环节，出口更多的劳动密集型环节。由于中国参与国际分工模式主要表现为以中间品贸易为特征的加工贸易，依托劳动力成本和促进加工贸易的政策优惠等区位优势，中国吸引了发达国家企业转移的生产加工活动，中国成为世界工厂。由于中国的比较优势仍体现在劳动密集型环节，参与国际分工的主要内容是进口资本密集的中间品和资本品，进行加工组装后出口，所以中国在最终产品的生产上便表现为生产了越来越多的资本密集型产品。总体而言，即使在资本密集型产品上，中国的竞争力仍集中在低附加值的劳动密集型生产阶段。

服务外包对生产率的贡献显著主要是因为工业将效率极低的服务环节外包，极大地促进了生产效率的提高。总体来看，由于体制和机制的原因，我国工业行业中作为重要要素投入的服务投入的效率非常低下。中国许多提供生产性服务的第三产业部门参与社会分工的深度不够、交易成本较高，大量本应由市场提供的生产性服务业（物流和涉及售后、资金运作等中间服务）转为由企业内部提供，造成市场化的服务业发展不足，因而将工业内部效率极低的服务活动外包能极大地推动工业生产率和产出的增长。另外，由于我国工业企业服务外包基数较少以及外包的服务技术和知识含量较高（包括软件、信息服务等），因而将这部分的服务活动外包带来的生产率促进效应较为显著[①]。

五、结论和政策建议

研究结果表明，总体外包、工业外包和服务外包对生产率贡献效应为正。利用超越对数生产函数法估算的总体外包对生产率的影响明显小于徐毅、张二震（2008）的估计结果，主要是因为本文构造工业资本存量的方法不同于后者所使用的固定资产净值指标替代资本投入的方法。本文使用 CES 生产函数和 Translog 生产函数两种方法，深入分析了工业外包和服务外包的生产率效应。本文的实证结果表明，三种外包均促进了工业生产率的增长。工业外包的生产率效应小于总体外包，在三种形式的外包中，服务外包对生产率的促进作用最明显。由于资本密集型行业在技术发生变化后边界扩大，因而其外包行为具有弱化趋势；对技术密集型行业而言，技术进步促使其企业边界缩小，因而具有增加外购（外包）以协调市场和减少交易成本的优势。

参考文献

[1] 龚雪，高长春. 服务业外包对外包国就业的影响 [J]. 企业经济，2005（12）.

[2] 江小涓. 服务外包：合约形态变革及其理论蕴意——人力资本市场配置与劳务活动企业配置的统

---

① 由于篇幅所限，本文省略了外包对就业影响的实证分析。

一 [J]. 经济研究，2008（7）.

[3] 李小平，卢现祥. 中国制造业的结构变动和生产率增长 [J]. 世界经济，2007（5）.

[4] 唐海燕，张会清. 中国在新型国际分工体系中的地位——基于价值链视角的分析 [J]. 国际贸易问题，2009（2）.

[5] 王珺，侯广辉. 有限外部化：技术进步企业边界的影响 [J]. 中国工业经济，2005（10）.

[6] 王中华，代中强. 外包与生产率：基于中国工业行业物品外包与服务外包的比较分析 [J]. 当代经济科学，2009（4）.

[7] 徐毅，张二震. 外包与生产率：基于工业行业数据的经验研究 [J]. 经济研究，2008（1）.

[8] 徐盈之，金乃丽，孙剑. 技术进步、企业边界与外包决策——基于中国制造业数据的经验研究 [J]. 经济经纬，2008（5）.

[9] 曾楚宏，林丹明. 信息技术应用与企业边界的变动 [J]. 中国工业经济，2004（10）.

[10] 郑玉歆. 生产率和中国制造业增长 [A] //李京文，钟学义. 中国生产率前沿分析 [M]. 北京：社会科学文献出版社，1998.

[11] Amiti M., S. Wei. Services Outsourcing, Productivity and Employment: Evidence from the US [Z]. IMF Working Paper, WP/05/238, 2005.

[12] Egger H., P. Egger. International Outsourcing and the Productivity of Low-skilled Labour in the EU [J]. Economic Inquiry, 2006, 44.

[13] Fare R., Grosskopf M. Norris, Z. Zhang. Productivity Growth, Technical Progress and Efficiency Changes in Industrialized Countries [J]. American Economic Review, 1994, 84.

[14] Feenstra R., G. Hanson. Foreign Investment, Outsourcing and Relative Wages [A] //R. C. Feenstra, G. M. Grossman, D. Irwin. The Political Economy of Trade Policy: Essays in Honor of Jagdish Bhagwati [M]. Cambridge, MA: MIT Press, 1996.

[15] Feenstra R., G. Hanson. Foreign Direct Investment and Relative Wages: Evidence from Mexico's Maquiladoras [J]. Journal of International Economics, 1997.

[16] Feenstra R. C., G. H. Hanson. The Impact of Outsourcing and High-technology Capital on Wages: Estimates for the United States, 1979-1990 [J]. Quarterly Journal of Economics, 1999, 114（3）.

[17] Feenstra R. C., G. H. Hanson. Ownership and Control in Outsourcing to China: Estimating the Property-Rights Theory of the Firm [Z]. NBER Working Paper, No.10198, 2004.

[18] Olsen K. B. Productivity Impacts of Off shoring and Outsourcing: A Review [Z]. OECD Science, Technology and Industry Working Papers, 2006（1）.

The Impacts of Industrial and Services Outsourcing on Productivity: Based on China's Industrial Panel' Analysis

Yao Zhanqi

Abstract: This paper analyses the effects of industrial outsourcing, services outsourcing and overall outsourcing on productivity and employment based on CES production function from the data on China's input-output tables. Moreover, the effects of technological progress on outsourcing activity modes and productivity growth in industrial sectors are studied. The results show that overall outsourcing and industrial outsourcing contribute a little to labor productivity although these contribution values are positive, whereas services outsourcing contributes much more than others. If we introduce the interaction between technological progress and outsourcing in the equation, technological progress has much larger impacts on productivity growth than outsourcing. The results also reveal that technological progress decreases outsourcing activities in capital intensive industries. However, technological progress increases outsourcing activities in high-tech industries. The main reason is that technological progress changes the internal costs and markets trading costs of a firm so as to alter the firm boundary.

Key Words: Services Outsourcing; Industrial Outsourcing; Technological Progress; Labor Productivity

中国服务贸易比较优势测度及其
稳定性分析 *

殷　凤

【摘　要】本文综合运用多个指标（国际市场占有率、服务出口贡献率、贸易竞争力指数、显示性比较优势指数、相对贸易优势指数和净出口显示性比较优势指数等）对中国服务贸易总体及分部门竞争力进行了测算与国际比较，并动态考察了一段时期内中国服务贸易显示性比较优势的变化趋势及其稳定性。结果表明，当前中国服务贸易整体竞争力还非常薄弱，贸易结构相对低级；从服务贸易总体来看，各比较优势指数的变动较小。在不同的考察期，三大类服务部门的比较优势指数有较大变化，服务贸易专业化模式并不稳定。

【关键词】服务贸易；比较优势；竞争力；稳定性

20 世纪 80 年代以来，服务全球化的趋势日益加强，再加上信息、通信等技术的飞速发展，大大增强了服务的可贸易性，服务贸易异军突起[①]。可以预计，随着各国产业结构的调整、新兴服务行业的产生，以及跨国公司的全球产业布局，服务贸易将会迎来更快和更加多元化的发展。

表 1　世界（商务）服务贸易发展情况

年份	金额（亿美元）			年增长率（%）								
	1980	2000	2008	2000	2001	2002	2003	2004	2005	2006	2007	2008
服务出口	3650	14928	37313	6.2	0.35	7.3	14.6	20	10.9	10.6	19	11
服务进口	4024	14766	34690	6.5	1.2	5.9	14	18.9	10.6	10.3	16	11

资料来源：WTO International Trade Statistics（2001~2007）；1980 年和 2008 年数据来自 WTO International Trade Statistics Database。

---

* 基金项目：本文获国家自然科学基金项目"服务业外商直接投资溢出效应测度与作用机理研究"（70803031）、教育部人文社会科学研究 2008 年度一般项目"服务贸易竞争力测度与提升对策研究"（08JC790067）、2009 年上海市"曙光计划"项目"开放条件下中国服务业产业安全与国际竞争力研究"（09SG41）资助。

作者：殷凤，上海大学国际工商与管理学院副教授，200444。

本文引自《财贸经济》2010 年第 6 期。

① 1980~2008 年，全球服务贸易总额增长了 9.4 倍，占全球贸易总额的比例从 15.7 % 上升至 18%，特别是 2003 年以来，全球服务贸易加速增长，服务出口与进口均保持了两位数的年均增长率。

近年来，中国服务贸易规模迅速扩大，增速远高于世界平均水平，在国际服务贸易中的地位也不断提升，全面发展的格局已初步形成[①]。服务贸易是在更高层次参与国际分工和竞争的一种方式，是国家综合竞争力及软实力的重要体现。在步入服务经济时代的今天，将发展服务贸易作为国家战略的一部分，推进贸易结构的调整与升级，努力提高软实力，迅速缩小与发达国家在高端产业上的差距，是落实科学发展观、实现我国经济跨越式发展的需要。如何增强中国服务贸易国际竞争力，完善服务贸易竞争力机制，切实转变贸易与增长方式，已成为当前中国亟待突破的难题。准确测度中国服务贸易的国际竞争力，了解其比较优势及不足，将有助于科学决策的形成。

一、文献综述

与商品贸易相比，有关服务贸易的研究还相对滞后。Sapir（1982，1986）验证了比较优势对于服务贸易的适用性。Hoekman 和 Karsenty（1992）运用显示性比较优势法分析了不同收入水平国家在服务贸易上的比较优势。20 世纪 90 年代以后，经济学者开始关注某些增长较快的服务行业在贸易领域中的竞争力问题，如保险业（Hardwich，1998）、建筑服务业（Soubra Yehia，1993）、知识密集型服务业竞争力研究（Windrum & Tomlinson，1999），以及不同地区服务业竞争力的比较研究（Hitchens & O'Farrell et al.，1993）等。近年来，又转向从服务产业的层面进行竞争力研究，如服务与竞争力的关系研究（Rubalcaba，2001）、服务竞争力的国际比较研究（Meyer & Chase et al.，1999）等。

近年来，我国服务贸易发展问题日益引起各方重视，也有了诸多有价值的研究成果。在服务贸易竞争力方面，我国学者多采用显性比较优势的分析方法，对服务贸易竞争力现状进行测评，并据此提出相应的政策建议。相关成果有：程大中（2003）、王小平（2004）、郑吉昌等（2004）、赵书华等（2005）、蔡茂森等（2005）、万红先（2005）、王庆颖（2005）、王绍媛（2005）、殷凤（2007）、陈宪等（2008）。综观已有研究，作者发现，有关服务贸易竞争力的研究还比较分散，尚未形成一个相对统一的分析框架，实证研究方法也相对单一，选用的测评指标大多为外显性指标，如贸易竞争力指数和显示性比较优势指数等；总体分析较多，服务贸易结构的国际比较不足，且由于样本和数据（不同的国

---

① 加入 WTO 后，服务业成为中国新一轮开放的重点，在 WTO 分类的 160 个服务贸易子部门中，中国开放的覆盖面已达到 60%以上。服务贸易进出口总额从 1982 年的 43.5 亿美元增长到 2008 年的 3044.5 亿美元，26 年增长了 69 倍。1982 年，中国服务贸易占世界服务贸易的比重不足 0.6%，居世界第 34 位；2008 年，提高到 4.2%，居世界第 5 位。其中，服务贸易出口额由 1982 年的 24.8 亿美元提高到 2008 年的 1464.5 亿美元，年均增长 17%，在全球服务贸易出口总额中的比重由 0.7%上升到 3.9%，国际排名由 1980 年的第 28 位上升到 2008 年的第 5 位；服务贸易进口额由 1982 年的 18.7 亿美元提高到 1580 亿美元，年均增长 18.6%，在全球服务贸易进口总额中的比重由 0.5%提高到 4.6%，国际排名由 1980 年的第 40 位上升到 2008 年的第 5 位。以上根据 2009 年 3 月 24 日 WTO 贸易快讯及中国商务部服务贸易指南网的统计数据计算。

家、行业、时点或时段）选择的不同，所得出的结论差异较大；静态分析较多，尚缺乏对比较优势指数或贸易模式稳定性及变动趋势的考察。

二、国际贸易竞争力测度指标

综观国内外文献，对国际贸易竞争力（或比较优势）的测度，主要有以下指标：

1. 国际市场占有率

国际市场占有率等于一国某种产品或服务的出口额与该产品或服务世界出口总额之比。这一指标测度的是一国出口的绝对量，在一定程度上反映了一国在贸易出口方面的地位和竞争能力。

2. 出口贡献率

出口贡献率等于一国某种商品或服务的出口额占该国出口总额的比例，指标值越大，表示该商品或服务贸易对总体贸易的贡献越大。

3. 贸易竞争力指数（Trade Competitive Power Index，TC 指数）

它又称为比较优势指数（Comparative Advantage Index，CAI）、可比净出口指数（Normalized Trade Balance，NTB）或贸易专业化指数（Specialization Index），是一国进出口贸易的差额占其进出口贸易总额的比重，常用于测定一国（地区）某一产业的国际竞争力，计算公式为：

$$TC_{ij} = \frac{(X_{ij} - M_{ij})}{(X_{ij} + M_{ij})}$$

其中，X_{ij} 表示 i 国 j 类产业或产品出口额，M_{ij} 表示 i 国 j 类产业或产品进口额。该指标作为一个贸易总额的相对值，剔除了经济膨胀、通货膨胀等宏观方面波动的影响，即无论进出口的绝对量是多少，它均在±1 之间。同时，该指数也排除了国家大小不同而导致的国际数据的不可比性，因此在不同时期、不同国家之间具有较高的可比性。指数值越接近 1 则竞争力越大，等于 1 时表示该产业只出口不进口；指数值越接近-1 表示竞争力越薄弱，等于-1 表示该产业只进口不出口；指数值在 0 附近时，意义不明确。

4. 显示性比较优势指数（Revealed Comparative Advantage Index，RCA 指数）[①]

$$RCA_{ij} = \frac{X_{ij}}{X_i} / \frac{X_{wj}}{X_w}$$

其中，X_{ij} 表示 i 国 j 类产业或产品的出口额，X_i 表示 i 国所有商品和服务的出口额；X_{wj} 表示世界 j 类产业或产品的出口额，X_w 表示世界所有货物和服务的出口总额。当一国

---

① RCA 指数由美国经济学家巴拉萨（1965，1989）创立，以"非中性程度"（Degree of Non-Neutrality）表示一国的出口结构。

的 RCA 指数大于 1 时，则其在该商品或服务上就拥有"显性"比较优势；小于 1 时，则处于比较劣势地位。若 RCA > 2.5，则表明该国 j 类产业或产品具有极强的国际竞争力；若 1.25 ≤ RCA < 2.5，表明该国 j 类产业或产品具有很强的国际竞争力；若 0.8 ≤ RCA < 1.25，则认为该国 j 类产业或产品具有较强的国际竞争力；若 RCA < 0.8，则表明该国 j 类产业或产品的国际竞争力较弱。

显示性比较优势指数的特点是不直接分析比较优势或贸易结构形式的决定因素，而是从出口贸易的结果来间接地测定比较优势，反映了一个国家某一产业或产品的出口与世界平均水平比较来看的相对优势，剔除了国家总量波动和世界总量波动的影响，较好地反映了该产业或产品的相对优势。考虑到它在经验分析中可以摆脱苛刻的各种理论假设的制约，因而较适合于现实的国际贸易结构分析。然而显示性比较优势指数也有它的局限性，当一个产业的产业内贸易盛行时，以显示性比较优势指数所衡量的该经济体和产业的比较优势不具有客观性，更不能用来预测一个贸易发展的模式。此外，RCA 指数没有考虑进口的作用。若一国某产业或产品的进口远大于出口，单纯根据 RCA 指数可能会得出错误的结论。同时，一国实际的（或观测到的）贸易模式可能会因为政府干预而发生扭曲，如进口限制、出口补贴及其他贸易保护政策，这些干预手段在不同时期，针对不同国家、不同产业或产品并不相同，这就有可能造成 RCA 指数得出并不准确的结论，在不同国家、不同时期、不同产业之间体现出一定的不可比性。

5. 相对贸易优势指数（Relative Trade Advantage Index，RTA 指数）[①]

$$RTA_{ij} = RCA_{ij} - \frac{M_{ij}}{M_i} / \frac{M_{wj}}{M_w}$$

其中，M_{ij} 表示 i 国 j 类产业或产品的进口额，M_i 表示 i 国所有商品和服务的进口额；M_{wj} 表示世界 j 类产业或产品的进口额，M_w 表示世界所有货物和服务的进口总额。如果一国 RTA 指数大于 0，说明该国服务贸易具有比较优势，小于 0 则不具有比较优势；该指数越高，该国服务贸易国际竞争力越强。尽管该指数弥补了 RCA 指数仅考虑出口的局限，但它仍然是一种间接度量，也会因为产业和贸易政策的干扰而使比较优势发生不同程度的逆转。例如，当一国市场开放度较低、对进口和资本进入实施限制时，那些受到保护的比较劣势产业反而会有较高的指标值。因而，在用显示性比较优势指数判断一国产业的比较优势时，须结合该国相关的产业和贸易政策综合考虑。

6. 净出口显示性比较优势指数（Net Export Revealed Comparative Advantage Index，NRCA 指数）

$$NRCA_{ij} = \frac{X_{ij}}{X_i} - \frac{M_{ij}}{M_i}$$

该指数是用一国某一产业出口在总出口中的比例与该国该产业进口在总进口中的比例

---

① 相对贸易优势指数由 Vollrath（1991）、Scott 和 Vollrath（1992）提出，即从出口的比较优势中减去该产业进口的比较优势，从而得到该国该产业的真正竞争优势。因为一个产业内可能既有出口又有进口，而 RCA 指数只考虑了一个产业出口所占的相对比例，并没有考虑该产业进口的影响。

之差来表示该产业的贸易竞争优势。指数值大于 0 表示存在竞争优势，指数值小于 0 表示存在竞争劣势，指数值等于 0 表示贸易自我平衡。净出口显示性比较优势指数剔除了产业内贸易或分工的影响，反映了进口和出口两个方面的影响，因此用该指数判断产业国际竞争力要比其他指数更能真实反映进出口情况。该指数值越高，国际竞争力越强。值得注意的是，由于该指标反映的是贸易过程中显示的比较优势，是贸易的结果，受贸易障碍的影响，其值可能与真实的比较优势有一定偏离。

需要指出的是，由于各种指数各有优劣，在评判服务贸易国际竞争力时，应综合使用，并对各指数反映出来的差异进行具体分析。

三、中国服务贸易国际竞争力测度与比较

本文从国际市场占有率、服务出口贡献率、贸易竞争力指数、显示性比较优势指数、相对贸易优势指数和净出口显示性比较优势指数几个方面对中国和世界主要服务贸易经济体进行比较（见表 2）。

表 2　2007~2008 年中国与主要服务贸易经济体服务贸易竞争力比较

国家/地区	国际市场占有率(%)		服务出口贡献率(服务出口占出口总额的比重)(%)		贸易竞争力指数(TC 指数)		显示性比较优势指数(RCA 指数)		相对贸易优势指数(RTA 指数)		净出口显示性比较优势指数(NRCA 指数)	
	2007 年	2008 年	2007 年	2008 年	2007 年	2008 年	2007 年	2008 年	2007 年	2008 年	2007 年	2008 年
美国	13.93	13.99	28.08	28.64	0.15	0.18	1.48	1.52	0.67	0.70	0.14	0.14
德国	6.04	6.30	12.93	13.82	−0.11	−0.10	0.68	0.74	−0.38	−0.36	−0.06	−0.05
英国	8.07	7.60	37.63	38.23	0.15	0.18	1.98	2.03	0.64	0.66	0.14	0.14
日本	4.17	3.85	16.02	15.52	−0.07	−0.07	0.84	0.83	−0.30	−0.20	−0.03	−0.02
中国内地	3.90	3.92	9.44	9.30	−0.03	−0.04	0.50	0.49	−0.17	−0.21	−0.03	−0.03
法国	3.99	4.11	19.06	20.14	0.04	0.06	1.00	1.07	0.08	0.14	0.02	0.04
意大利	3.34	3.31	18.14	18.61	−0.04	−0.04	0.96	0.99	−0.11	−0.11	−0.01	−0.01
西班牙	3.90	3.82	34.42	34.72	0.13	0.14	1.81	1.85	0.65	0.64	0.14	0.14
爱尔兰	2.67	2.57	41.83	43.62	−0.03	−0.03	2.20	2.32	−0.80	−0.85	−0.12	−0.12
印度	2.64	2.84	37.23	37.18	0.05	0.08	1.96	1.98	0.47	0.62	0.11	0.13
荷兰	2.79	2.74	14.17	13.78	0.01	0.05	0.75	0.74	−0.12	−0.05	−0.01	0
比利时	2.24	2.38	14.46	15.70	0.05	0.03	0.76	0.84	−0.01	−0.03	−0.001	0.01
韩国	1.96	1.98	14.68	14.89	−0.14	−0.11	0.77	0.79	−0.31	−0.21	−0.04	−0.03

续表

国家/地区	国际市场占有率 (%)		服务出口贡献率 (服务出口占出 口总额的比重) (%)		贸易竞争力指数 (TC 指数)		显示性比较 优势指数 (RCA 指数)		相对贸易 优势指数 (RTA 指数)		净出口显示性 比较优势指数 (NRCA 指数)	
	2007 年	2008 年	2007 年	2008 年	2007 年	2008 年	2007 年	2008 年	2007 年	2008 年	2007 年	2008 年
新加坡	2.02	1.93	18.08	17.54	−0.03	−0.03	0.95	0.93	−0.23	−0.17	−0.03	−0.02
中国香港	2.52	2.44	18.98	19.77	0.34	0.35	1.00	1.05	0.45	0.48	0.09	0.10
中国位次	7	5	15	15	9	12	15	15	10	12	10	13

资料来源：2007 年数据来自 WTO 2008 年 4 月 17 日贸易快讯，WORLD TRADE 2007, PROSPECTS FOR 2008, WTO International Trade Statistics 2008。2008 年中国内地数据来自中国商务部服务贸易指南网；爱尔兰商品进出口数据来自世界贸易组织国际贸易数据库 WTO International Trade Statistics；印度数据来自 2009 年 3 月 24 日 WTO 贸易快讯，WORLD TRADE 2008, PROSPECTS FOR 2009, 为联合国秘书处初步测算值；其他国家数据来自 WTO International Trade Statistics Database。各指数为作者计算。

当前，中国外贸粗放型的增长方式没有得到根本转变，虽然服务出口国际市场占有率逐年提高，但总体说来，中国服务贸易国际竞争力低下，服务贸易十几年来连续逆差，与货物贸易呈非均衡的发展态势[1]。服务贸易在中国对外贸易中的比重依然较低，服务出口贡献率低，服务贸易出口结构低级化，知识、技术密集型服务的比重严重偏低[2]，劣势非常明显。服务业总体引资水平仍然远远落后于世界平均水平[3]。与发达国家相比，服务贸易整体竞争力还非常薄弱，同时面临着来自新兴经济体和发展中国家日趋激烈的竞争。2007 年中国服务贸易 TC 指数为负数，总体状况属于比较劣势，在 15 个经济体中位居第9。2008 年进一步下滑，排名第 12 位；RCA 指数仅为 0.5 左右，位居 15 个经济体之末；RTA 指数小于 0，且从 2007 年的第 10 位下降至 2008 年的第 12 位；NRCA 指数为负数，排名从 2007 年的第 10 位下降至 2008 年的第 13 位，劣势进一步加剧。

下面我们构造"15 个经济体模型"，运用联合国贸发会议统计数据库 2006 年的数据，分别测算 11 类服务项目的 RCA、RTA 和 NRCA 指数，对服务贸易分部门的显示性比较优势进行比较。[4]

从 RCA 指数来看，在所讨论的 11 大类服务部门中，中国旅游服务（1.6345）、建筑服务

[1] 2008 年中国货物贸易出口额占世界货物贸易出口总额的 8.86%，而服务出口额仅占世界服务出口总额的 3.92%，不及货物贸易的 1/2，这一比重与中国整体的贸易地位是不相称的。

[2] 从贸易结构看，20 世纪 90 年代以来，世界服务贸易整体呈现出运输和旅游服务百分比不断下降，而通信、金融、保险、计算机和信息服务、其他商务服务等的百分比趋于增长的结构调整趋势。高收入国家金融、保险、计算机、信息、通信等知识、技术密集型服务的比重较高，达到服务贸易出口总额的 50% 以上，英国、美国在 60% 以上。与此相比，我国服务贸易结构并不合理，2008 年中国旅游和运输服务的出口占中国服务出口的 53.9%，而金融、保险、计算机信息服务以及专利、版税和许可证费用等比重仍然很低。

[3] 20 世纪 90 年代以来，全球 FDI 总额的 1/2 以上流向了服务业。截至 2007 年底，中国在累计吸收外商直接投资中，第三产业项目数所占比重仅为 24.87%，合同外资累计金额中的比重为 32.25%。

[4] 由于篇幅限制，具体计算结果略，有需要者可向作者索取，电子邮箱：yinfeng@mail.shu.edu.cn。

（1.3148）、其他商业服务（1.1696）和运输服务（1.1087）的 RCA 指数大于 1。其他 7 大类服务的 RCA 指数均小于 0.8，其中，金融服务 RCA 指数为 0.0203，版税和许可证费用 RCA 指数为 0.0338，个人、文化和休闲服务 RCA 指数为 0.1402，显示出极弱的竞争力。

在排名方面，中国在金融服务上列倒数第 1 位；在版税和许可证费用、保险服务上列倒数第 2 位；在个人、文化和休闲服务、通信服务上列倒数第 3 位；在政府服务上列倒数第 4 位，竞争力非常弱。其他各项服务排名如下：旅游和其他商业服务列第 4 位；建筑服务列第 5 位；运输、计算机和信息服务列第 8 位。由此可见，中国在新兴服务业方面和其他可比国家的差距与传统服务业方面的差距要大得多。中国服务贸易的比较优势在于旅游、建筑和其他商业服务，这 3 项基本上都是劳动密集型与资源密集型行业，反映在出口收入上其稳定性差，一旦外部环境发生变化，服务贸易出口将受到很大打击。中国在其他商业服务上的出口主要还是劳务出口，而且很大一部分是出口那些受教育水平低的生产工人，而专业人才和专家等高报酬的劳务出口很少。

从 RTA 指数来看，中国在旅游（位列第 3），其他商业服务（位列第 3），通信（位列第 6），个人、文化和休闲服务（位列第 5），政府服务（位列第 8）的 RTA 指数大于 0，但后 3 项服务的指数值很低；其余 6 项 RTA 指数均小于 0，不具备比较优势。保险服务在 15 个经济体中位列倒数第 1，在版税和许可证费用、运输服务上位列倒数第 3，比较劣势明显。值得注意的是，运输服务的 RTA 指数排名较 RCA 指数排名下降了 5 位。究其原因，中国运输服务虽然出口较多，但常年逆差，这是中国服务贸易逆差的最主要来源。自 2003 年以来，运输成为中国服务贸易第一大进口行业；高端运输服务发育不足，提供能力有限，一些高附加值、高技术含量的运输服务只能依靠进口。因而，在考虑了进口因素后，运输服务的比较优势有所下降。旅游和其他商业服务位列第 3，计算机和信息服务位列第 5；建筑服务和金融服务分列第 8 位和第 9 位。金融服务的 RTA 指数排名较 RCA 指数排名上升了 6 位，但这并不完全是贸易竞争力的真实体现，其中很重要的原因是中国目前对金融中介服务和其他辅助服务仍有较多的进入限制。

从 NRCA 指数来看，中国在旅游，其他商业服务，计算机和信息，建筑，政府服务，通信，个人、文化和休闲服务上大于 0，但除了旅游和其他商业服务外，其他项目的 NR-CA 指数基本接近 0，比较优势并不明显。保险服务排在比较劣势首位，其次是运输服务、版税和许可证费用、金融服务。在排名方面，除金融服务外（第 13 位），其他基本与 RTA 指数反映的情况一致。

综上所述，就服务贸易部门而言，我国服务贸易拥有一定比较优势的部门大部分集中在劳动密集型和资源密集型产业。其中，旅游和其他商业服务比较优势较为突出，国际竞争力相对较强；计算机和信息服务业[①]、建筑服务业在最近几年地位有所提升；技术、资本密集型产业的比较劣势相对严重，尤其是运输、保险、金融、版税和许可证费用，在

---

① 需要指出的是，目前中国的计算机和信息服务自主研发的比重还比较低，配套的软、硬件开发与生产不足，需要依赖外国技术，国际竞争力有待进一步提升。

15 个经济体中的排名均列倒数几位，与世界服务贸易转向以知识、技术密集型或资金密集型为基础的现代服务贸易的发展趋势极为不符。

四、中国服务贸易显示性比较优势的变化及稳定性分析

从总体上看，1997~2008 年，中国服务贸易各指数变动很小，且并未体现出一种改善的态势（见表 3）。

表 3　1997~2008 年中国服务贸易各指数

年份	1997	1998	1999	2000	2001	2002	2003	2004	2005	2006	2007	2008
TC 指数	−0.06	−0.05	−0.08	−0.09	−0.08	−0.08	−0.08	−0.07	−0.06	−0.05	−0.03	−0.04
RCA 指数	0.62	0.58	0.60	0.57	0.57	0.54	0.49	0.49	0.47	0.47	0.50	0.49
RTA 指数	−0.26	−0.25	−0.23	−0.19	−0.17	−0.17	−0.14	−0.13	−0.15	−0.17	−0.17	−0.21
NRCA 指数	−0.04	−0.04	−0.04	−0.03	−0.03	−0.03	−0.03	−0.02	−0.02	−0.03	−0.03	−0.03

资料来源：根据各年 WTO International Trade Statistics 及商务部《中国服务贸易发展报告》（2008）数据计算。

本文使用显示性对称比较优势指数（Revealed Symmetric Comparative Advantage Index，RSCA）[①] 来考察服务贸易分部门比较优势指数的稳定性。

公式为：$RSCA = \dfrac{RCA - 1}{RCA + 1}$

RSCA 指数的取值范围在−1~1，是对称分布的。RSCA 大于 0 表明某产品或某部门具有比较优势；反之则反是。由于 RSCA 是对 RCA 指数进行的单调变换，其性质并没有发生变化，不影响对比较优势的判断。

图 1 是 1982~2006 年中国运输、旅游及其他服务的 RSCA 指数。运输服务的 RSCA 指数在 1982~1991 年为正值，表明中国运输服务曾具有一定的比较优势，之后则呈明显的下降趋势，1999 年跌至−0.4302 的最低点，此后虽有持续回升，但始终为负值。旅游服务 RSCA 指数除在 1989 年和 1990 年小于 0 外，其余年份均为正值，且在很长的时段内呈稳步增强的趋势。其他服务在 20 世纪 80 年代劣势明显，且波动巨大，进入 20 世纪 90 年代以后，波动幅度有所缩小，但除 1992 年和 1993 年略大于 0 外，其余年份仍为负值，且并未体现出改善的迹象。

---

　　① 由于 RCA 指数在分布上是非对称的，当一国处于比较劣势时，取值为 0~1，而当一国处于比较优势时，取值则为 1~+∞。这一方面导致了衡量比较优势和劣势程度的标准不对称；另一方面在做回归分析时，由于这种非对称分布，违反了误差项服从正态分布的假定，会导致 t 统计量的不可靠。为解决这一问题，Dalum 等（1998）将 RCA 指数进行了变形，引入了 RSCA 指数。

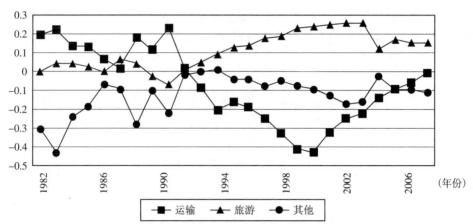

图1 1982~2006年中国服务贸易各部门显示性对称比较优势指数

资料来源：根据 UNCTAD Handbook of Statistics Online 数据整理计算并绘制。

下面通过回归分析进一步考察比较优势指数分布的稳定性。回归方程如下：

$$RSCA_{ij}^{t_2} = \alpha_i + \beta_t RSCA_{ij}^{t_1} + \varepsilon_{ij}$$

其中，t_1 和 t_2 表示时期1和时期2。$RSCA_{ij}^{t_1}$ 和 $RSCA_{ij}^{t_2}$ 分别表示 j 国 i 产品或 i 产业在时期1和时期2的显示性对称比较优势指数，α、β 为回归参数，ε 为残差项。估计值 β 可用来估计一国贸易模式的稳定性。$\beta = 1$，表明在时期1和时期2之间，比较优势或专业化模式没有发生变化；$\beta > 1$，表示一国的专业化模式得以强化；$\beta < 0$ 时，表示比较优势或专业化模式发生逆转；$0 < \beta < 1$，意味着现有的专业化模式发生变化，期初 RSCA 指数较低的产品或部门，其指数值提高，而期初 RSCA 指数较高的产品或部门，其指数值降低，即期初专业化程度较低的部门随着时间的推移提高了专业化水平，而初期专业化程度较高的部门，其比较优势则有所降低。

$$\frac{\sigma_i^{2t_2}}{\sigma_i^{2t_1}} = \frac{\beta_i^2}{R_i^2}; \quad \frac{\sigma_i^{t_2}}{\sigma_i^{t_1}} = \left|\frac{\beta_i}{R_i}\right|$$

其中，$\sigma_i^{t_1}$、$\sigma_i^{t_2}$ 表示时期1和时期2 RSCA 指数的标准差，R 表示皮尔逊相关系数，系数越高，意味着在考察期内，某产品或某产业的比较优势或劣势地位变动越小；反之，较低的系数值则表明该产品或产业从比较优势/劣势地位向比较劣势/优势地位转移，变动效应较大。可以看出，$\frac{\beta}{R}$ 的值取决于时期1和时期2 RSCA 指数的标准差，标准差越大，意味着稳定性越低，标准差越小，则表明在给定时期内，RSCA 指数具有越高的稳定性。$\beta = R$ 表明给定分布的离散度没有变化；$\beta > R$ 表示离散度提高，不稳定性增强；$\beta < R$ 表示离散度降低，参数的稳定性增强。

中国三大类服务出口的稳定性指标如表4所示。从1982~2006年来看，期初具有比较优势的运输和旅游服务，专业化程度有所降低，而其他服务的显示性比较劣势有所改善。三类服务出口的 $\left|\frac{\beta}{R}\right|$ 值均小于并基本接近1，表明比较优势指数的稳定性或黏性较高。

表4 1982~2006年中国三大类服务出口的稳定性

时期	运输服务			旅游服务			其他服务		
	β	R	$\left|\frac{\beta}{R}\right|$	β	R	$\left|\frac{\beta}{R}\right|$	β	R	$\left|\frac{\beta}{R}\right|$
1982~2006	0.875	0.909	0.963	0.867	0.887	0.977	0.526	0.564	0.933
1982~1990	0.231	0.212	1.090	0.506	0.338	1.497	0.274	0.287	0.955
1991~2006	0.817	0.836	0.977	0.660	0.809	0.816	0.612	0.627	0.976
1997~2006	0.891	0.929	0.963	0.512	0.482	1.062	0.178	0.196	0.908

资料来源：根据 UNCTAD Handbook of Statistics Online 数据计算。

在所考察的三个中期时段内，三大服务部门的 β 值均介于 0~1，意味着期初 RSCA 指数较低的部门，在考察期内指数值提高，而期初 RSCA 指数较高的部门，指数值降低。1982~1990 年，三大类服务均有较大变动（皮尔逊相关系数 R 较低），运输和旅游服务的 $\left|\frac{\beta}{R}\right|$ 值大于 1，意味着指数分布的离散度高。1991~2006 年，各服务部门的变动效应较小，$\left|\frac{\beta}{R}\right|$ 值小于 1，RSCA 指数的稳定性增强。1997~2006 年，运输服务的显示性比较劣势有所改善，旅游服务的比较优势弱化，RSCA 指数分布的离散度提高，其他服务的变动效应较大，但比较劣势地位没有改善，RSCA 指数较期初有所下降。

五、结论与对策建议

从上文的分析可以看出，与发达国家相比，中国服务贸易整体竞争力还非常薄弱，同时还面临着来自新兴经济体和发展中国家日趋激烈的竞争。就服务贸易部门而言，我国服务贸易拥有一定比较优势的部门大部分集中在劳动密集型和资源密集型产业，技术、资本密集型产业的比较劣势相对严重，竞争力不仅远低于发达国家，与部分发展中国家（如印度）和新兴市场国家相比（如韩国）也有较大差距。在稳定性方面，从服务贸易总体来看，各比较优势指数的变动较小。在不同的考察期，三大类服务部门的比较优势有较大变化，服务贸易专业化模式并不稳定。

今后我国必须转换外贸增长模式，加快产业结构和贸易结构的调整与优化；打破垄断，强化服务行业竞争机制，加快服务业管理体制改革，放宽市场准入限制，消除产业发展的体制性障碍，提高贸易便利化水平；提高服务供给能力，培育生产者服务市场，加强商品贸易和服务贸易的联动发展，重点发展能够提高商品出口附加值的服务，如金融、分销、物流、信息等；积极拓展新兴市场，大力承接国际服务外包；推动技术和服务创新，培育新兴服务业的竞争优势，切实提升贸易结构；加大人力资本投入力度，培养、引进高端服务业人才；尽快出台促进服务贸易发展的政策措施，加强内外经济和贸易政策的协调性、灵活性和有效性，提高应对外部危机的能力。

参考文献

［1］蔡茂森，谭荣. 我国服务贸易竞争力分析［J］. 国际贸易问题，2005（2）.

［2］陈宪，殷凤. 服务贸易：国际特征与中国竞争力［J］. 财贸经济，2008（1）.

［3］程大中. 中国服务贸易显性比较优势与"入世"承诺减让的实证研究［J］. 管理世界，2003（7）.

［4］万红先. 入世以来我国服务贸易国际竞争力变动分析［J］. 国际贸易问题，2005（5）.

［5］王庆颖. 中国服务贸易的国际竞争力实证分析［J］. 世界经济研究，2005（1）.

［6］王绍媛. 中国服务贸易竞争力分析——基于进出口数据的指标分析［J］. 世界经济与政治论坛，2005（1）.

［7］王小平. 中国服务贸易的特征与竞争力分析［J］. 财贸经济，2004（8）.

［8］殷凤. 世界服务贸易发展趋势与中国服务贸易竞争力研究［J］. 世界经济研究，2007（1）.

［9］赵书华，李辉. 全球服务贸易10强的服务贸易国际竞争力定量分析［J］. 国际贸易问题，2005（11）.

［10］郑吉昌，夏晴. 服务贸易国际竞争力的相关因素探讨［J］. 国际贸易问题，2004（12）.

［11］Anton Meyer，Richard Chase，Aleda Roth，Chris Voss，Klaus-Ulrich Sperl，Larry Menor，Kate Blackmon. Service Competitiveness——An International Benchmarking Comparis on of Service Practice and Performance in Germany，U. K. and U. S. A［J］. International Journal of Service Industry Management，1999，10（4）.

［12］Balassa B. Trade Liberalization and Revealed Comparative Advantage［Z］. The Manchester School，1965，33.

［13］Cantwell J. Technological Innovation and Multinational Corporation［M］. Oxford，Blackwell，1989.

［14］Dalum B.，Laursen K.，Villumsen G. Structural Change in OECD Export Specialization Patterns：Despecializati on and Stickiness［J］. International Review of Applied Economics，1998，12（3）.

［15］Hardwick，Philip，Dou，Wen. The Competitiveness of EU Insurance Industries［J］. Service Industries Journal，1998，118（1）.

［16］Hoekrnan G. Karsenty. Economic Development and International Transactionin Services［J］. Development Policy Review，1992，10.

［17］Peterson J.，Barras R. Measuring International Competitiveness in Services［J］. Service Industries Journal，1987，7.

［18］Sapir. Trade in Investment-related Technologi Calservices［Z］. World Development，1986.

［19］Vollrath T. L. A Theoretical Evaluation of Alternative Trade Intensity Measures of Revealed Comparative Advantage［J］. Weltwirtschaftliches Archiv，1991，130.

［20］Windrum，Paul，Tomlinson，Mark. Knowledge-intensive Services and International Competitiveness：A Four-country Comparison［J］. Technology Analysis Strategic Management，1999，11（3）.

制造企业如何获得服务创新的知识?*
——服务中介机构的作用

张文红　张　骁　翁智明

【摘　要】以往研究认为跨界搜索是制造企业从外部获得异质性知识,从而促进服务创新的关键。但制造企业的服务创新需要来自技术、顾客和市场等更广泛的知识,需要进行更大范围的搜索,因此企业在进行跨界搜索时,常常面临着成本与收益的两难局面。本文通过研究发现与服务中介机构的关系在解决上述难题中发挥了重要的作用,服务中介机构不仅是重要的服务创新知识源,同时还是制造企业进入各种异质性社会网络的桥梁,从而能够帮助制造企业解决跨界搜索的难题,促进服务创新。进一步,本文基于市场有效性理论和社会网络理论检验了行业竞争强度和环境不确定性的调节作用,发现市场有效性理论更符合中国目前的情境特征。

【关键词】服务创新;跨界搜索;服务中介机构;竞争强度;环境不确定性

一、引言

在过去的 30 年里,许多不同行业的制造企业都开始关注同一个重要的战略问题:服务在企业的可持续竞争优势中究竟有哪些重要作用 (Prahalad & Krishnan,2008)。促使企业进行这种战略思考的因素很多,其中最为重要的原因是经济产业结构的变化。对有些企业来说,原因更加直接,如核心产品的同质化、竞争对手的压力、客户个性化需求、吸引重复购买等 (Young,2008)。同时,对中国制造业而言,哥本哈根会议上对中国问题的争论、2010 年的"民工荒"现象等,都意味着传统发展模式的不可持续性,因此通过服务

* 基金项目:本文为国家自然科学基金项目 (70802026)、青年科学基金项目 (71002024)、江苏省社会科学基金 (09GL009)、南京大学商学院青年教师科学研究基金的研究成果。

作者:张文红、张骁、翁智明,南京大学商学院。

本文引自《管理世界》2010 年第 10 期。

创新进行产业升级和结构调整是中国制造企业获得新的可持续竞争优势的有效方法（Au-rich et al.，2006）。

许多制造企业都把为其产品提供相关的售后服务作为产品的辅助，但是转型中的制造企业的服务所提供的是"围绕产品的整个生命周期满足和创造客户的各种需求"（Oliva & Kallenberg，2003；Wise & Baumgartner，1999）。因此服务作为企业收入和利润的重要来源，是一种完全不同于以往的创新，不仅需要来自企业自身的各种有形和无形的技术知识和能力，更需要了解不同顾客、组织、行业和地域的知识，并且涉及运营模式、人员管理、商业模式等的深刻变化，这显然已经远远超出了企业已有的创新经验和知识积累。如果企业过分依赖现有的知识基础，就会出现"核心刚性"。例如，2009 年诺基亚在"向互联网服务转型"的创新中，依靠了曾经在手机产品中创造辉煌成果的 Symbian 系统开发的技术知识经验，却没有注意搜索新客户群和旧客户群之间不同的需求信息，结果陷入"创新者窘境"，造成了有史以来最大的财务和市场份额的损失（徐志强，2010）。因此在从"产品创新"到"服务创新"的转型中，企业必须克服自身知识和能力的局限，跨越现有的组织或知识边界搜索新的知识（跨界搜索），才能"形成新的组织学习能力，建立有强大适应力的组织"（Raynor，2007）。大量实证研究表明，跨界搜索通过丰富企业知识库的多样性对创新具有显著的积极影响，但在现实中，人们常常困惑，既然跨界搜索对于企业的服务创新有如此重要的影响，为什么大量的企业依然采取传统的学习方式获取知识？变革为什么那么困难？主要的原因可能是与关注于技术知识跨界搜索的产品创新相比，服务创新需要在更大的范围内进行搜索，而制造企业在直接与各种跨组织、跨行业和跨地域的外部对象建立关系时面临着很大的不确定性，需要付出很大的成本。同时，因为进入领域的陌生、经验和知识的不足，制造企业常常面临知识整合成本升高（Katila & Ahuja，2002）和可靠性降低（Katila，2002）等问题，这些因素使得跨界搜索的成本可能大于收益，给企业造成了两难的局面。

最近对制造企业创新的一些研究开始注意到服务中介机构，尤其是知识密集型服务中介机构（Knowledge-Intensive Business Industry）的作用。产业经济学和创新系统理论的研究从宏观上讨论了服务中介机构作为专业知识生产者和传播者，在创新过程中发挥的重要作用。近年来，社会网络理论的研究开始从微观上研究服务中介机构的作用。Muller 和 Zenker（2001）发现，服务中介机构与制造企业的互动联系使得制造企业更有创新性。Saxenian（1990）提出，知识密集型服务企业使得硅谷的专业公司能够持续地创新，并且灵活地响应外部环境。Zhang 和 Li（2010）提出，在地理集群中，服务中介机构能帮助新企业嵌入社会网络，更好地进行产品创新。因此服务中介机构由于其双重角色——创新知识源与外部知识桥（Howell S.，2006），在制造企业的服务创新中发挥着十分特殊的作用。一方面，它们可以为制造企业提供以服务知识为基础的产品，在知识的生产和传播中发挥重要的作用；另一方面，服务中介机构处于很多企业、组织和行业的交界处，因而便于企业更有效地获得创新的有关异质性知识（Wolpert，2002），提高可靠性，降低搜索成本，从而有利于企业的服务创新。虽然服务中介机构在制造企业的服务创新活动中有潜在的重要作用，但目前有关服务中介机构与制造企业间关系的研究多数是从产业、创新系统等较宏观的视角进行，或仅研究某类行业的服务中介机构与制造企业的互动创新情况（Bahrami & Evans，1995；Baum et al.，2000；Shan et al.，1994；Stuart，2000），而以包含多个行业在内的服务中介机构整体为对象展开深入研究的文献非常匮乏。为了深入研究，本文通过对苏州工业园区 241 家企业的调查研究，实证检验了与服务中介机构之间的关系是否会对制造企业的服务创新产生影响。

尽管以往研究普遍认为与服务中介机构的关系对企业的创新都是重要的，但少有研究探索当外部环境变化时，这种关系对制造企业服务创新的影响是否会发生变化。Luo（2003）认为，在中国目前的情境下，存在着两种市场力量——竞争强度和环境不确定性，这两种力量均会影响到商业决策和产出。市场有效性理论认为，当这两种市场力量开始影响商业决策和产出时，关系必定变得比较没有效率（Davies & Walters，2004；Gebauer，2008）。例如，Peng（2003）认为，当新兴市场的竞争更加激烈时，原先对商业成功十分重要的网络和关系变得不再那么重要了。但是，社会网络理论却认为，当新兴经济体中存在市场不确定和竞争时，企业更迫切地需要关系，因为关系允许企业获得关键的资源和未广泛公开而具有价值的信息（Boisot & Child，1995；Luo，2003）。虽然存在这两种理论上的矛盾，但还没有研究对这一问题进行过检验。为了填补这一研究空白，我们检验了中国情境下，社会网络理论和市场有效性理论两个相反的观点，以此来评价关系对创新的价值是否受到市场力量（竞争强度和不确定性）的影响，从而为实践提供更有价值的指导。

二、理论基础背景

（一）制造企业的服务创新

对产品创新的研究已经有很长的历史，并且有较丰富的研究成果，而对服务创新的研究直到最近 20 年才引起学者们的重视。因此，服务创新的早期研究很自然地沿用了产品创新的研究方法，强调技术知识对服务创新的影响。例如，Barras（1986）的"逆向生命周期理论"认为，服务创新取决于信息技术的使用阶段和学习曲线。这种方法对服务创新的研究忽略了服务的内容和特征，难以揭示服务创新的本质。因此学者们开始针对特定服务行业中服务创新的特性进行研究，倾向于关注不同服务行业中由于各种特有的无形能力知识所产生的创新形式。但是因为制造企业的服务创新既不同于单纯的基于有形技术的产品创新，也不同于基于无形能力的服务创新，它更多的是产品—服务系统的综合创新。Wise 和 Baumgartne（1999）提出了制造企业服务创新的定义：围绕整个产品生命周期中服务内容的变化或与顾客互动关系的变化而进行的创新活动。根据这一定义，制造企业的服务创新有三种模式：①开发与企业产品有关的服务；②发展面向特定关系的服务；③为顾客提供整体的解决方案（Cebauer，2008；Oliva & Kallenberg，2003）。

因此，制造企业服务创新的知识不仅基于有形技术知识，还基于无形能力知识。最有代表性的是，Galloui 和 Weinstein（1997）通过特征定义法打开了服务生产过程的"黑箱"，识别了服务创新需要的各种知识：企业（网络）的技术和能力知识、顾客（网络）的技术和能力知识、不同市场的知识、与企业—顾客交互界面有关的知识等。在此基础上，Sundbo 和 Gallouj（2000）进一步提出，服务创新所需的知识不仅来自企业内部，如战略决策、人力资源管理、知识管理、组织结构等，而且来自企业外部，如技术环境、制度环境、行业环境、顾客等。

由上所述，制造企业的服务创新已经远远超出了制造企业已有的创新经验和知识积累。因此在从"产品创新"到"服务创新"的转型中，制造企业更需要跨越现有的组织和知识边界去搜索新的知识，从而促进服务创新的成功。

（二）跨界搜索

跨界搜索是组织搜索理论中的重要组成部分。组织搜索理论源于组织科学、行为科学、演化经济学等诸多学科。Nelson 和 Winter（1982）首次提出组织搜索是组织为了在不确定的世界中解决问题或发现机会而进行的信息搜集过程，具有四个特征：①解决问题的活动；②发生在复杂动态的环境中；③有成本的；④可以进行部分计划的，而且可以形成组织惯例。Stuart 和 Podolny（1996）识别了组织搜索中的本地搜索，即组织在现有专长或知识附近搜索问题解决方案的活动。现有的研究表明，过分地依赖本地搜索常常导致"核心刚性"（Leonardbarton，1992），使企业陷入"能力陷阱"（Levinthal & March，1993）和"创新者窘境"（Christensen，1997），最终失去竞争优势，甚至可能遭到更大的失败。与本地搜索相对应，Rosenkpf 和 Nerkar（2001）提出"跨界搜索"（Boundary-spanning Search）的概念，其核心内涵是在动态环境中跨越组织边界和知识基础的知识搜索活动。

现有的创新方面的文献强调了跨界搜索对企业创新活动的重要作用。一方面，跨界搜索为企业的知识库增加了新的差异性元素，增加了企业知识的多样性，这可以为企业解决问题提供更多可供选择的方案（Katila & Ahuja，2002；March，1991）；另一方面，这些新增的差异性元素使制造企业更有可能通过产品、服务等各种知识的重组创造出新的价值（Fleming & Sorenson，2001；Katila，2002；Katila & Ahuja，2002）。

但现有研究主要关注技术知识跨界搜索对制造企业的产品创新的影响（Katila，2002；Katila & Ahuia，2002；Zhang & Li，2000）。服务创新不同于产品创新，不仅需要技术知识，服务流程、顾客偏好、市场需求、商业模式等来自不同组织、行业、地域的相关知识，对服务创新也有重要作用（Drejer，2004；Callouj & Savona，2009）。因此跨界搜索活动的范围更加广泛，要面临许多困难。第一，制造企业往往不知道应该到哪里搜索这些知识，与搜索对象建立关系存在很大的不确定性，需要付出很大的成本。第二，知识整合的问题更加复杂。在技术上，企业需要在知识元素间建立共同的接口或者界面；在组织上，要把不属于组织知识库的新知识整合到组织中，需要企业改变组织内外的关系和交流关系网络（Grant，1996；Katila & Ahuja，2002）。第三，跨界搜索到的创新知识与企业的直接经验或者当地的环境条件差距越大，越可能降低企业对新信息做出正确反应的可靠性（Katila，2002）。因此制造企业服务创新的跨界搜索过程很难独立完成，需要通过第三方的帮助来实现。

三、服务中介机构与制造企业的服务创新

最近对制造业创新的一些研究开始注意到服务中介机构的作用。产业经济学的文献从宏观上强调了制造业和服务业间的紧密联系，指出服务中介机构在促进制造企业发展、提高竞争力、促进创新等方面发挥着重要作用。也有一些研究从创新系统理论的角度来理解制造业和服务业间的互动创新关系。这一理论认为，制造企业虽然是重要的创新主体，但很难完全依靠自身能力来完成全部的创新活动。服务中介机构具有高知识密集度、高互动性、高技术度等特性，是创新系统中的节点和重要媒介（Diez，2000），不仅能够生产制造企业所需的创新知识，而且能够将其他企业的知识传播给制造企业（Alic，1997），因此对制造企业的服务创新发挥着十分特殊的作用（魏江、夏雪玲，2004）。

近年来的创新研究开始从社会网络的角度研究服务中介机构的作用。例如，Saxenian（1990）提出，与技术公司和科研机构的关系使得硅谷的专业公司能够持续地创新，并且灵活地响应外部环境。实际上，服务中介机构处于很多企业、组织和行业的交界处，因而有可能通过促进企业之间关系的建立来促进有关创新信息的交换（Wolpert，2002）。Zhang和Li（2010）则认为，与服务中介机构的关系能够帮助新创企业更容易地与地理集群中的其他企业建立关系，从而获得与产品创新有关的知识。另外，其他一些文献（Baum et al.，2000；Shan et al.，1994；Stuart，2000）也提到了与各种不同类型的服务中介机构的关系对制造企业创新活动的重要作用。这些研究实际上暗示了服务中介机构在制造企业服务创新中所发挥的重要作用。

首先，与服务中介机构的关系越紧密，双方的信任度越高（Baker & Faulkner，2004），服务中介机构越乐于分享知识，这使得他们之间可以进行密切的知识交换，从而使制造企业借助服务中介机构的知识管理经验和能力来建设自己的知识界面。另外，服务中介机构通过对企业内部特性的了解，更有针对性地选择和传递与企业相关的客户需求信息和服务知识，变革了制造企业内外的信息传递网络。因此，通过与服务中介机构之间的关系，制造企业在技术上和组织上降低了知识整合的成本。同时，双方的紧密关系使得服务中介机构乐意提供各种市场反馈，为企业如何改进现有服务提出建议或者提出新的服务设想，企业也乐意分享资源和信息。这样，企业能够更有效地将从服务中介机构那里获得的新知识元素与原有的和产品有关的知识元素进行重组，从而大大增加了服务创新的潜能。

其次，根据社会网络理论，因为服务中介机构拥有大量异质性的、跨越了不同的社会网络和地理区位的关系资源（Howells，2006；Wolpert，2002），制造企业通过与服务中介机构的紧密关系可以嵌入这些关系资源形成的异质性网络中。与服务中介机构的关系越紧密，服务中介机构越清楚制造企业需要哪些服务创新的知识，就越有可能帮助制造企业了解所需要的知识应该从哪些关系资源获得，这降低了制造企业与不同外部对象建立关系的风险和成本（Howells，2006）。并且这种以服务中介机构为核心建立的信息网络，可以减少制造企业寻找有效信息、知识和培养专业技能的时间和投资成本，帮助制造企业理解不同的外部知识渠道的规范和规则，使制造企业更容易确定哪些知识源的回报是最高的，这显然提高了搜索的可靠性。此外，服务中介机构的关系桥梁作用使制造企业能够在更广阔的范围内获取多样性的知识，丰富企业的知识库，从而为企业解决问题提供更多的选择方案。而且，通过在知识库中加入新元素，可以提高将这些元素进行重新组合的可能性，从而促进制造企业的服务创新（Fleming & Sorenson，2001）。

因此，我们提出假设1：与服务中介机构的关系越紧密，越有利于制造企业的服务创新。

四、市场力量：行业竞争强度和环境不确定性的调节作用

经过20多年的高速发展，中国市场发生了政治、经济和企业所有权的巨大变革。经济增长、体制变革、新兴市场和全球化等因素带来了高度的动态性，这放大了两种市场力量：竞争强度和不确定性对企业决策和创新活动的影响（Luo，2003）。基于中国情境的研究可能带来更有意义而不同的结果，并且能够丰富现有的理论。本研究将在中国这一特殊的情境中讨论当竞争强度和不确定性增加时，关系的价值会发生什么变化。对于这一问题，存在两种相反的观点：社会网络理论认为，当新兴经济体中存在市场不确定和竞争时，企业更加迫切地需要关系，因为关系允许企业通过与价值链中的其他企业之间的良好关系，或者通过政府的保护来确定市场地位（Boisot & Child，1995；Luo，2003）；市场有效性理论却认为，当这两种市场力量开始影响商业决策和产出时，关系必定变得比较没有效率（Davies & Walters，2004；Guthrie，1998）。例如，Peng（2003）指出，当新兴市场的竞争更加激烈，环境中存在更多的不确定时，原先对商业成功十分重要的网络和联系也就不再那么重要了。

（一）行业竞争强度的调节作用

行业竞争强度指的是一个企业在其行业中所面对的竞争压力的程度。在许多行业中，企业的数量急剧增加，加剧了市场同质化的倾向，形成了高强度的行业竞争（Li et al.，2008）。尤其在制造业，竞争更是成为行业环境的主要特征之一。高竞争强度经常伴随着

激烈的价格战、大量的广告、同质化的产品供给、额外的服务、更多的交易等。

社会网络理论认为，竞争越激烈，企业越是迫切地需要与其他企业建立关系。当行业竞争十分激烈时，企业常常处于产品生命周期的高级阶段，行业环境中的资源往往相对短缺，企业的跨界搜索活动常受资源（时间、成本）的约束。与服务中介机构的紧密关系能够帮助企业与供应链中的其他企业保持良好的合作或者获得它们的支持，从而有可能更容易地直接或间接地获得所需的资源和与资源有关的信息（Li et al.，2008），更好地进行跨界搜索，在激烈的竞争中通过创新建立和维持竞争优势（Luo，2003）。Yang（1994）也提出了相似的看法。他认为关系变得更加重要和普遍，并且这一现象有加速发展的趋势。Luo（2003）发现，在中国，当竞争增加或者当政府的规制更加严厉时，企业更倾向于利用关系来指导企业的行为。

但是，市场有效性理论却认为，在竞争较不激烈的市场上，组织之间的关系是有价值的，因为它可以帮助企业获得关键的资源和未广泛公开而具有价值的信息。另外，因为企业的预算限制更宽松，企业也具有更多的能力来处理关系的高成本。当行业竞争强度越大时，企业间的关系将变得越没有效率（Davies & Walters，2004；Guthrie，1998）。高强度的竞争加快了劳动力的流动、供应渠道的公开、企业的分立，从而提高了信息传递和交换的速度，使信息在市场上趋于透明、公开（Burt，1997）。制造企业通过服务中介机构与其他企业建立关系的一个主要目的是为了搜索与市场情况和顾客需求有关的差异性信息，但是竞争本身提高了信息传递和交换的可能性和公开性，使得制造企业有更多的机会通过市场或共有的供应商搜索所需的信息。因此，通过服务中介机构建立的社会网络所传递的信息变得更加同质和冗余，通过这一社会网络进行搜索的重要性降低了。

根据这两种相悖的观点，我们提出两个竞争性的假设。

假设2a：随着行业竞争强度的增加，与服务中介机构的关系对制造企业服务创新的影响不断增强。

假设2b：随着行业竞争强度的增加，与服务中介机构的关系对制造企业服务创新的影响不断减弱。

（二）环境不确定性的调节作用

环境不确定性是指企业涉足的主要行业中技术变化和市场变化的快速和反复无常（Miller，1987）。环境不确定性意味着企业的利益相关者（如顾客、竞争对手、供应商、政府部门等）的行为更具有不确定性，因此使得管理者更难对未来进行预测，从而影响了企业的决策和行为。

社会网络理论认为，当企业面对的环境不确定时，它们需要自由进行搜索的弹性，以此来快速地响应外部变化。因为广泛进入不同的信息来源能够带来更好的搜索，所以那些和其他企业或组织建立有紧密关系的企业能够获得有价值的信息（Boisot & Child，1995）。当环境不确定时，与服务中介机构的关系成为一种重要的信息搜索机制，帮助制造企业更容易地搜索商业知识、市场供需变化情况、政府政策倾向等有价值的信息，这降低了不确定性对搜索活动的负面影响（Boisot & Child，1995；Luo，2003）；此外，通过关系获得的信息常常被认为是值得信任的（Baker & Faulkner，2004；Uzzi，1997），使企业决策和行为更加自信（Zajac & Olsen，1993）。并且关系加速了信息、传闻和新闻的传递和扩散，因此也加速了企业对不确定性的适应（Kiong & Kee，1998）。总之，与服务中介机构的关系能够提供更有价值、更值得信任的信息，从而降低不确定性及其带来的负面影响。因此在不确定性的环境下，与服务中介机构的关系对制造企业来说更加重要。

但是，市场有效性理论却指出，不确定的环境意味着技术变化速度快，市场也没有很好的定义，顾客没有明确的需求和偏好，在这种情况下，外部知识很难成为创新见解的最好来源（Sidhu et al.，2007）。企业与服务中介机构间关系的最大价值在于它能够促进企业的跨界搜索活动，获得异质性知识。此时与服务中介机构的关系花费了制造企业的许多资源和成本，却很难通过促进跨界搜索给公司带来有价值的稳定的新知识元素，从而降低了它对服务创新活动的贡献。

根据这两种相悖的观点，我们提出两个竞争性的假设。

假设 3a：随着环境不确定性的增加，与服务中介机构的关系对制造企业服务创新的影响不断增强。

假设 3b：随着环境不确定性的增加，与服务中介机构的关系对制造企业服务创新的影响不断减弱。

五、研究方法

（一）样本和数据收集

由于研究需要，我们在位于长江三角洲的苏州工业园区收集数据。苏州工业园区是长三角地区乃至全国最发达的工业园区之一，该园区当前正处于从制造业向服务业转型的关键时期。我们随机从由苏州工业园区管理委员会编撰的制造企业名录里选取了 500 家企业作为样本。在我们选取的 500 家企业中，共有 241 家参加了测试，有效参加率为 48.2%。在这些企业中，有 60%属于通信设备、计算机及其他电子设备制造业，交通运输设备制造业，电气机械及器材制造业等生产资料制造业；有 11%属于医药生物制品制造业，食品饮料制造业等消费产品制造业；有 14%属于石油化学化工制造业，金属非金属制造业等原材料制造业；剩下的 15%属于其他制造业。从深入企业的访谈和有关文章中我们了解到，目前这些行业都面临着产业升级的压力，这种压力迫使企业亟待进行服务上的创新（Wise & Baumgartner，1999；周彩红，2009）。表 1 根据企业规模、所有制类型、成立时间和行业给出了样本的分布情况。

在问卷的现场发放工作中，我们将问卷发放给企业中的被试者进行填写，并且回答了

表 1　样本的主要特征

企业特征		企业数	百分比（%）	企业特征		企业数	百分比（%）
企业规模（人）	<100	49	20	行业	通信设备、计算机及其他电子设备制造业	42	17
	≥100~≤500	78	32		交通运输设备制造业	28	12
	>500~≤1000	25	10		汽车零部件制造业	26	11
	>1000~≤2000	18	8		电气机械及器材制造业	25	10
	>2000	71	30		通用专用设备制造业	25	10
	合计	241	100		金属非金属制造业	20	8
所有制类型	外资	152	63		石油化学化工制造业	14	6
	非外资	89	37		医药生物制品制造业	13	5
	合计	241	100		食品饮料制造业	6	3
成立时间（年）	<3	15	6		建筑装潢材料制造业	6	3
	≥3~≤5	33	14		其他	36	15
	>5	193	80				
	合计	241	100		合计	241	100

被试者所提的问题，然后当场收集填写完毕的问卷。但是，同一个被试者在回答问卷的时候可能有意地保持前后的一致性，因此存在同源方差的问题（Podsakoff et al.，2003）。为了降低同源方差问题可能产生的影响，我们在设计问卷时将问卷分成了两个独立的部分，将有因果关系的构念安排在不同的部分。第一部分包含了与企业基本情况以及企业与服务中介机构的关系等有关的问题。第二部分则涉及企业的行业环境和创新情况。另外，在每一个被访的制造企业中，我们至少邀请两名中高层管理人员参加我们的测试，随机安排其中一名填写问卷的第一部分，另外一名填写问卷的第二部分。这样的安排不但可以减少同源方差的影响，还可以通过减少被试者的工作量来增加问卷的准确性。

为了评估非被试者可能引起的偏差，我们比较了参加测试的企业以及没有参加测试的企业，没有发现它们在企业规模、企业年龄、所有制类型和行业的分布上有显著的差异。被试者在企业中担任执行董事、CEO、市场部经理、财务部经理等中高层职位，他们是企业战略决策制定过程的主要参与者，并且拥有较丰富的行业工作经验。这足以说明被试者对本次研究的问题是非常了解的。

（二）测量

为了确保测量量表的效度和信度，我们尽量采用国际一流期刊上被广泛认可的量表，并通过翻译、回译、比较文化差异后形成中文调查问卷。随后我们检查并修订了问卷中因翻译而可能引起的误解。另外，我们还邀请了来自苏州的 6 家制造企业的高层管理人员做了预测试。根据被测人员的意见，我们修改了问卷中相关问题的条目。

考虑到五分制和七分制等奇数项的量表可能导致被试者倾向于选择中间选项，我们采用了偶数项的量表（Weems，1999）。问卷中所有的问题都是基于六分制的 Likert 量表（1=完全不符合，6=完全符合）来打分。对于多条目的构念，我们将各条目的得分进行算术平均，以此作为该构念的分数。

1. 因变量

服务创新的量表来自 Osborne（1996）和 Walker（2006）的研究。同时参考 Oliva 和 Kallenberg（2003）关于制造企业服务创新的分类，我们采用了 3 个条目来测量服务创新，让被试者评价公司采用各种服务创新方式，这些方式包括：①不改变与客户的关系，开发新的服务；②不改变现有的服务，改变与客户的关系；③不仅改变与客户的关系，而且开发新的服务。

2. 自变量

为了测量企业与服务中介机构的关系，我们根据知识密集型服务中介机构的定义（Nahlinder，2002；魏江等，2007）把服务中介机构分为七类，要求被试者指出他们的企业与这七类服务中介机构公司之间关系的密切程度：①金融服务公司；②IT 服务公司；③技术服务公司；④法律服务公司；⑤咨询公司；⑥人力资源服务公司；⑦会计与财务服务公司。Zhang 和 Li（2010）、McEvily 和 Zaheer（1999）也使用过类似的方法测量了企业在某个特定地理意义上的产业集群内与当地机构之间的关系。然后我们计算出这 7 个条目的算术平均值。通过这种复合的测量方式，我们测量了企业与服务中介机构的关系。同时，在实证模型中，我们将企业与每一种服务中介机构的关系作为一个解释变量。这一主观测量方式能够体现出制造企业与服务中介机构关系的紧密程度。在调查中，我们并没有询问被试者具体服务中介机构的名称，而是询问被试者一些宽泛的问题，这一方法与过去基于中国情境下的关系研究所采用的方法是一致的（Luo，2003；Peng & Luo，2000）。正如 Peng 和 Luo（2000）所指出的，"指名道姓"的方法在中国并不有效，因为"在中国，关系被认为是私人或商业秘密，一些被试者并不愿意公开这些关系"。

3. 调节变量

我们用 5 个条目来测量行业竞争强度这一构念。这些陈述涉及被试企业主营业务的行业竞争情况：①本行业的竞争已经到了白热化的程度；②本行业中有很多促销战；③本行业产品很容易被竞争者模仿；④价格战在本行业很常见；⑤本行业频繁出现新的竞争手段。与 Auh 和 Menguc（2005）的研究中对行业竞争强度的测量相比，我们删除了其最后一个条目"我们的竞争对手相对来说比较弱"。因为在预测试中，被试者反映根据中国的实际情况，很少有人愿意承认竞争对手比自己强，所以这一数据偏向很大，难以反映真实情况。我们修改后的量表通过了信度、效度检验。

我们用 Miller（1987）的量表来测量环境不确定性这一构念。这一量表包括 3 个问题：①很难预测行业中技术的变化；②很难预测行业中竞争对手的行动；③产品的市场环境变化非常快。

4. 控制变量

参照 Zhang 和 Li（2010）、Li 和 Atuanhene-Gima（2002）、Zeng 和 Xie 等（2009），我们控制了以下几个变量：企业的年龄（企业成立年数取对数）、企业的规模（企业的全职员工数量取对数）、企业是否为外资公司（1=是；0=否）、企业是否为独资公司（1=是；0=否）、企业绩效（ROA）。除此之外，我们还控制了企业的行业类型。样本中的企业属于四类行业，我们设计了 3 个行业虚拟变量。

（三）测量的信度、效度以及同源方差

我们通过几个步骤来确保数据的信度和效度。首先，如上文所述，我们邀请了来自南京和苏州的 6 家制造企业共 12 名企业高层管理人员进行了预测试。另外，我们尽可能地使用成熟的、被广泛认可的量表来保证我们测量的效度。然后，我们用 Cronbach's α 系数来评价多条目构念的信度，所有构念的 α 系数都大于 0.7。

我们采用验证性因子分析来评价多条目构念的聚合和区分效度。验证性因子分析所得到的结果表明测量模型和数据的匹配度很高（$\chi^2 = 236.22$；$p = 0.00000$：$\chi^2/df = 1.83$；CFI = 0.90；IFI = 0.94；RMSEA = 0.059），所有的这些指标都验证了模型中构念的单维性。所有的条目都显著地加载在它们所对应的潜变量上，所有 t 值都大于 2。因此，我们的构念是具有聚合效度的。另外，我们对所有的多条目构念进行了卡方差异测试以检验其区分效度。我们将多条目构念两两配对，然后将每一对构念先后放进单因素模型和双因素模型中，最后比较这两个模型的拟合优度。我们发现，对每一对构念来说，双因素模型的拟合优度总是高于单因素模型。因此，我们的构念是具有区分效度的。

与大多数的问卷调查研究一样，本研究中的自变量和因变量都采用了被试者主观评价的方式，因此会受到同源方差问题的影响。根据 Podsakoff 等（2003）的建议，我们综合采用了过程方法以及统计方法来降低同源方差的影响。如上文所述，在调查过程中，我们在每个企业邀请了两位高管人员分别填写问卷的不同部分。同时，我们向被试者确保他们提供的答案是高度保密的，并且问卷中提到的问题没有对和错之分。通过这些措施，我们在很大程度上降低了被试者操纵其评价的可能性，使他们不大会有意识地编辑答案来使其更为社会普遍意识和道德标准所认同，也使得他们不会试图让答案和研究者想要得到的答案保持一致（Podsakoff et al., 2003）。在统计方法上，我们采用了 Harman 单因素检验来检查是否存在同源方差的问题。如果存在显著的同源方差，一个单因素模型基本上就能够解释变量的协方差。我们对所有的关键变量做了因子分析。因子分析产生了 3 个因子，并且它们的特征值都大于 1。其中第一个因子只解释了总方差的 22.4%。这表明同源方差问题在本次研究中并不突出。

六、研究结果和讨论

表 2 给出了变量的平均值、标准差以及变量间的相关系数，表 3 给出了回归模型的结果。尽管服务中介机构通过提供信息和知识，并帮助制造企业扩大知识搜索范围，从而促进了制造企业的创新。但是不同类型服务中介机构所提供的知识和信息具有较大的异质性，所以我们不仅对制造企业与所有服务中介机构的关系进行了总体上的研究，而且我们也考虑

表2 描述性统计和皮逊相关系数 (N=241)

	均值	标准差	1	2	3	4	5	6	7	8	9	10	11	12	13	14	15	16	17	18	19
1. 与服务中介机构的关系	3.90	0.84	1.00																		
2. 与金融服务公司的关系	4.63	1.27	0.51**	1.00																	
3. 与IT服务公司的关系	3.62	1.26	0.58*	0.09	1.00																
4. 与技术服务公司的关系	3.39	1.53	0.57*	0.14*	0.35*	1.00															
5. 与法律服务公司的关系	3.85	1.29	0.77*	0.33*	0.33*	0.27*	1.00														
6. 与咨询公司的关系	3.49	1.35	0.74*	0.23*	0.40*	0.32*	0.60*	1.00													
7. 与人资服务公司的关系	4.27	1.20	0.65*	0.21*	0.25*	0.28*	0.47*	0.42*	1.00												
8. 与会计和财务公司的关系	4.03	1.31	0.65*	0.32*	0.20*	0.15*	0.51*	0.38*	0.38*	1.00											
9. 服务创新	4.24	0.97	0.26*	0.08	0.17*	0.12	0.28*	0.14*	0.26*	0.12	1.00										
10. 竞争强度	4.15	1.07	0.11	0.04	0.19**	0.03	0.09	0.01	0.12	0.05	0.22**	1.00									
11. 环境不确定性	3.49	0.87	0.13*	0.01	0.22*	-0.01	0.21*	0.06	0.06	0.07	0.19*	0.37**	1.00								
12. 企业年龄	0.97	0.44	0.10	0.12	-0.11	-0.01	0.19*	0.13*	0.03	0.08	0.03	0.07	-0.03	1.00							
13. 企业规模	2.71	0.92	0.32*	0.17*	0.15*	0.21*	0.26*	0.31*	0.19*	0.14*	0.08	0.22*	0.05	0.44*	1.00						
14. 外资	0.63	0.48	0.00	-0.2	0.01	0.03	-0.02	-0.03	0.13*	-0.01	0.05	-0.07	-0.12	-0.11	0.01	1.00					
15. 独资	0.56	0.50	-0.03	-0.21*	-0.05	-0.02	0.01	0.02	0.13	-0.02	0.09	-0.03	0.01	-0.07	-0.07	0.45*	1.00				
16. 行业1	0.52	0.50	0.12	-0.04	0.22*	0.06	0.11	0.08	0.07	0.03	0.04	-0.01	0.13*	-0.11	0.04	0.13*	0.14*	1.00			
17. 行业2	0.19	0.39	-0.02	-0.04	0.07	0.07	-0.09	-0.07	-0.06	0.00	0.08	0.18*	-0.11	-0.11	-0.09	0.04	-0.03	-0.50*	1.00		
18. 行业3	0.14	0.35	-0.05	0.07	-0.20*	-0.04	-0.01	-0.02	-0.08	0.03	-0.12	-0.13*	-0.07	0.06	-0.03	0.01	-0.05	-0.42*	-0.19*	1.00	
19. 绩效	3.93	1.61	0.05	-0.07	-0.04	-0.01	0.10	0.09	0.05	0.08	0.15*	-0.20*	-0.12	0.07	0.03	0.10	0.17**	0.00	-0.06	0.06	1.00

注：显著性水平 * 表示 p < 0.05, ** 表示 p < 0.01。

表3 最小二乘法回归结果 (N=241)

变量	模型1	模型2	模型3	模型2a	模型3a	模型2b	模型3b	模型2c	模型3c	模型2d	模型3d	模型2e	模型3e	模型2f	模型3f	模型2g	模型3g
控制变量																	
企业年龄	0.018	0.028	0.027	0.001	0.003	0.057	0.055	0.033	0.057	−0.050	−0.056	0.015	0.010	0.042	0.021	0.006	0.019
企业规模	0.082	−0.059	−0.018	0.006	0.001	−0.004	0.007	−0.009	0.007	−0.033	−0.019	−0.022	−0.005	−0.019	0.020	0.012	0.033
外资	−0.013	0.048	−0.003	0.043	0.038	0.041	0.009	0.038	−0.006	0.062	0.056	0.056	0.045	−0.010	−0.066	0.040	0.017
独资	0.137	0.126	0.145	0.149	0.156	0.130	0.153	0.115	0.144	0.103	0.105	0.100	0.107	0.077	0.104	0.115	0.116
行业1	0.100	−0.037	−0.081	0.043	0.052	−0.029	−0.039	0.009	−0.009	−0.036	−0.048	0.023	0.000	0.089	0.041	0.029	0.017
行业2	0.270	0.057	0.044	0.119	0.122	0.054	0.056	0.064	0.085	0.095	0.091	0.108	0.077	0.194	0.165	0.102	0.099
行业3	−0.197	−0.226	−0.283	−0.211	−0.197	−0.187	−0.196	−0.213	−0.224	−0.240	−0.271	−0.201	−0.238	−0.112	−0.155	−0.210	−0.215
绩效	0.087**	0.106**	0.094***	0.117**	0.118**	0.113**	0.104**	0.115**	0.106**	0.098**	0.096***	0.108**	0.098**	0.108**	0.100**	0.109**	0.106**
自变量	服务中介机构 (TIE)			A金融服务公司		B IT服务公司		C技术服务公司		D法律服务公司		E咨询公司		F人资服务公司		G会计和财务公司	
与服务中介机构的关系 (TIE)		0.272***	0.289***	0.083*	0.083*	0.099*	0.116*	0.070*	0.079*	0.198***	0.196***	0.093*	0.100**	0.171***	0.175***	0.066	0.069
行业竞争强度		0.206***	0.207***	0.216***	0.216***	0.202***	0.181***	0.221***	0.232***	0.202***	0.210***	0.221***	0.228***	0.193***	0.177***	0.212***	0.213***
环境不确定性		0.207***	0.213***	0.236***	0.231***	0.212**	0.216**	0.239***	0.246***	0.181**	0.187**	0.231***	0.237***	0.222**	0.201**	0.229**	0.230**
TIE×行业竞争强度			−0.172**		0.047		−0.134*		−0.165**		−0.069		−0.142**		−0.147**		−0.093
TIE×环境不确定性			−0.105*		−0.044		−0.104*		−0.047		−0.036		−0.052		−0.166**		−0.031
F值	1.572	4.046***	4.469***	2.878***	2.663**	2.966***	3.105***	2.889***	3.230***	4.461***	4.167***	2.996***	3.280***	3.796***	4.093***	2.200*	2.187*
R²	0.051	0.150	0.177	0.111	0.113	0.114	0.130	0.112	0.134	0.162	0.167	0.115	0.136	0.142	0.164	0.080	0.088
调整后的 R²	0.019	0.113	0.137	0.073	0.071	0.076	0.088	0.073	0.093	0.126	0.127	0.077	0.095	0.104	0.124	0.044	0.048
增加的 R²	0.051	0.098***	0.027**	0.060***	0.002	0.063***	0.016*	0.060***	0.023**	0.111***	0.004	0.064***	0.021**	0.090***	0.023**	0.046**	0.008

注：显著性水平+ 表示 $p < 0.1$，* 表示 $p < 0.05$，** 表示 $p < 0.01$，*** 表示 $p < 0.001$。

了不同服务中介机构的不同作用。因此我们分两步构建回归模型并对假设进行检验。

我们首先使用模型1、模型2和模型3系统地检验了与整体服务中介机构的关系对制造企业服务创新的影响。模型1仅包含了控制变量；模型2加入了主效应变量（制造企业与服务中介机构的关系）以及调节变量（行业竞争强度、环境不确定性）；模型3增加了交互项（TIE×行业竞争强度、TIE×环境不确定性）。交互项在计算前进行了标准化处理，以防止多重共线性问题。之后，我们分别针对金融服务公司、IT服务公司等各种类型的服务中介机构，重复了模型2和模型3的步骤，构建了模型2a、3a到模型2g、3g。

（一）主效应的研究结果和讨论

假设1提出与服务中介机构的关系和服务创新正相关。模型2的结果表明，与服务中介机构的关系和服务创新之间的回归系数为正且是显著的（$b = 0.272$，$p < 0.001$）。这一解释变量解释了因变量9.8%的方差（$\Delta R^2 = 0.098$，$p < 0.001$）。类似地，模型2a、2b、2c、2d、2e、2f的结果表明，与金融服务公司的关系（$b = 0.083$，$p < 0.1$；$\Delta R^2 = 0.060$，$p < 0.001$），与IT服务公司的关系（$b = 0.099$，$p < 0.1$；$\Delta R^2 = 0.063$，$p < 0.001$），与技术服务公司的关系（$b = 0.070$，$p < 0.1$；$\Delta R^2 = 0.060$，$p < 0.001$），与法律服务公司的关系（$b = 0.198$，$p < 0.001$；$\Delta R^2 = 0.111$，$p < 0.001$），与咨询公司的关系（$b = 0.093$，$p < 0.05$；$\Delta R^2 = 0.064$，$p < 0.001$），与人力资源服务公司的关系（$b = 0.171$，$p < 0.001$；$\Delta R^2 = 0.090$，$p < 0.001$）对服务创新的影响都是正向且显著的。但是与会计和财务公司的关系（$b = 0.066$，模型2g中不显著）并不显著。因此，假设1总体上得到了验证。

正如我们的理论所提出的，与服务中介机构的关系能够促进制造企业的服务创新。因为通过与服务中介机构建立关系，制造企业不仅获得了与服务有关的知识，还得以进入了异质性的社会网络。这能够解决制造企业在跨界搜索中遇到的知识整合成本升高和可靠性降低的问题，帮助制造企业重组产品服务的有关知识，获得异质性的信息，从而促进了服务创新。但是在区分不同服务中介机构的类型之后，我们发现制造企业与金融服务公司、IT服务公司、技术服务公司、法律服务公司、咨询公司、人力资源服务公司的关系对服务创新的正向作用得到了支持，而与会计和财务公司的关系的作用没有得到支持。这一结果的可能原因是，在中国情境下，会计和财务公司当前主要以开具审计报告、提供会计服务、进行税务申报等传统业务为主，公司规模较小、业务较单一（魏江等，2008）。在为企业提供财务咨询、税务咨询等与企业战略相结合的综合服务方面，大部分公司还处于萌芽期，其水平不足。因此，这类公司很难为制造企业提供服务创新所需的多样性知识，也难以帮助制造企业嵌入具有异质性的社会关系网络，对制造企业的服务创新帮助有限。

（二）调节作用的研究结果和讨论

根据两种相悖的观点，市场力量（行业竞争强度、环境不确定性）对主效应的调节作用可能是正向的也可能是反向的。为了验证哪一种观点更符合中国情境的特征，我们分别检验了假设2a、2b和假设3a、3b两组竞争性假设。

1. 行业竞争强度调节作用的结果

对假设 2a、2b 来说，在模型 3 中，与服务中介机构的关系和行业竞争强度所产生的交互项为负且是显著的（b = −0.172，p < 0.01）。加入交互项前和加入交互项后模型的 R^2 分别为 0.150 和 0.177，交互项解释了服务创新 2.7%（p < 0.01）的方差变化。调节作用如图 1(a) 所示，当行业竞争强度低时，与服务中介机构的关系对服务创新有正向影响；而竞争强度高时，关系对服务创新的正向影响大大减弱。因此，假设 2a 没有得到验证，假设 2b 得到了验证。

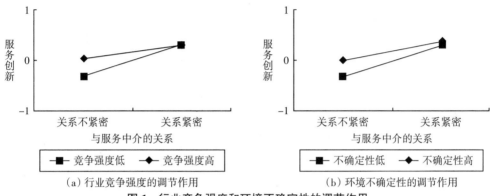

（a）行业竞争强度的调节作用　　　　　　（b）环境不确定性的调节作用

图 1　行业竞争强度和环境不确定性的调节作用

另外，模型 3b、3c、3e 和 3f 的结果表明，行业竞争强度和与 IT 服务公司的关系所产生的交互项（b = −0.134，p < 0.05；$\Delta R^2 = 0.016$，p < 0.05），与技术服务公司的关系所产生的交互项（b = −0.165，p < 0.01；$\Delta R^2 = 0.023$，p < 0.01），与咨询公司的关系所产生的交互项（b = −0.142，p < 0.01；$\Delta R^2 = 0.021$，p < 0.01），以及与人力资源类服务公司的关系所产生的交互项（b = −0.147，p < 0.01；$\Delta R^2 = 0.023$，p < 0.01）与服务创新显著负相关。同时，模型 3a、3d 和 3g 中行业竞争强度和与金融服务公司、法律服务公司和会计和财务公司的关系所产生的交互项不显著。这可能是因为金融服务公司、法律服务公司、会计和财务公司所提供的知识与国家法律、法规和政策密切相关，因此这些知识对制造企业的服务创新的作用不会受到行业竞争激烈程度的调节，所以模型 3a、3d 和 3g 的实证结果中行业竞争强度的调节效应不显著。

2. 环境不确定性调节作用的结果

对假设 3a、3b 来说，在模型 3 中，与服务中介机构的关系和环境不确定性所产生的交互项为负并且表现出了一定的显著性（b = −0.105，p < 0.1；$\Delta R^2 = 0.027$，p < 0.01）。调节作用如图 1(b) 所示，当环境不确定性低时，与服务中介机构的关系对服务创新有正向影响；而环境不确定性高时，关系对服务创新的正向影响略有减弱。因此，假设 3a 没有得到验证，假设 3b 得到了验证。

另外，模型 3b、3f 的结果表明，与 IT 服务公司的关系所产生的交互项（b = −0.104，p < 0.1；$\Delta R^2 = 0.016$，p < 0.05），与人力资源服务公司的关系所产生的交互项（b = −0.166，

$p < 0.01$；$\Delta R^2 = 0.023$，$p < 0.01$）与服务创新显著负相关，但与其他类型服务中介机构的关系均没有表现出显著性。一个可能的原因是，在不确定的环境中，IT 基础设施平台（如 ERP 系统等）和人力资源对制造企业服务创新的重要性作用将表现得更为明显。前者是制造企业的硬件基础，决定了企业响应技术和市场变化的能力；后者则构成了制造企业的软实力，决定了企业是否有能力把握未来可能出现的机遇。与这两者相比，其他因素的重要性作用不会因为环境条件的变化而发生明显的改变，因此模型 3a、3c、3d、3e 和 3g 当中，环境不确定性的调节效应不显著。

3. 调节作用的讨论

数据检验的结果说明市场有效性的观点可能更符合中国情境的实际情况。当市场力量（行业竞争强度、环境不确定性）对企业来说不可忽略时，与服务中介机构的关系对制造企业的服务创新来说价值下降了。这是因为，首先，竞争使市场本身变成了传递信息的有效渠道，通过关系搜索到的信息变得冗余（Bun，1997），这降低了关系的收益。其次，不确定性使通过关系进行搜索的结果更加不可预测，这增加了关系的成本（Peng，2003），从而使制造企业较不愿意与服务中介机构建立联系。再次，激烈的行业竞争和需求的不确定性还限制了企业对其产品和服务的定价能力，从而使企业难以将关系的额外成本转移给消费者（Li et al.，2008），这进一步降低了制造企业与服务中介机构建立关系的动机。这与以往研究普遍认为社会关系在中国情境中有重要作用的观点相反。这表明随着中国改革开放进程的深化，正规化和国际化程度的提高，市场本身的特征开始发挥越来越重要的作用。

这一结果暗示了，制造企业与服务中介机构的关系是需要结合具体情境加以确定的，这一关系的价值取决于制造企业服务创新对跨界搜索的依赖程度。因此，对制造企业来说，有必要根据情境的不同而考虑与服务中介机构的关系。另外，在我们的结果中，在高度竞争的环境中，IT 服务公司、技术服务公司、咨询公司、人力资源公司四类服务中介机构在制造企业服务创新中所发挥的作用显著降低了；在不确定的环境中，IT 服务中介机构和人力资源服务中介机构的作用显著降低了，而其他类型的服务中介机构受到的影响则相对较小。这说明企业不应该"一刀切"地决定与服务中介机构的关系，而应该针对不同类型的服务中介机构，谨慎地采取不同的关系策略。

七、总结与展望

（一）本文的贡献

（1）对创新研究的贡献。我们的研究结果有助于对创新研究，尤其对制造企业的服务创新研究有更好的理解。现有的创新文献强调了跨界搜索的重要性，然而企业要在更广阔的、陌生的范围内进行搜索是非常困难的（Feming，2002），对于制造企业的服务创新来说尤其如此。因为制造企业的服务创新涉及跨组织、跨行业、跨地域的知识，并且随着搜索范围的扩大，制造企业不得不面对关系成本升高、知识整合成本升高、可靠性降低的问题。因此，知识多样性的重要性和扩大搜索的难度构成了一个两难的问题。我们的研究结果为这一重要问题提供了一条解决途径：制造企业可以通过改善和服务中介机构的关系来解决这一两难问题。服务中介机构不仅能够生产和转移服务知识，而且位于许多企业、组织和行业的交汇处，能够帮助制造企业进入异质性的社会网络，因此服务中介机构在帮助制造企业扩大外部搜索范围、减小搜索成本方面有其特殊的作用。同时，我们的研究有助于更好地理解组织搜索活动的情境特殊性。正如 Katila（2002）所提到的，搜索活动和其所处的环境是无法分离研究的。我们的研究表明，当市场力量（行业竞争强度和环境不确定性）对企业来说无法忽略时，制造企业与服务中介机构建立的关系对服务创新的价值下降了。我们的研究支持了企业的搜索活动依赖于企业所处的外部环境的观点。

（2）对关系研究的贡献。在我们所知的范围内，本研究是第一个系统地检验了与服务中介机构的关系对制造企业服务创新影响的研究。现有的研究主要检验了与有影响力的组织的关系，如与老牌企业的关系（Baum et al.，2000；Shah et al.，1994；Stuart，2000），与大学和研究机构的关系（Baum et al.，2000）对制造企业产品创新的影响；也有一些研究讨论了管理者间的私人关系对产品创新的影响（Luo，2003）。我们的研究与之不同，我们研究了与包含不同行业的服务中介机构的关系是如何共同影响制造企业的服务创新。所得的研究结果与 Zhang 和 Li（2010）的结论是基本一致的。总而言之，这些结果表明未来的研究需要超越制造企业与少数本行业、本领域的企业的关系，关注于更广范围内的外部关系。

更进一步地，我们考虑了市场力量对关系作用的影响，从而丰富了关系的情境研究。现有研究普遍认为关系对企业的创新影响都是重要的。本研究发现与服务中介机构的关系对制造企业服务创新的影响可能会因为市场力量的变化而不同。作为新兴经济体中重要代表的中国，其制造业的服务创新活动必然带有自己的特色，模式和路径与西方企业可能有所不同。所以基于中国情境研究市场力量的调节作用能带来更有意义而不同的结果。所得的研究结果支持了 Luo（2003）的市场有效性的观点，表明市场本身的特征开始超越社会关系而发挥越来越重要的作用。

（3）对企业实践的贡献。今天的中国制造业，如何在转型过程中获得创新所需要的知识和资源是企业在服务创新中面临的首要问题。然而，中国支撑企业创新活动的战略要素市场和制度性基础设施尚未发展成熟。在这样的背景下，本文的研究为制造企业提供了一条可行的路径，即通过发展与服务中介机构的关系来获得创新所需的知识和资源。实际上在实践中我们也发现这已经成为一些企业创新活动的重要战略。例如，诺基亚公司通过与中国移动合作推出"移动心机"，迅速获得了与中国手机用户的需求及偏好信息有关的知识，从而帮助诺基亚公司在中国市场推出了"乐随想"免费音乐、Ovi 中文网络商店等一系列高度本地化的服务。

同时，本文进一步强调了，虽然与服务中介机构的关系十分重要，但其并不总是万能的，它的重要性要受到行业竞争强度、环境不确定性等市场力量的影响。随着中国市场体制改革的日益完善，市场有效性对企业行为的影响越来越大。在这样的环境下，企业更应该慎重考虑与服务中介之间的关系，以避免过多的关系投资占用了企业有限的资源。总之，本文有助于企业经营者更好地理解与服务中介机构之间的关系为什么以及何时能对创新活动产生影响。

（二）本文的不足和未来研究建议

我们的研究也存在不足：首先，我们的研究所采用的是横截面数据。尽管我们提出制造企业与服务中介机构的关系对制造企业的服务创新有正向的影响，但我们赞成通过纵向的时间序列研究来进一步验证我们的假设。其次，我们的样本采于苏州工业园区。园区内的供应链和服务配套企业发展相对成熟，提供了更容易支持我们假设的数据。在其他情境下，服务中介机构的稀缺和不易接触可能会影响本研究的结果，因此有必要在其他情境下重复本文的研究。最后，我们使用了主观感知的量表来测量制造企业与服务中介机构的关系。已有的文献表明，主观评价的方法在测量"关系"上是可行的。但是也有人认为，中国企业对调查问卷的态度是谨慎而保守的，因此主观问卷在一定程度上可能难以反映真实的情况。未来的研究可以采用其他的方法来量化这种"关系"。

参考文献

［1］魏江，陶颜，王琳. 知识密集型服务业的概念与分类研究［J］. 中国软科学，2007（1）.

［2］魏江，夏雪玲. 产业集群中知识密集型服务业的功能研究［J］. 科技进步与对策，2004（12）.

［3］魏江，余春燕，胡胜蓉. 会计服务业服务创新模式的多案例研究［J］. 商业经济与管理，2008（8）.

［4］徐志强. 诺基亚受困：战略的悖论［J］. 21世纪经济报道，2010.

［5］周彩红. 产业价值链提升路径的理论与实证研究——以长三角制造业为例［J］. 中国软科学，2009（7）.

［6］Alic J.A. Knowledge, Skill and Education in the New Global Economy［J］. Futures，1997，29（1）.

［7］Auh S., Menguc B. Balancing Exploration and Exploitation: The Moderating Role of Competitive Intensity［J］. Journal of Business Research, 2005, 58（12）.

［8］Aurich J., Fuchs C., Wagenknechy C. Life Cycle Oriented Design of Technical Product Service-Systems［J］. Cleaner Prod, 2006, 14（17）.

［9］Bahrami H., Evans S. Flexible Re-Cycling and High-Technology Entrepreneurship［J］. California Management Review, 1995, 37（3）.

［10］Baker W.E., Faulkner R.R. Social Networks and Loss of Capital［J］. Social Networks, 2004, 26（2）.

［11］Barras R. Towards a Theory of Innovation in Services［J］. Research Policy, 1986, 15（4）.

［12］Baum J.A.C., Calabrese T.Q., Silverman B.S. Don't Go It Alone: Alliance Network Composition and Startups' Perfor. Mance in Canadi an Biotechnology［J］. Strategic Management Journal, 2000, 21（3）.

［13］Boisot M., Child J. From Ficfs to Clans and Network Capitalism: Explaining China's Emerging Economic Order［J］. Administrative Science Quarterly, 1995.

［14］Burt R.S. The Contingent Value of Social Capital［J］. Administrative Science Quarterly, 1997.

[15] Christensen C.M. The Innovator's Dilemma: When New Technologies Cause Great Firms to Fail [M]. Boston: Haryard Business School Press, 1997.

[16] Davies H., Walters P. Emergent Patterns of Strategy, Environment and Pertormance in a Transihon Economy [J]. Strategic Management Journal, 2004, 25 (4).

[17] Diez J.R. The Importance of Public Research Institutes in Innovative Networks—empirical Results from the Metropolitan Innovation Systems Barcelona, Stockholm and Vienna [J]. European Planning Studies, 2000, 8 (4).

[18] Drejer I. Identifying Innovation in Surveys of Services: A Schumpeterian Perspective [J]. Research Policy, 2004, 33 (3).

[19] Fleming L. Finding the Organizational Sources of Technological Breakthroughs: The Story of Hewlett-Packard's Thermal Ink-Jet [J]. Industrial and Corporate Change, 2002, 11 (5).

[20] Fleming L., Sorenson O. Technology as a Cornplex Adaptive System: Evidence From Patent Data [J]. Research Policy, 2001, 30 (7).

[21] Gallouj F., Savona M. Innovation in Services: A Review of the Debate and a Research Agenda [J]. Journal of Evolutionary Economics, 2009, 19 (2).

[22] Gallouj F., Weinstein O. Innovation in Services [J]. Research Policy, 1997, 26 (4-5).

[23] Gebauer H. Identifying Service Strategies in Product Manufacturing Companies by Exploring Environment-strategy Configurations [J]. Industrial Marketing Management, 2008, 37 (3).

[24] Grant R.M. Prospering in Dynamjcally-competitive Environments: Organizational Capability as Knowledge Integration [J]. Organization Science, 1996, 17 (4).

[25] Guthrie D. The Declining Significance of Guanxi in China's Economic Transition [J]. China Quarterly, 1998 (154).

[26] Howells J. Intermediation and the Role of Intermediaries in Innovation[J]. Research Policy, 2006, 35 (5).

[27] Katila R. New Product Search Over Time: Past Ideas in their Prime? [J]. A Cademy of Management Journal, 2002, 45 (5).

[28] Katila R., Ahuja G. Something Old, Something New: A Longitudinal Study of Search Behavior and New Product Introduction [J]. Academy of Management Journal, 2002, 45 (6).

[29] Kiong T.C., Kee Y.P. Guanxi Bases, Xinyong and Chinese Business Networks [J]. British Journal of Sociology, 1998, 49 (1).

[30] Leonardbarton D. Core Capabilities and Core Rigidities——A Paradox in Managing New Product Development [J]. Strategic Management Journal, 1992, 13.

[31] Levinthal D.A., March J.G. The Myopia of Learning [J]. Strategic Management Journal, 1993, 14.

[32] Lj H.Y., Atuahene-Gima K. The Adoption of Agency Business Activity, Product Innovation and Performance in Chinese Technology Ventures [J]. Strategic Management Journal, 2002, 23 (6).

[33] Li J.J., Poppo L., Zhou K.Z. Do Managerial Ties in China Always Produce Value? Competition, Uncertainty, and Domestic VS.Foreign Firms [J]. Strategic Management Journal, 2008, 29 (4).

[34] Luo Y.D. Industrial Dynamics and Managerial Networking in an Emerging Market: The Case of China [J]. Strategic Management Journal, 2003, 24 (13).

[35] March J. Exploration and Exploitation in Organizational Learning [J]. Organization Science, 1991, 2.

［36］ McEvily B., Zaheer A. Bridging Ties: A Source of Firm Heterogeneity in Competitive Capabilities ［J］. Strategic Management Journal, 1999, 20 (12).

［37］ Miller D. The Structural and Environmental Correlates of Business Strategy ［J］. Strategic Management Journal, 1987, 8 (1).

［38］ Muller E., Zenker A. Business Services as Actors of Knowledge Transformation: The Role of Kibs in Regional and National Innovati on Systems ［J］. Research Policy, 2001, 30 (9).

［39］ Nahlinder J. Innovation in Knowledge Intensive Business Service: State of the Art and Conceptualisations ［EB/OL］. http: //www.tema.1iu.se/tema-t/sirp/pdf/wp2002-244.pdf, 2002.

［40］ Nelson R.R., Winter S.G. The Schumpeterian Tradeoff Revisited ［J］. American Economic Review, 1982, 72 (1).

［41］ Oliva R., Kallenberg R. Managing the Transition from Products to Services ［J］. International Journal of Service Industry Management, 2003, 14 (2).

［42］ Osborne S.P., Kaposvari A. Non-Governmental Organizations and the Development of Social Services. Meeting Social Needs in Local Communities in Post-communist Hungary ［M］. John Wiley & Sons Ltd, 1996.

［43］ Peng M.W. Institutional Transitions and Strategic Choices ［J］. Academy of Management Review, 2003, 28 (2).

［44］ Peng M.W., Luo Y.D. Managerial Ties and Firm Performance in a Transition Economy: The Nature of a Micro-macro Link ［J］. Academy of Management Journal, 2000, 43 (3).

［45］ Podsakoff P.M., Mac Kenzie S.B., Lee J.Y., Podsakoff N.P. Common Method Biases in Behavioral Research: A Critical Review of the Literature and Recommended Remedies ［J］. Journal of Applied Psychology, 2003, 88 (5).

［46］ Prahalad C.K., Krishnan M.S. The New Age of Innovation, McGraw-Hill. 2008.

［47］ Raynor M.E. The Strategy Paradox: Why Committing to Success Leads to Failure (and What to Do about It) ［Z］. Broadway Business, 2007.

［48］ Rosenkopf L., Nerkar A. Beyond Local Search: Boundaly-Spanning, Exploration and Impact in the Optical Disk industry ［J］. Strategic Management Journal, 2001, 22 (4).

［49］ Saxenian A.L. Regional Networks and the Resurgence of Silicon Valley ［J］. Cdlifornia Management Review, 1990, 33 (1).

［50］ Shah W.J., Walker G., Kogut B. Interfirm Cooperati on and Startup Innovation in the Biotechnology Industry ［J］. Strategic Management Journal, 1994, 15 (5).

［51］ Sidhu J.S., Commandeur H.R., Volberda H.W. The Multifaceted Nature of Exploration and Exploitation: Value of Supply, Demand, and Spatial Search for Innovation ［J］. Organi-ration Science, 2007, 18 (1).

［52］ Stuart T.E. Interorganizational Alliances and the Performance of Firms: A Study of Growth and Innovation Rates in a High-technology Industry ［J］. Strategic Management Iournal, 2000, 21 (8).

［53］ Stuart T.E., Podolny J.M. Local Search and the Evolution of Technological Capabilities ［J］. Strategic Management Journal, 1996, 17.

［54］ Sundbo J., Gallouj F. Innovation as a Loosely Coupled System in Services ［J］. Kluwer Academic Aublishers, 2000, 18.

［55］ Uzzi B. Social Structure and Competition in Interfirm Networks: The Paradox of Embeddedness ［J］. A dministrative Science Quarterly, 1997, 42 (1).

[56] Walker R.M. Innovation Type and Diffusion: An Empirical Analysis of Local Government [J]. Public Administration, 2006, 84 (2).

[57] Weems G.H. Impact of the Number of Response Categories on Frequency Scales: An Examination of Information Obtained, Reliability and Factor Structure [M]. The University of Memphis, 1999, 80.

[58] Wise R., Baumgartner P. Go Downstream—the New Profit Imperative in Manufacturing [J]. Harvard Business Review, 1999, 77 (5).

[59] Wolpert J.D. Breaking out of the Innovation Box [J]. Harvard Business Review, 2002, 80 (8).

[60] Yang M.M. Gifts, Favors and Banquets: The Art of Social Relationships in China [M]. Cornell University, Ithaca, NY, 1994.

[61] Young L. From Products to Services: Insights and Experience from Companies which have Embraced the Service Economy [M]. Wiley Publication, 2008.

[62] Zajac E.J., Olsen C.P. From Transaction Cost to Transactional Value Analysis–Implications for the Study of Interorganizational Strategies [J]. Journal of Management Studies, 1993, 30 (1).

[63] Zeng S.X., Xie X.M., Tam C.M., Wan T.W. Relationships between Business Factors and Performance in Internationalization an Empirical Study in China [J]. Management Decision, 2009, 47 (2).

[64] Zhang Y., Li H. Innovation Search of New Ventures in a Technology Cluster: The Role of Ties with Service Intermediaries [J]. Strategic Management Journal, 2010, 31 (1).

第二节

英文期刊论文精选

    可能与服务业发展程度有关，英文文献更多偏向于服务贸易，包括一些对服务贸易产生影响的因素分析、服务贸易与货物贸易之间的对比。另外，英文的文献也更多地涉及服务创新和服务竞争力问题的研究。相比之下，国内的研究热点——生产性服务业则较少被讨论。结合文献的质量和影响力，专家组精选出20篇文章，分别介绍如下。

一

Title: The Distributional Impact of Public Services when Needs Differ

Author: Aaberge Rolf, Bhuller Manudeep, Langørgen Audun, Mogstad Magne

Source: Journal of Public Economics

Abstract: Despite a broad consensus on the need to take into account the value of public services in distributional analysis, there is little reliable evidence on how inclusion of such non-cash income actually affects poverty and inequality estimates. In particular, the equivalence scales applied to cash income are not necessarily appropriate when including non-cash income, because the receipt of public services is likely to be associated with particular needs. In this paper, we propose a theory-based framework designed to provide a coherent evaluation of the distributional impact of local public services. The valuation of public services, identification of target groups, allocation of expenditures to target groups, and adjustment for differences in needs are derived from a model of local government spending behaviour. Using Norwegian data from municipal accounts and administrative registers we find that the inclusion of non-cash income reduces income inequality by about 15% and poverty rates by almost one-third. However, adjusting for differences in needs for public services across population subgroups offsets about half the inequality reduction and some of the poverty decrease.

Key Words: Income Distribution; Poverty; Public Services; Non-cash Income; Needs Adjustment; Equivalence Scales

文章名称: 差异化需求下分配对公共服务的影响

作者: 阿博齐、布勒、兰戈金、莫古塔德

来源: 《公共经济学》

摘要: 在分配分析中需要考虑到公共服务的价值这一点已经达成了广泛的共识,但是对于这样的非现金收入如何实际影响贫困和不平等,以及影响了多少等方面的证据非常缺乏。特别是包含了非现金收入后,现金收入的等效尺度就不再合适,这是因为接受公共服务很可能是与特定需求相关联的。在本文中,我们提出了一个以理论为基础的框架,旨在对地方公共服务对于分配的影响进行协调一致的评估。公共服务的估值、目标群体的识别、对于目标群体的支出分配以及通过需求的差异进行调整等可以由一个地方政府的支出行为模型推导出来。通过挪威城市户口以及行政登记方面的数据,我们发现,通过纳入非现金收入可以将收入不平等降低 15%,并将贫困率降低将近 1/3。然而,在按照不同人口群组对于公共服务需求的不同进行调整后,抵消了大约一半的不平等和贫困。

关键词: 收入分布;贫困;公共服务;非现金收入;需求调整;等价效应

二

Title: Policies to Enhance the "Hidden Innovation" in Services: Evidence and Lessons from the U. K.

Author: Abreu Maria, Grinevich Vadim, Kitson Michael, Savona Maria

Source: The Service Industries Journal

Abstract: More than 75% of the U. K. economy is based on services. Knowledge-based services generate more than five times as much value added for the U. K. economy as advanced manufacturing. Yet, there are persistent gaps in understanding the innovative performance of services. Using Fourth U. K. Community Innovation Survey (CIS4) data and the results of a detailed case study analysis, this article helps to fill this gap by analyzing what innovation in services means and how it can be measured. The traditional indicators of innovation inputs (such as levels of R&D expenditures) and innovation outputs (such as the number of patents) suggest that services are less innovative than other branches of the economy. We take into account a larger spectrum of innovation indicators, both in terms of innovation inputs and outputs, to analyse whether the intensity, nature and economic impact of innovation significantly varies between the manufacturing and service sectors in U. K., and between different parts of the services sector such as knowledge-intensive business services and traditional services. The results of the empirical analysis identify the "hidden parts" of innovation in services, that is, the innovative activities and successful innovative outputs that are traditionally underestimated by the use of metrics based on R&D and patents. We suggest a wide range of policy measures specifically targeted at enhancing innovation in services; the U. K. service economy needs more focus on learning and the training of personnel, and a new balance of policy to support both R&D and non-R&D innovation activities.

Key Words: Service Sectors; Innovation Metrics; Innovation Performance; Innovation Policy

文章名称：提高服务业"隐性创新"的政策：来自英国的证据和经验

作者：阿布、格林维奇、基森、萨沃纳

来源：《服务产业》

摘要：英国75%的经济都来自服务业。在英国，以知识为基础的服务业能产出五倍于高端制造业的增加值。然而，服务创新的表现如何？很多人仍然难以理解。利用英国第四次社区创新调查数据（CIS4）和详细的案例分析结果，本文分析了什么是服务创新以及如何对其度量。传统的创新投入指标（如研发开支水平）和创新产出指标（如专利数）认为服务比其他经济产业更不具有创新性。我们采用了很多创新指标，包括创新投入和产出指标，来分析英国制造业和服务业以及与服务业的不同部门之间（如知识密集型商业服务和

传统服务）的创新的力度、性质和经济影响是否有显著差别。实证分析的结果肯定了服务创新的"隐性部分"，也就是说，使用基于研发和专利的传统指标会低估创新行为和成功的创新产出。我们建议采用更广泛的政策指标，特别是针对提高服务创新的政策指标。英国的服务业需要将重心更多地放到人员的学习和培训上，还要采用一种同时支持研发型和非研发型创新行为的平衡型新政策。

关键词：服务部门；创新指标；创新表现；创新政策

三

Title：Service Regulation and Growth：Evidence From OECD Countries

Author：Barone Guglielmo，Cingano Federico

Source：The Economic Journal

Key Words：Service Regulation；Economic Performance；Downstream Industry

文章名称：服务业的管制和增长：OECD 国家的经验

作者：巴罗内、辛加罗

来源：《经济学》

摘要：我们通过对 OECD 国家的检验，研究了服务业的关于反竞争管制方面的影响。在文章中，我们分析了 OECD 国家的制造业在依赖的服务业存在较少管制的情况下，是否会产生更好的经济绩效。研究结果显示，在下游依存较密集的服务业情况下，较少的管制会提高增加值、生产率和出口增长，在专业服务业以及能源供应业上的管制尤其存在明显的负增长影响。在替换了相关的管制变量（产品与劳动市场管制），选择其他金融发展水平测量方法的情况下，通过一系列模型设定检验，该结果也表现显著。

关键词：服务业管制；经济表现；下游产业

四

Title：Facts and Figures on Intermediated Trade

Author：Blum Bernardo S., Claro Sebastian, Horstmann Ignatius

Source：The American Economic Review

Key Words：Intermediaries；International Trade；Import Value

文章名称：中介贸易的要素和数据

作者：布罗姆、克拉罗、豪斯曼

来源：《美国经济评论》

摘要：过去数年，贸易经济学者已经开始探寻中介在促进贸易活动中的作用。Rauch 和 Watson（2004）、Petropoulou（2007）以及 Antras 和 Costinot（2009）通过中介模型的构建，研究了贸易中介在促进进出口商与国外买方匹配中的作用。这些文章检验了成熟的中介技术如何影响贸易额以及贸易收益。Blum、Claro 和 Horstmann（2009）将简化的匹配模型嵌入异质企业贸易模型，并检验了贸易环境的变化如何影响贸易成本、进出口额以及通过中介的贸易活动程度。本文建模的最大挑战是如何在贸易环境下构造匹配与中介技术。Blum、Claro 和 Horstmann（2009）提出了智利—哥伦比亚贸易要素，并使用这些要素构造了贸易技术。在本文中，我们提出了更多的贸易中介要素，使用智利以及智利—阿根廷贸易新数据库，我们认为这些要素会在将来关于贸易中介建模中被证明特别有效。

关键词：中介；国际贸易；进口价值

五

Title: International Trade in Services: A Portrait of Importers and Exporters

Author: Breinlich Holger, Criscuolo Chiara

Source: Journal of International Economics

Abstract: We provide a novel set of stylized facts on firms engaging in international trade in services, using unique data on Firm-level Exports and imports from the world's second largest services exporter, the United Kingdom (U. K.). We show that only a fraction of U. K. firms engage in international trade in services, that trade participation varies widely across industries and that service traders are different from Non-traders In terms of size, productivity and other firm characteristics. We also provide detailed evidence on the trading patterns of service exporters and importers, such as the number of markets served, the value of exports and imports permarket and the share of individual markets in overall sales. We interpret these facts in the light of existing theories of international trade in services and goods. Our results demonstrate that Firm-level Heterogeneity is a key feature of services trade. Also, we find many similarities between services and goods trade at the firm level and conclude that existing heterogeneous firm models for goods trade will be a good starting point for explaining trade in services as well.

Key Words: International trade; Services; Firm-level Evidence

文章名称：国际服务贸易：对进口方和出口方的描述

作者：布林其、克里斯库洛

来源：《国际经济学》

摘要：利用来自世界第二大服务出口国——英国的公司层面的进出口数据，我们发现了一些参与国际服务贸易的公司的典型情况。我们发现，只有一部分英国公司参与了国际服务贸易，贸易参与度在不同行业之间差别很大，参与服务贸易的公司与不参与服务贸易的公司在公司规模、生产率以及其他特征上都有很大区别。我们也提供了对于服务出口方和进口方的细节情况，如参与的市场数量、每个市场的进出口额以及单个市场份额的占比等。我们用现有的国际货物贸易理论来解释这些情况，并发现公司层面的异质性是服务贸易的关键。同时，我们发现了服务和货物贸易在公司层面上有很多相似点，所以我们认为可以用现有解释货物贸易的"异质性公司模型"解释服务贸易。

关键词：国际贸易；服务；公司层面证据

六

Title: Prices or Knowledge? What Drives Demand for Financial Services in Emerging Markets?

Author: Cole Shawn, Sampson Thomas, Zia Bilal

Source: Journal of Finance

Abstract: Financial development is critical for growth, but its micro determinants are not well understood. We test leading theories of low demand for financial services in emerging markets, combining novel survey evidence from Indonesia and India with a field experiment. We find a strong correlation between financial literacy and behavior. However, a financial education program has modest effects, increasing demand for bank accounts only for those with limited education or financial literacy. In contrast, small subsidies greatly increase demand. A follow-up survey confirms these findings, demonstrating that newly opened accounts remain open and in use 2 years after the intervention.

文章名称: 价格还是知识? 是什么在推动新兴市场对金融服务的需求?

作者: 克洛伊、桑普森、齐娅

来源:《金融学》

摘要: 金融发展对经济增长至关重要, 但人们不太了解其微观影响因素。我们结合来自印度尼西亚和印度的现场试验及新调查, 检验了对于新兴市场金融服务需求较低的主导理论。我们发现金融知识和行为之间有很强的相关性。但是, 金融教育项目的影响较小, 对教育和金融知识有限的人才会增加对银行账户的需求。相比之下, 小额补贴则能大大增加需求。后续调查也证实了这些发现, 新开账户在干预后会维持和使用两年。

七

Title： Does the Worldwide Shift of FDI from Manufacturing to Services Accelerate Economic Growth？ —A GMM Estimation Study

Author： Doytch Nadia，Uctum Merih

Source： Journal of International Money and Finance

Abstract： We examine the effect of manufacturing and service FDI（foreign direct investment）on their own sector growth, the spillover to the other sectors and the overall economy in host countries. We identify significant sectoral and inter-industry spillover effects with various data classifications and types of FDI flows. Evidence reveals that growth effect of manufacturing FDI operates by stimulating activity in its own（manufacturing）sector and is prevalent in Latin America-Caribbean, in Europe-central Asia, middle to low-income countries and economies with large industry share. A surge of service FDI is likely to spur growth in service industries but hurt activity in manufacturing industries. Financial service FDI enhances growth in South-East Asia and the Pacific, high income countries and service based economies by stimulating activity in both manufacturing and service sectors. However, nonfinancial service FDI drains resources and hurts manufacturing industry in the same group of countries. We conclude that a shift from manufacturing to service FDI is likely to lead to industrialization in certain regions and types of economies if this shift is spearheaded by nonfinancial FDI.

Key Words： Capital Flows；Sectoral FDI；Manufacturing and Service Growth；GMM

文章名称： 从制造业向服务业 FDI 的全球转变是否加速经济增长？——采用 GMM 方法的估计研究

作者： 多伊克、乌图姆

来源：《国际货币与金融》

摘要： 我们研究了制造业和服务业 FDI 对自身行业成长的影响，以及对其他行业和整体经济的溢出效应。通过不同的数据和不同类型的 FDI，我们发现了显著的行业间、产业间溢出效应。结果显示：在拉丁美洲—加勒比海、欧洲—中亚，以及中东低收入国家和大工业股份经济体，制造业 FDI 通过刺激制造业的活动，都促进了自身行业的增长。服务业 FDI 的激增可能会刺激服务业的增长，但是也可能阻碍制造业的发展。金融服务业 FDI 通过刺激制造业和服务业的活动来促进东南亚和太平洋地区高收入国家及以服务业为主的经济体的增长，但非金融服务 FDI 会消耗资源和阻碍本国的制造业。我们最终得出结论：从制造业转向服务业 FDI，如果这种转变是由非金融 FDI 驱动的，是可能限制某些地区和类型的经济体工业化的。

关键词： 资本流动；行业 FDI；制造业和服务增长；GMM

八

Title：The Role of the Structural Transformation in Aggregate Productivity

Author：Duarte Margarida, Restuccia Diego

Source：The Quarterly Journal of Economics

Abstract：We investigate the role of sectoral differences in labor productivity in explaining the process of structural transformation the secular real location of labor across sectors and the time path of aggregate productivity across countries. Using a simple model of the structural transformation that is calibrated to the growth experience of the United States, we measure sectoral labor productivity differences across countries. Productivity differences between rich and poor countries are large in agriculture and services and smaller in manufacturing. Moreover, over time, productivity gaps have been substantially reduced in agriculture and industry but not nearly as much in services. In the model, these sectoral productivity patterns generate implications that are broadly consistent with the cross-country evidence on the structural transformation, aggregate productivity paths, and relative prices. We show that productivity catch-up in industry explains about 50 percent of the gains in aggregate productivity across countries, while low relative productivity in services and the lack of catch-up explains all the experiences of slowdown, stagnation, and decline observed across countries.

Key Words：Labor Productivity; Structural Transformation; Sectoral Productivity; Employment; Cross-country Data

文章名称：结构变化对生产率的影响

作者：杜瓦迪、雷斯图恰

来源：《经济学季刊》

摘要：我们研究了部门劳动生产率在解释结构变化（部门间劳动力分配）以及国家总体生产率时间路径的作用。我们用结构变化模型度量了各国的部门劳动生产率，发现农业和服务业存在巨大差异，而制造业相对较小。长期以来，生产率差距在农业和工业部门有明显缩小，但是服务业并没有那么明显。模型中估计出的部门生产率结构在不同国家有着相同的特征，我们发现工业生产率的追赶效应解释了50%的总体生产率的增加，而服务业的低生产率以及追赶效应的缺少完全说明了国家发展的减速、停滞以及衰退。

关键词：劳动力；结构变化；部门生产率；就业；国家数据

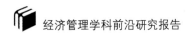

九

Title: Macroeconomic Effects of Greater Competition in the Service Sector: The Case of Italy

Author: Forni Lorenzo, Gerali Andrea, Pisani Massimiliano

Source: Macroeconomic Dynamics

Abstract: In this paper we assess the effects of increasing competition in the service sector in one country of the euro area. We focus on Italy, which, based on cross-country comparisons, stands out as the country with the highest markups in nonmanufacturing industries among the OECD countries. We propose a two-region (Italy and the rest of the euro area) dynamic stochastic general equilibrium model where we introduce nontradable goods as a proxy for services and we allow for monopolistic competition in labor, manufacturing, and services markets. We then use the model to simulate the macroeconomic and spillover effects of increasing the degree of competition in the Italian services sector. According to the results, reducing the markups in services to the levels prevailing in the rest of the euro area induces in the long run an increase in Italian GDP equal to 11% and an increase in welfare (measured in terms of steady state consumption equivalents) of about 3.5%. Half of the GDP increase would be realized in the first three years. The spillover effects to the rest of the euro area are limited: consumption, investment, and GDP increases are relatively small.

Key Words: Competition; Markups; Monetary Policy

文章名称: 服务业竞争增加对宏观经济的影响: 以意大利为例

作者: 弗尼、格拉黎、皮萨妮

来源: 《宏观经济学动态》

摘要: 在本文中, 我们评估了欧元区一个国家服务行业竞争增加的影响。我们在跨国比较的基础上专门研究意大利, 该国脱颖而出是由于其非制造业利润在所有经合组织国家中最高。我们将不可贸易商品作为服务, 假设劳动、制造和服务市场垄断竞争, 构建了一个两区域 (意大利和其他欧元区) 动态随机一般均衡模型。然后我们使用模型模拟意大利服务业竞争度增加的宏观经济效应和溢出效应。结果显示, 将服务业的利润减少到其他欧元区的一般水平会导致长期内意大利 GDP 增加 11% 和福利增加约 3.5% (以稳态时的消费等价物计量), 一半的 GDP 增长会在前三年实现。竞争度增加对其他欧元区的溢出效应是有限的: 消费、投资和 GDP 增加相对较小。

关键词: 竞争; 利润; 货币政策

＋

Title：Services Trade and Policy

Author：Francois Joseph，Hoekman Bernard

Source：Journal of Economic Literature

Abstract：Since the mid-1980s a substantial body of research has taken shape on trade in services. Much of this is inspired by the WTO and regional trade agreements. However, an increasing number of papers focus on the impacts of unilateral services sector liberalization. The literature touches on important linkages between trade and FDI in services and the general pattern of productivity growth and economic development. This paper surveys the literature on services trade, focusing on contributions that investigate the determinants of international trade and investment in services, the potential gains from greater trade, and efforts to cooperate to achieve such liberalization through trade agreements. There is increasing evidence that services liberalization is a major potential source of gains in economic performance, including productivity in manufacturing and the coordination of activities both between and within firms. The performance of service sectors, and thus services policies, may also be an important determinant of trade volumes, the distributional effects of trade, and overall patterns of economic growth and development. At the same time, services trade is also a source of increasing political unease about the impacts of globalization on labor markets, linked to worries about offshoring and the potential pressure this places on wages in high income countries.

Key Words：Trade in Services；Outsourcing；Modes of Supply；Trade and FDI；Foreign Affiliate Trade；WTO；GATS；Trade Agreements；Economic Development

文章名称：服务贸易和政策

作者：弗朗索瓦、霍克曼

来源：《经济学文献》

摘要：20世纪80年代中期以来，越来越多的关于服务贸易的研究开始成型。这很大程度是因为受到了世贸组织和区域贸易协定的启发。然而，越来越多的论文开始关注单边服务业自由化的影响，这些文献都涉及服务贸易、服务业外国直接投资、生产率增长和经济发展的一般模式之间的重要联系。本文主要回顾了服务贸易的相关文献，特别是研究了国际服务贸易和投资的决定因素，探讨了更大贸易量中所能获得的收益以及通过贸易协定实现自由化的努力。越来越多的证据表明，服务贸易自由化是服务业获得更大收益的潜在来源，这种收益包括制造业生产力的提高和企业内/间活动的协调。服务行业的表现和服务政策也可能是贸易量、贸易的分配效应以及经济增长和发展的总体模式的重要决定因素。与此同时，服务贸易也是越来越多的政治问题的主要来源，这主要是因为全球化对于劳动力市场的影响，同时对于高收入国家的工资问题、离岸以及潜在的压力的担忧也越来

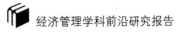

越多。

关键词：服务贸易；外包；供应模式；贸易与外国直接投资；外资子公司贸易；世界贸易组织；关税贸易总协定；贸易协定；经济发展

十一

Title：Employment，Job Turnover，and Trade in Producer Services—UK Firm-level Evidence

Author：Hijzen Alexander, Pisu Mauro, Upward Richard, Wright, Peter W.

Source：Canadian Journal of Economics

Abstract：We provide the first firm-level evidence of the impact of the trade in producer services（offshoring）on the labour market. Using a new data set from the U. K. that measures trade in services at the firm level，we find no evidence that importing intermediate services is associated with job losses or greater worker turnover. Using regression to control for observable differences between firms that import service inputs and those that do not，we show that firms that start importing intermediate services experience faster employment growth than equivalent firms that do not. This seems likely to be the result of positive demand shocks，which cause a simultaneous increase in employment，output，and use of imported service inputs.

Key Words：Offshoring；Exporting；Services；Employment；Job Turnover

文章名称：就业、工作流动、生产性服务业贸易——来自英国企业层面的证据

作者：席振、毕苏、阿普沃德、怀特、彼得

来源：《加拿大经济学》

摘要：文章开创了从企业层面分析生产性服务贸易（外包）对劳动力市场影响的研究。文章采用来自英国的一种新的数据，通过实证研究没有发现进口中间服务与失业或更高的工人流动率之间的关系。利用回归控制那些进口服务的企业和不进口服务的企业之间可以观测的差异，我们发现了开始进口中间服务的企业比那些没有进口中间服务的企业经历了更快的就业增长。这似乎是正向的需求冲击的结果，正向的需求冲击引起了就业、产出和进口服务输入使用的增长。

关键词：离岸外包；出口；服务；就业；就业流动

十二

Title：Services Trade Liberalization and Regulatory Reform—Re-invigorating International Cooperation

Author：Hoekman Bernard，Mattoo Aaditya

Source：Policy Research Working Paper 5517

Abstract：Trade and investment in services is inhibited by a range of policy restrictions，but the best offers so far in the Doha negotiations are on average twice as restrictive as actual policy. They will generate no additional market opening. Regulatory concerns help explain the limited progress. We develop two proposals to enhance the prospects for both liberalization of services trade and regulatory reform. The first is for governments to create mechanisms（services knowledge platforms）to bring together regulators，trade officials and stakeholders to discuss services regulatory reform. Such mechanisms could identify reform priorities and opportunities for utilization of "aid for trade" resources，thereby putting in place the preconditions for future market opening. The second proposal is for a new approach to negotiations in the WTO，with a critical mass of countries that account for the bulk of services production agreeing to lock-in applied levels of protection and pre-committing to reform of policies affecting FDI and international movement for individual service providers——two areas where current policy is most restrictive and potential benefits from liberalization are greatest. If these proposals cannot be fully implemented in the Doha time frame，then any Doha agreement could at least lay the basis for a forward-looking program of international cooperation along the proposed lines.

Key Words：Aid for Trade；Development Assistance；GATS；International Negotiations；Knowledge Platforms；Services Regulation；Trade Agreements；Trade Liberalization；WTO

文章名称：服务贸易自由化和监管改革——令人兴奋的国际合作

作者：霍克曼、马图

来源：政策研究工作论文

摘要：一系列的政策限制着服务贸易与投资。截至目前，在多哈谈判中最好的决议依然是实际限制政策的两倍，这将不会促进市场更大程度的开放，而监管是市场开放缓慢的原因。本文提出了两种提升服务贸易自由化和监管改革的建议：一是政府创造一种机制（也可称为"知识服务平台"），把监管者、贸易官员、利益相关者聚集在一起，共同讨论服务监管改革。这种机制可以探讨出使用"贸易援助"资源改革的重点和机会，从而制定未来市场开放的先决条件。二是在世界贸易组织谈判中采用一种新方法，大部分的服务贸易国家同意锁定实际的保护程度和预提交关于外商直接投资和个人服务商国际流动两个领域改革的政策，这两个领域目前的政策限制是最严的，而自由化潜在的好处又是最大的。即使这些建议在多哈会谈中不能完全实施，那么多哈协议至少可以沿着这些建议的框架奠定一个具有前瞻性的国际合作计划的基础。

　　关键词：贸易援助；发展援助；服务贸易总协定；国际谈判；知识平台；服务监管；贸易协定；贸易自由化；世界贸易组织

十三

Title：A Simple Model of Service Trade with Time Zone Differences

Author：Kikuchi Toru，Iwasa Kazumichi

Source：International Review of Economics & Finance

Abstract：This note proposes a two-country model of service trade that captures the role of time zone differences as a determinant of trade patterns. It is shown that the utilization of communication networks induces dramatic change in industrial structure due to firms taking advantage of timezone differences.

Key Words：Time Zone Differences；Service Trade；Delivery Cost

文章名称：一个简单的有时区差异的服务贸易模型

作者：菊池、岩佐

来源：《国际经济和金融评论》

摘要：文章提供了一个两国的服务贸易模型，模型利用时区的差异作为贸易模式的决定因素。文章指出，企业可以充分利用时区差异，通过通信网络引起产业结构的急剧变化。

关键词：时区差异；服务贸易；配送成本

十四

Title: Survival and Growth in Retail and Service Industries: Evidence from Franchised Chains [①]

Author: Kosová Renatá, Lafontaine Francine

Source: Journal of Industrial Economics

Abstract: Using data on franchised chains, which are the type of single-product entities emphasized in industry dynamics models, we show that age and size affect growth and survival even after controlling for chain characteristics and unobserved chain-specific efficiency. This implies that age and size affect firm growth and survival for reasons other than those emphasized in learning-type models. We also find that several chain characteristics affect growth and survival directly, and thus controlling for firm characteristics is important. Finally, we find that chain size increases rather than decreases exit among young chains, and chains converge in size over time.

文章名称: 零售和服务业的生存与发展: 来自特许经营连锁店的证据

作者: 科佐娃、拉方丹

来源: 《产业经济学》

摘要: 特许经营连锁店属于单一产品实体类型, 强调产业动态模型。通过使用特许经营连锁店的数据, 我们说明了即使控制了连锁店特征和无法观察的连锁店特有效率, 经营年限和大小也会影响商店的成长和生存。这意味着经营年限和大小会影响企业成长和发展不只是源于学习型模型中强调的那些, 还有其他原因。我们还发现一些连锁店特征直接影响成长和生存, 因此控制公司特点很重要。最后, 我们发现对于"年轻"的连锁店, 店铺大小增加而非减小了退出概率。随着时间的推移, 连锁店规模向同一大小发展。

① 原文无关键词。

十五

Title: Economies of Density and Productivity in Service Industries: An Analysis of Personal Service Industries Based on Establishment-level Data

Author: Morikawa Masayuki

Source: The Review of Economics and Statistics

Abstract: This study aims to empirically investigate the determinants of service industry productivity, such as economies of scale and economies of density. By using establishment-level data related to personal service industries in Japan, the study estimates the production functions for both value-added and physical output measures. In almost all the service industries examined, significant economies of scale and economies of density are observed, where in productivity increases by 7% to 15% when the municipality population density doubles. These findings are confirmed by an estimation in which the measures of physical output are considered instead of value added.

Key Words: Economies of Density; Productivity Gaps; Economies of Scale

文章名称: 服务业密度经济和生产率: 基于企业级数据的个人服务业分析

作者: 森川

来源:《经济和统计评论》

摘要: 本研究的目的在于实证研究服务业生产率的影响因素, 如规模经济和密度经济。利用日本劳务服务业企业数据, 本研究分别用增加值以及总产出估计了生产函数。几乎在所有企业中, 都能看到明显的规模经济和密度经济效应, 当城市人口密度增加一倍时, 生产率会相应地增加 7%~15%。用总产出替换增加值进行估计时, 也可以得到同样的结论。

关键词: 密度经济; 生产率差距; 规模经济

十六

Title: Service Innovation Viewed through a Service-dominant Logic Lens: A Conceptual Framework and Empirical Analysis

Author: Ordanini Andrea, Parasuraman A.

Source: Journal of Service Research

Abstract: Research to date on service innovation is rooted primarily in traditional new product development focusing on tangible goods. In this article, the authors invoke insights from the emerging service-dominant logic (SDL) perspective and propose a conceptual framework for investigating the antecedents and consequences of service innovation. They then develop a set of hypotheses pertainingto potential predictors of two distinct facets of service innovation (volume and radicalness) and the impact of the latter on two measures of firm performance (revenue growth and profit growth). They test their proposed model using data from a sample of luxury hotels and find that ①collaborating with customers fosters innovation volume but not radicalness (and vice versafor collaborating with business partners); ②a firm's customer orientation—both directly and in interaction with innovative orientation—contributes to innovation radicalness; ③collaborating with contact employees enhances both innovation volume and radicalness; ④the use of knowledge integration mechanisms contributes to innovation radicalness (but not volume); ⑤both innovation outcomes have significant but somewhat different effects on the two performance measures. They discuss the theoretical and managerial implications of their findings and conclude with the study's limitations and directions for further research.

Key Words: Service Innovation; Service-dominant Logic

文章名称: 从服务主导逻辑的角度看服务创新: 概念框架和实证分析

作者: 奥达尼尼、帕拉索拉曼

来源:《服务研究》

摘要: 最新的关于服务的创新主要是植根于传统有形的新商品的开发。在这篇文章中,作者援引来自新兴服务主导逻辑 (SDL) 的角度和观点,并提出一个概念框架来研究服务创新的前因和后果。然后,他们做出了一套关于服务创新的潜在的预测指标的假设,并分析了对企业绩效的两个指标 (收入增长和利润增长) 的影响。本文使用豪华酒店的样本数据测试其提出的模型,主要发现:①与客户合作,促进创新量,但并不激进 (与业务伙伴合作反之亦然);②企业的客户导向——包括直接的和与创新互动的导向,都有利于促进创新;③与接触的员工合作增强了双方的创新数量和创新的激进程度;④运用知识整合机制促进创新的激进 (而不是创新的量);⑤这两个创新成果对于两个创新衡量指标都有着显著而不同的影响。本文作者探讨了文中结论的理论和实际的应用,并总结了研究的局限性和进一步的研究方向。

关键词: 服务创新; 服务主导逻辑

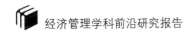
十七

Title: Regional Liberalisation of Trade in Services

Author: Park Innwon, Park Soonchan

Source: The World Economy

Abstract: As the impact of trade in services on the current global financial crisis appears to overtake that of trade in goods, we propose to examine liberalization of trade in services through regional trade agreements (RTAs). The regional liberalization of trade in services is expected to generate significant welfare gains both in the services and goods sectors. However, the quantitative effect of RTAs under GATS (General Agreement on Trade in Services). Article Vhas not been sufficiently investigated. We attempt to fill this gap by applying a gravity regression analysis to four major services sectors—financial services, business services, communication services, and transportation services—while controlling for both country-specific and time-varying importer and exporter fixed effects. We find that the ①RTAs under GATS Article V create services trade among members and do not divert services trade from nonmembers, but the trade-enhancing effect is sector-specific; ②the sector-specific trade-enhancing effect ranges from the highest in business services sector to the lowest in transportation services; ③the trade effect on aggregate services trade is weaker when wecontrol for the time-varying multilateral trade resistance factor with the time-varying exporterand importer fixed effect, however, the sectoral effects show a reverse pattern; ④there is no anticipatory effect expected from services RTA negotiations, unlike the case of trade in goods; ⑤there is a complementary relationship between goods and services imports; ⑥the trade-enhancing effect of RTAs is stronger between developed members compared to the effect between developed and developing countries.

Key Words: Trade in Services; Regional Trade Agreements; Gravity; GATS

文章名称: 服务贸易中的区域自由化

作者: 帕克、帕克

来源:《世界经济》

摘要: 由于服务贸易对当前全球金融危机的影响似乎远大于货物贸易,所以我们将要研究区域贸易协定(RTA)如何影响服务贸易自由化。服务和货物部门一般都能从服务贸易的区域自由化中获利。但"服务贸易总协定"(GATS)的条款五并没有对 RTA 的数量效应进行足够的研究。我们尝试着填补该领域的空白,用引力回归模型分析了四个主要的服务部门——金融服务、商业服务、通信服务和运输服务,同时对模型中的基于特定国家和随时间变化的进口和出口固定效应进行控制。我们发现:①在 GATS 条款五下达成的 RTA 能够促进成员国之间的服务贸易,但不会增加与非成员国的服务贸易,而且这种"贸易增加效应"在不同部门之间有差别;②"贸易增加效应"在商业服务部门最明显,在运输服务部门最不明显；③当我们用随时间变化的进口和出口固定效应控制多边贸易阻力因素时，RTA 对总体服务的影响会减弱，但单个服务部门的情况则完全相反；④不同于货物贸易，对于服务贸易的 RTA 谈判没有预期效应；⑤货物和服务的进口有互补关系；⑥"贸易增加效应"在发达国家之间更强，而发达国家和发展中国家的"贸易增加效应"则相对较弱。

关键词：服务贸易；区域贸易协定；引力；服务贸易总协定

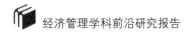
十八

Title: Trade in Goods and Services: Two Sides of the Same Coin?

Author: S. Nord Aa, Kyvik Hildegunn

Source: Economic Modelling

Abstract: This study analyzes the interrelationship between goods and services in production and trade using the mostrecent input—output tables for all OECD countries. It first describes the role of services in production and trade in goods. Next, it proposes two models for analyzing the impact of services trade liberalization on industrial structure. The first captures the role of trade in tasks when countries have different technology in production of services and in organizing production. The latter has to the author's knowledge not been analyzed in the trade literature before. Countries with superior organizational technology (e.g. Japan) will strengthen their comparative advantage in manufacturing following trade liberalization in services. The second model explores the interrelationship between intermediate goods and services, when they aresubstitutes and when they are complements. In both models the gains from trade liberalization is non—linear in trade costs. Going the last mile of liberalization has a much larger impact than taking the first steps.

Key Words: Trade in Tasks; Comparative Advantage; Trade Liberalization; Organization of Production; General Equilibrium

文章名称: 货物贸易和服务贸易: 硬币的正反面?

作者: 诺德、齐维克

来源: 《经济学模型》

摘要: 本研究使用最新的 OECD 国家投入产出表分析了货物与服务在生产和贸易上的联系。首先,描述了服务在货物生产和贸易中的作用。然后,文章提出了两个模型来分析服务贸易自由化对产业结构的影响。前者说明了当国家在生产服务和组织生产中有不同的技术时,任务贸易所扮演的角色。至于后者,据作者所知还没有被研究过。有优异的组织技术的国家 (如日本) 会在服务贸易自由化的同时加强其制造业的比较优势。第二个模型研究了两种情况下中间货物和服务产品的相互关系:①互为替代品;②互为互补品。在两种模型中贸易自由化带来的收益与贸易成本都不是线性相关的关系。走向自由化的最后一步的影响比第一步大得多。

关键词: 任务贸易; 比较优势; 贸易自由化; 组织生产; 一般均衡

十九

Title: Determinants of India's Services Exports: A Static and Dynamic Analysis

Author: Sudarsan P. K., Karmali Deepali

Source: Journal of International Economics

Abstract: The service exports of our country have been increasing at a rapid pace in recent years. The service exports of India as a percentage of world export of services is more than 2%. India is far ahead of Mexico, Turkey and Poland, other competitors in service exports. The present study made an attempt to understand the growth, structure and determinants of India's service exports. The study shows that rate of growth of service exports is much higher than that of rate of growth of exports in trade in goods, in recent years.

The study also reveals that there is a structural change in India's trade in services and the share of miscellaneous services, which includes software services, is on an increase over the years. The major conclusions of the study based on static and dynamic models are: ①the factors determining the trade in services in India are trade in goods and value of service sector in GDP; ②trade in services show dynamic relationship only with the value of service sector GDP; ③the value of service sector GDP has a substantial influence in determining trade in services in the long-run.

Key Words: Service Exports; Trade in Goods; Static and Dynamic Models

文章名称：印度服务出口的决定因素：静态和动态分析

作者：苏达森、卡玛丽

来源：《国际经济学》

摘要：近年来我国（指印度）服务出口快速增加，世界服务出口中印度服务出口所占比例超过 2%。印度的服务出口远远领先于墨西哥、土耳其、波兰和其他竞争对手。本研究试图了解印度服务出口的增长、结构和决定因素。研究还表明近年来服务出口增长率远高于货物贸易出口增长率。

研究还表明，印度的服务贸易和其他各类服务（包括多年以来增长的软件业）的份额发生了结构变化。基于静态和动态模型研究得到的主要结论是：①决定印度服务贸易的因素有货物贸易和服务业 GDP；②服务贸易只与服务业 GDP 存在动态关系；③从长期看，服务业 GDP 对决定货物贸易有巨大影响。

关键词：服务出口；货物贸易；静态和动态模型

二十

Title：Conceptions on Services within Traditional Society and Knowledge-based Society

Author：Zamfir Andreea，Plumb Ion

Source：Review of International Comparative Management

Abstract：The evolution of society from an industrial society to a knowledge-based society determines conceptual transformations of services. This study investigates the similarities and differences in conceptions on services within the knowledge-based society, as compared to the traditional (industrial) society. The findings of this study reveal that even though services have usually been defined in the literature by comparing them with economic goods, this comparison may not be so significant today because of the rapid technological development which has changed the production process of goods and services. The study was conducted using evidence provided by a set of policy documents such as strategies, regulations, reports, as well as articles and books. The findings of this study could be helpful in order to better address the problems encountered in managing service organizations within the knowledge-based society.

Key Words：Services；Goods；Industrial Society；Knowledge-based Society

文章名称：传统社会和知识型社会的服务概念

作者：扎姆菲尔、普拉姆

来源：《国际比较管理学评论》

摘要：社会从工业社会向知识型社会的发展决定了服务的概念转换。这项研究调查了知识型社会中的服务和传统的（工业）社会之间关于服务这个概念的异同。这项研究的结果显示，在不同的文献中，通常通过与货物经济作比较的方式来定义服务经济，但是这样的比较方式可能在目前来看不再那么有意义，这是因为技术的发展已经极大地改变了服务和货物的生产方式。本文主要运用一系列策略文件，如策略、规则、报告，以及文章和书籍提供的证据进行研究。这项研究的结果可能是为了更好地解决在知识型社会中管理服务机构遇到的问题。

关键词：服务；货物；工业社会；知识型社会

第三章 服务经济学学科 2010~2011 年出版图书和报告精选

第一节

中文图书精选

书名：服务的微观经济分析

作者：韩太祥（作者），陈宪（丛书主编）

出版时间：2010 年 2 月 1 日

出版社：经济管理出版社

　　内容提要：《中国服务经济研究》丛书是教育部哲学社会科学研究重大课题攻关项目"中国现代服务经济理论与发展战略研究"（06JZD0018）的主要成果之一。课题的最终成果——《中国现代服务经济理论与发展战略研究报告》，就是在这套丛书的基础上形成的。这套丛书包括：《服务的微观经济分析》、《服务经济的兴起与中国的战略选择》、《中国服务产业研究》、《开放服务经济与中国的实践》。这四本书的整体架构和每本书的具体内容都充分考虑了该课题申报时设计的八个子课题的要求。这八个子课题分别是：子课题一——"现代服务经济理论的研究现状、重大问题与发展趋势"；子课题二——"现代服务经济理论：价值、供求和产业组织"；子课题三——"现代服务经济理论：结构优化与经济增长"；子课题四——"服务创新、知识服务业发展与创新型国家建设"；子课题五——"新型工业化中的生产者服务业"；子课题六——"小康社会中的消费者服务业"；子课题七——"公共服务提供与服务经济发展研究"；子课题八——"开放经济条件下的服务贸易与服务业直接投资"。

　　子课题一、子课题四的内容和子课题三的部分内容主要是《服务经济的兴起与中国的战略选择》；子课题二的内容和子课题三的部分内容主要是《服务的微观经济分析》；子课题五、子课题六和子课题七的内容主要是《中国服务产业研究》；子课题八的内容主要是《开放服务经济与中国的实践》。

　　关于此系列书籍，这里以《服务的微观经济分析》为例。该书主要包含四章内容：第一章为服务经济：经验和理论，主要介绍服务经济的形成、发展的经验规律以及服务经济的理论简史。第二章为服务需求，主要介绍消费者服务需求行为和生产者需求行为，以及服务需求的时间和决策过程。第三章为服务供给，主要介绍服务厂商的短期供给和长期供给行为，以及服务供给的生产率。第四章为服务均衡价格，主要介绍服务价值论和服务厂商定价策略。

书名： 开放经济下的服务贸易壁垒和动态比较优势

作者： 冯宗宪，尚涛，丁辉侠等（著）

出版时间： 2010 年 10 月 1 日

出版社： 经济科学出版社

内容提要：《开放经济下的服务贸易壁垒和动态比较优势（套装上下册）》是国家社会科学基金资助项目、西安交通大学"985"工程二期项目和国际合作项目资助的最终研究成果。该书以中国对外开放、服务贸易与投资自由化为背景，将服务贸易要素流动壁垒的类型作为研究的出发点，对服务贸易壁垒和现代服务业的比较优势动态转换分别进行规范和实证的分析，以辨识中国服务贸易壁垒从封闭到逐步开放的程度和影响效应，确定比较优势动态转换的影响因素和服务贸易模式转换途径。

《开放经济下的服务贸易壁垒和动态比较优势（套装上下册）》首先分析服务贸易与要素流动壁垒的作用机理，在不同市场结构和博弈模型的基础上考察服务贸易与要素流动壁垒的作用发挥机制。应用频度法、指标法和引力分析等对服务贸易要素流动壁垒进行直接和间接的测度，应用协整检验、因果关系检验及误差纠正模型等方法对降低服务壁垒与福利效应之间的关系进行实证检验，进而对政府的策略选择及其影响因素进行分析，提供政策建议。其次在开放经济和服务贸易自由化的条件下，应用内生比较优势、新制度经济学等理论分析影响我国服务贸易比较优势动态变化的决定性因素，确定能够推动我国服务贸易比较优势改变的根本力量和途径。从技术进步和要素丰裕度的动态比较优势的视角来分析我国服务贸易模式的变迁，应用计量经济模型对基于动态比较优势的服务贸易模式进行实证分析，应用显性比较优势指数、拉菲指数分析服务贸易模式的转换，应用转移矩阵分析中国区域服务贸易比较优势等级的动态转移态势。在以上分析的基础上，提出了我国服务贸易比较优势与贸易模式的转化战略和措施建议。

《开放经济下的服务贸易壁垒和动态比较优势（套装上下册）》对从事产业经济、国际商务活动的政府管理部门、研究部门的人员和企业管理者都有重要的参考价值。该书可以供经济学、管理学、国际商务等专业研究生教学研究使用，也可作为经济类、管理类高年级本科生教学参考。

书名： 服务业结构演进：内在机理与实证分析

作者： 邓于君 （著）

出版时间： 2010 年 2 月 1 日

出版社： 科学出版社

内容提要：《服务业结构演进：内在机理与实证分析》通过内在机理与实证分析，探讨服务业结构长期演进规律，归结不同发展阶段服务业内部的主导行业以指导中国服务业结构升级与服务业健康持续发展。绪论主要阐述研究意义、文献述评、研究内容与方法、创新之处等。内在机理篇基于分工与交易费用的思想，分析各类服务行业发展趋势的内在机理，构建全书的理论基础。实证分析上篇通过对发达国家工业化进程与后工业化时期，以及不同水平发展中国家服务业结构长期演进的实证分析，归纳服务业结构的长期演进规律，验证其内在机理。实证分析下篇分析中国改革开放以来服务业结构演变态势及成因与效应，依据中国时代背景与结构演进规律，定性分析 21 世纪初期中国服务业结构演进趋势，定量估测分支服务行业部门比重。该书的特色在于，研究内容、视角与主要见解均具有新意，值得一读。

该书适于产业经济学、服务经济学、发展经济学与经济史领域的教学与研究人员，以及大专院校的学生阅读与参考；可供经济管理部门的研究人员参阅；亦可供服务企业、拟进入服务领域的企业、拟投资服务部门的投资者参考。

发展服务业（第三产业），尤其是现代服务业，是我国遵循经济发展与结构演变一般规律、实现国民经济持续协调发展的必然选择。服务业又是一个异质性很强的庞大产业，涉及众多分支行业部门，既包括批发零售商业、运输仓储等流通服务业，又包括信息咨询、科技研发、广告营销等生产者服务业，涵盖旅游休闲、健身保健、娱乐文化等消费者服务业，还涉及公共教育、医疗、政府服务等公共服务部门。目前大多数文献只是针对某一阶段服务业内部结构变化数据进行统计归纳或定性描述其特征，缺乏对结构变化长期数据的严格计量分析检验与规律性结论的深化提炼及服务业结构长期演进规律内在机理的经济学深度探讨。

该书基于上述不足之处，从内在机理与实证分析两大方面系统地分析服务业结构长期演进规律。内在机理篇基于分工与交易费用的思想，阐释分类服务行业部门——流通服务业、生产者服务业、消费者服务业、政府公共服务部门长期发展趋势的内在机理，为服务业结构演进的实证分析奠定理论基础。实证分析上篇通过对大量历史数据的统计归纳与计量检验，分析发达国家与发展中国家工业化进程中以及后工业化时期，服务业结构长期演进的一般趋势佐证前文机理分析的结论，归纳服务业结构长期演进的一般规律，用于指导中国的实践。实证分析下篇首先分析改革开放以来我国服务业结构演变的态势，并就此态势是否符合一般规律做出评判。在此基础上，基于服务业结构演进规律与中国时代背景，将定性与定量分析相结合，估测了 21 世纪初期中国服务业结构的演进趋势，测算了 2010 年、2015 年以及 2020 年服务业内部主要分支行业部门占 GDP 和占全社会就业的比重。相关结论可供中央和地方政府的相关经济管理部门及产业规划与政策研究部门参考。

书名：生产性服务业的发展趋势和中国的战略抉择
（国务院发展研究中心研究丛书）

作者：来有为 （著）

出版时间：2010 年 10 月 1 日

出版社：中国发展出版社

内容提要：2009 年初，我国国民经济受到严峻挑战，国际金融危机带来的外部冲击通过外需的快速萎缩向我国实体经济传导；国内长期累积的结构性矛盾与体制性问题在经济增速回落时也更加凸显。面对不利的国际经济环境，在工业增速减缓的情况下，我国以金融服务、信息服务、流通服务、商务服务、科技服务等为代表的生产性服务业却保持了良好的发展势头，为保持我国经济平稳较快增长做出了贡献，显示出了巨大的发展潜力。

该书是在跟踪我国产业经济发展的基础上，对生产性服务业专题研究报告进行较大幅度的补充和修改后形成的，其内容更加充实，体系更为完整。书中重点分析和回答了下述几个方面的问题：推动全球生产性服务业发展的主要动力是什么？全球生产性服务业发展呈现出哪些新特征和新趋势？我国生产性服务业发展滞后，企业国际竞争力不强，制约生产性服务业发展的因素何在？我国应采取哪些针对性强、具有可操作性的政策措施，来消除制约我国生产性服务业发展的障碍性因素，充分释放生产性服务业的发展潜力？

中国经济向服务经济的转型是一个客观的、渐进的过程，北京、上海等具备条件的地区将率先建立以服务业为主的经济结构。生产性服务业技术含量高、资源消耗少、环境污染小、发展潜力大，大力发展生产性服务业，是应对中国经济发展面对中长期挑战的必然选择。该书全面介绍了全球生产性服务业发展的新特征和新趋势，对服务外包、服务全球化、产业集群、产业联盟、国际产业转移、商业模式创新等进行了剖析，对我国生产性服务业的发展状况与发展政策进行了系统、深入的研究。书中针对制约我国生产性服务业发展的障碍性因素和产业自身发展所存在的问题，提出并详细阐述了加快我国生产性服务业发展的对策措施，这些建议具有较强的可操作性和指导意义，对帮助我国企业客观认识产业发展趋势，并利用先进、有效的竞争战略和商业模式提高市场竞争力具有一定的参考价值。

该书可以作为有关部门，各省、区、市和地方制定经济或产业发展规划的参考资料，也可供企业界和从事经济工作的读者朋友参考。

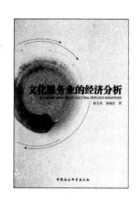

书名： 文化服务业的经济分析
作者： 杨玉英，郭丽岩（著）
出版时间： 2010 年 11 月 1 日
出版社： 中国社会科学出版社

内容提要： 该书理论基础扎实，首先将文化服务业进行科学分类，然后进行分类研究，这有助于研究的深化，而且在若干方面取得了较为突出的理论创新。例如，该书从"文化服务业"概念出发，根据产品属性、成本构成、工业化程度、生产消费的特征，将文化服务业产品划分为五大类，进行统一分析，这就将"文化建设"整体置于市场经济基础上，保持了理论方法的一致性。

该书的研究方法具有创新性。该书充分运用产业经济学、组织管理学等相关学科理论及分析工具，对文化服务业展开系统的分析与研究，保证了研究的科学性。同时，该书提供了翔实的素材，包括统计数据、案例和政策文件，并且首次在文化服务业领域采用投入—产出表对文化服务业的产业关联与产业波及的实际效果进行了测算，进而比较出国内东、西部不同地区之间，我国与发达国家之间文化服务业发展的差异，这有助于我们更加清楚地认识我国文化服务业的现状及问题根源，也有利于提高对于文化服务业在国民经济发展中的地位和作用的认识。

该书的内容全面。该书从需求、供给、体制机制以及相互间的关系等多个方面，深入剖析我国文化服务业发展存在的问题、遇到的制约因素。特别是，该书通过相关分析提出我国文化服务业市场进入与退出面临体制性壁垒，我国文化服务业规模和范围的拓展受到体制限制，我国文化服务业呈现行政性垄断与局部过度竞争并存的市场结构，以及文化事业单位改制一直是文化体制改革的瓶颈等问题。在此基础上，研究借鉴美国、日本、欧盟、韩国等国际经验，提出促进我国不同类型文化服务业发展的突破思路，探索具有我国特色的文化服务业发展模式，针对体制机制问题提出了一系列有价值的对策性建议，这有助于更好地从宏观战略上指导我国文化服务业的发展。

由于该书选题创新性较强，可供参考的直接研究文化服务业的学术成果不多，而且学术界也尚未就文化服务业的概念体系与分析框架达成广泛共识，因此，该书的理论建构需要克服较大的挑战。

此外，由于文化服务业相关统计不健全，对其进行实证研究的难度也非常大。该书作者能够迎难而上，并取得预期成果，实属不易。这也是笔者愿意向读者推荐该书的原因之一。

书名：全球化条件下中国服务业发展与竞争力提升

作者：姚战琪（著）

出版时间：2010 年 10 月 1 日

出版社：经济管理出版社

内容提要： 目前经济全球化进程逐渐加快，全球化已经成为世界经济发展的主流。在全球化条件下，中国服务业面临前所未有的发展机遇和挑战。进入新的发展时期，中国要"加快转变经济发展方式和推动产业界结构优化升级"，必须"坚持对外开放的基本国策，把'引进来'和'走出去'更好地结合起来，扩大开放领域，优化开放结构，提高开放质量，完善内外联动、互利共赢、安全高效的开放型经济体系，形成经济全球化条件下参与国际经济合作和竞争新优势"，这是胡锦涛在中共十七大报告中提出的"促进国民经济又好又快发展"的重要战略部署。

目前，服务业在推动我国实现新型工业化目标上发挥的作用不够大，为了增强中国的竞争优势和比较优势，必须加快发展服务业，服务业通过深度融入全球产业分工体系以增强竞争力。因此，探索全球化条件下中国服务业发展和竞争力提升的方式、道路和机制显得尤为重要。

该书以国内服务业加快体制改革步伐和开放进程为研究背景，以全球化条件下中国服务业实现竞争力提高的内在机制为分析主线，探索中国服务业融入全球产业链的方式，评估服务业开放的效果和对增长的贡献，以及研究服务业融入全球化的重点领域和重点行业，最终为我国制定全球化背景下加快服务业发展的政策服务。

该书共有七章。第一章为中国服务业对外开放的发展历程、结构变迁和绩效评估，从总体上把握中国服务业开放的进程，评估服务业开放的效果。第二章从实证角度论证服务贸易对中国经济增长的贡献，分析增长与服务贸易的内在机制和依存关系。第三章分析中国服务业外商投资和服务贸易作为中国服务业参与全球化的两大领域的福利效应、内在关系和理论演进。第四章为中国服务业开放与城市新一轮增长，从区域服务开放角度进一步分析服务业开放对增长的贡献，以及各区域服务开放的差异和发展趋势。第五章为全球化条件下中国服务业竞争力存在的问题和对策研究，主要分析中国服务业融入全球化进程中存在的主要问题。第六章为中国发展服务外包的现状、对生产率的贡献和政策选择。第七章为发展服务业与提升中国工业竞争力和攀升全球产业链，把握全球产业链分工背景下中国服务业作为工业的重要投入，对工业总产出和劳动生产率贡献作用以及比较离岸服务外包和工业外包对中国制造业竞争力提升所起作用的差异，探索通过发展现代服务业促进中国产业攀升全球价值链的道路和方向。

书名： 中国服务业产业内贸易的影响因素与效应

作者： 任靓（著）

出版时间： 2010 年 4 月 1 日

出版社： 经济科学出版社

内容提要： 国际贸易的发展由来已久，在漫长的历史长河中，国际贸易的形式在多次变迁中日渐多样。产业内贸易作为国际贸易的一种表现形式，在第二次世界大战后的发展十分迅速。产业内贸易现象的出现为国际贸易的研究提供了新视角。第二次世界大战以后，许多国家的产业结构发生了较大变化，服务业在国民经济中的地位日渐重要。服务业在国内的良好基础，促使其走出国门，使服务贸易成为可能。中国作为发展中国家的代表，同发达国家和地区相比，中国服务业的发展起步较晚、程度较低。从发达国家的发展态势来看，大力发展服务业将是中国未来的发展方向。因此，研究影响中国服务业产业内贸易发展的因素及其产生的效应具有一定的理论意义和现实意义。

该书以服务业产业内贸易作为桥梁，研究影响中国服务业产业内贸易的因素以及中国服务业产业内贸易带来的效应，是对服务贸易更深层次的研究。从国内外专家、学者在该问题上的研究成果来看，其更多地集中在对服务业产业内贸易程度的测量上。该书以此为基础，将对服务业产业内贸易程度的测量延伸到对服务业产业内贸易程度结构的度量，将研究内容拓展到中国服务业产业内贸易的影响因素和效应，通过服务业产业内贸易带动中国服务业数量上的扩大、结构上的优化以及经济增长方式转变等问题，具有很强的创新性和理论价值。

该书在研究相关问题时采用了纵向梳理与横向比较相结合的方法：纵向梳理了服务业产业内贸易的发展状况；横向比较了中国服务业产业内贸易的发展在国际范围内所处的位置。运用计量经济学中的协整理论、误差修正模型、ADF 检验、Johansen 检验和 Granger 因果关系检验等现代数理分析方法研究了影响中国服务业产业内贸易发展的因素，并分析了中国服务业产业内贸易同诸多影响因素之间的因果关系，以微观经济学的理论作为工具分析了中国服务业产业内贸易的效应。

书名：服务业生产率与服务业经济增长研究

作者：徐宏毅（著）

出版时间：2010 年 10 月 1 日

出版社：武汉理工大学出版社

内容提要："百年大计，教育为本"，中国要在未来 20 年实现可持续发展，必须实现从人口大国迈向人力资源强国的目标。我国的劳动力资源比较丰富，对于人口较少的发达国家，在劳动投入方面有着较大的优势，因此，在今后的政策制定中，要充分考虑中国劳动人口数量上的优势，使之转化为服务业产出。但同时也应看到，我国人口质量较低，必须通过提高教育水平来提升人力资源的积累，从而为服务业的发展提供高素质的人力资源。基于数量和质量的考虑，作者建议通过一些途径来实现中国从人口大国转变为人力资源强国的目标。

农村人口向城镇转移的过程，同时也是大幅度提升农村人口人力资本的过程。目前农村人口人力资本存量与城镇存在巨大的差距，2000 年，每 10 万人口中各种受教育程度的人口数量、大学文化程度的人口数量，城镇分别是农村的 18 倍和 25 倍；高中文化程度的人口数量，城镇是农村的 4 倍；初中文化程度的人口数量，城乡之间差距不大；只有小学文化程度的人口数量，农村大于城镇。由此可以看出，城镇人力资本积累目前基本上处于中等和高等教育阶段，而农村人力资本积累尚处于普及初等教育阶段。如果到 2020 年，近 3 亿农村人口转移到城镇并达到城镇人口的同等受教育水平和实现就业，这将使中国有效利用的人力资源的数量增长一倍。

该书综合运用经济增长理论、经济发展阶段理论、服务业理论、生产率理论，以及统计学、计量经济学等方法，探讨了服务业经济增长的基本理论及服务业生产率的测度方法；采用随机生产函数及实证研究方法，建立了中国服务业总量层次的生产率计量经济学模型，以测度服务业生产率及要素投入等对中国服务业经济增长的贡献率。通过对服务业经济增长的动因分析，进一步探讨了中国服务业经济增长的源泉，全面地分析了中国服务业的现状，提出了发展中国服务业经济的战略路径和政策建议。

该书包含八章：第一章为绪论，主要介绍研究的背景和意义；第二章为服务业经济增长的基本理论；第三章为服务业生产率测度的计量经济学模型；第四章为数据处理及估计结果分析；第五章为服务业经济增长动因分析；第六章为中国服务业现状、机遇与发展；第七章为服务业经济增长的路径与政策选择；第八章为全书总结及研究展望。

书名：中国生产性服务业发展战略

作者：杨玉英（著）

出版时间：2010 年 10 月 1 日

出版社：经济科学出版社

内容提要： 由于热衷于上大工业项目，我国掀起了新一轮的"重化工业化"热潮，服务业增长速度赶不上工业增长速度，致使全国服务业比重没有明显提高，有些年份还出现了下降现象。从理论上讲，中国在进入工业化中期之后，在继续完成工业化特别是在制造业和整个国民经济由大变强的过程中，迫切需要生产性服务业提供支撑。究竟是哪些因素制约了中国生产性服务业的发展，中国生产性服务业自身增长是否符合服务经济发展的一般规律，生产性服务业对工农业包括服务业自身在内的发展是否起到了应有的作用，生产性服务业是否对区域经济发展起到了支撑作用，中国生产性服务业的增长速度和就业吸纳能力如何，以及在经济全球化背景下如何通过采取行之有效的政策措施促进生产性服务业加快发展等，这些都是迫切需要研究和解决的问题。该书通过分析现阶段中国三次产业对生产性服务业的需求现状，发现实际有效需求与潜在需求存在较大差距。潜在需求转化为实际有效需求需要一定的条件：生产性服务业供给方面具有满足需求的能力，还必须有良好的市场环境和市场制度，企业购买生产性服务的中间投入支出和交易成本要求低于企业内部自我服务的成本。显然，现阶段中国在这方面存在较大的障碍。需求引导供给，供给创造需求。通过对生产性服务业供给状况的考察发现，中国生产性服务业发展总体上规模小、水平低，难以满足生产者的需要，更远远没有发挥出引导和激发市场对生产性服务业的需求，从而推动产业结构优化升级的作用。该书通过对国际服务业发展趋势和规律的比较分析，并深入中国第一、第二、第三产业内部，从需求和供给以及供需相互转换的体制机制角度分析中国生产性服务业发展的制约因素，进而提出促进生产性服务业又好又快发展的政策思路。

该书从需求和供给的视角对我国生产性服务业发展的影响因素进行分析，并搜集我国的相关经济数据对重要因素的具体影响进行实证检验，进而对我国生产性服务业与经济社会发展的关联性，以及生产性服务业增长速度和就业吸纳能力进行定量估算，并在借鉴国外发展经验的基础上，提出促进我国生产性服务业发展的战略和对策。

该书有七章内容：第一章为生产性服务业发展的理论沿革；第二章为需求视角下生产性服务业发展的影响因素分析；第三章为供给视角下生产性服务业发展的影响因素分析；第四章为生产性服务业发展影响因素的实证检验；第五章为生产性服务业与经济发展关联性的经验分析；第六章为中国生产性服务业增长速度与就业吸纳能力测算；第七章为国外经验借鉴与中国生产性服务业发展路径及政策研究。

书名：现代服务业：特征、趋势和策略

作者：高新民，安筱鹏（主编）

出版时间：2010 年 3 月 1 日

出版社：浙江大学出版社

内容提要：电子服务是在全球经济向服务型转化、我国加快发展现代服务业大背景下产生的新兴交叉学科。在《国家中长期科技发展规划纲要（2006~2020）》中，国家对现代服务业的发展给予了高度重视，专门设立了"信息产业与现代服务业"领域，并把"现代服务业信息支撑技术及大型软件"作为优先主题；科技部进而设立了"现代服务业共性技术支撑体系与应用示范工程"重大专项，并从 2006 年开始正式实施。特别是自 2007 年 3 月国务院发布《国务院关于加快发展服务业的若干意见》以来，各地加快了促进现代服务业发展的政策制定和人才培养工作，电子商务、电子政务、电子金融、现代物流、数字教育、电子医疗等现代服务业发展日新月异。

近几年，我国高校在为现代服务业培养复合型人才方面进行了积极的探索，北京大学 2005 年第一个成立了电子服务系，清华大学 2006 年首先建立了现代服务科学与技术研究中心，浙江大学则在 2006 年底率先设立了电子服务博士点和硕士点，2007 年由国务院学位办审核批准并于 2008 年正式开始招生。2007 年 7 月，浙江大学联合计算机、管理、经济等学科的教授组建了浙江大学电子服务研究中心，以期充分发挥重点大学学科齐全、交叉研究的优势，通过复合型学科团队联合参与国家现代服务业科技攻关，逐步形成交叉型的高层次人才培养体系。这种将现代服务科学理论知识、计算机应用与服务工程技术、现代管理与电子事务能力等综合交叉的人才培养模式，将大大推进国内电子服务学科建设和科学研究的深入，进而推动我国的服务经济健康发展。

《电子服务优秀专（译）著系列丛书》是在教育部高教司、科技部高新技术司、商务部信息化司、中国互联网协会、中国电子商务协会电子服务专家委员会、教育部高等学校电子商务专业教学指导委员会、浙江大学电子服务研究中心等单位的大力支持和指导下组织出版的。

《现代服务业：特征、趋势和策略》深入分析了现代服务业的概念、内涵、分类体系和理论基础，归纳总结了当前全球现代服务业发展的八大趋势，全面客观地评价了我国现代服务业发展的重要意义、发展现状、主要问题和面临形势，提出了新时期我国现代服务业发展的目标、方针、战略、重点、科技支撑体系和区域布局方案，并从人才、资金、科技支撑、区域协调等方面提出我国现代服务业发展的政策措施。

书名：现代服务业管理原理、方法与案例

作者：陈小连（作者），马世骏（作者），马勇（丛书主编）

出版时间：2010 年 10 月 1 日

出版社：北京大学出版社

内容提要：第二次世界大战以后，西方发达国家相继进入后工业化发展阶段，现代服务业在国民经济中的地位日益重要。时至今日，现代服务业已经成为许多西方发达国家的核心产业。从 20 世纪 60 年代开始，一些西方学者开始把学术研究的眼光转向"服务"这一新的领域。1990 年，首届服务管理国际学术会议在法国召开，这次会议第一次明确提出了服务管理的学科概念。其后，经过来自市场营销、生产运营、人力资源管理等不同学科的学者的努力，服务管理作为一门新兴的管理分支学科的地位逐步得到确立。目前，对服务管理的研究逐步从发达国家向发展中国家拓展，服务管理的理论体系日渐成熟，这门新学科对世界经济发展所起的推动作用也越来越显著。

我国现代服务业发展的历史较短，总体水平还有待提高，相关的理论研究也落后于实践的发展，因此尚不能很好地满足我国国民经济发展和现代服务业管理人才培养的需要。当前，我国政府已将大力发展现代服务业作为国家发展战略，现代服务业管理人才培养和理论研究的紧迫性日益凸显。

《现代服务业管理原理、方法与案例》是作者集二十多年现代服务业研究与管理咨询经验而撰写的一部力作。作者以独特的视角全面审视了现代服务业经营管理中的一系列问题，所以该书对现代服务业的发展有着重大的理论借鉴价值和实践推动作用。全书分为三篇共十七章内容。第一篇共分两章，着重介绍了现代服务业的基本特征，并对现代服务业未来的发展趋势进行了展望，以确立全书的基调；第二篇共分九章，集中阐述了现代服务业发展管理的基本原理与基本方法，以及现代服务业国际化发展的基本模式，是全书的重要组成部分；第三篇共分六章，是全书的重点，具体针对物流、金融、文化创意、会展、IT、咨询等热门现代服务业领域，围绕其商业模式、管理模式、盈利模式等进行了专章阐述。同时，该书还列举了大量经典的案例进行深入解析，具有极强的借鉴价值。

这套丛书的宗旨是，立足现代服务业发展和相关从业人员的现实需要，强调理论与实践的有机结合，从"服务管理基础理论"和"服务行业应用指导"两个层面切入进行编写，力求涵盖服务管理研究和应用的主要领域，希望以此推进中国服务管理理论发展和学科体系建设，并有助于提高我国现代服务业从业人员的专业素养。

在编写这套丛书的过程中，作者力求完整和准确地介绍服务管理方面的基本理论和专业知识，并体现资料全、观点新和体系完整的特色，尽可能地把当前国内外现代服务业发展的前沿理论和热点、焦点问题收纳进来。

书名：服务业发展：制度、政策与实践

作者：任兴洲，王微（主编）

出版时间：2011 年 8 月 1 日

出版社：中国发展出版社

内容提要：任兴洲、王微主编的《服务业发展：制度、政策与实践》是以深化服务业发展的制度变革、促进服务业发展机制创新为主题的政策研究系列成果。

加快转变经济发展方式，是当前我国经济领域中的一场深刻变革，关系改革开放和社会主义现代化建设的全局，亟待在发展内容、动力、路径、机制等方面进行一系列重大乃至全新的调整和转变。着力促进服务业发展，对于加快发展方式转变以及经济结构战略性调整都具有重要而紧迫的现实意义。

国务院发展研究中心市场经济研究所长期以来致力于对服务业发展问题的研究，并提出了一些有价值的政策咨询建议，形成了较丰富的研究积累。该项研究通过对服务业发展国际经验的梳理，系统总结了服务业发展的阶段性及其主要特征、服务业发展与市场经济制度完善之间的关系，形成了对服务业发展规律的一些重要的理论发现和新认识。在此基础上，探索了服务业发展与制度环境关系的实证分析方法，形成了涵盖市场经济制度环境、服务业管理体制、运行机制与政策实施三个层面的服务业发展影响因素的分析框架，剖析了我国服务业发展面临的主要制度问题及症结，对主要服务领域和行业面临的制度约束进行了专题研究，并对"十二五"时期乃至更长时期着力促进服务业发展提出了较为全面的改革措施和有价值的政策建议。我国服务业发展需要紧紧围绕转变经济发展方式这一主线，以适应经济社会发展需要、契合经济结构加快调整、促进服务业加快转变发展方式和提升发展水平为目标，以"现代化、产业化、市场化、国际化"发展为方向，以深化改革和机制创新为动力，通过加快准入方式的改革、促进服务业监管体制改革与机制创新、完善多元化主体发展的制度安排、有序推进服务业配套改革与支撑体系的制度构建、进一步优化服务领域民营及中小企业发展环境、加大服务业综合改革试点工作力度等方面的努力，建立符合科学发展、充满活力的服务业发展制度环境和体制机制框架。

《服务业发展：制度、政策与实践》还收录了对我国部分中心城市服务业发展的战略研究报告，是近年来市场经济研究所围绕服务业发展问题在实地调研基础上形成的研究成果，为促进当地服务业发展与改革提供了值得借鉴的思路和政策，对于其他地区加快推动服务业发展也具有一定的决策参考价值。

书名： 服务创新与高技术服务业

作者： 王仰东等（编著）

出版时间： 2011 年 3 月 1 日

出版社： 科学出版社

内容提要： 回顾应对国际金融危机的过程，一些经验值得我们认真总结，而一些教训则发人深省。国际金融危机对我国经济的冲击具体表现为经济增长速度明显回落，实际上是经济增长方式和经济发展不相适应等深层次矛盾的直接反映。

世界经济已经进入了服务业经济时代。服务业具有需求潜力大、资源消耗少、环境污染小、附加值高、吸纳就业能力强等显著的特点。服务业的发展水平代表了一个国家经济发展阶段和人民生活质量，是促进市场经济发育、优化社会资源配置、提高就业率的重要途径，是衡量生产社会化程度和市场经济发展水平的重要标志，是当今世界经济增长的重要动力。

该书作者提出，科学技术的进步促进了产业的高度融合和产业内专业化细分，在技术创新的同时要实现服务创新，并对生产性服务业做了进一步细分，对其中高技术服务业进行了很好的诠释。作者指出高技术服务业是在现代经济社会发展过程中，现代服务业与高新技术产业相互融合的产物；是以创新为核心，以中小企业为实施主题，围绕着产业集群的发展，在促进产业升级、产业结构优化调整的进程中，采用现代管理经营理念和商业模式，运用信息手段和高新技术，为生产和市场的发展提供增值服务的知识密集型新兴产业。高技术服务业与传统服务业相比，具有创新性、高技术性、专业性、高渗透性、高增值性、强辐射性和高智力性等特点。现代产业发展的特点就是产业融合，产业间关联越来越紧密，服务业在关联产业间起着"黏合剂"的作用。

该书系统地对服务创新与高技术服务业进行了探索性研究。在理论研究部分，该书注重阐述服务创新的内涵及机理、高技术服务业的产生与发展，以及高技术服务业的界定、分类、统计、评价等；同时还介绍了高技术服务业在国内外的发展现状，并以珠江三角洲地区为例进行深入探讨。在实践应用部分，该书侧重研究有鲜明特点的高技术服务业，包括信息技术服务业、现代物流服务业、研发外包服务业、创意产业、工业设计以及新型服务业的代表——环境服务业和节能服务业，首次系统地剖析了不同类型高技术服务业的运作模式、发展历程及趋势，并尽量做到深入浅出。

该书具有较强的实用价值，将理论研究与实例剖析相结合是该书的一大亮点。因此，该书不但适合从事相关理论研究的人士用作参考，也可以为相关政府部门制定高技术服务业的政策法规提供借鉴，还可以为企业创新决策提供指导性建议。此外，该书对于高等院校研究生、本科生及相关人员的学习也具有一定的启发意义。

书名：中国高端服务业发展研究

作者：原毅军，陈艳莹（著）

出版时间：2011 年 6 月 1 日

出版社：科学出版社

内容提要：高端服务业发展落后是当前制约中国经济转型的一个突出问题。由大连理工大学原毅军教授主持完成的国家自然科学基金项目的最终成果《中国高端服务业发展研究》一书，系统地考察了中国高端服务业的发展现状，并结合国际比较，分析了制约我国高端服务业发展的各种因素，在此基础上系统研究了我国高端服务业的发展思路和政策，具有重要的理论价值和现实意义。

（1）注重基础研究。高端服务业是一个典型的具有中国特色的词汇，不像其他许多经济学词汇那样源于西方的学术文献，而是最先出自国内地方政府文件。因此，虽然高端服务业作为一个新概念已引起社会普遍关注，然而，在各级政府大力扶持高端服务业的同时，有关高端服务业的一些关键问题还没有得到系统研究。该书结合我国当前产业结构调整面临的问题，从功能的视角将高端服务业定义为现代服务业中具有较强的外溢效应，能够有效带动服务业和制造业升级，提高经济整体竞争力的服务行业的集合体，外延上属于生产性的知识密集型服务业。同时运用服务业的细分行业数据，从要素高端性、需求高端性、技术密集性和产业带动效应四个维度对中国高端服务业包括的细分行业进行了筛选，确定了商务服务业、信息服务业、研发服务业和金融服务业四个当前需要重点发展的高端服务业行业，弥补了国内现有研究在高端服务业基础理论方面的空白。

（2）注重体系完整。目前有关高端服务业的研究主要采取的是"现状描述—政策建议"的分析范式，由于缺乏科学、客观的理论作为依托，因而得出的政策建议带有很大的随意性。该书运用产业经济学的分析框架，通过界定高端服务业的行业分类考察高端服务业发展的基本规律；以分析我国高端服务业的发展现状为切入点，研究制约我国高端服务业发展的因素，结合国际比较和理论研究得出的规律，在对现有政策进行系统梳理的基础上，设计推动我国高端服务业发展的政策建议。全书将理论研究、比较研究和实证研究有机结合在一起，提高了研究结果的可靠性。

（3）注重政策创新。目前理论界对服务业产业政策的研究主要还是针对传统服务行业，采用传统的土地和税收优惠政策，但这些政策已经不再适用于高风险、高回报和高技术含量的高端服务业。该书从高端服务业有别于传统服务业的特点出发，从供给、需求和环境三个方面系统研究能够促进高端服务业发展的政策，提出促进高端服务业发展需要将市场机制、政府引导和非市场机制三种力量综合在一起构建系统的政策体系，政策着力点应该放在支撑高端服务业发展的微观基础建设，重点是非市场机制的政策创新，包括支持产学研技术联盟、推动服务业与制造业互动发展、改善服务业的市场条件、发挥行业内中介组织的作用、鼓励服务企业通过服务创新和合作提升竞争优势。

书名：金融支持现代服务业发展研究
作者：尹优平（著）
出版时间：2011 年 8 月 1 日
出版社：中国金融出版社

内容提要："十二五"规划纲要提出，今后要把推动服务业大发展作为产业结构优化升级的战略重点，营造有利于服务业发展的政策和体制环境，拓展新领域、发展新业态、培育新热点，推进服务业规模化、品牌化、网络化经营，不断提高服务业的比重和水平。

金融引领现代服务业加快发展，不仅需要有相应的产业政策导向，更需要全面提升金融产业的整体竞争力，努力为现代服务业发展创造良好的外部环境和支持资源。《金融支持现代服务业发展研究》以金融支持现代服务业的发展为研究对象，围绕如何有效发挥金融资源配置作用促进现代服务业发展这一主线，运用金融发展理论、服务经济理论等多学科理论，构建金融作用于现代服务业发展的理论分析框架，揭示金融促进现代服务业发展的普遍规律；归纳总结金融支持现代服务业发展的现状及国内外驱动模式；分析现代服务业发展的金融需求和金融供给的产业结构特征，从多个方面研究金融发展对服务业发展的作用机理和效应；选取大量的经济金融数据，对提出的理论模型进行实证检验和分析，阐明新时期金融在现代服务业发展中的重要支撑作用；最后结合中国实际提出金融支持现代服务业快速发展的具体思路与行动策略。

该书提出我们要大力发展面向生产的服务业，促进现代制造业与服务业有机融合、互动发展。细化、深化专业分工，鼓励生产制造企业改造现有业务流程，推进业务外包，加强核心竞争力，同时加快从生产加工环节向自主研发、品牌营销等服务环节延伸，降低资源消耗，提高产品的附加值。优先发展运输业，提升物流的专业化、社会化服务水平，大力发展第三方物流；积极发展信息服务业，加快发展软件业，坚持以信息化带动工业化，完善信息基础设施，积极推进"三网"融合，发展增值和互联网业务，推进电子商务和电子政务；有序发展金融服务业，健全金融市场体系，加快产品、服务和管理创新；大力发展科技服务业，充分发挥科技对服务业发展的支撑和引领作用，鼓励发展专业化的科技研发、技术推广、工业设计和节能服务业；规范发展法律咨询、会计审计、工程咨询、认证认可、信用评估、广告会展等商务服务业；提升改造商贸流通业，推广连锁经营、特许经营等现代经营方式和新型业态。通过发展服务业，实现物尽其用、货畅其流、人尽其才，从而降低社会交易成本，提高资源配置效率，加快走上新型工业化发展道路。

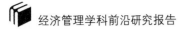

　　该书共有六章内容：第一章为导论，具体介绍了现代服务业的内涵和该书的研究背景；第二章为金融支持现代服务业的理论综述；第三章为金融支持现代服务业发展的现状考察和比较分析；第四章为区域现代服务业的金融供求分析与思考；第五章为金融支持现代服务业发展的实证检验；第六章是对该书的总结和展望。

第二节

英文图书精选

书名：The Oil and Gas Service Industry in Asia：A Comparison of Business Strategies

亚洲石油和天然气服务行业：企业策略的比较

作者：Tan Yi

出版社：Palgrave Macmillan

出版时间：2010 年 5 月

Abstract：This book investigates the business strategies chosen by oil and gas service companies operating in China，Singapore and Malaysia. It provides an analytical view of the reliability of strategic theoretical frameworks based on Western business practice but applied in a non-western busines senvironment like Asia. The importance of understanding the business environment and adapting strategy to enable an organization to achieve a high standard of performance is widely acknowledged in stratigic management literature. However，business strategy theory has largely been based on research into organizations that operate in a Western business environment. Based on an empirical survey study in China，Singapore and Malaysia，this book investigates the business strategies chosen by oil and gas service companies operating in Asia. The book also highlights the most recent trends against the empirical research findings，including the impact of the global credit crunch on the regional oil and service industry in turbulent times in 2008~2009. The significance of this research work is valuable for senior executives in both Western and Eastern organizations which seek a long-term business success in Asia. Taken within this context，the book is of interest to academics，managers and other experts specialized in Asian studies and/or the oil and gas industry.

内容提要：该书探讨了中国、新加坡和马来西亚石油和天然气服务公司所选择的业务策略，分析了基于西方商业做法的战略理论框架在应用于像亚洲等非西方的商业环境中时的理论可靠性。如今大多数的战略管理文献都一致认为，了解商业环境并且采取适应性的战略，以使组织达到高水准的表现具有非常重要的作用。但是，大部分的企业战略理论都是基于西方的商业环境进行研究的。该书基于在中国、新加坡和马来西亚进行的实证调查研究，探讨了亚洲石油和天然气服务公司的业务策略。该书还强调了最近的一些与实证研究结果相悖的趋势，包括 2008~2009 年全球信贷危机对区域性石油和服务行业的影响。该书对于希望在亚洲能够获得长期业务成功、来自西方或东方国家的高级管理人员而言有着重要的参考价值。与此同时，该书也可供对这方面感兴趣的学者、管理人员、专业从事亚洲研究工作及石油和天然气行业的其他专家参考。

书名：Service Economies：Militarism，Sex Work，and Migrant Labor in South Korea

　　　 韩国服务经济：军事、性工作和移民劳工

作者：Jin-kyung Lee

出版社：Univ of Minnesota Press

出版时间：2010 年 11 月

Abstract：Service Economies presents an alternative narrative of South Korean modernity by examining how working-class labor occupies a central space in linking the United States and Asia to South Korea's changing global position from a U. S. neocolony to a subempire.

Making surprising and revelatory connections, Jin-kyung Lee analyzes South Korean military labor in the Vietnam War, domestic female sex workers, South Korean prostitution for U.S. troops, and immigrant/migrant labor from Asia in contemporary South Korea. Foregrounding gender, sexuality, and race, Lee reimagines the South Korean economic "miracle" as a global and regional articulation of industrial, military, and sexual proletarianization.

Lee not only addresses these under-studied labors individually but also integrates and unites them to reveal an alternative narrative of a changing South Korean working class whose heterogeneity is manifested in its objectification. Delving into literary and popular cultural sources as well as sociological work, Lee locates South Korean development in its military and economic interactions with the United States and other Asian nation-states, offering a unique perspective on how these practices have shaped and impacted U. S. —South Korea relations.

内容提要：服务型经济发展是韩国现代化发展的一个代表，韩国工薪阶层在连接美国和亚洲其他国家与韩国的联系中占据了越来越重要的地位，这同时也促使韩国从美国的一个新殖民地慢慢发展成为一个全球化的子帝国。

作者通过大胆而具有新意的推测和分析研究，将韩国在越南战争的军方劳工、现今韩国国内的女性性工作者，以及亚洲其他地区的移民劳工联系在了一起。

作者在性别、性倾向和种族等概念的基础上，提出韩国的经济在当今工业、军事和性无产阶级化、区域化和全球化的背景下属于发展的"奇迹"。

作者不仅强调劳动力个人，还将他们视为一个整体，揭示了韩国工薪阶级正处在不断变化之中。作者借鉴文学、流行文化以及社会学的工作等，讨论了韩国军事和经济的发展与美国以及其他亚洲民族国家之间的互动，从独特的视角分析了这些互动对于美国和韩国关系的影响。

书名：The New Public Service：Serving，Not Steering
新公共服务

作者：Denhardt Janet V.，Denhardt Robert B.

出版社：M. E. Sharpe

出版时间：2011 年 8 月

Abstract：This book is a call to think about and act on our values. It is intended as a challenge for us to think carefully and critically about what public service is，why it is important，and what values ought to guide what we do and how we do it. We want to celebrate what is distinctive，important，and meaningful about public service and to consider how we might better live up to those ideals and values.

Two themes form both the theoretical core and the heart of this book：①to advance the dignity and worth of public service；②to reassert the values of democracy，citizenship，and the public interest as the preeminent values of public administration. It is our hope that the ideas presented here may help us not only to initiate more conversations，but also to look within ourselves for the soul of what we do.

As in earlier editions，the book is organized around a set of seven core principles：

（1）Serve citizens，not customers.

（2）Seek the public interest.

（3）Value citizenship and public service above entrepreneurship.

（4）Think strategically，act democratically.

（5）Recognize that accountability isn't simple.

（6）Serve，rather than steer.

（7）Value people，not just productivity.

This edition includes a brand new chapter that provides action recommendations for putting these values into practice. This chapter describes and provides case examples of how key ideas in The New Public Service have been put into use in the real world.

内容提要：该书旨在让读者重新思考并践行自身的价值观，让人们重新思考什么是服务，为什么它很重要，以及什么样的价值观可以指导我们该做什么、怎样做。关于公共服务方面独特、重要以及有意义的事情都是非常值得重视的，人们需要仔细考虑如何在实际中践行这些想法和价值观。

该书主要包含两个理论核心内容：①加强公共服务的尊严和价值；②重申民主、公民权利和公共利益为公共管理的核心价值。作者不仅希望本书的观点可以激发读者更多的互动，也希望可以使读者能更好地审视自己的内心。

类似于早期的版本，该书围绕七个核心原则展开：

（1）为公民提供服务，而不是客户。

（2）征求公众利益。

（3）公民身份价值和企业公共服务。

（4）战略性地思考，以及民主地行动。

（5）承认责任并不简单。

（6）服务，而不是掌舵。

（7）重视人，而不仅是生产力。

此版本包括一个全新的篇章，为如何使这些价值观付诸实践提出建议，这一新的篇章列举了如何在实际中践行本书新思想的丰富案例。

书名： Assessing Service Quality：Satisfying the Expectations of Library Customers

评估服务质量：满足图书馆客户的期望

作者： Peter Hernon，Ellen Altman

出版社： American Library Association

出版时间： 2010 年 1 月

Abstract： Because of technology, the old measures of service quality no longer apply. If libraries are to succeed, they must see themselves in competition with other institutions and sources of information—especially the Web—and make customers feel welcome and valued. This classic book is brought fully up to date as Peter Hernon and Ellen Altman integrate the use of technology into the customer experience. They offer solid, practical ideas for developing a customer service plan that meets the library's customer-focused mission, vision, and goals, challenging librarians to think about customer service in new ways, including:

● Distance education

● Use of library web sites

● Partnerships and consortia for electronic collections

● Ways to effectively embrace change for continuous improvement

The purposes of this book, both first and revised editions, are to

(1) Suggest new ways to think about library services.

(2) Explain service quality and further the development of its theoretical base.

(3) Clarify the distinction between service quality and customer satisfaction.

(4) Identify strategies for developing a customer service plan that meets the library's customer-focused mission, vision and goals.

(5) Identify procedures for measuring service quality and satisfaction.

(6) Challenge conventional thinking about the utility of input, output, and performance measures, as well as public library role adoption or service response.

(7) Suggest possible customer-related indicators that provide insights useful for library planning and decision making.

(8) Encourage libraries to take action leading to improved service and accountability.

内容提要： 由于技术的进步，旧的服务质量评价体系不再适用。如果图书馆要取得成功，就必须与其他信息来源和机构竞争——特别是互联网——让客户感到受欢迎和被重视。在本书中，彼得和艾伦详细介绍了如何将现代技术融入客户体验之中。他们提供满足图书馆客户需求的切实的消费服务计划，促使馆员打开思维：

● 远程教育
● 使用图书馆网站
● 建立电子馆藏伙伴关系
● 持续有效地进行更新变革

该书第一版以及修订版的目的包括：

（1）提出新的图书馆服务的方式。

（2）解释服务质量，并奠定其理论基础的发展。

（3）解释服务质量和客户满意度之间的区别。

（4）确定战略的发展，满足图书馆客户需求，建立目标客户服务计划。

（5）确定衡量服务质量和满意度的程序。

（6）质疑关于输入、输出效用，性能指标，以及公共图书馆的作用和服务响应的传统思想。

（7）提出可能与客户相关的指标，为图书馆的规划和决策提供建议。

（8）鼓励图书馆采取提高服务和问责制的行动。

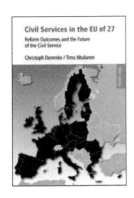

书名：Civil Services in the EU of 27: Reform Outcomes and the
Future of the Civil Service
欧盟 27 国行政事务改革结果与展望
作者：Christoph Demmke，Timo Moilanen
出版社：Peter Lang A. G.
出版时间：2010 年 6 月

Abstract: This volume compares and analyses the national civil services and the most important reform trends in the 27 Member States of the European Union. The authors first examine the reform processes concerning civil servants'legal status, organisational changes, recruitment policies, remuneration, decentralisation of human resource responsibilities, job security and ethics. They consider in what ways similarities and differences can be detected amongst the 27 Member States and whether and to what extent the national civil services move away from traditional bureaucratic structures. Finally, the authors discuss the main outcomes of the reform processes and the future of the classical civil service. This publication contrasts with the many popular and speculative statements that too often capture the headlines on the future of the civil service and the different human resource management reforms. Instead, it is a measured conclusion about emerging trends and developments in this important policy area. The authors argue that the reform of the public sector will not, as many have predicted, be characterised by clear changes and progress in the area. Instead, the outcomes of the reform reveal a more complex picture of piecemeal and paradoxical patterns of change.

内容提要: 该书比较和分析了欧盟 27 个成员国的国家行政服务和最重要的改革趋势。作者首先审视了关于公务员合法地位、组织变革、招聘政策、薪酬、人力资源责任分散、工作保障和职业道德的改革进程。他们考虑了 27 个成员国之间的异同点，以及国家行政服务是否可以以及可以在何种程度上摆脱传统的官僚结构。作者还讨论了改革进程的主要成果，并展望了传统行政服务的未来。该书与许多流行且推测性的观点进行对比，这些观点往往关注行政服务的未来以及不同的人力资源管理改革。相反，该书更关注这一重要政策领域的新趋势和发展。作者认为，公共部门的改革不会如许多人预测的那样有明显的变化和进步。相反，改革的成果是由各种零碎而自相矛盾的变化相融所导致的。

书名：Trade in Services Negotiations：A Guide for Developing
Countries
发展中国家服务贸易谈判
作者：World Bank（作者），Sebastian Saez（编者）
出版社：World Bank Publications
出版时间：2010 年 6 月

Abstract：This book aims at contributing to address some of the challenge that developing countries, especially the least-developing countries, face in the design of trade in service policies and to provide governments with tools to better incorporate services in their export strategies, including negotiations and cooperation with trading partners, and unilateral reforms. This book helps to identify key policy challenges faced by developing country trade negotiators, regulatory policy officials and or service suppliers. Management of both policy reforms and trade agreements requires investments in sounder regulatory regimes and the establishment of enforcement mechanisms to help countries gradually opening and mitigate any potential downside risks. A successful strategy requires a proper sequencing that through an orderly and transparent process allows to prepare for greater competition. Developing countries face serious resource and administrative constraints to adequately negotiate multiple services agreements that serve their trade interest. For many developing countries, the administrative burden of handling and negotiating multiple trade agreements has become a serious concern and this can hamper their opportunities to obtain adequate market access for their services exports. The book develops in detail the methodological framework for the construction of a database and the core elements that will comprise it, to help countries to organize and manage their services commitments. Little attention has been devoted to the organization preparation and the development, assessment and conclusion of the negotiation process. The book presents a simulation exercise designed for policymakers, trade negotiators, and trade practitioners working in the area of services. This exercise will help them to better understand the preparatory and negotiating stages of the process leading to liberalization of trade in services.

　　内容提要：该书旨在帮助发展中国家，特别是那些经济最弱的发展中国家，应对在制定服务贸易政策、为政府提供关于将服务纳入出口战略等方面的问题，包括与贸易伙伴的谈判与合作、单方面的改革等。该书探讨了发展中国家贸易谈判员、监管政策的官员和服务供应商在主要政策方面所面临的挑战。发展中国家在管理政策改革和贸易协定方面，需要在建立健全投资监管制度和执行机制的基础之上，才能够实现逐步开放的战略目标，并且缓解或抵消潜在的下行风险。成功的战略需要通过有序而透明的机制，才能应对未来更激烈的竞争。发展中国家往往面临严重的资源和行政限制，使其在争取本国的贸易利益时不能进行有效的多方贸易协议谈判。所以对于许多发展中国家来说，处理和进行多边贸易协定谈判已经成为严重的行政负担，这可能进一步阻碍它们进行服务出口。该书详细展示了数据库的建设和核心要素构成过程，以帮助各国在服务承诺方面进行组织和管理，并且还为政策制定者、贸易谈判员，以及在服务领域工作的从业人员提供了模拟训练，这些训练将帮助他们更好地理解导致贸易自由化服务的筹备和谈判等阶段过程。

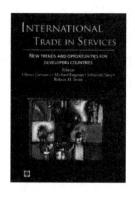

书名：International Trade in Services: New Trends and
Opportunities for Developing Countries
国际服务贸易的新趋势及对发展中国家的机会
作者：Cattaneo Olivier, Engman Michael, Saez Sebastian
出版社：World Bank Publications
出版时间：2010 年 6 月

Abstract: The services sector is key to economic growth, competitiveness, and poverty alleviation. Comprising more than two-thirds of the world economy, services are now commonly traded across borders, helped by technological progress and the increased mobility of persons. In recent years, a number of developing countries have looked at trade in services as a means to both respond to domestic supply shortages and to diversify and boost exports. Any country can tap into the trade potential of services, but not every country can become a services hub across sectors. The opening of the services sector potentially comes with large benefits, but also fears and costs that should not be overlooked. This book provides useful guidelines for the assessment of a country's trade potential, and a roadmap for successful opening and export promotion in select services sectors. It looks at both the effects of increased imports and exports, and provides concrete examples of developing country approaches that have either succeeded or failed to maximize the benefits and minimize the risks of opening. It focuses on sectors that have been rarely analyzed through the trade lens, and or have a fast growing trade potential for developing countries. These sectors are: accounting, construction, distribution, engineering, environmental, health, information technology, and legal services. This book is designed for non-trade specialists to understand how trade can help improve access to key services in developing countries, and for trade specialists to understand the specific characteristics of each individual sector. It will be a useful tool for governments to design successful trade opening or promotion strategies.

内容提要：服务业是经济增长、竞争力增长和减少贫困的关键所在。如今，服务业总量已经超过了世界 2/3 的经济总量，且通常以跨境交易形式存在，而现代技术的进步以及人口的流动性增加对服务业的增长有着极大的促进作用。近年来，一些发展中国家已经将服务业的发展作为应对国内供应短缺以及促进出口总量和多样化的重要手段之一。任何一个国家都能够得到服务贸易的益处，但不是每一个国家都可以成为服务发展中心枢纽。服务业的开放可能带来很大的好处，但也不应该忽视相关的成本和风险。该书探讨了如何评估一个国家的服务贸易潜力，并为促进服务业出口和开放提供了成功的经验路径。该书还探讨了增加进口和出口的不同效果，并提供了发展中国家在效益最大化和降低开放风险方面成功和失败的例子。它侧重于分析那些之前很少被研究分析的分支行业，或者是一些具有快速增长潜力的分支行业，如会计、建筑、分销、工程、环境、卫生、信息技术和法律服务。该书可以帮助初学者了解怎样的贸易可以帮助改善发展中国家的服务业部门，也可以帮助贸易专家了解每个分支行业的具体特点。同时，对政府部门设计成功的贸易开放和推广策略也具有很高的参考价值。

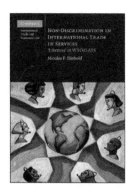

书名：Non-discrimination in International Trade in Services：
"Likeness" in WTO/GATS
无歧视的国际服务贸易
作者：Diebold Nicolas F.
出版社：Cambridge University Press
出版时间：2010 年 10 月

Abstract：The principle of non-discrimination is fundamental to the regulation of international trade in goods and services. In the context of trade in goods, the concept of "like products" has become a key element of the legal analysis of whether a trade obstacle violates GATT non-discrimination obligations. The equivalent concept of "like services and service suppliers" in GATS rules on non-discrimination has received little attention in WTO jurisprudence. In light of the remaining uncertainties, Nicolas Diebold analyses the legal problems of the GATS "like services and services suppliers" concept using a contextual and comparative methodology. The "likeness" element is not analysed in isolation, but in context with "less favourable treatment" and regulatory purpose as additional elements of non-discrimination. The book also explores how far theories from non-discrimination rules in GATT, NAFTA, BITs and EC as well as market definition theories from competition law may be applied to "likeness" in GATS.

内容提要：非歧视原则是商品和服务国际贸易监管的根本所在。在货物贸易的背景下，"同类产品"的概念已经成为贸易障碍是否违反 GATT 的非歧视义务的法律分析的一个关键因素。"同类服务和服务提供者"的等价概念在非歧视 GATS 规则中属于很少受到关注的 WTO 判例。鉴于存在不确定性，萨科迪堡利用上下文和比较方法分析了服务贸易总协定中"类似的服务和服务供应商"的法律问题。对于"神似"元素的分析往往不是孤立存在的，而在基于"较差的待遇"和不歧视其他元素监管目的的背景之下。书中还探讨了关贸总协定、北美自由贸易协定、双边和 EC 非歧视性的规则的差距，以及竞争市场理论是否有可能被应用在 GATS 的"类似服务"规则之中。

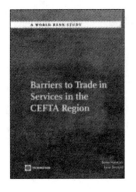

书名：Barriers to Trade in Services in the CEFTA Region
中欧地区服务贸易壁垒
作者：Handjiski Borko, Sestovic Lazar
出版社：World Bank Publications
出版时间：2011 年 7 月

Abstract：The Central European Free Trade Agreement（CEFTA）was concluded among the countries of Southeastern Europe with the aim to promote further trade integration. The agreement states the objective to "expand trade in goods and services and foster investment by means of fair, clear, stable and predictable rules". While recent literature on trade in the CEFTA region has focused on analyzing trade in goods, the purpose of the paper is to identify the remaining barriers to trade in services among the CEFTA countries. The paper presents：①the economic and trade importance of the service sector in CEFTA countries；②the existing barriers to trade in services between CEFTA countries, with a focus on four sectors：construction, land transport, legal and information technology（ICT）services. The analysis shows that the export of services has a significant share in CEFTA countries. These countries have achieved considerable market openness, mostly in the context of pursuing WTO and EU accession. Nonetheless, obstacles to trade in services remain. Some, such as the movement of professional workers, are of general nature, while others are sector specific.

内容提要：欧洲东南部的国家签订中欧自由贸易协定（NAFTA）是为了进一步推动贸易一体化。该协议旨在"通过公平、透明、稳定、可预见的准则，扩大货物和服务贸易，并促进投资"。最近大部分研究中欧自由贸易区的文献都是针对货物贸易的分析，而这本书的目的是考察 CEFTA 区域在服务贸易中仍然存在的贸易壁垒问题。该书提出：①CEFTA 国家服务业的经济和贸易重要性；②中欧自由贸易区国家之间现有的服务贸易壁垒，重点在四个领域：建筑、陆路运输、法律和信息技术（ICT）服务。分析表明，服务出口在 CEFTA 国家经济中占有显著的份额，且大多数这些国家在寻求加入世界贸易组织和欧盟的情况下都取得了相当大的市场开放。但尽管如此，阻碍服务贸易的因素依然存在。有些情况，如专业人员的迁移是普遍发生的，而有一些属于特殊情况。

书名：OECD Statistics on International Trade in Services，
Volume 2010 Issue 1：Detailed Tables by Service Category
国际服务贸易 2010 卷第 1 期上的 OECD 统计

作者：Oecd Publishing

出版社：OECD

出版时间：2011 年 5 月

Abstract：This OECD publication provides statistics on international trade in services by partner country for 28 OECD countries plus the European Union （EU27）, the Euro area, and Hong Kong, China as well as definitions and methodological notes. The data concern trade between residents and non-residents of countries and are reported within the framework of the Manual on Statistics of International Trade in Services. This book includes summary tables of trade patterns listing the main trading partners for each country and by broad service category. Series are shown in U. S. dollars and cover the period 2004-2008. Also available on CD-ROM and on line：The data in this publication are also available on line via www.oecd-ilibrary.org under the title OECD Statistics on International Trade in Services （http：//dx.doi.org/10.1787/tis-data-en） which includes data on：Trade in services by category of service；Trade in services by partner country. Countries Covered：Australia, Austria, Belgium, Canada, Czech Republic, Denmark, EU27, Euro area, Finland, France, Germany, Greece, Hong Kong (SAR China), Hungary, Ireland, Italy, Japan, Korea, Luxembourg, Mexico, Netherlands, New Zealand, Norway, Poland, Portugal, Slovak Republic, Spain, Sweden, Turkey, United Kingdom, United States.

内容提要：这本 OECD 出版物提供了包括 28 个经合组织国家成员国、欧盟（EU27）成员国、欧元区国家和中国香港等地的国际服务贸易统计数据，包括相关定义解释和方法说明。数据符合国际服务贸易统计手册的框架，主要关注国家常住居民和非常住居民之间的贸易往来。该书总结了贸易模式种类，并按照服务类别分类列举了各国的主要贸易伙伴。数据单位为美元，覆盖了 2004~2008 年的数据。数据同时可以在线获取：本出版物中的数据也可通过 www.oecd-ilibrary.org 中 OECD 统计的国际服务贸易（http：//dx.doi.org/10.1787 / tis-data-en）搜索。数据包括：按照不同服务类别分类的服务贸易、成员国之间的服务贸易等。所覆盖的国家和地区包括：澳大利亚、奥地利、比利时、加拿大、捷克共和国、丹麦、欧盟 27 国、欧元区、芬兰、法国、德国、希腊、中国香港、匈牙利、爱尔兰、意大利、日本、韩国、卢森堡、墨西哥、荷兰、新西兰、挪威、波兰、葡萄牙、斯洛伐克共和国、西班牙、瑞典、土耳其、英国及美国。

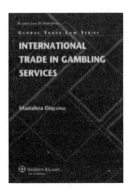

书名：International Trade in Gambling Services （Global Trade Law Series）

赌博服务国际贸易

作者：Madalina Diaconu

出版社：Kluwer Law International

出版时间：2011 年 6 月

Abstract： The purpose of this work is to assess the current regulation of international trade in gambling services. Departing from different national definitions, gambling represents, in this study, all services which involve wagering a stake with monetary value in uncertain events driven (at least partially) by chance, including lotteries, casino and betting transactions.

International trade of such services implies that the provider, the beneficiary or the service itself must cross a national border. Therefore, notwithstanding a brief evocation of selected national legal frameworks on five continents, this research has striven to focus on international regulations governing, principally or incidentally, provision of such services. In this context, Internet-provided gambling services were granted special attention.

To this purpose, this work has been constructed in an Introduction and two main parts.

The Introduction lays the basic frame by exposing the historical, economic and legal background surrounding games of chance in numerous countries on the five continents, which are essentially divided into: gambling restrictive or gambling liberal jurisdictions. It also gives a definition of gambling services in this study, and it endeavors to classify such services in different categories (lotteries, betting, casino-type gambling, other types including media gambling and sales promotion services, examined from a land-based or remote perspective).

The First Part (Global Trade in Gambling Services) is dedicated to international instruments regulating trade in services with a global reach. It is further divided in two main subparts, as unequal in importance as the instruments they analyze. The first relates to the prominent General Agreement on Trade in Services (GATS), signed by 153 countries under the auspices of the World Trade Organization. The second, more modest, examines the services liberalization framework established by the Organization for Economic Co-operation and Development (OECD) for its 30 member countries.

The Second Part (Regional Trade in Gambling Services) scrutinizes gambling trade with a regional vocation. To this purpose, it analyzes the framework of the most successful preferential trade agreements to date, which have created a closer cooperation with respect to services between regional partners. This part is thus further divided in subparts dedicated to the following integrated trade areas: the European Union (EU), the European Free Trade Agreement (EF-TA), the North American Free Trade Agreement (NAFTA), the Central American Free Trade (CAFT).

内容提要：该书旨在评估现今国际赌博服务贸易的法律约束。不同国家对于赌博的定义不同，书中定义赌博为涉及下注且存在不确定性事件使货币价值受到波动的活动，包括彩票、赌场和赌博交易。

赌博服务的国际贸易意味着供应商、受益人或服务本身必须跨越国界进行。因此，该书简要介绍了五大洲个别国家的法律约束之外，把重点放在国际性的赌博服务法律约束上。在这种背景之下，互联网提供的赌博服务受到了极大的关注。

引言介绍了五大洲不同国家的投机性活动的历史、经济和法律背景，分为两类：赌博限制性司法管辖区和赌博宽松性司法管辖区。同时，该书也定义了赌博服务的具体含义，并且试图将赌博服务进行分类归纳（彩票、博彩、娱乐场型赌博，其他类型的包括媒体赌博、促销服务等）。

第一部分（国际赌博服务贸易）详述了国际性的规范服务贸易的文书，包括两个部分，且两者的重要程度差异比较大。第一个是著名的服务贸易总协定（GATS），该协定由153个国家在世界贸易组织的主持下签署。第二个是由经济合作与发展组织（OECD）30个成员建立并审查通过的文书，主要考察了服务贸易自由化框架问题。

第二部分（区域赌博服务贸易）探讨了赌博行业与当地职业之间的关系。该书分析了截至目前最成功的，且已帮助建立了服务业与区域合作伙伴之间亲密关系的贸易协定。这部分按照贸易领域进行划分：欧盟（EU）、欧洲自由贸易协定（EFTA）、北美自由贸易协定（NAFTA）、中美洲自由贸易区（CAFT）。

书名：China's Post-reform Urbanization：Retrospect，Policies and Trends

中国改革后的城市化：回顾、政策和趋势

作者：Anthony G. O. Yeh，Anthony G.O. Yeh，Jiang Xu，Kaizhi Liu，Jiang Xu，Kaizhi Liu

出版社：IIED

出版时间：2011 年

Abstract：The growth of the tertiary-sector industries in China had been constrained for decades，especially before economic reform when services were considered unproductive and consumptive. In the early stages of economic reform，manufacturing and other secondary industries were still the focus of efforts aimed at boosting the countrys economy. The role of the tertiary sector was not taken seriously until 1992，when the central government proposed a strategy to facilitate its development. This shift was based on the awareness that the service industry can give cities a competitive edge and impetus for new growth. Specifically，it was hoped that it would help to diversify the employment structure，open up new opportunities for low-threshold entrepreneurship，and generate employment. In addition，the growth of per capita income of urban residents since the early 1990s required a dynamic service sector. Per capita income had grown more than ten-fold in less than two decades. In this period，the service sector consisted mainly of consumer-related services，such as wholesale and retail trade，hotels and catering.

内容提要：在中国，第三产业的发展已经被制约了几十年，特别是在改革开放前，服务业被认为是没有生产竞争力且浪费资源的行业。即使是在经济改革初期，制造业和其他第二产业仍然被认为是推动发展中国家经济的重点。直到 1992 年中央政府才认识到第三产业的重要性，并且提出促进发展第三产业的战略目标，因为政府意识到服务业可以带给城市新的竞争力和经济发展推动力。具体来说，它有助于分散就业结构，开辟低门槛的创业新机遇，并创造就业机会。此外，自 20 世纪 90 年代初开始，城镇居民人均收入的增长就必需一个蓬勃发展的服务业来进行支撑。如今，我国人均收入增长已经超过 10 倍。在此期间，服务业主要发展的分支行业为消费性服务业，如批发和零售业、住宿和餐饮业等。

书名：The Science of Service Systems
　　　服务系统科学
作者：Demirkan Haluk，Spohrer James C.，Krishna Vikas
出版社：Springer
出版时间：2011 年 4 月

Abstract："The Science of Service Systems" intends to stimulate discussion and under-standing by presenting theory-based research with actionable results. Most of the articles focus on formalizing the theoretical foundations for a science of service systems， examining a wide range of substantive issues and implementations related to service science from various perspec-tives. From the formal（ontologies， representation specifications， decision-making and maturity models）to the informal（analysis frameworks， design heuristics， anecdotal observations）， these contributions provide a snapshot in time of the gradually emerging scientific understanding of service systems.

内容提要：该书旨在通过展示以理论为基础的研究和可操作的结果来激发读者的讨论。大部分文章都建立在形成服务体系科学的理论基础之上，研究范围广泛的服务，以及从不同的角度讨论服务科学的应用。从正式（本体、代表性的规格、决策和成熟度模型）到非正式（分析框架、设计启发和传闻观察）的这些研究成果都为理解服务科学打下了坚实的基础。

书名：Exporting Services：A Developing Country Perspective
发展中国家如何出口服务

作者：Goswami Arti Grover, Mattoo Aaditya, Saez Sebastian

出版社：World Bank Publications

出版时间：2011 年 11 月

Abstract：The past two decades have seen exciting changes with developing countries e-merging as exporters of services. Technological developments now make it easier to trade ser-vices across borders. But other avenues are being exploited：tourists visit not just to sightsee but also to be treated and educated, service providers move abroad under innovative new schemes, and some developing countries defy traditional notions by investing abroad in services. "Export-ing Services：A Developing Country Perspective" takes a brave approach, combining ex-ploratory econometric analysis with detailed case studies of representative countries：Brazil, Chile, the Arab Republic of Egypt, India, Kenya, Malaysia, and the Philippines. Two ques-tions lead the analysis：How did these developing countries succeed in exporting services. What policy mix was successful and what strategies did not deliver the expected results. The analysis evaluates the role of three sets of factors：First, the fundamentals, which include a country's factor endowments, infrastructure, and institutional quality second, policies affecting trade, investment, and labor mobility in services and third, proactive policies in services designed to promote exports or investment. The case studies illustrate the complex nature of reforms and policy making in the service sector as well as the benefits of well-implemented reforms. Al-though success seems to be explained by a set of conditions that are difficult to replicate, com-mon features can also be identified. Several countries have adopted policies to support exports, especially exports of information technology related services. This resource will be valuable for policy makers, experts, and academics who are engaged in efforts to reform service and invest-ment policies in their own country.

内容提要：在过去的二十年里，发展中国家正在逐渐加大服务出口，技术的发展更使得如今跨越国界进行服务贸易变得方便容易。服务贸易的其他一些价值也正在被挖掘，例如，游客游览、参观不只是观光，也是被提供良好服务以及受教育的过程。服务供应商在新的创新式的系统框架中慢慢将目光转向国外，一些发展中国家甚至摈弃传统观念而转向海外投资服务。该书尝试通过结合计量分析以及具有代表性的国家的具体案例进行探索研究的新方式进行分析研究，这些国家包括：巴西、智利、埃及、印度、肯尼亚、马来西亚和菲律宾。该书主要分析两个问题：发展中国家如何才能成功出口服务业？什么样的混合型政策是成功的,反面来说就是什么样的战略并不能带来预期的效果? ①该书分析评价了三大要素:基础,包括一个国家的要素禀赋、基础设施和制度质量;②政策,包括影响贸易、投资和服务业劳动力流动性的政策;③积极主动的旨在促进出口和投资的政策。这些具体案例说明了服务业改革和政策的复杂本质,以及得到顺利执行的改革带来的益处。虽然看起来成功的条件很难被复制,但实际上还是可以看到一些共有的特点。如今,一些国家已经采取类似的政策来支持出口,特别是信息技术与服务相关的出口。该书对于政策制定者、致力于服务业改革和投资政策研究的专家和学者有很高的参考价值。

书名： Service Economy: Tertiary Sector of the Economy, Service, Price Elasticity of Demand, Subscription Business Model, Full Cost Accounting, Accounting Reform, Monetary Reform

服务经济：第三产业，服务，需求价格弹性，订阅商业模式，完全成本会计，会计改革，金融改革

作者： Lambert M. Surhone, Miriam T. Timpledon, Susan F. Marseken

出版社： Betascript Publishing

出版时间： 2010 年 6 月

Abstract： Service economy can refer to one or both of two recent economic developments. One is the increased importance of the service sector in industrialized economies. Services account for a higher percentage of U. S. GDP than 20 years ago. The current list of Fortune 500 companies contains more service companies and fewer manufacturers than in previous decades. The term is also used to refer to the relative importance of service in a product offering. That is, products today have a higher service component than in previous decades. In the management literature this is referred to as the servitization of products. Virtually every product today has a service component to it. The old dichotomy between product and service has been replaced by a service-product continuum. Many products are being transformed into services.

内容提要： 服务经济促进了一至两个近期的经济发展点，其中一个就是服务业在工业化经济体的重要性日益增加。相对于 20 年前，美国服务业占美国 GDP 的比例大大增加。相比以往几十年，世界 500 强企业最新列表中包含了更多的服务型企业和更少的制造型企业。该术语也用于服务在产品供应上的相对重要程度。也就是说，今天的产品比前几十年包含更高的服务成分。在管理文献中，这被称为产品的服务化。现如今，几乎每一个产品都蕴含了很高的服务成分。产品和服务之间的旧的二分法已经被换成了服务产品的统一体，很多产品正在转化为服务型。

书名：Global Trade in Services
　　　全球贸易服务
作者：J. Bradford Jensen
出版社：Peterson Institute for International Economics
出版时间：2011 年 9 月

Abstract：The service sector is large and growing. Additionally, international trade in services is growing rapidly. Yet there is a dearth of empirical research on the size, scope and potential impact of services trade. The underlying source of this gap is well-known-official statistics on the service sector in general, and trade in services in particular, lack the level of detail available for the manufacturing sector in many dimensions. Because services are such a large and important component of the U. S. economy, understanding the implications of increased trade in services is crucial to the trade liberalization agenda going forward. In this path-breaking book, J. Bradford Jensen conducts primary research using a range of data sources to produce the most detailed and robust portrait available on the size, scope, and potential impact of trade in services on the U. S. economy. Jensen presents new evidence on the prevalence of service firm participation in international trade. He finds that, in spite of U. S. comparative advantage in service activities, service firms'export participation lags manufacturing firms. Jensen evaluates the impediments to services trade and finds evidence that there is considerable room for liberalization-especially among the large, fast-growing developing economies. The policy recommendations coming out of this path-breaking study are quite clear. The United States should not fear trade in services. It should be pushing aggressively for services trade liberalization. Because other advanced economies have similar comparative advantage in service, the United States should make common cause with the European Union and other advanced economies to encourage the large, fast-growing developing economies to liberalize their service sectors through multilateral negotiations in the General Agreement on Trade in Services and the Government Procurement Agreement. Jensen notes that the coming global infrastructure building boom is of historic proportions and provides an enormous opportunity for U. S. service firms if the proper policies are in place. Increased trade in services might help rebalance the global economy, and both developed and developing economies would benefit from the productivity-enhancing reallocation brought by increased trade in services.

　　内容提要：服务业是一个庞大且不断发展的行业，尤其是国际服务贸易，正处在迅速增长之中。然而，关于国际服务贸易的规模、范围以及潜在影响的实证研究仍然十分缺乏，这种缺乏是由于服务业官方数据缺乏所导致的，特别是那些制造业有而服务贸易没有的细节数据。服务是美国经济的一个庞大而重要的组成部分，所以理解服务贸易增长的影响对于自由化议程向前发展至关重要。在该书中，作者利用大范围的数据，针对美国经济的规模、范围和潜在影响进行了详细且具有说服力的刻画。作者展示了国际贸易服务公司参与国际贸易的证据。他发现，尽管服务活动在美国具有比较优势，但是服务企业的出口明显落后于制造。作者评估了阻碍服务贸易的因素，并且发现了有证据表明在发展中经济体中，服务贸易仍然有大量的发展空间。该书针对这一开创性的研究提出了相应的政策建议：美国不应该担心服务贸易，而是应大力积极推进服务贸易自由化。因为其他发达经济体也有类似的服务业比较优势，所以美国应该通过贸易总协定和政府采购协定，与欧盟以及其他发达经济体进行多边谈判，合作鼓励大型且快速发展的发展中经济体开放其服务行业。作者指出，如果政策恰当，未来的全球基础设施建设热潮将是历史性的举措，并为美国的服务企业提供了巨大的发展机会。增加服务贸易将有助于重新平衡全球经济，因为发达经济体和发展中经济体将因为不断发展的服务贸易所带来的生产力提高获得再分配而受益。

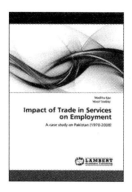

书名： Impact of Trade in Services on Employment

服务贸易对就业的影响

作者： Madiha Ijaz, Wasif Siddiqi

出版社： AV Akademikerverlag GmbH & Co. K.G.

出版时间： 2011 年 10 月

Abstract： The trend of trade all over the world has changed and now trade has been classified into two broader ways i.e. Trade in services and Trade in goods. With the passage of time, economies are shifting from agrarian to secondary and then tertiary sector. As the importance of services sector growing immensely and its share in the world trade is expanding enormously the present study briefly explain the trade in services and the important factors that influence employment creation. The study implies the ARDL technique to examine the long run and short run relationship between the variables for the period 1970–2008. By using annual data, the empirical results indicate that overall impact of trade in services on employment is negative and as GDP increases demand for services trade grows. FDI and Urban population growth play an imperative role in the growth of services sector and Pakistan trading its services by utilizing its resources that expands the employment pole.

内容提要： 世界各地的贸易趋势正在改变，现在的贸易已经分为两种更广泛的贸易形式，即货物贸易和服务贸易。随着时间的推移，经济正在从农业转向第二产业、第三产业。服务行业的重要性日益加强，其市场份额在全球贸易中也大大增加，该书简要解释了服务贸易和影响创造就业的重要因素。这项研究通过 ARDL 技术研究了 1970~2008 年变量之间的长期和短期的关系。年度数据实证结果表明，服务贸易对就业的总体影响为负，且国内生产总值促进了服务贸易需求的增长。

书名：Effects of Trade and Services Liberalization on Wage Inequality in India

贸易和服务自由化对印度工资不平等的影响

作者：Aashish Mehta, Rana Hasan

出版社：Asian Development Bank

出版时间：2011 年 8 月

Abstract：First, we examine the effects of the liberalization of India's services sector （as in the analysis of household expenditure inequality by Cain et al.）. Our measure of services liberalization takes into account the openness of individual services subsectors to both domestic private and foreign investors. Given the large role of India's services sector in employment generation, aggregate output, and output growth, any analysis of the links between economic reforms and inequality in India that omits services from its purview is likely to be incomplete. This concern is reinforced by the inequality decompositions of Cain et al., which show that the rising expenditures of better educated households whose incomes are derived from services employment account for much of the increases in consumption inequality between 1993 and 2004. Second, we allow industry wage premia to vary across skilled and unskilled workers （as proxied by whether or not a worker had a college degree）. Third, instead of simply asking how much reforms have shifted industry wage premia and altered employment patterns, we go on to examine how much these effects matter for wage inequality. We do this using a decomposition framework based on Ferreira, Leite, and Wai–Poi （2007）, henceforth referred to as FLW. We modify the FLW framework to admit the effects on inequality, not only of trade liberalization, but also of services liberalization. Finally, FLW's approach also allows us to consider the effects on wage inequality of those changes in returns to education that cannot be statistically attributed to reform measures. While no attempt is made to establish how much of these unexplained changes in returns to education are driven by trade and services reforms per se, FLW's approach does give us some sense of upper and lower bounds on the effects of reforms on inequality under varying assumptions about the relationship between these unexplained changes in returns to education and reforms. Finding, as we do, that these upper and lower bounds are very different, implies that not much of the effects of reforms on inequality can be identified with certainty. This is not surprising, given the very limited effects of protections on labor allocation noted in the literature （Goldberg and Pavcnik, 2007） and the remarkable rigidity of industry wage premia, even in the face of major economic reforms and shocks （e.g., Arbache et al., 2004; Oh et al., 2007）. The implication is that the effects of many disparate reforms are mostly blended in a general equilibrium setting, and are difficult to pick apart ex post. Studies focused on the effects of trade on differences in employment outcomes between sectors may therefore only be examining the tip of the iceberg of the liberalization-inequality relationship.

内容提要: 首先,我们考察了印度服务业自由化的影响。我们对服务贸易自由化的考察考虑了个别服务行业对国内私人投资者以及外国投资者的开放程度。鉴于印度服务业对创造就业、总产出和产出增长的巨大作用,任何关于经济改革以及在印度服务业中的不平等之间联系的分析很可能是不完整的。也表露过这样的担忧,这表明受过良好教育的家庭在 1993~2004 年消费的增长大部分来源于对服务的消费增加。其次,我们允许熟练工人和非熟练工人的产业工资溢价不同(如工人是否有大学文凭)。再次,我们不是简单地考察改革如何改变产业工资溢价,而是深入研究其对工资不平等有多大的影响。为此,我们在费雷拉等(2007)的分解框架(FLW)的基础之上进行研究。我们调整了 FLW 框架,证明了其对贸易自由化和服务自由化方面不平等的影响。最后,FLW 方法也使我们进一步考虑能否将教育回报率的变化对工资不平等的影响归咎于统计上没有相互联系的改革措施上。虽然至今仍没有关于贸易与服务对教育回报率有多大影响的研究,但是 FLW 技术在基于不同的假设基础之上,仍给了我们关于教育回报与改革之间影响的上下限。结果,因为这些上限和下限有很大的不同,大多数关于不平等的改革的效果不能被肯定地识别。这并不奇怪,因为在文献中劳动力配置保护作用的影响是非常有限的(Goldberg & Pavcnik, 2007),并且即使在重大经济改革和冲击下,行业工资溢价也有着显著的刚性(Arbache et al., 2004;Oh et al., 2007)。这表明很多看似不相关的改革的影响相互交融,形成稳定的体系,我们很难从中去除任何一个。该书主要研究贸易对于部门之间差异化就业结果的影响,而这很可能只是自由化不平等关系的"冰山一角"。

书名：International Regulation of Trade in Services
服务贸易的国际规则

作者：Philip Marc Raworth

出版社：Oceana Publications

出版时间：2011 年

Abstract：International Regulation of Trade in Services provides commentary and primary source materials on the international trade in services and the broad legal framework governing it. This five-volume set is a compilation of global, regional, and European Union legislation that affects international trade in services. Commentaries discuss issues such as the law of money laundering in the European Union; government procurement rules under the WTO and regional arrangements in the Americas; the dispute settlement mechanism of the WTO; the European Union banking regime; intellectual property; government procurement and the banking regime of the EU; the Agreement on Government Procurement; the Agreement on PreShip Inspection; regulation of banking; and the economic and monetary union of the EU. Primary source material includes the international regional treaties and agreements covering trade, communications, banking and finance, electronic commerce, and intellectual property.

Additional features of this publication include:

• Materials organized by subject are, making access to important information quick and easy;

• Checklists of all pertinent primary source documents divided by subject area, with the location of those included in the publication noted.

内容提要：该书提供了关于国际服务贸易的评论和第一手资料，以及相关的法律框架。这五卷集是集全球性法律、区域性法律和欧盟法律的，影响国际服务贸易的法规汇编。内容包括诸如欧盟洗钱的法律、世界贸易组织和美洲区域安排下的政府采购规则、世贸组织的争端解决机制、欧盟的银行体系、知识产权、政府采购和欧盟的银行体系、政府采购协议、PreShip 检验协议、银行监管以及欧盟经济与货币联盟等。资料主要来源包括贸易、通信、银行、金融、电子商务和知识产权等国际区域性条约和协定。

该书的其他功能还包括：

（1）按主题组织材料，使得访问重要信息快速和容易；

（2）按主题区域划分主要资料来源（包括参考文献）。

书名：Knowledge-intensive Business Services
　　　知识密集型商业服务
作者：David Doloreux, Mark S. Freel, Richard G. Shearmur
出版社：Ashgate Publishing Group
出版时间：2010 年 8 月

Abstract：Studies focused on knowledge-intensive business services（KIBS）have been embedded into and stimulated by academic discourses over theorization of "knowledge" and "learning" in the contemporary（global）capitalism（see e.g. Lyotard J.F., 1984; Harvey D., 1989; Bryson J. et al., 2004）and also by practical（policy）debates over competitiveness of firms and national economies for the last three decades. As various fields and disciplines got involved in conceptualizing the production and circulation of knowledge, research approaches towards KIBS grew increasingly trans-disciplinary, and concerned with space-analyzing intra-firm and inter-firm relations across geographical scales, and revealing their socio-cultural embeddedness（Amin A. & Cohendet P., 2004）. Although, such studies are focused dominantly on "advanced" economies of the traditional core regions, they provided and increasingly sophisticated view of knowledge-production as an engine of economic restructuring.

This book contributes to understanding the role of knowledge intensive business services as drivers of innovation-how KIBS support innovation and how KIBS innovate themselves, and also to explaining uneven development in the context of production, management and exchange of knowledge. The studies published in the book are "resolutely empirical"（p.8）, discussing KIBS activities in different institutional and cultural（basically, in European and North American）contexts.

The nine case-studies provide a deep insight into the drivers and mechanisms of knowledge production, discussing the types of knowledge are produced and exchanged and how people and organizations interact in this process. Although, the analyses are focused on different geographical scales, discussing the globalization of KIBS, their role in regional diff eventuation of a national economy, the knowledge flows in regional innovation systems, and also within KIBS firms, the majority of studies suggest that knowledge production and exchange take place across geographical scales, and yet, they are shaped by particular local and regional contexts largely.

　　内容提要：如今，全球资本主义理论以及过去三十年关于企业和国家经济竞争力的争论，促进并推动了关于知识密集型商业服务（KIBS）的研究。随着各领域和学科被纳入概念化生产和流通知识的范围中，关于 KIBS 方面的研究方法也变得越来越跨学科，且往往与空间相关——分析企业内部和企业间的跨越地域尺度的关系，并揭示其社会经济文化嵌入。虽然该书主要讨论传统核心领域的"先进"经济内容，但仍探讨了作为经济重建发动机的知识生产的综合观点。

该书有助于理解知识密集型服务的创新驱动作用——KIBS 如何支持创新以及 KIBS 如何自我更新——同时也说明了在生产、管理和交流知识的背景下的不平衡发展。该书包含了已出版的研究部分"Resolutely Empirical"，讨论在不同的体制和文化（主要是欧洲和北美）背景下的 KIBS 活动。

该书中的九个案例深入研究了知识生产的驱动力和机制，讨论不同类型的知识如何进行生产、交换以及人与组织如何进行相互作用。虽然该分析侧重于在不同的地域范围探讨KIBS 的全球化、在国民经济中的地区差异作用、在区域创新系统中的知识流动，但是多数研究表明，在 KIBS 企业中，知识生产和交流往往需要跨越地域尺度，虽然它们在很大程度上仍然受特定的区域影响。

第三节

中文报告精选

书名：中国服务业发展报告 No.8（2010 版）

丛书名：财经蓝皮书

作者：裴长洪（主编）

出版社：社会科学文献出版社

出版时间：2010 年 1 月

　　简介：该书由中国社会科学院财政与贸易研究所（现财经战略研究院）组织编写。我国服务业就业正在成为全社会劳动就业的主力军，服务业逐渐成为经济增长的主要动力，这本书的内容涉及我国服务业的体制、运行环境、发展现状及未来趋势等，能为读者提供了解我国服务业发展的必要信息。全书包括《服务业发展与中国城市转型》总报告、《城市与服务业互动发展：趋势与对策》、《城市转型与服务业发展：国际经验与启示》、《信息化与城市能级提升》、《城市规模、劳动就业与发展现代服务业》、《服务业集聚发展：重塑城市空间形态的主导力量》、《服务业开放与城市新一轮增长》、《服务外包：城市增长的新引擎》等专题报告，《软件与信息服务业：支撑北京经济增长的重要力量》、《上海建设全球性国际贸易中心的战略构想》、《国际贸易中心：上海的目标与对策》、《承接服务外包：助推广州经济增长》、《文化创意产业：提升杭州品质与竞争力的"推手"》、《服务业发展与西部区域中心城市转型：以兰州为例》、《发展生产性服务业与促进资源型城市转型：以东营为例》等案例。

书名： 中国服务业发展报告 No.9——面向"十二五"的中国
  服务业
丛书名： 服务业蓝皮书
作者： 荆林波，史丹，夏杰长（主编）
出版社： 社会科学文献出版社
出版时间： 2011 年 3 月

简介："十二五"时期，是服务业跨越式发展的时期，我国正在加速向服务经济时代迈进，"十二五"期末，我国很有可能迎来服务经济时代。

发展服务业是满足民生的重要内容，是改善民生福利的重要保障，是扩大就业的重要手段，是转变增长方式的必然选择，是有效节约资源、节能减排的重要途径，是调整经济结构、走新型工业化道路和产业升级的必由之路。

荆林波等编著的《中国服务业发展报告 No.9——面向"十二五"的中国服务业》中的研究成果，可以作为政府决策的参考、学术同行的资料、国际交流的窗口、实业界的指引乃至高端人才培养的教材。

书名： 2010 世界服务业重点行业发展动态
作者： 上海市经济和信息化委员会，上海科学技术情报
　　　研究所（编著）
出版社： 上海科学技术文献出版社
出版时间： 2011 年 4 月

　　简介：《2010 世界服务业重点行业发展动态》在报告结构上，分为服务业总体发展态势综述、世界服务业重点行业发展动态和专题分析三个层次。该报告的一大特点是在分析服务业重点行业发展动态的基础上，强化了重大专题分析，如基于商业模式创新的新兴服务业发展动态，基于融合创新的制造业服务化发展动态、民生服务业发展动态、若干国家和地区政府促进服务业发展政策法规动态等专题的分析研究。在报告内容上，更侧重于可服务于制造业发展的生产性服务业，注重从产业经济、产业技术、产业组织、发展战略、产业转移、企业兼并重组、可持续发展以及政府政策举措等视角开展研究，突出分析近一两年世界服务业最新发展动态，其中不少内容和数据直接来自国外最新的第一手资料。

书名：上海服务业发展报告（2011）
作者：上海市商务委员会（编著）
出版社：上海科学技术文献出版社
出版时间：2011 年 9 月

　　简介：为全面反映 2010 年度上海市商务发展情况，加快推进政府职能转变和信息公开，上海市商务委员会继 2010 年之后，再次组织编写年度"上海商务发展系列报告"。报告在分析 2010 年上海服务业发展状况与趋势的基础上，发布 2011 年上海推进服务业的政策支持重点，引导社会投资方向，同时对商贸服务业、商务服务业、服务业发展管理、服务业规划布局和建设重点、上海 18 个区（县）服务业发展情况等进行了简要介绍。

书名： 中国生活服务业发展报告（2011）
作者： 洪涛等
出版社： 经济管理出版社
出版时间： 2011 年 10 月

　　简介： 该报告对生活服务业体系进行了认真的研究，即 "9+6+5" 体系。横向的 9 大体系包括：餐饮业（含早点业）、住宿业、美容美发美体业、沐浴沐足业、家政服务业、再生资源回收业、洗染业、照相业、维修服务业；纵向的 6 大体系包括：生活服务业组织、生活服务业渠道、生活服务业市场、生活服务业管理组织、生活服务业法律、生活服务业宏观调控体系；保障支撑的 5 大体系包括：财政体系、税收体系、融资体系、物流配送体系、信息预警体系。该报告总结了包含以上行业在内的我国生活服务业的基本概况、存在问题和发展趋势，构建了餐饮（含早点）业等 9 大行业在内的我国生活服务业体系，并在此基础上提出了完善我国生活服务业体系发展的对策建议，如提高对生活服务业的认识，借鉴国外生活服务业发展的经验，制定相应的标准体系，培养多层次、多规格的生活服务业人才，加强国际交流，加强生活服务业行业协会建设，政府宏观调控部门加强协调与合作。报告创新性强，其研究成果对我国生活服务业的发展、扩大内需、增加就业意义重大，并为有关政府部门决策提供了重要依据。

第四节

英文报告精选

书名：HRI Food Service Annual Report 2010
食品服务 2010 年年度报告

作者：Bradford Barrett

出版社：USDA Foreign Agricultural Service

出版时间：2010 年 11 月

Introduction: Canada's restaurant and food service industry plays a key role in Canada's economy. With over C\$60 billion in sales, the food service industry accounts for nearly 4.0 percent of Canada's gross domestic product. It also employs over one million people and accounts for 6.4 percent of Canada's workforce. With 80,800 establishments, including restaurants, cafeterias, snack bars, pubs, or caterers, the food service industry generates investments, jobs, tourism, and a sense of community in cities and towns across Canada. Following a tough year in 2009, when real food service sales fell by an estimated 4.7 percent, a healthy recovery in Canada's economy combined with rising disposable income is expected to raise food service sales by \$1.9 billion, or 3.1 percent, to \$62.1 billion as consumer confidence increases. Best prospects include low sodium foods, functional foods/superfoods, organics, gluten-free products, pre-packaged foods with low trans fats, overall snack foods and products associated with a clean (simple ingredients) diet.

简介：加拿大餐饮服务行业对加拿大整体经济有着重要的作用。每年，加拿大餐饮业的销售额都超过 600 亿加元，约占加拿大国内生产总值（GDP）的 4%。同时，餐饮行业劳动力超过 100 万人，约占加拿大劳动人口的 6.4%。包括餐馆、食堂、小吃店、酒吧等 80800 所餐饮机构在内的食品服务行业，吸引了大量的投资，同时还创造了就业，促进了旅游以及城镇社区归属感的发展和加强。2009 年，餐饮行业经历了困难的一年，销售额同比下降了约 4.7%。之后随着人均可支配收入的逐渐增长，消费者信心增强，餐饮业势必引来一场全面的复苏兴起，预计食品服务销售量将达到 19 亿美元，同比上涨 3.1%，达到 621 亿美元。预计发展前景最好的产业包括低钠食品、功能性食品/保健品、有机物、无麸质的产品、低反式脂肪食品、休闲食品以及用简单的原料做成的相关食品。

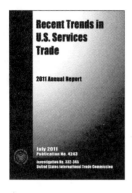

书名：Recent Trends in U.S. Services Trade 2011 Annual
Report
美国服务贸易最新发展趋势 2011 年年度报告
作者：United States International Commission
出版社：United States International Commission
出版时间：2011 年 7 月

Introduction：Recent Trends in U.S. Services Trade：2011 Annual Report focuses principally on exports and imports of professional and other related services, including audiovisual, computer, education, healthcare, and legal services. This sector provides essential inputs to various goods and service industries, as well as specialized services directly to individual consumers. The largest professional service firms are located in developed countries and offer their services globally through cross-border trade and affiliate transactions. However, professional service firms in developing countries are becoming more competitive in the global market, and increasing demand for services in these countries continues to create new opportunities for expansion and investment by professional service firms both within and outside the United States.

Professional service industries showed more resilience during the recent economic recession than infrastructure service industries such as telecommunications, banking, and logistics, with a smaller decline in employment and continued wage growth. As a result, the United States kept its surplus in cross-border trade in professional services in 2009, and remained competitive in the sales of services through foreign affiliates.

简介：本报告集中研究了专业化服务及其他相关服务的进出口，包括视听、计算机、教育、医疗和法律服务。该领域为不同商品行业和其他服务行业提供了必要的发展投入，包括一些直接提供给个人消费者的特殊服务。最大的专业化服务企业设在发达国家，通过跨境贸易和附属交易提供全球化服务。然而，发展中国家的专业化服务企业在全球化市场中越来越有竞争力，并且由于这些国家对于服务的需求不断增加，为包括美国专业化服务企业在内的其他国家专业化服务企业的扩张和投资提供了新的契机。

专业化服务行业在最近的经济衰退中表现出比基础设施服务业更强的抗跌性，如电信、银行、物流等，就业降幅较小，工资持续增长。这使得美国在 2009 年仍然保持其在专业化服务上的贸易顺差，并保持跨境服务销售的竞争力。

第四章 服务经济学学科 2010~2011 年重要会议

一、2010 年度服务科学国际会议

2010 年国际服务科学大会（2010 International Conference on Service Sciences，ICSS 2010）于 2010 年 5 月 12~14 日在杭州举行。参会者共 130 多名，均来自国内外一流大学或科研机构，包括清华大学、北京大学、浙江大学、哈尔滨工业大学、上海交通大学、复旦大学、同济大学、美国宾夕法尼亚州立大学、北卡州立大学、英国杜伦大学、瑞士日内瓦大学、芬兰赫尔辛基工业大学等 40 多所高校和科研单位。本次大会由浙江大学、IBM 公司和中国科学院软件所联合主办，大会主席是 IBM 总部战略决策部主任叶天正博士和浙江大学副校长吴朝晖教授。吴朝晖教授在大会致辞中代表浙江大学表达了对与会人员的热烈欢迎，同时介绍了浙江大学开展服务学新学科建设的总体情况和取得的成果。叶天正博士在致辞中回顾了服务科学的发展过程以及 ICSS 会议的发展过程，并希望在两天的大会中大家能够对服务科学的各个方面进行深入的、愉快的交流讨论。

美国 IBM Almaden 研究中心的 Paul Maglio 博士就 "On the Role of Symbolic Processes in Value Cocreation"、意大利 TXT e-solutions SPA 的 Sergio Gusmeroli 主任就 "Services for Enterprises：an European ICT Research Pperspective"、阿里巴巴集团的梁春晓副总裁就 "Alibaba.com and the Development of China e-commerce Services"、美国北卡州立大学的 John K. McCreery 教授就 "Challenges in Services Education and Research" 等内容分别做了精彩的主题报告。来自美国宾夕法尼亚州立大学的 Robin Qiu 教授组织了 "What is New in Service Science/Theoretical Foundations of Service Science/ Service Science Definition" 的主题讨论，英国杜伦大学的 William Song 教授组织了 "How to Apply/Teach Service Science/ Service Science Practice and Education" 的主题讨论。这些主题报告和主题讨论分别针对服务科学、服务管理、服务工程、服务教育以及服务实践进行了深入的分析与交流。

美国 IBM Almaden 研究中心的 Paul P. Maglio 博士在报告中指出：服务学是建立在经济、市场营销、运营、信息系统、计算机科学、认知科学以及其他领域之上的新兴交叉学科。它研究现实世界中的人、家庭、大学、公司、国家，以及其他实体之间的价值协同创造。

意大利 TXT e-solutions 公司的 Sergio Gusmeroli 先生的报告认为：未来 Internet 研究将

从服务视角、服务架构和服务技术展开，如云计算和语义服务网络。欧洲正在做的 COIN 项目（网络化企业的协同与互操作服务）以及 FInES 项目（未来 Internet 企业系统）2025 研究路线图就是很好的佐证。

美国北卡州立大学的 John McCreery 教授的观点是：服务系统是复杂和多维的。从学术角度来看，服务系统带来了服务教育和服务研究的挑战。北卡州立大学通过 SSME 项目实践，明确了开发一门服务管理与创新项目的主要障碍，并提出了解决方法。北卡州立大学也总结了设计和进行服务系统研究项目的挑战与经验。

阿里巴巴集团梁春晓副总裁则提到：中国电子商务的快速发展使像阿里巴巴、淘宝、支付宝这样的电子商务服务企业能够快速成长起来。电子商务服务已经成为新经济发展的重要引擎。

会议期间还举办了一次 Workshop 和多个专题分会场研讨。其中 Workshop 由服务学专家协作组组织，重点研讨了服务学的学科建设和发展的深入问题，特别是对服务学作为交叉复合学科的产学研结合领域进行了深入的交流。服务学专家协作组由教育部和 IBM 合作组建于 2007 年，由清华大学、北京大学、浙江大学、哈尔滨工业大学、复旦大学和上海交通大学六所高校以及 IBM 中国研究院、IBM 大学合作部的共 8 位专家组成。杨芙清院士、李衍达院士和 IBM 中国研究院李实恭院长担任顾问。协作组成立 3 年来已经召开了 10 次工作会议，组织了前两届的服务科学国际大会，并参与了每年暑期的高校教师服务学研讨班，为各个高校在开展服务学研究和应用方面起到了重要的作用。

经过服务学专家协作组全体专家一年多的努力，形成了面向高年级本科生和研究生的《普通高等学校服务学知识体系》，由清华大学出版社正式出版，并在本次大会上发行。

资料来源：浙江大学电子服务研究中心. 2010 年度服务科学国际会议 [J]. 国际学术动态，2011，5.

二、第二届服务科学与创新国际会议

第二届服务科学与创新国际会议于 2010 年 8 月 9~10 日在中国北京召开，此次会议的主题是"Scientific Research and Service Innovation"（服务科学与创新），以强调科学研究在促进服务业创新和发展的作用。来自科技部、国家发改委等相关部门以及中国科学院、中国台湾工研院、德国弗劳恩霍夫协会、瑞士卡尔斯塔德大学等单位的国内外相关学者和企业家参与了这次会议。

北京市科学技术研究院副院长李永进主持了开幕式，之后，IBM 中国研究院黄莹副院长、德国弗劳恩霍夫工业工程研究所所长 Walter Ganz 教授、中国科学院科技政策与管理科学研究所所长穆荣平教授以及国家科技部火炬中心的王仰东研究员分别进行了主题演讲。此后各专家就服务创新展望、服务外包与创新、服务科学与创新的方法、服务经济和产业的宏观分析、中国台湾服务科学研究与实践、云计算与服务创新、文化创意产业、中国服务科学与创新研究和实践等服务科学领域的重要议题进行了研讨和交流。

在服务经济与产业的宏观分析领域，北京市科学学研究中心的陈磊在会上做了题为

"Science and Technology Service Industry in Beijing：Status，Problems and Suggestion"（北京科技服务业发展的现状、问题与对策）的主题演讲。在会上，陈磊总结了近年来北京科技服务业取得的成就，指出了当前产业发展中存在的突出问题，并就存在的问题和未来产业的发展提出了相应的对策建议[1]。Saleh Ghavidel Doostkouei 博士、伊朗马赞德兰大学的 Ahmad Jafari Samimi 教授、北京市科学技术情报研究所的中红艳老师、南京大学商学院的徐志坚以及中国科学院科技政策与管理科学研究所的曲婉也发表了各自的看法。

三、2010 年中外服务贸易企业洽谈会

2010 年 11 月 13~15 日，由中国贸促会主办，国家商务部、国家认证认可监督管理委员会等单位支持的 2010 年中外服务贸易企业洽谈会在北京中国国际展览中心正式开幕。

本次洽谈会是我国首次以"服务贸易"为主题，集展览展示、商洽、研讨等于一体的服务贸易界盛会，重在展示中国服务贸易发展现状和趋势，推动我国服务产业的国际合作与交流。洽谈会涉及的范围涵盖物业服务、创意设计、中医药保健、文化、旅游、健康服务、葡萄酒、有机食品、环境保护、教育培训、软件、通信等多个行业。

本届洽谈会由"中国国际服务贸易博览会"和"中国国际创意设计推广周"两个板块组成，主要涉及展览展示与洽商和专题研讨等活动。洽谈会形式多样、丰富，观众不仅可以欣赏琳琅满目的参展展品，还可以通过参与互动交流活动，达成现场合作意向。洽谈会有几大亮点值得关注：

一是琳琅满目的展览展示。本届洽谈会在国际展览中心同时开辟了 5 个场馆予以展览展示，面积达 1.6 万平方米，参展商达 300 多家，其中我国 20 多个省（区、市）的服务业企业作为各地代表参与了本届洽谈会的展览展示和洽商，来自德国、意大利、法国、美国、加拿大、韩国的服务业商协会组织、机构、事务所及企业，也参与了本届洽谈会的展示、洽商以及专题研讨等活动。展览重点展区有：创意设计作品展区、物业及配套服务业展区、有机食品及葡萄酒展区、中医药保健展区、地方服务业展区。值得一提的是创意设计作品展，特邀德国 iF 国际设计论坛携其百余件最新获奖作品来京展示，同时，安排了 1100 平方米的展区，用于展示"天鹤奖"优秀作品，一同展出的还有来自意大利、英国、法国等国家的世界知名设计公司和设计师的作品，可以说代表了国内外创意设计领域的一流水平。

二是丰富多彩的专题研讨活动。洽谈会期间举行的系列专题活动有"中国国际创意设计研讨会"、"天鹤奖中国国际青年设计师大赛"、"中国首届品牌物业及配套服务企业合作峰会"、"乐活健康生活秀"、"2010 中国有机食品国际合作研讨会"、"2010 中国葡萄酒研讨会"等。

[1] 北京科学学研究中心. 中心陈磊应邀参加第二届服务科学与创新国际会议［EB/OL］. http：www.bjss.org.cn/news.php?id=364，2010-08-25/2015-05-20.

三是洽谈会期间举办了首届"天鹤奖中国国际青年设计师大赛"。比赛评选出了我国青年设计新锐，是我国最具权威的青年设计师赛事之一。大赛特别邀请了美国工业设计师协会执行董事 Clive Roux 先生、意大利工业设计协会会长 Luisa Bocchietto 女士、iF 国际设计论坛总裁 Ralph Wiegmann 先生等国际创意设计产业界的顶级人物，与我国设计艺术界的领导人物共同探讨国际最新时尚设计理念及潮流，并与我国自主品牌公司、时尚设计师、业界专家展开对话。

资料来源：凤凰网财经. 2010 年中外服务贸易企业洽谈会在京拉开帷幕 [EB/OL]. http://finance.ifeng.com/news/in-dustry/20101115/2881491.shtml，2010-11-15/2015-05-20.

四、第四届国际服务贸易论坛

2010 年 11 月 14 日，由中国国际贸易学会、北京第二外国语学院国际服务贸易暨国际文化贸易研究中心、《国际贸易》杂志社主办的第四届国际服务贸易论坛在西南财经大学国际商学院顺利召开。

该论坛至今已成功举办了三届，汇集各类专家学者、融通各类智慧源泉，成为了以国际服务贸易为主题的学术盛宴。本次论坛的主题是"后危机时代中国国际服务贸易的发展"。来自全国各地的专家学者们共同探讨研究"后危机时代"有关中国国际服务贸易发展的焦点与热点问题。商务部服务贸易司司长胡景岩，国家发改委宏观经济研究院对外经济研究所所长张燕生，北京新影联影业有限公司董事总经理、北京新影联文化传播公司董事长黄群飞，浙江树人大学执行校长兼现代服务业学院院长郑吉昌，北京第二外国语学院副校长兼国际经济与贸易学院院长李小牧，商务出版社社长钱建初，中央财经大学国际经济与贸易学院院长唐宜红等来自相关政府机构、大专院校、科研机构的领导和专家学者出席了此次论坛。

本届国际服务贸易论坛延续了前三届权威、前沿、引领创新、广泛参与的特点，并在数量、质量以及研究方法上有了新的突破和提高。论坛最终评出一等奖两篇、二等奖三篇以及三等奖十篇。颁奖后，多位专家学者就"后危机时代我国服务贸易的体制环境转变"、"中国电影贸易发展路径选择"、"'十二五'时期中国服务业发展的重点"、"危机背景下的首都服务贸易：机遇与挑战"等问题做了专题发言和研讨。

本次论坛为从事服务业、服务贸易等研究领域的专家学者和业界精英提供了广阔的学术交流平台，加强了各高校之间的交流与合作。

资料来源：国际商学院团总支宣传部·第四届国际服务贸易论坛 [EB/OL]. http://ghy.swufe.edu.cn/swufenews/detail.aspx?ID=46177，2010-11-19/2015-05-20.

五、第三届国际服务贸易（重庆）高峰会

由中华人民共和国商务部和重庆市人民政府共同主办，著名国际经济组织——亚太总裁协会（APCEO）、国际外包中心（IOC）等机构协办，重庆市对外贸易经济委员会承办的

第三届国际服务贸易（重庆）高峰会暨 2010 服务外包洽谈会，于 2010 年 10 月 19~20 日在重庆国际会议中心隆重举行。

本届国际服务贸易高峰会以"发展服务贸易，打造西部高地"为主题，是重庆市 2010 年"十大经贸活动"之一，涉及服务外包、电子信息、金融、创意产业、教育培训、新能源、旅游、工业设计、农业观光等 10 多个领域，47 个国家和地区的 372 家全球知名跨国公司参与，467 家国内外知名服务贸易企业、560 名高管来渝寻求合作机会，活动规模超过历届峰会。重庆市市长黄奇帆、商务部副部长王超、商务部服务贸易司司长胡景岩、商务部外资司副司长邱丽新、商务部台港澳司副司长孙彤、英国莫特麦克唐纳总裁迈克·布兰克本、亚太总裁协会执行主席郑雄伟、中国香港贸易发展局总裁林天福、中国澳门贸易投资促进局执行委员陈敬红、美国高盛集团董事总经理马勤、西门子 IT 解决方案和服务集团东北亚区副总裁兼全球外包事业部中国区总经理贠瑞峰、凯捷集团大中华区副总裁王晓良、美国大展集团副总裁兼北美西区总经理熊国祥、乐金电子（LG）公司中国副总裁梁慈、微软亚太研发集团软件外包业务总经理王颖、爱立信（中国）有限公司政府与公共事务总经理刘国来、美华信息技术与通信工程公司总裁兼 CEO 马诚、中国台湾嘉惠集团总裁乔培伟，还有重庆市政府副秘书长艾扬、重庆市两江新区管委会副主任王毅、重庆市外经贸委副主任陈渝、重庆市渝中区委常委副区长邓开伟、重庆市万州区副区长黄五一等当地领导，以及北京、上海、天津、厦门、大连、成都、西安等 12 个国内服务外包示范城市代表出席了会议。19 日上午的开幕式由重庆市对外贸易经济委员会主任李建春主持。

重庆市市长黄奇帆在开幕式上致辞并做了主旨演讲，介绍了重庆作为内陆的中心城市的经济社会发展情况，同时指出了重庆发展服务贸易的三个有利条件：人才优势、政策优势和良好的居家生活环境。

商务部副部长王超则在致辞中指出国际服务贸易（重庆）高峰会已成为重庆对外开放的一扇新窗口、发展国际服务贸易的一个新平台。重庆是国家重要的中心城市和西部经济重镇，发展服务贸易的前景广阔，随着重庆经济社会的快速发展，发展服务贸易的比较优势也不断显现。

峰会期间，组织了展览洽谈、领导集体会见、重点项目签约、服务外包洽谈、重庆重点工业园区考察等系列活动。据悉，开幕当天共成功签署合作项目 82 个，总金额达 338 亿元。

此次峰会，亚太总裁协会作为主要协办方之一，由著名国际经济学家、亚太总裁协会执行主席郑雄伟亲自率领包括国际商业机器公司 IBM、西门子公司 Siemens、优利系统 UNISYS、爱立信 Ericsson、乐金电子公司 LG、加拿大蒙特利尔银行有限公司 Bank of Montreal、美国大展集团 Achievo Corporation、福斯特惠勒工程建筑设计有限公司 Foster Wheeler、新加坡 Camstar 系统有限公司 Camstar Systems Inc 等在内的 60 多家全球知名企业参加。涉及领域包括软件外包培训、外包工程项目、解决方案研发服务、通信服务、财务金融服务、化学能源、电机电子、机械金属、贸易服务、金融，以及公益事业、体育、石油和天然气、发电、制药、生物技术和医疗保健、船舶、机械、造船、锅炉压力容器制造、车辆管理、海员培训、现代化管理的商务应用软件、管理咨询服务，还有北欧、东欧和南欧的经济、政治、文化合作研究项目等，为重庆市的服务外包企业带来实实在在的商机。

19 日下午，本届服务外包洽谈会专场由著名国际经济学家、亚太总裁协会全球执行主席郑雄伟主持。主题演讲嘉宾有中国商务部外资司副司长邱丽新、重庆市服务外包产业协会理事长刘传伟、美国优利系统（Unisys）北亚区战略服务外包总监刘英杰、IBM 全球服务（中国）公司高级经理屈中华、美国安伦软件公司亚太地区经理陈咏、挪威斯考根投资有限公司主席迈克尔、挪威 DNV 亚洲及澳大利亚总裁罗凯、安博教育总裁兼 CEO 黄劲、新加坡 Camstar 系统亚太区常务董事康永德、澳洲威利宝国际有限公司总裁及创始人保罗·安东尼·拉姆、荷兰国家天文科学院科学家理查德·戈登·斯特罗姆、美国博斯咨询公司合伙人徐沪初、土耳其中东技术大学著名教授拉马赞·萨里（Ramazan Sari）、德国 AC-ER 基金会主席克里斯托弗·威廉·迪特里、加纳阿克罗富奥姆地区农村银行有限公司主席夸阿皮亚（Hon Appian-pinkran）、奥地利 FIEBIGER 咨询公司首席执行官菲比格、德国青年服务国际协会会长瓦尔特·雨果·何斯皮赫特等，这些著名跨国公司、上市公司高层代表及服务外包领域的权威专家学者纷纷发表了精彩的演讲。

本届服务外包洽谈会整合了国际外包资源、探索和总结了国际外包现存问题和发展规律，为发包方提供外包的理论支持及最佳合作伙伴，提高发包方的商业竞争力，汇聚全球外包（特别是服务外包）的领先者，增强接包方的服务能力和质量提升。嘉宾们对中国服务外包的提升和服务领域的拓展提出了很有启迪性的思路和想法。会议的成功组织，赢得了各国与会客商的高度称赞和一致好评。

最后，著名国际经济学家、亚太总裁协会全球执行主席郑雄伟总结了洽谈会，他指出本届会议不仅使我们了解了服务外包很多深层次的问题，学习了很多经验，还进行了许多新业务的沟通，特别是探讨了一些新科技、新的服务领域，如社会服务、社区服务、环境服务、天文服务等，这些对大家开拓思路都会有所帮助。尤其是社会服务和社区服务，在中国刚刚起步，社会和经济也是连成一体的。嘉宾们高屋建瓴的建议献策，对重庆乃至中国的服务贸易和服务外包发展，都将产生积极而深远的影响。

资料来源：和讯网阙志华.第三届国际服务贸易（重庆）高峰会成功举办［EB/OL］.http://news.hexun.com/2010-11-15/125620232_2.html，2010-11-15/2015-05-20.

六、2011 年亚太区服务业大会

2011 年 2 月 14 日，由中国国际贸易促进会、广州市人民政府和亚太经济合作组织工商咨询理事会（ABAC）主办，广州市贸促会和广东省贸促会承办的"2011 年亚太区服务业大会"在广州香格里拉大酒店隆重举行。本次服务业大会以"服务业与经济增长"为主题，围绕新的形势与展望、服务业的新发展、各大城市如何发展服务业、发展高端服务业的经验等热点问题进行研讨。广州市市长万庆良、副市长陈明德全程出席大会并致辞。

出席会议的包括亚太经合组织 21 个经济体的政府高级官员、由各经济体元首直接任命的 63 名具有影响力的高级工商界人士、各经济体驻港澳台使领馆和商务机构的企业家、知名专家、学者共 800 多人。来自美国、日本、澳大利亚、新加坡和中国香港、中国台湾的代表以及中国国务院发展研究中心巴曙松先生、美国启明全球经济研究院院长陈朝晖先生、宝洁公司亚洲区总裁戴碧涵女士、香港贸发局总裁叶泽恩先生、被誉为世界创意产业之父的约翰·霍金斯先生、威盛集团全球副总裁徐涛先生、台北世界贸易中心董事长王志刚先生，以及国家发改委对外经济研究所所长张燕生等，介绍了服务业发展的先进范例，并就服务业发展面临的问题和对策提出了宝贵的意见和建议。

同时，会议还围绕新的形势与展望、社会发展等热点问题进行了高端研讨，举办了开幕式、主题大会、亚太区工商机构交流午宴暨重点服务业项目推介会、市长与亚太区工商领袖圆桌会议等内容丰富的活动，并发表了《广州宣言》。

本次活动不仅推介了亚运后新广州服务业的投资环境和合作商机，也分享了亚太区各经济体在发展现代服务业方面的成功经验，推动了广州与亚太区各经济体在金融、文化创意、服务贸易等高端服务业方面的合作。尤其是下午的市长圆桌会议，是各界精英和高层的思想碰撞会。

此次大会是在广州举办的较高级别的国家会议，影响大、层次高、内容丰富，是亚运后广州城市竞争力和城市形象的综合展示，也是为各行业寻找商机的一次国际经贸活动。此次会议取得了圆满成功。

资料来源：①立达尔. 我司受邀出席"亚太经济合作组织（APEC）2011 年亚太区服务业大会"[EB/OL]. http://www.leadergz.com/news_s.asp?id=203，2011-02-16/2015-05-20.

②中国国际贸易促进委员会. 于平副会长出席亚太经济合作组织工商咨询理事会 2011 年亚太区服务业大会并在开幕式上致辞 [EB/OL]. http://www.ccpit.org/Contents/Channel_350/2011/0214/286505/content_286505.htm，2011-02-14/2015-05-20.

七、第三届中国服务贸易大会人才论坛暨全国服务贸易（服务外包）人才培养国际峰会

会议时间： 2011 年 6 月 1~3 日

会议地点： 中国北京市朝阳区国贸大饭店

主办单位： 中国服务贸易协会、中国高等教育学会、教育部职业教育中心研究所

协办单位： 对外经济贸易大学、北京联合大学

承办单位： 中国服务贸易协会专家委员会、北京联合大学

会议介绍： 2011 年 6 月 1~3 日，经国务院批准、商务部主办、北京市人民政府协办的第三届中国服务贸易大会人才论坛暨全国服务贸易（服务外包）人才培养国际峰会（简称京交会）在北京国贸大饭店隆重召开。该峰会是商务部"中国服务贸易大会"七大板块之一，被列为教育部"2011 年教育与行业对话系列重大活动"，是一场跨越财经、IT、教育等多领域的盛会。来自商务部、教育部以及国家各部委领导，高校、社会培训机构、服务外包企业、21 个服务外包示范城市，各级商务、教育、园区管理部门，行业协会等单

位的相关专家、管理人员、从业人员出席了本次会议，来自美国、欧洲、印度、澳大利亚、韩国、日本等国家和地区的服务外包专家和发包企业领袖也莅临大会，大家就中国服务外包形势预测、人才培养、校企合作、项目洽谈等进行了多方面探讨。

中国服贸协会常务副会长姚申洪主持了开幕式，商务部部长助理仇鸿、国际服务外包管理协会主席 Jerry E. Durant 以及中国高等教育学会常务副会长张晋峰致辞。之后举办了中国服务贸易协会专家委员会成立仪式，魏家福会长向黄海、鲍鸿等同志颁发了主任委员、执行主任委员、专家委员聘书。

本次论坛在中国服务贸易协会专家委员会主导下，经过与北京文思创新有限公司、博彦科技集团、中软国际集团、神州科技有限公司等有关企业充分调研和讨论，首次提出全面构建服务外包梯度人才思路，即以一本院校为主的高端人才培养；二本、三本应用型本科中层精英人才培养；职业院校的基础技术人员培养和某项特殊、专业技术的继续教育人才培养为主的错位发展思路，并在会议前组织相关专家编写了各层次人才培养方案建议书。教育部鲁昕副部长对中国服务贸易协会专家委员会仲泽宇秘书长的这种思路十分赞同，当场要求随行的教育部职业教育与成人教育司王扬南副司长在会议结束后主动与商务部、中国服务贸易协会联系，在 2011 年 9 月开学之前完成"服务外包梯度人才培养规划"，开学后先选择院校开展试点。中国工程院李京文院士在开幕式上发表了"培养服务外包高端人才，提高我国服务外包竞争力"的演讲。会后李京文院士提出北京工业大学愿意与中国服务贸易协会专家委员会共同推进人才培养的建议，双方在闭幕式上签署合作备忘录。

在本次论坛上，中国服务贸易协会专家委员会提出，服务外包人才必须遵循交叉学科、校企合作联合培养和构建终身学习体系的三大原则。为了有效促进校企深度合作，论坛开设 300 平方米的展览，对商务部实施"千百十工程"以来，积极探索服务外包人才培养的部分高校、社会培训机构、企业取得教学成果全面展示，同时，希望借此促进校企交流与合作。据统计，参加本次展览的教学单位和企业近 100 家。北京联合大学与中关村软件园，浙江大学、西南财经大学与中国服务贸易协会专家委员会现场签署人才培养和联合展开课题的多项协议。

为了便于高校相互交流、借鉴与合作，实现资源共享、多方共赢，论坛发起成立了"全国服务外包人才培养联盟"，并发表了联合行动宣言，联盟今后将从十个方面展开工作：①加强基础理论研究；②教材开发；③师资培养；④实训室建设；⑤实习基地建设；⑥教学改革与评估；⑦学生考核与认证；⑧学生就业与人才供应；⑨参与设立行业标准；⑩持续改革与发展。

论坛期间，中国服务贸易协会专家委员会还召开了第一次工作会议，对专家委员会以后的发展思路和下一步工作计划展开充分的讨论，会议确定专家委员会人才培养、行业标准研究以及构建服务贸易企业质量管理和信用交易平台的工作思路。为了促进产业发展，论坛专门安排了欧美 6 家发包企业的 20 余个项目与国内博彦科技集团、文思创新有限公司等 10 家企业进行一对一私密洽谈。

资料来源：①商务厅. 全国服务贸易（服务外包）人才培养国际峰会召开 ［EB/OL］. http://yunnan.mofcom.gov.cn/aarticle/sjshangwudt/201106/20110607589716.html，2011-06-08/2015-05-20.

②北京联合大学党委宣传部. 第三届中国服务贸易大会服务外包人才论坛召开 我校承办并为学术支持单位 ［EB/OL］.http://news.buu.edu.cn/art/2011/6/3/art_13583_260492.html，2011-06-03/2015-05-20.

八、2011年中外服务贸易企业洽谈会

2011年11月4~6日，由中国国际贸易促进委员会主办，国家认证认可监督管理委员会支持的2011年中外服务贸易企业洽谈会在北京中国国际展览中心正式开幕。中国国际贸易促进委员会徐沪滨秘书长、国家认证认可监督管理委员会顾基平副主任、中央美术学院潘公凯院长、中国认证认可协会赵宗勃秘书长、美国工业设计师协会CEO克莱夫先生、国际视觉传播协会CEO Forgione先生、法国美术家协会主席艾融先生、英国欧洲设计协会主席Philips先生等国内外嘉宾出席开幕式并剪彩。

本次洽谈会以"服务贸易"为主题，是集展览展示、商洽、研讨等于一体的服务贸易界盛会，重在展示中国服务贸易发展现状和趋势，推动我国服务产业的国际合作与交流。洽谈会涉及的范围涵盖认证认可服务、物流服务、金融服务、环保服务、文化服务、健康服务、教育服务、中介服务、信息技术服务、创意设计等多个服务行业。

本届洽谈会在国际展览中心同时开辟了3个场馆予以展览展示，面积达1万平方米，参展商达200多家，其中我国20多个省（区、市）的服务业企业作为各地代表参与了本届洽谈会的展览展示和洽商，来自德国、意大利、法国、美国、英国、加拿大的服务业商协会组织、机构、事务所及企业，也参与了本届洽谈会的展示、洽商以及专题研讨等活动。展览的重点展区有：天鹤奖获奖作品展、iF设计大奖获奖作品展、中国设计学院院长提名展、认证认可展区、物流展区、金融展区、环保展区及地方服务业展区。在认证认可展区，中国认证认可协会牵头组织了20家行业机构组成"中国认证认可展团"，这是我国认证认可行业首次大规模组织从业机构参展，宣传和推介我国认证认可行业的发展成果。

资料来源：中国国际贸易促进委员会. 2011年中外服务贸易企业洽谈会在京拉开帷幕［EB/OL］. http：//www.ccpit.org/Contents/Channel_351/2011/1104/312278/content_312278.htm，2011-11-04/2015-05-20.

九、2011中国服务贸易与现代服务业发展年会

会议时间：2011年11月19~20日
会议地点：中国北京市朝阳区华都饭店
主办单位：中国服务贸易协会专家委员会
会议介绍：2011年11月19~20日，以"加强理论研究、促进产业发展"为主题的"2011中国服务贸易与现代服务业发展年会"在北京华都饭店隆重举行。这次会议由中国服务贸易协会专家委员会主办，华南理工大学现代服务业研究院和《WTO与中国》杂志协办，中科百年国际文化交流（北京）中心承办，中国学术会议在线和网易财经频道提供媒体支持。原国家商务部部长助理黄海等来自政府、高校和知名企业的代表共300余人参加了会议。

浙江树人大学校长、中国服务贸易协会专家委员会常务副主任委员郑吉昌担任本次会

议的主持人，中国服务贸易协会第一副会长黄海为大会的开幕式致辞，之后黄海副会长和商务部服务贸易与商贸司周柳军司长向论文获奖作者颁发证书。在主旨演讲部分，商务部世贸司副司长洪晓东为与会人员介绍了中国加入 WTO 之后现代服务业发展的大方向；国家统计局服务业统计司司长、中国服务贸易协会专家委员会副主任委员孟庆昕为与会人员介绍了"十一五"期间我国服务业发展的状况，为"十二五"期间我国发展现代服务业提供了数据支持；中国台湾学者陈怡之向参会人员介绍中国台湾服务行业协同发展实例，引起了与会代表的强烈共鸣。周柳军司长、郑吉昌司长、国家发改委宏观经济研究院王晓红主任、国务院发展研究中心学术部李善同副主任、北京大学文化产业研究院向勇副院长、华南理工大学党委副书记张继刚、云南大学软件学院副院长姚绍文以及华南理工大学现代服务业研究院行政副院长吴业春也就各自的研究领域和研究成果分别向大会做了精彩的主题汇报。

11 月 20 日，300 多位学者就各自关心和研究的领域分成三个小组分别进行讨论，主题分别为"服务外包与生产性服务业"、"服务经济研究"和"文化创意产业与企业发展"，各小组在各自会场进行发言，学者们展开了热烈的讨论和深入的交流。

本次会议是一次代表现代服务业领域前沿的高水平学术盛会，为企业、高校和政府有关部门提供了一个学术交流和实践发展的平台。

资料来源：①中国服务经济研究中心（CCSE）. 郑吉昌教授在"2011 中国服务贸易与现代服务业发展年会"上做主旨演讲［EB/OL］. http：//www.zjsru.edu.cn/2011/1121/844.html，2011-11-21/2015-05-20.

②西南财经大学国际商学院. 国际商学院师生参加 2011 中国服务贸易与现代服务业发展年会［EB/OL］. http：//sib.swufe.edu.cn/2011-12/07/201112070912163136.html，2011-12-07/2015-05-20.

③山东女子学院旅游学院. 旅游学院院长王爱英教授应邀参加 2011 中国服务贸易与现代服务业发展年会［EB/OL］. http：//lyxy.sdwu.edu.cn/Item/Show.asp?m=1&d=305，2011-11-22/20150-05-20.

第五章　服务经济学学科 2010~2011 年文献索引

第一节　中文文献

[1] 白澎，陈羽. 2010 年世博会对上海现代服务业的影响——基于历届世博会的经验 [J]. 上海经济研究，2010（6）：105-114.

[2] 曹建云. 广东省城市现代服务业竞争力研究 [J]. 西北人口，2010（4）：117-123.

[3] 曹勇，贺晓羽. 知识密集型服务业开放式创新的推进机制研究 [J]. 科学学与科学技术管理，2010（1）：59-64.

[4] 曾国平，袁孝科. 中国城市化水平、服务业发展与经济增长关系实证研究 [J]. 财经问题研究，2010（8）：9-14.

[5] 曾世宏，郑江淮. 技术吸收、企业家注意力配置与服务业生产率地区差异——以"长三角"地区服务业发展为例 [J]. 财经研究，2010（6）：46-57.

[6] 晁钢令，叶巍岭. 上海加快发展服务业的战略思考 [J]. 上海财经大学学报，2010（2）：49-57.

[7] 陈虹，章国荣. 中国服务贸易国际竞争力的实证研究 [J]. 管理世界，2010（10）：13-23.

[8] 陈景华. 承接服务业跨国转移的效应分析——理论与实证 [J]. 世界经济研究，2010（1）：76-81.

[9] 陈娟. 基于分行业面板数据的服务业全要素生产率分析——以浙江省为例 [J]. 商业经济与管理，2010（11）：61-68.

[10] 陈立泰，张祖妞. 我国服务业空间集聚水平测度及影响因素研究 [J]. 中国科技论坛，2010（9）：51-57.

[11] 陈强，王力铭. 知识型服务业创新集群的培育体系构建——以环同济现代设计产业集群为例 [J]. 中国科技论坛，2010（12）：50-55.

[12] 陈双喜，潘海鹰. 中美服务贸易比较及中国服务贸易发展的对策 [J]. 财经问题研究，2010（12）：106-112.

[13] 陈双喜，王磊. 中日服务业产业内贸易实证研究 [J]. 国际贸易问题，2010（8）：76-83.

[14] 陈松洲. 中国服务贸易发展的现状、制约因素及对策研究 [J]. 经济与管理，2010（2）：90-95.

[15] 陈艳林，潘丽英. 后危机时代我国体育服务贸易发展研究 [J]. 武汉体育学院学报，2010（9）：32-36.

[16] 陈晔. 基于服务新特征的服务创新路径与策略 [J]. 科学管理研究，2010（4）：7-10.

[17] 陈祝平，刘艳彬，袁平. 服务创新的特点与政策的非必要性 [J]. 中国软科学，2010（12）：43-49.

[18] 程大中. 中国服务业与经济增长：一般均衡模型及其经验研究 [J]. 世界经济，2010（10）：25-42.

[19] 董直庆，夏小迪. 我国服务贸易技术结构优化了吗？[J]. 财贸经济，2010（10）：77-83.

[20] 杜传忠，郭树龙. 中国服务业进入退出影响因素的实证分析 [J]. 中国工业经济，2010（10）：75-84.

[21] 杜红平，司亚静. 我国服务业国际竞争力分析及启示 [J]. 宏观经济管理，2010（5）：49-50.

[22] 樊瑛. 国际服务贸易模式与服务贸易自由化研究 [J]. 财贸经济，2010（8）：76-82.

[23] 方慧，王梦婷，秦涛. 承接服务业国际转移与中国服务业人力资本提升研究 [J]. 世界经济研究，2010（8）：69-74.

[24] 冯华，孙蔚然. 服务业发展评价指标体系与中国各省区发展水平研究 [J]. 东岳论丛，2010（12）：5-9.

[25] 傅文利，芦文娟. 国外服务外包发展共性探析 [J]. 国外社会科学，2010（2）：46-51.

[26] 高绵，肖琼，林珊. 中国与东盟五国服务贸易发展趋势与竞争力特点分析 [J]. 亚太经济，2010（5）：44-49.

[27] 顾国达，周蕾. 全球价值链角度下我国生产性服务贸易的发展水平研究——基于投入产出方法 [J]. 国际贸易问题，2010（5）：61-69.

[28] 顾乃华. 结构奖赏还是结构负担？——我国服务业就业结构变动与生产率演变关系的实证研究 [J]. 财贸经济，2010（6）：106-112.

[29] 顾乃华. 对外开放门槛与服务业的外溢效应——基于省际面板数据的实证检验 [J]. 当代经济科学，2010（6）：74-81.

[30] 顾乃华. 我国转型期服务业发展滞后现象研究——兼论人均 GDP 与服务业比重的相关性 [J]. 商业经济与管理，2010（7）：55-63.

[31] 顾乃华. 生产性服务业对工业获利能力的影响和渠道——基于城市面板数据和 SFA 模型的实证研究 [J]. 中国工业经济, 2010 (5): 48-58.

[32] 顾乃华, 夏杰长. 生产性服务业崛起背景下鲍莫尔—富克斯假说的再检验——基于中国 236 个样本城市面板数据的实证分析 [J]. 财贸研究, 2010 (6): 14-22.

[33] 郭东海. 我国生产性服务业产业政策的微观研究 [J]. 东岳论丛, 2010 (12): 10-14.

[34] 郭怀英. 中国服务业体制沿革及其"十二五"战略 [J]. 改革, 2010 (3): 13-18.

[35] 郭岚, 农卫东, 张祥建. 现代生产性服务业的集群化发展模式与形成机理——基于伦敦和纽约的比较 [J]. 经济理论与经济管理, 2010 (10): 60-66.

[36] 郭同欣. 对我国服务业比重偏低的分析 [J]. 中国统计, 2010 (9): 14-16.

[37] 郭雯. 设计服务业创新政策的国内外比较及启示 [J]. 科研管理, 2010 (5): 124-130.

[38] 郭雯, 程郁. 工业设计服务业创新政策研究的新范式: 政策网络 [J]. 科学学与科学技术管理, 2010 (8): 54-59.

[39] 郭晓琼. 俄罗斯生产性服务业发展研究 [J]. 俄罗斯中亚东欧研究, 2010 (3): 41-46.

[40] 郭兴平. 基于电子化金融服务创新的普惠型农村金融体系重构研究 [J]. 财贸经济, 2010 (3): 13-19.

[41] 韩明华. 生产性服务业促进产业结构优化升级研究——以宁波制造业转型为例 [J]. 经济体制改革, 2010 (4): 51-55.

[42] 何骏. 中国生产性服务业发展的路径拓展与模式创新 [J]. 商业经济与管理, 2010 (1): 76-84.

[43] 黄健青, 陈进, 殷国鹏. 北京现代服务业发展研究 [J]. 国际贸易问题, 2010 (1): 66-73.

[44] 黄庐进, 王晶晶. 中国和印度服务贸易国际竞争力的比较研究 [J]. 财贸经济, 2010 (1): 96-100.

[45] 黄满盈, 邓晓虹. 中国金融服务贸易国际竞争力分析——基于 BOP 和 FATS 统计的分析 [J]. 世界经济研究, 2010 (5): 7-13.

[46] 黄宁, 蒙英华. 跨境交付与商业存在的互补性研究——基于美国双边服务贸易出口数据的考察 [J]. 国际贸易问题, 2010 (10): 72-80.

[47] 霍景东, 夏杰长. 动态比较优势与服务外包发展战略 [J]. 经济与管理, 2010 (11): 18-22.

[48] 贾曼莹. 促进我国现代服务业发展的财税政策研究 [J]. 税务研究, 2010 (2): 95-97.

[49] 江静, 刘志彪. 世界工厂的定位能促进中国生产性服务业发展吗 [J]. 经济理论与经济管理, 2010 (3): 62-68.

[50] 姜荣春. 全球金融服务外包产业发展最新趋势及中国策略 [J]. 上海金融, 2010

（3）：38-41.

[51] 姜荣春，刘绍坚. 后危机时代中国服务外包产业发展的机遇、挑战及路径选择 [J]. 国际贸易，2010（7）：35-42.

[52] 姜长云. 第三产业发展中的现实维度：由家庭服务业观察 [J]. 改革，2010（7）：69-77.

[53] 姜长云. 着力发展面向农业的生产性服务业 [J]. 宏观经济管理，2010（9）：38-39.

[54] 金荣学，卢忠宝. 我国服务业集聚的测度、地区差异与影响因素研究 [J]. 财政研究，2010（10）：41-45.

[55] 荆林波. 转变经济发展方式加快服务业发展 [J]. 财贸经济，2010（11）：7-8.

[56] 孔婷，孙林岩，冯泰文. 生产性服务业对制造业效率调节效应的实证研究 [J]. 科学学研究，2010（3）：357-364.

[57] 雷蕾，刘宛洁. 大珠江三角洲地区城市服务业竞争力比较研究 [J]. 工业技术经济，2010（5）：22-26.

[58] 李秉强. 中国服务外包发展的国际比较与对策分析 [J]. 经济与管理，2010（4）：86-90.

[59] 李飞，陈浩，曹鸿星等. 中国百货商店如何进行服务创新——基于北京当代商城的案例研究 [J]. 管理世界，2010（2）：114-126.

[60] 李文秀，夏杰长. 自主创新推动服务业成长：机制、效应与实现路径 [J]. 财贸经济，2010（12）：120-126.

[61] 李霞，唐丁祥，柯小为. 我国人力资本与生产性服务贸易竞争力相关性研究——基于行业角度的实证分析 [J]. 管理评论，2010（5）：56-62.

[62] 李耀光，赵弘. 北京发展生产性服务业的比较优势研究 [J]. 宏观经济管理，2010（3）：64-65.

[63] 李勇坚，夏杰长. 服务业体制改革的动力与路径 [J]. 改革，2010（5）：138-141.

[64] 李玉艳. "Scholar's Lab" 对高校图书馆学科服务创新的启示 [J]. 现代情报，2010（3）：148-149.

[65] 厉力. 论自由贸易区服务贸易的原产地确定问题 [J]. 上海交通大学学报（哲学社会科学版），2010（4）：40-46.

[66] 梁晓华，王景安. 服务创新保障图书馆个性化服务可持续发展 [J]. 现代情报，2010（2）：57-61.

[67] 林德昌，廖蓓秋，陆强等. 科技企业孵化器服务创新影响因素研究 [J]. 科学学研究，2010（6）：920-925.

[68] 林德昌，陆强，王红卫. 科技企业孵化器服务能力因素分析及服务创新对策——基于对全国百余名孵化器高层管理人员的调查 [J]. 科学学与科学技术管理，2010（7）：146-153.

[69] 林红. 服务贸易竞争力内生性因素的实证研究 [J]. 科研管理, 2010 (5): 61-67.

[70] 林龙斌. 上海现代服务业的产业关联效应研究 [J]. 上海经济研究, 2010 (5): 91-101.

[71] 林善浪, 王健. 上海市金融服务业区位选择研究 [J]. 上海金融, 2010 (2): 19-22.

[72] 刘波, 崔鹏鹏, 赵云云. 公共服务外包决策的影响因素研究 [J]. 公共管理学报, 2010 (2): 46-53.

[73] 刘浩, 原毅军. 中国生产性服务业与制造业的共生行为模式检验 [J]. 财贸研究, 2010 (3): 54-59.

[74] 刘杰, 何骏. 中国生产性服务业发展的创新之路——路径拓展、模式创新与机制培育 [J]. 经济体制改革, 2010 (1): 50-55.

[75] 刘书瀚, 张瑞, 刘立霞. 中国生产性服务业和制造业的产业关联分析 [J]. 南开经济研究, 2010 (6): 65-74.

[76] 刘兴凯, 张诚. 中国服务业全要素生产率增长及其收敛分析 [J]. 数量经济技术经济研究, 2010 (3): 55-67.

[77] 刘徐方. 现代服务业融合发展的动因分析 [J]. 经济与管理研究, 2010 (1): 40-44.

[78] 刘艳. 发展中国家吸引离岸服务外包的决定因素——从经济自由化程度视角的解析 [J]. 中央财经大学学报, 2010 (1): 75-80.

[79] 刘征驰, 赖明勇. 进入权、声誉与服务外包组织治理—— 一个非对称信息的不完全契约模型 [J]. 当代经济科学, 2010 (1): 98-105.

[80] 刘志中, 崔日明. 中国服务业利用 FDI 的资本积累效应研究 [J]. 国际贸易问题, 2010 (9): 59-64.

[81] 卢俊义, 王永贵. 顾客参与服务创新、顾客人力资本与知识转移的关系研究 [J]. 商业经济与管理, 2010 (3): 80-87.

[82] 鲁丹萍. 温州市发展国际服务外包研究 [J]. 国际贸易问题, 2010 (12): 56-60.

[83] 陆敬筠, 仲伟俊, 王加中等. 电子政务服务外包模式 BOO 和 BOT 的比较研究 [J]. 管理学报, 2010 (5): 696-701.

[84] 罗志军. 加快发展现代服务业全力推动经济转型升级 [J]. 求是, 2010 (20): 30-32.

[85] 吕敏. 我国生产性服务业优化发展的税收政策选择 [J]. 税务研究, 2010 (9): 53-56.

[86] 吕延方, 赵进文. 中国承接服务外包影响因素分析——基于多国面板数据的实证检验 [J]. 财贸经济, 2010 (7): 89-97.

[87] 马恩涛. 金融服务业增值税征收问题的思考 [J]. 税务研究, 2010 (9): 64-67.

[88] 马立行. 现行土地政策调整及其对现代服务业发展的支持 [J]. 上海经济研究,

2010（5）：102-105.

[89] 蒙英华，黄宁. 中美服务贸易与制造业效率——基于行业面板数据的考察 [J]. 财贸经济，2010（12）：96-103.

[90] 蒙英华，尹翔硕. 生产者服务贸易与中国制造业效率提升——基于行业面板数据的考察 [J]. 世界经济研究，2010（7）：38-44.

[91] 裴长洪，郑文. 发展新兴战略性产业：制造业与服务业并重 [J]. 当代财经，2010（1）：81-88.

[92] 钱书法，贺建，程海狮. 社会分工制度下生产性服务业与制造业关系新探——以江苏省为例 [J]. 经济理论与经济管理，2010（3）：69-74.

[93] 秦波，王新峰. 探索识别中心的新方法——以上海生产性服务业空间分布为例 [J]. 城市发展研究，2010（6）：43-48.

[94] 阚澄宇，柴渊哲. 中印承接国际服务外包竞争力比较研究 [J]. 财经问题研究，2010（8）：73-82.

[95] 阚澄宇，郑继忠. 服务外包的技术外溢效应研究——基于大连市软件外包行业的分析 [J]. 国际贸易问题，2010（6）：72-80.

[96] 尚涛. 我国服务贸易比较优势及贸易模式变动的实证研究——基于 RSCA 与 Lafay 指数等的分析 [J]. 国际贸易问题，2010（12）：70-77.

[97] 尚铁力. 支持信息网络服务业发展的财税政策研究 [J]. 税务研究，2010（9）：48-52.

[98] 邵景波，唐桂，张明立. 顾客资产测量模型的改进及其在服务业中的应用 [J]. 中国软科学，2010（5）：161-168.

[99] 施卫东，朱俊彦. 我国知识密集型服务业产业关联、创新扩散研究 [J]. 统计与决策，2010（12）：130-132.

[100] 石峡. 促进中国—东盟自由贸易区服务外包研究 [J]. 国际贸易，2010（1）：38-40.

[101] 宋寒，但斌，张旭梅. 我国企业承接离岸服务外包风险与对策 [J]. 软科学，2010（10）：93-96.

[102] 宋寒，但斌，张旭梅. 服务外包中双边道德风险的关系契约激励机制 [J]. 系统工程理论与实践，2010（11）：1944-1953.

[103] 谭朵朵，贺铿. 湖南省服务业区域效率的比较分析 [J]. 财经理论与实践，2010（2）：116-120.

[104] 汤超颖，周岳，赵丽丽. 服务业员工情绪劳动策略效能的实证研究 [J]. 管理评论，2010（3）：93-100.

[105] 汤跃跃，张毓雄. 广东经济转型战略：加快发展现代服务业——广东服务业发展的实证分析 [J]. 工业技术经济，2010（11）：40-49.

[106] 唐保庆，杨继军，陈志和. 服务贸易对经济增长的影响研究综述 [J]. 经济学动

态，2010（11）：135-138.

[107] 唐海燕，蒙英华.服务贸易能平缓经济冲击吗——基于美国经济波动跨国传导的研究 [J].国际贸易问题，2010（12）：61-69.

[108] 唐柳，李志铭，王军.银行业服务外包风险重要性度量的指标体系研究 [J].经济理论与经济管理，2010（11）：58-64.

[109] 陶明，邓竞魁.新兴市场服务贸易比较研究——以"金砖四国"为研究对象 [J].国际贸易问题，2010（3）：86-91.

[110] 田华泉，张祥建.生产性服务业的集群化发展模式与形成机理——基于伦敦和纽约的比较 [J].上海经济研究，2010（9）：46-54.

[111] 田家林，韩锋.上海生产性服务业与其他产业的互动关系——基于投入产出表的分析 [J].工业技术经济，2010（10）：62-67.

[112] 田家林，黄涛珍.生产性服务业与其他产业的互动关系——基于历次投入产出表的分析 [J].中国科技论坛，2010（8）：53-59.

[113] 童洁，张旭梅，但斌.制造业与生产性服务业融合发展的模式与策略研究 [J].软科学，2010（2）：75-78.

[114] 汪丽，贺书锋.中国制造业国际外包与生产率增长——基于服务外包和实物外包的双重度量 [J].上海经济研究，2010（3）：42-50.

[115] 汪涛，蔺雷.服务创新研究：二十年回顾与展望 [J].软科学，2010（5）：17-20.

[116] 王家宝，陈继祥.颠覆性创新、生产性服务业与后发企业竞争优势 [J].科学学研究，2010（3）：444-448.

[117] 王建平，曹洋，李倩等.我国"十二五"软件服务业发展的战略分析 [J].中国软科学，2010（12）：6-15.

[118] 王娟，白晗.数字图书馆服务创新的新方式——信息推送 [J].现代情报，2010（4）：76-78.

[119] 王磊，徐晓岭.引力模型的应用：中美服务贸易自由化的测量 [J].统计与决策，2010（4）：24-26.

[120] 王萍."金砖四国"服务贸易发展特点及竞争力比较 [J].中国统计，2010（9）：58-60.

[121] 王萍，魏江，王甜.金融服务创新的过程模型与特性分析 [J].管理世界，2010（4）：168-169.

[122] 王荣艳.中国承接生产者服务外包区域竞争力研究——基于东亚动态 SHIFT-SHARE 方法的探析 [J].世界经济研究，2010（12）：60-65.

[123] 王荣艳.东亚地区生产者服务贸易结构变迁研究——基于"雁阵"模式的实证分析 [J].亚太经济，2010（3）：42-46.

[124] 王恕立，胡宗彪.服务业 FDI 流入与东道国服务贸易出口——基于中国数据的经验研究 [J].国际贸易问题，2010（11）：78-86.

[125] 王涛，姜伟. 中日服务业产业内贸易问题实证研究 [J]. 世界经济研究，2010 (6)：51-56.

[126] 王晓红. 实现服务外包产业的跨越发展与整体提升 [J]. 国际贸易，2010 (10)：27-32.

[127] 王仰东，安琴，祖立新等. 珠三角高技术服务业 SWOT 分析与发展对策研究 [J]. 中国科技论坛，2010 (10)：75-80.

[128] 王耀中，任英华，姚莉媛. 服务业集聚机理研究新进展 [J]. 经济学动态，2010 (4)：104-109.

[129] 王英. 中国货物贸易对于服务贸易的促进作用——基于服务贸易引力模型的实证分析 [J]. 世界经济研究，2010 (7)：45-48.

[130] 韦琦. 服务业发展、经济增长与产业相关性——基于珠三角地区的经验数据 [J]. 中央财经大学学报，2010 (5)：49-53.

[131] 魏江，周丹. 生产性服务业与制造业互动机理研究——以乐清低压电器产业链为例 [J]. 科学学研究，2010 (8)：1171-1180.

[132] 魏江，周丹. 我国生产性服务业与制造业互动需求结构及发展态势 [J]. 经济管理，2010 (8)：17-25.

[133] 魏守华，韩晨霞. 城市等级与服务业发展——基于份额偏离分析法 [J]. 产业经济研究，2010 (4)：32-39.

[134] 温涛. 新形势下推进农村金融服务创新的现实思考——基于城乡综合配套改革试验区重庆的调查 [J]. 农业经济问题，2010 (10)：34-41.

[135] 吴建新. 技术进步、效率变化、资本积累与我国地区服务业发展 [J]. 南方经济，2010 (8)：51-60.

[136] 吴山，夏杰长. 中国现代服务业发展的推进思路 [J]. 经济与管理，2010 (4)：24-30.

[137] 武晓霞，任志成. 人力资本与服务外包中的技术外溢——基于江苏省的实证研究 [J]. 经济与管理研究，2010 (7)：60-66.

[138] 夏辉，薛求知. 服务业的模块化发展研究 [J]. 上海经济研究，2010 (3)：28-34.

[139] 夏杰长，刘奕，李勇坚. "十二五" 时期我国服务业发展总体思路研究 [J]. 经济学动态，2010 (12)：49-52.

[140] 谢鸿飞，赵晓飞. 服务业顾客维持策略影响顾客忠诚的作用机制研究—— 一个基于信任、价值与满意的分析模型 [J]. 管理评论，2010 (11)：63-73.

[141] 辛枫冬. 知识密集型服务企业服务创新能力的模糊综合评价 [J]. 西北农林科技大学学报（社会科学版），2010 (4)：73-78.

[142] 徐全勇. 基于 VAR 模型的上海市工业与服务业互动关系的实证研究 [J]. 上海经济研究，2010 (2)：90-97.

[143] 许统生，黄静. 中国服务贸易的出口潜力估计及国际比较——基于截面数据引

力模型的实证分析 [J]. 南开经济研究，2010（6）：123-136.

[144] 薛钢. 基于纳税人需求层次的纳税服务创新 [J]. 税务研究，2010（12）：68-70.

[145] 闫星宇，张月友. 我国现代服务业主导产业选择研究 [J]. 中国工业经济，2010（6）：75-84.

[146] 严任远. 生产性服务业的发展与制造业升级的互动关系研究——基于浙江宁波的实例分析 [J]. 工业技术经济，2010（6）：82-86.

[147] 杨波，殷国鹏. 中国 IT 服务外包企业能力研究 [J]. 管理学报，2010（2）：199-203.

[148] 杨广. 中印服务贸易发展比较之研究 [J]. 国际贸易问题，2010（2）：68-73.

[149] 杨海. 国际服务外包决策动因研究——以信息技术外包为例 [J]. 价格理论与实践，2010（2）：77-78.

[150] 杨丽. 论服务贸易结构调整对经济发展方式转变的推动效应 [J]. 现代财经（天津财经大学学报），2010（6）：46-56.

[151] 杨丽琳. 我国区域软件外包产业发展模式探讨——以我国 20 个服务外包城市雁行模式为视角 [J]. 现代经济探讨，2010（5）：57-60.

[152] 杨玲. 揭示美国生产者服务业于后工业经济中的症结所在 [J]. 经济与管理研究，2010（1）：29-35.

[153] 杨玲，郭羽诞. 中国生产者服务业与国际贸易关联度的理论与实证研究 [J]. 经济学家，2010（4）：39-46.

[154] 杨书群，冯勇进. 生产性服务业——"中国制造"走向"中国创造"的必由之路 [J]. 工业技术经济，2010（6）：14-18.

[155] 杨延廷，孙晓东，郭俊良. 关于高技术服务业的一点想法 [J]. 中国统计，2010（6）：54.

[156] 杨玉英. 生产性服务业与经济发展关联性的经验分析 [J]. 经济学动态，2010（11）：40-44.

[157] 姚凤民. 促进高端服务业发展的税收政策建议 [J]. 税务研究，2010（9）：56-59.

[158] 姚星，郜筱亮，林肇宏. 中国服务贸易发展的回顾与展望——基于 1982~2008 年数据的经验分析 [J]. 宏观经济研究，2010（10）：49-55.

[159] 姚星，黎耕. 服务贸易自由化与经济增长的关系研究——基于吸收能力角度的实证分析 [J]. 国际贸易问题，2010（7）：68-74.

[160] 姚战琪. 工业和服务外包对中国工业生产率的影响 [J]. 经济研究，2010（7）：91-102.

[161] 叶爱华. 我国服务业发展与经济增长关系的实证分析 [J]. 统计与决策，2010（22）：117-119.

[162] 殷凤. 中国服务贸易比较优势测度及其稳定性分析 [J]. 财贸经济，2010（6）：

81-88.

[163] 殷国鹏，杨波. 我国服务外包企业承接能力评估模型研究——基于北京的实证调查与分析 [J]. 科学学研究，2010（3）：388-396.

[164] 银成钺，杨雪，王影. 基于关键事件技术的服务业顾客间互动行为研究 [J]. 预测，2010（1）：15-20.

[165] 应勤俭. 上海发展现代服务业的战略目标及路径选择——基于立足长三角、服务全中国的视角 [J]. 上海财经大学学报，2010（2）：66-73.

[166] 游利. 农村金融产品和服务创新的关键节点 [J]. 中国金融，2010（22）：94.

[167] 于立新，陈昭，江皎. 中国服务外包产业竞争力研究——基于部分试点城市的分析 [J]. 财贸经济，2010（9）：87-92.

[168] 余道先，刘海云. 中国生产性服务贸易结构与贸易竞争力分析 [J]. 世界经济研究，2010（2）：49-55.

[169] 袁欣. 服务外包不会像加工贸易那样创造奇迹 [J]. 经济理论与经济管理，2010（6）：43-48.

[170] 苑雅文，罗永泰. 基于需求整合与开发的生产性服务业发展研究 [J]. 财经问题研究，2010（6）：39-42.

[171] 岳毅. 我国产业优化升级与商业银行服务创新 [J]. 中国金融，2010（1）：31-33.

[172] 张德海，刘德文. 联盟式物流服务创新的绩效评价指标体系构建 [J]. 统计与决策，2010（12）：37-38.

[173] 张国强，郑江淮. 中国服务业发展态势及其国际竞争力："金砖四国"比较视野 [J]. 改革，2010（3）：5-12.

[174] 张国强，郑江淮，崔恒虎. 中国服务业发展的异质性与路径选择——基于"金砖四国"比较视角的分析 [J]. 世界经济与政治论坛，2010（4）：110-122.

[175] 张红琪，鲁若愚. 供应商参与服务创新的过程及影响研究 [J]. 科学学研究，2010（9）：1422-1427.

[176] 张慧文. 我国三大经济圈金融服务业集群竞争力研究 [J]. 管理世界，2010（6）：173-174.

[177] 张慧文. 金融服务业集群竞争力评价研究 [J]. 上海金融，2010（6）：34-36.

[178] 张洁，芮明杰. 现代服务业发展模式及其国际借鉴 [J]. 改革，2010（5）：142-144.

[179] 张金明. 承接与发展：合肥市服务外包产业问题研究 [J]. 财贸研究，2010（3）：51-53.

[180] 张静宜. 中国—东盟自由贸易区服务贸易发展的思考 [J]. 经济与管理，2010（6）：93-96.

[181] 张若勇，刘新梅，王海珍等. 顾客—企业交互对服务创新的影响：基于组织学习的视角 [J]. 管理学报，2010（2）：218-224.

[182] 张三峰. 我国生产者服务业城市集聚度测算及其特征研究——基于 21 个城市的分析 [J]. 产业经济研究, 2010 (3): 31–37.

[183] 张松林, 李清彬, 武鹏. 对中国城市化与服务业发展双重滞后的一个解释——基于新兴古典经济学的视角 [J]. 经济评论, 2010 (5): 56–62.

[184] 张文红, 张骁, 翁智明. 制造企业如何获得服务创新的知识? ——服务中介机构的作用 [J]. 管理世界, 2010 (10): 122–134.

[185] 张新颖. 省会城市现代服务业对地区经济带动作用研究——以哈尔滨市为例 [J]. 学习与探索, 2010 (4): 139–142.

[186] 张益丰. 基于 GVC 与 NVC 嵌套式地方产业集群升级研究——兼论高端制造业与生产者服务业双重集聚 [J]. 上海经济研究, 2010 (1): 65–72.

[187] 张云, 李秀珍. 现代服务业 FDI 经济效应与影响因素计量分析 [J]. 现代财经 (天津财经大学学报), 2010 (11): 87–93.

[188] 赵晶, 王根蓓, 朱磊. 中国服务外包基地城市竞争优势的实证研究——基于主成分方法与聚类方法的分析 [J]. 经济理论与经济管理, 2010 (6): 49–57.

[189] 赵秀丽, 张成. 跨国公司生产网络与生产性服务业网络的嵌入性分析——以物流网络与金融网络为例 [J]. 上海经济研究, 2010 (3): 60–67.

[190] 郑吉昌, 夏晴. 生产性服务业的产业集群问题 [J]. 改革, 2010 (5): 145–148.

[191] 郑云. 我国服务业技术效率的收敛性分析 [J]. 社会科学家, 2010 (8): 57–60.

[192] 周激流, 赵钢, 唐毅谦等. 紧扣需求: 全力提升服务外包人才培养能力 [J]. 中国高等教育, 2010 (8): 21–22.

[193] 周密. 基于四因素的服务贸易十大促进政策 [J]. 国际贸易, 2010 (3): 36–40.

[194] 周念利. 基于引力模型的中国双边服务贸易流量与出口潜力研究 [J]. 数量经济技术经济研究, 2010 (12): 67–79.

[195] 周鹏, 余珊萍, 韩剑. 生产性服务业与制造业价值链升级间相关性的研究 [J]. 上海经济研究, 2010 (9): 55–62.

[196] 朱智, 赵德海. 基于生产性服务业视角的服务外包理论及实践演进 [J]. 经济管理, 2010 (3): 34–38.

[197] 庄惠明, 陈洁. 我国服务业发展水平的国际比较——基于 31 国模型的投入产出分析 [J]. 国际贸易问题, 2010 (5): 53–60.

[198] 邹德玲. 基于投入产出理论的浙江生产性服务业发展实证研究 [J]. 工业技术经济, 2010 (4): 96–100.

[199] 邹琪, 田露月. FDI 对中国服务业产业效应的实证分析 [J]. 财经科学, 2010 (11): 101–107.

[200] 卞曰瑭, 何建敏, 庄亚明. 基于 Lotka-Volterra 模型的生产性服务业发展机理研究 [J]. 软科学, 2011 (1): 32–36.

[201] 蔡付龄, 廖貅武, 陈刚. 离岸服务外包承接地的分类决策方法 [J]. 系统管理学

报，2011（5）：520-526.

[202] 蔡宏波，杨晗. CEPA框架下内地与香港服务贸易开放评析：2004~2009 [J]. 中央财经大学学报，2011（9）：81-86.

[203] 曹慧平，于津平. 贸易结构、中间需求与生产性服务业发展 [J]. 世界经济研究，2011（3）：58-62.

[204] 曹莉萍，诸大建，易华. 低碳服务业概念、分类及社会经济影响研究 [J]. 上海经济研究，2011（8）：3-10.

[205] 查贵勇. 上海、香港和新加坡服务贸易发展比较分析 [J]. 上海经济研究，2011（1）：106-112.

[206] 陈峰，赵筱媛，郑彦宁. 北京市服务外包企业开拓国际市场存在的竞争情报问题及对策建议 [J]. 中国科技论坛，2011（4）：86-90.

[207] 陈建军，陈菁菁. 生产性服务业与制造业的协同定位研究——以浙江省69个城市和地区为例 [J]. 中国工业经济，2011（6）：141-150.

[208] 陈凯. 中国服务业结构变动与增长的关联分析 [J]. 财经科学，2011（12）：99-107.

[209] 陈立泰，张祖妞. 服务业集聚与区域经济差距：基于劳动生产率视角 [J]. 科研管理，2011（12）：126-133.

[210] 陈清萍，曹慧平. 承接跨国服务外包与我国经济增长的相互作用研究——与制造外包的比较分析 [J]. 国际贸易问题，2011（1）：90-100.

[211] 陈群民，李显波，王瑞杰. 加快上海家政服务业发展研究 [J]. 上海经济研究，2011（6）：113-117.

[212] 陈双喜，王磊，宋旸. 我国海运服务贸易逆差影响因素研究 [J]. 财贸经济，2011（2）：80-86.

[213] 陈秀莲. 中国与东盟国家服务贸易互补性的研究 [J]. 财贸经济，2011（6）：74-80.

[214] 陈秀莲. 中国—东盟服务贸易一体化的困境摆脱及其前景 [J]. 改革，2011（7）：101-111.

[215] 陈秀莲. 中国服务业的产业内贸易水平与影响因素的区域特征分析 [J]. 商业经济与管理，2011（7）：51-61.

[216] 陈秀莲. 中国与东盟国家运输服务贸易竞争力的比较和提升的对策建议 [J]. 国际贸易问题，2011（1）：63-71.

[217] 陈艳莹，黄嚣. 我国生产性服务业增长的效率特征——基于2004~2009年省际面板数据的研究 [J]. 工业技术经济，2011（5）：42-49.

[218] 陈艳莹，王周玉. 生产性服务业外商直接投资的影响因素——中国省际面板数据的实证研究 [J]. 产业经济研究，2011（4）：71-77.

[219] 成蓉，程惠芳. 中印贸易关系：竞争或互补——基于商品贸易与服务贸易的全

视角分析 [J]. 国际贸易问题，2011（6）：85–94.

[220] 程肖芬. 基于自组织理论的现代服务业集聚区演化与动力研究——兼论上海现代服务业集聚发展 [J]. 商业经济与管理，2011（3）：75–80.

[221] 崔日明，李丹. 我国现代服务业演化发展的动力机制及对策研究 [J]. 经济学动态，2011（12）：37–41.

[222] 戴翔. 服务贸易出口技术复杂度与经济增长——基于跨国面板数据的实证分析 [J]. 南开经济研究，2011（3）：57–68.

[223] 单永贵. 新时期农村服务业发展探析 [J]. 宏观经济管理，2011（8）：43–48.

[224] 丁红，胡胜杰. 美国服务业生产者价格指数（SPPI）简介 [J]. 中国统计，2011（8）：46–47.

[225] 丁玲华. 中国信息服务业的 SWOT 分析与战略选择 [J]. 经济与管理，2011（5）：72–77.

[226] 段炼，赵德海. 现代服务业、制造业服务化与战略性新兴产业 [J]. 科学管理研究，2011（4）：16–19.

[227] 方慧，吕静，马玉秀. 承接服务业国际转移与制度变迁研究——基于中国 1992~2008 年数据 [J]. 世界经济研究，2011（5）：39–45.

[228] 房东. 对"文本"的扬弃：WTO 条约解释方法的一种修正——以服务贸易具体承诺表的解释为分析起点 [J]. 法律科学（西北政法大学学报），2011（3）：142–150.

[229] 冯小兵，李继峰，黄烨菁. 中国外资银行服务贸易自由化的经济影响研究——基于可计算一般均衡 SIC-GE 模型的定量分析 [J]. 世界经济研究，2011（11）：40–45.

[230] 高觉民，李晓慧. 生产性服务业与制造业的互动机理：理论与实证 [J]. 中国工业经济，2011（6）：151–160.

[231] 高静，黄繁华. 信息不对称下生产性服务业 FDI 的空间集聚的实证研究 [J]. 产业经济研究，2011（4）：35–43.

[232] 高静，刘国光. 跨国公司生产性服务业 FDI 地理集聚因素研究——基于中国 1997~2009 年的数据分析 [J]. 经济与管理，2011（10）：76–80.

[233] 葛丽芳，田纪鹏. 上海旅游服务贸易国际竞争力及其影响因素实证研究 [J]. 财贸研究，2011（1）：52–58.

[234] 宫冠英. 我国金融服务外包发展分析：基于人力资源的视角 [J]. 财贸经济，2011（4）：91–95.

[235] 宫冠英. "印度经验"对促进成都服务外包产业发展的启示 [J]. 软科学，2011（4）：66–68.

[236] 顾乃华. 我国城市生产性服务业集聚对工业的外溢效应及其区域边界——基于 HLM 模型的实证研究 [J]. 财贸经济，2011（5）：115–122.

[237] 顾乃华. 城市化与服务业发展：基于省市制度互动视角的研究 [J]. 世界经济，2011（1）：126–142.

[238] 郭向阳. 基于投入产出理论的京沪粤生产性服务业发展比较研究 [J]. 地域研究与开发，2011（3）：9-12.

[239] 韩德超. 生产性服务业 FDI 对工业企业效率影响研究 [J]. 统计研究，2011（2）：65-70.

[240] 韩峰，王琢卓，李玉双. 生产性服务业集聚与城市经济增长——基于湖南省地级城市面板数据分析 [J]. 产业经济研究，2011（6）：19-27.

[241] 韩文丽，李玲慧. 中国服务贸易国际竞争力影响因素的实证分析 [J]. 工业技术经济，2011（7）：80-86.

[242] 韩霞. 加快我国服务业自主创新的公共政策选择 [J]. 中国软科学，2011（11）：21-28.

[243] 郝爱民. 农业生产性服务业对农业的影响——基于省级面板数据的研究 [J]. 财贸经济，2011（7）：97-102.

[244] 何枫. 技术效率视角下我国服务业外资溢出效应研究 [J]. 科研管理，2011（7）：96-103.

[245] 何军明. 服务贸易原产地规则：概念与效应 [J]. 亚太经济，2011（4）：44-48.

[246] 何骏. 长三角区域服务业发展与集聚研究 [J]. 上海经济研究，2011（8）：11-20.

[247] 何伟. 运输服务贸易比较优势的构成及变迁——基于美中两国 1992~2008 年贸易数据的比较 [J]. 国际贸易问题，2011（2）：90-97.

[248] 贺武，刘平. 中国服务外包示范城市竞争力的比较分析 [J]. 统计与决策，2011（15）：97-99.

[249] 侯红昌. 河南生产者服务业与制造业协同发展研究——基于 VAR 模型系统分析 [J]. 地域研究与开发，2011（4）：46-50.

[250] 胡超，张捷. 制度环境与服务贸易比较优势的形成：基于跨国截面数据的实证研究 [J]. 南方经济，2011（2）：46-60.

[251] 胡晓鹏. "十二五"上海现代服务业的创新发展思路研究 [J]. 上海经济研究，2011（7）：45-51.

[252] 胡怡建. 推进服务业增值税改革促进经济结构调整优化 [J]. 税务研究，2011（6）：35-39.

[253] 黄建欢，杜静谊. 发展能源服务业推进节能减排：国外的经验与借鉴 [J]. 统计与决策，2011（5）：130-133.

[254] 黄建康，孙文远. 后发国基于服务外包的产业升级风险及规避路径 [J]. 现代经济探讨，2011（5）：17-21.

[255] 黄建忠，袁姗. 两岸服务贸易自由化评估及福建对台服务合作——基于两岸加入 WTO 与 ECFA 中服务贸易开放承诺的比较 [J]. 亚太经济，2011（4）：130-136.

[256] 黄立伟. 通讯运营业服务创新内容维度的实证分析 [J]. 亚太经济，2011（5）：104-107.

[257] 黄莉芳. 中国生产性服务业嵌入制造业关系研究——基于投入产出表的实证分析 [J]. 中国经济问题，2011（1）：28-37.

[258] 黄莉芳，黄良文，郭玮. 生产性服务业对制造业前向和后向技术溢出效应检验 [J]. 产业经济研究，2011（3）：29-37.

[259] 黄莉芳，黄良文，洪琳琳. 基于随机前沿模型的中国生产性服务业技术效率测算及影响因素探讨 [J]. 数量经济技术经济研究，2011（6）：120-132.

[260] 黄满盈，邓晓虹. 中国金融服务贸易国际竞争力的影响因素：基于"钻石模型"的实证分析 [J]. 世界经济研究，2011（7）：3-9.

[261] 贾薇，张明立，王宝. 服务业中顾客参与对顾客价值创造影响的实证研究 [J]. 管理评论，2011（5）：61-69.

[262] 江小涓. 服务业增长：真实含义、多重影响和发展趋势 [J]. 经济研究，2011（4）：4-14.

[263] 姜凌，卢建平. 服务外包对我国制造业与服务业升级的作用机理 [J]. 经济学家，2011（12）：94-100.

[264] 姜长云. 农业生产性服务业发展模式举证：自安徽观察 [J]. 改革，2011（1）：74-82.

[265] 姜长云. 家庭服务业的产业特性 [J]. 经济与管理研究，2011（3）：42-48.

[266] 姜长云. 我国家庭服务业的发展展望和战略重点 [J]. 宏观经济管理，2011（1）：44-45.

[267] 姜长云. 发展农业生产性服务业的模式、启示与政策建议——对山东省平度市发展高端特色品牌农业的调查与思考 [J]. 宏观经济研究，2011（3）：14-20.

[268] 金孝柏. 服务贸易补贴与我国外贸发展方式转型 [J]. 国际贸易，2011（6）：25-30.

[269] 靖学青. 中国服务业增长的区域差异性研究——基于鲍莫尔—富克斯假说的实证分析 [J]. 经济管理，2011（6）：36-42.

[270] 许宪春，彭志龙等. 经济结构演变与中国服务业的发展 [J]. 统计研究，2011（5）：47-51.

[271] 寇勇刚，吴桐水，朱金福. 航空服务创新的元胞自动机竞争演化模拟 [J]. 系统工程理论与实践，2011（6）：1071-1076.

[272] 雷小清. 信息通信技术对服务业"成本病"的影响研究——基于 OECD 国家生产率的增长核算分析 [J]. 财经论丛，2011（4）：16-21.

[273] 李丹，崔日明. 日本与美国服务贸易结构优化比较研究 [J]. 亚太经济，2011（2）：69-74.

[274] 李静，郑用吉. 服务业顾客关系承诺研究——基于中、韩、澳顾客跨文化的比较 [J]. 管理评论，2011（4）：64-72.

[275] 李文秀，夏杰长. 国外服务业 FDI 研究的进展与启示 [J]. 国外社会科学，2011

（4）：112-121.

[276] 李燕，赵德海. 基于资源型城市转型视角的服务外包产业发展研究 [J]. 经济管理，2011（10）：39-47.

[277] 李勇坚，夏杰长. 中国高技术服务业集聚发展现状及政策建议 [J]. 经济与管理，2011（6）：5-10.

[278] 梁学成. 转变服务业经济发展方式视域下的服务创新体系研究 [J]. 中国软科学，2011（S1）：76-83.

[279] 林德昌，陆强，王红卫. 企业对孵化器服务需求的实证研究及其对服务创新的启示 [J]. 研究与发展管理，2011（1）：62-69.

[280] 林善浪，张惠萍. 通达性、区位选择与信息服务业集聚——以上海为例 [J]. 财贸经济，2011（5）：106-114.

[281] 刘兵权，王耀中，文凤华. 开放经济下现代生产性服务业、高端制造业与产业安全 [J]. 社会科学家，2011（5）：50-54.

[282] 刘晨阳. 中日韩 FTA 服务贸易谈判前景初探：基于三国竞争力的比较 [J]. 国际贸易，2011（3）：47-51.

[283] 刘丹鹭. 服务业发展能烫平宏观经济波动吗？——基于中国数据的研究 [J]. 当代财经，2011（6）：97-107.

[284] 刘刚. 基于产业互动的制造业物流服务创新研究 [J]. 商业经济与管理，2011（5）：22-29.

[285] 刘书瀚，张召利. 生产性服务业是经济中心的核心要素——基于上海和香港的实证分析 [J]. 当代财经，2011（5）：100-111.

[286] 刘顺忠. 服务创新维度间交互作用机制研究 [J]. 中国科技论坛，2011（4）：32-38.

[287] 刘艳. 生产者服务业 FDI 与我国技术进步关系的实证分析：1983~2008 [J]. 上海经济研究，2011（3）：35-44.

[288] 刘一君，李宜泓. 企业物流服务外包供应商的评估体系 [J]. 统计与决策，2011（13）：183-185.

[289] 刘志彪. 为什么我国发达地区的服务业比重反而较低？——兼论我国现代服务业发展的新思路 [J]. 南京大学学报（哲学·人文科学·社会科学版），2011（3）：13-19.

[290] 柳思维，陈英子. 建设农村重点镇区域性综合商业服务业中心的探讨——洞庭湖区沅江市草尾镇的调查启示 [J]. 商业经济与管理，2011（11）：11-16.

[291] 陆燕. 加入 WTO 十年来中国服务贸易发展趋势 [J]. 国际贸易，2011（9）：35-41.

[292] 罗永泰，刘刚. 物流服务创新与物流需求关系研究——基于共生理论视角 [J]. 当代财经，2011（2）：61-68.

[293] 吕荣胜，朱清岭. 基于交易成本理论的节能服务业发展策略研究 [J]. 武汉理工

大学学报（社会科学版），2011（6）：873–877.

[294] 马德功，杨陈晨，和再冉. 成都服务外包业发展的现状、问题与对策 [J]. 经济体制改革，2011（6）：174–177.

[295] 马莉. 广东省生产性服务业发展思路分析 [J]. 经济与管理，2011（8）：73–77.

[296] 马龙龙. 生产性服务业与地区经济增长——基于调节效应的影响因素及其有效性研究 [J]. 经济理论与经济管理，2011（4）：55–63.

[297] 孟庆敏，梅强. 科技服务业与制造企业互动创新的机理研究及对策研究 [J]. 中国科技论坛，2011（5）：38–42.

[298] 孟雪. 反向服务外包对我国生产率的影响——生产性服务业的实证分析 [J]. 国际贸易问题，2011（7）：65–79.

[299] 慕静. 物流企业集群服务创新行为演化模型及案例分析 [J]. 商业经济与管理，2011（9）：5–11.

[300] 聂聆，骆晓婷. "金砖四国" 生产性服务贸易结构与竞争力研究 [J]. 中央财经大学学报，2011（3）：67–72.

[301] 牛瑞. 制度环境对我国区域服务业发展影响的实证分析 [J]. 工业技术经济，2011（1）：70–74.

[302] 欧阳敏华，王厚俊. 广东省服务业增长与城市化发展关系的动态计量分析 [J]. 统计与决策，2011（4）：94–96.

[303] 潘海岚. 服务业发展水平的评价指标的构建 [J]. 统计与决策，2011（3）：23–25.

[304] 潘锦云，汪时珍，李晏墅. 现代服务业改造传统农业的理论与实证研究——基于产业耦合的视角 [J]. 经济学家，2011（12）：40–47.

[305] 盘和林，马建平，陈琦. FDI 对中国服务贸易影响的实证研究 [J]. 统计与决策，2011（23）：129–131.

[306] 屈维意，周海炜，姜骞. 中国服务外包企业竞争新模式：服务外包接包联盟 [J]. 亚太经济，2011（3）：106–108.

[307] 冉建宇，张建升. 中国城市化与服务业的协调发展研究 [J]. 经济与管理，2011（7）：5–9.

[308] 任英华，陈雪梅. 现代服务业集聚演化的 Logistic 模型分析 [J]. 统计与决策，2011（2）：108–111.

[309] 任英华，邱碧槐，王耀中. 服务业集聚现象测度模型及其应用 [J]. 数理统计与管理，2011（6）：1089–1096.

[310] 沈四宝，顾宾. 我国服务贸易区域一体化的策略思考 [J]. 国际贸易，2011（2）：59–64.

[311] 施卫东，朱俊彦. 知识密集型服务业在国家创新体系中的创新扩散模式研究——基于网络分析的视角 [J]. 研究与发展管理，2011（1）：54–61.

[312] 宋寒，但斌，张旭梅. 不对称信息下服务外包中的客户企业参与机制 [J]. 系统

管理学报，2011（1）：56-62.

[313] 孙瑾，张红霞.服务品牌名字的暗示性对消费者决策的影响——基于服务业的新视角 [J].管理科学，2011（5）：56-69.

[314] 孙久文，年猛.服务业全要素生产率测度及其省际差异 [J].改革，2011（9）：33-38.

[315] 孙立行.探讨"后危机时代"中国的服务贸易发展策略 [J].世界经济研究，2011（6）：28-32.

[316] 覃正，季成，徐兴锋等.云计算、物联网背景下服务外包产业的发展政策研究 [J].国际贸易，2011（7）：62-68.

[317] 谭云清，李元旭.接包企业的信任、任务承诺对发包商合作的影响——来自在华国际服务外包企业的证据 [J].经济管理，2011（7）：39-44.

[318] 汤浩.服务业新型业态的统计问题 [J].中国统计，2011（9）：9-11.

[319] 唐保庆，陈志和，杨继军.服务贸易进口是否带来国外 R&D 溢出效应 [J].数量经济技术经济研究，2011（5）：94-109.

[320] 唐保庆，孙少勤，杨继军.什么影响了生产者服务业 FDI 的区域分布——来自美国的经验证据：1985~2006 [J].财贸经济，2011（5）：92-99.

[321] 唐国锋，但斌，宋寒.不对称信息下应用服务外包招标机制设计 [J].系统管理学报，2011（5）：563-568.

[322] 田家林，蒋平，韩锋.我国区域生产性服务业发展水平评价 [J].工业技术经济，2011（4）：90-94.

[323] 汪建丰，刘俊威.中国农业生产性服务业发展差距研究——基于投入产出表的实证分析 [J].经济学家，2011（11）：52-57.

[324] 汪旭晖，黄睿.FDI 溢出效应对我国流通服务业自主创新的影响研究 [J].财经问题研究，2011（9）：90-99.

[325] 汪旭晖，杨东星.我国流通服务业 FDI 溢出效应及其影响因素——基于省际面板数据的实证检验 [J].宏观经济研究，2011（6）：39-45.

[326] 王必锋，赖志花.我国服务业与经济增长关系的统计检验 [J].统计与决策，2011（2）：86-88.

[327] 王大贤.当前外汇管理支持服务贸易发展政策探究 [J].国际贸易，2011（1）：55-59.

[328] 王佃凯.市场开放对服务贸易竞争力的影响——基于中国服务业市场开放的分析 [J].财贸经济，2011（12）：82-88.

[329] 王根蓓，赵晶，王慧敏.中国服务外包基地城市竞争力的演化——基于主成分方法的实证分析 [J].经济与管理研究，2011（1）：71-80.

[330] 王海兰，牛晓耕.我国服务贸易的进出口结构优化研究——基于 VAR 模型的实证分析 [J].中央财经大学学报，2011（9）：69-74.

[331] 王家宝，陈继祥. 关系嵌入、学习能力与服务创新绩效——基于多案例的探索性研究 [J]. 软科学，2011（1）：19-23.

[332] 王绍媛. 美国服务贸易出口促进政策的启示 [J]. 财政研究，2011（11）：80-81.

[333] 王恕立，刘军. 外商直接投资与服务贸易国际竞争力——来自 77 个国家的经验证据 [J]. 国际贸易问题，2011（3）：79-88.

[334] 王翔. 就业吸纳、产业集聚与生产者服务业发展 [J]. 财经论丛，2011（1）：15-19.

[335] 王晓红. 全球服务外包发展现状及最新趋势 [J]. 国际贸易，2011（9）：27-34.

[336] 王耀中，陈洁，张阳. 国际技术溢出、自主创新与服务业发展——基于长三角面板 VAR 模型的研究 [J]. 财经理论与实践，2011（5）：90-95.

[337] 王耀中，张阳. 改革开放以来中国服务业生产率实证分析 [J]. 管理评论，2011（10）：10-18.

[338] 王诏怡，刘艳. 我国服务业 FDI 与服务贸易关系的实证研究：1985~2008 [J]. 工业技术经济，2011（8）：72-78.

[339] 王子先. 全球化下中国服务业跨越式升级的路径及开放战略 [J]. 宏观经济研究，2011（7）：3-10.

[340] 韦福祥，宋琳曦，李金凤. 互联网环境下中国服务业创新模式研究——以天津滨海新区服务业为例 [J]. 现代财经（天津财经大学学报），2011（7）：101-107.

[341] 魏江，刘洋，赵江琦. 专业服务业中的知识管理研究 [J]. 浙江大学学报（人文社会科学版），2011（4）：110-118.

[342] 夏辉，薛求知. 服务型跨国公司全球模块化与服务业国际转移及其对中国的启示 [J]. 财贸经济，2011（3）：81-88.

[343] 肖文，樊文静. 产业关联下的生产性服务业发展——基于需求规模和需求结构的研究 [J]. 经济学家，2011（6）：72-80.

[344] 徐建国. 人民币贬值与服务业停滞 [J]. 世界经济，2011（3）：3-20.

[345] 徐瑾，李涛. 中国发展国际服务外包研究 [J]. 财经问题研究，2011（12）：98-102.

[346] 徐学军，唐强荣，樊奇. 中国生产性服务业与制造业种群的共生——基于 Logistic 生长方程的实证研究 [J]. 管理评论，2011（9）：152-159.

[347] 徐志成，徐康宁，朱志坚. 国际服务外包技术溢出影响因素的实证分析 [J]. 统计与决策，2011（20）：99-101.

[348] 严维石. 服务外包与劳务派遣的劳动产权研究 [J]. 现代经济探讨，2011（11）：70-74.

[349] 杨凤华. 长三角地区金融服务外包业务统筹发展的思考 [J]. 上海金融，2011（4）：105-109.

[350] 杨恺钧. 基于集群视角的服务外包理论反思与展望 [J]. 学习与探索，2011（3）：

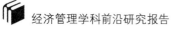

185-187.

[351] 杨玲. 中国生产者服务业异制性比较——基于发达地区与不发达地区差异分析 [J]. 中国经济问题, 2011 (4)：81-91.

[352] 杨玲, 孙玉涛, 刘凤朝. 中国服务业国际竞争力水平、结构与优势——基于 G7+BRICs 的比较分析 [J]. 科学学与科学技术管理, 2011 (6)：103-110.

[353] 杨仁发, 刘纯彬. 生产性服务业与制造业融合背景的产业升级 [J]. 改革, 2011 (1)：40-46.

[354] 姚星, 刘小差, 黄枫. 货物贸易与服务贸易发展的动态关系研究——基于 143 个国家 1982~2008 年数据的实证分析 [J]. 宏观经济研究, 2011 (9)：53-60.

[355] 叶春森, 梁昌勇, 陈蓉. 中国 IT 服务外包企业成长机理的案例研究 [J]. 中国科技论坛, 2011 (9)：81-86.

[356] 易志高, 潘镇. 全球服务外包发展新趋势及特征——兼论江苏服务外包战略选择 [J]. 现代经济探讨, 2011 (9)：46-50.

[357] 于强. 提高服务外包企业会计核算管理质量初探 [J]. 现代财经 (天津财经大学学报), 2011 (4)：86-91.

[358] 余东华, 范思远. 生产性服务业发展、制造业升级与就业结构优化——"民工荒与大学生就业难"的解释与出路 [J]. 财经科学, 2011 (2)：61-68.

[359] 张波, 关伟. 辽宁沿海经济带服务业空间集聚特征分析 [J]. 工业技术经济, 2011 (11)：77-84.

[360] 张二君. SFDI 对河南省传统服务业技术进步的影响研究 [J]. 预测, 2011 (5)：70-75.

[361] 张皞, 王柏玲. 大连服务外包的优势、问题及对策 [J]. 宏观经济管理, 2011 (5)：67-69.

[362] 张瑾, 陈丽珍, 陈海波. 长三角地区生产性服务业的产业关联比较研究 [J]. 中国科技论坛, 2011 (3)：42-48.

[363] 张莉. "十二五"时期国际服务贸易发展趋势及我国的对策 [J]. 国际贸易, 2011 (1)：24-28.

[364] 张楠. 日本现代服务业发展经验及对中国的启示 [J]. 现代财经 (天津财经大学学报), 2011 (2)：58-65.

[365] 张箐, 谭力文. 网络服务创新的驱动力及其作用模式 [J]. 科学学与科学技术管理, 2011 (12)：59-64.

[366] 张欣, 崔日明. "金砖四国"服务贸易竞争力分析 [J]. 亚太经济, 2011 (1)：65-68.

[367] 张振刚, 陈志明, 林春培. 农业生产性服务业模式研究——以广东农业专业镇为例 [J]. 农业经济问题, 2011 (9)：35-42.

[368] 赵道致, 李玮婷. 物流企业服务创新的战略路径选择 [J]. 科学学与科学技术管

理，2011（11）：152-158.

[369] 赵晶，王根蓓，王惠敏. 中国服务外包基地城市竞争力对离岸发包方需求决策的影响——基于中国 14 个服务外包基地城市的面板数据分析 [J]. 经济理论与经济管理，2011（10）：66-74.

[370] 赵敏，王重润. 河北省金融服务业研究——基于投入产出表的视角 [J]. 经济与管理，2011（3）：73-77.

[371] 赵全军. 公共服务外包中的政府角色定位研究 [J]. 学习与探索，2011（4）：80-83.

[372] 赵书华，王久红，荣博. 中美视听服务贸易自由化与市场开放度研究 [J]. 财贸经济，2011（6）：81-86.

[373] 赵伟，郑雯雯. 生产性服务业—贸易成本与制造业集聚：机理与实证 [J]. 经济学家，2011（2）：67-75.

[374] 赵永亮，张捷. 工业与服务业非均衡发展研究——服务业会走向 Baumol 陷阱吗？[J]. 财贸经济，2011（6）：100-106.

[375] 赵玉娟. 服务业 FDI、资本效应与经济增长——基于服务业 FDI、制造业 FDI 和国内固定资产投资实证分析 [J]. 财经问题研究，2011（3）：46-50.

[376] 郑文. 对外投资与母国服务业水平——理论分析与政策启示 [J]. 财贸经济，2011（6）：107-113.

[377] 周鹏，余珊萍，胡凯. 生产性服务业与制造业空间布局升级间相关性分析 [J]. 统计与决策，2011（5）：93-95.

[378] 周少芳，何传添. 中国服务贸易发展国际比较与提升竞争力之见解 [J]. 现代财经（天津财经大学学报），2011（2）：51-57.

[379] 周长富，张二震. 基于流通创新的现代生产者服务业内在机制分析 [J]. 商业经济与管理，2011（3）：5-10.

第二节　英文文献

[1] Sauve P., S. R. GATS 2000: New Directions in Services Trade Liberalization [M]. Brookings Institution Press, 2000.

[2] Gallouj F. Services Innovation: Assimilation, Differentiation, Inversion and Integration [Z]. 2002.

[3] Aaberge R., Bhuller M., Langorgen A., et al. The Distributional Impact of Public Services when Needs Differ [J]. Journal of Public Economics, 2010, 94 (9-10): 549-562.

[4] Abreu M., Grinevich V., Kitson M., et al. Policies to Enhance the "Hidden Innova-

tion" in services: evidence and lessons from the U. K. [J]. The Service Industries Journal, 2010, 30 (1): 99-118.

[5] Alexandersson G., Hultén S., Fearnley N., et al. Impact of regulation on the performances of long-distance transport services: A comparison of the different approaches in Sweden and Norway [J]. Research in Transportation Economics, 2010, 29 (1): 212-218.

[6] Amara N., Landry R., Halilem N., et al. Patterns of innovation capabilities in KIBS firms: Evidence from the 2003 Statistics Canada Innovation Survey on Services [J]. Industry and Innovation, 2010, 17 (2): 163-192.

[7] Ananthram S., Pearson C., Chatterjee S. Do organisational reform measures impact on global mindset intensity of managers? empirical evidence from Indian and Chinese service industry managers [J]. Journal of Chinese Economic and Foreign Trade Studies, 2010, 3 (2): 146-168.

[8] Ananthram S., Pearson C., Chatterjee S. Do organisational reform measures impact on global mindset intensity of managers? Empirical evidence from Indian and Chinese service industry managers [J]. Journal of Chinese Economic and Foreign Trade Studies, 2010, 3 (2): 146-168.

[9] Andersson M., Banomyong R. The implications of deregulation, amp; Liberalization on the logistics service industry in Lao PDR [J]. International Journal of Production Economics, 2010, 128 (1): 68-76.

[10] Angrist J. D., Chen S. H., Frandsen B. R. Did Vietnam veterans get sicker in the 1990s? The complicated effects of military service on self-reported health [J]. Journal of Public Economics, 2010, 94 (11-12): 824-837.

[11] Arduini D., Belotti F., Denni M., et al. Technology adoption and innovation in public services the case of e-government in Italy [J]. Information Economics and Policy, 2010, 22(3): 257-275.

[12] Ariu A., Mion G. Trade in services: IT and task content [J]. National Bank of Belgium Working Paper, 2010 (200).

[13] Baskaran R., Cullen R., Colombo S. Testing different types of benefit transfer in val uation of ecosystem services: New Zealand winegrowing case studies [J]. Ecological Economics, 2010, 69 (5): 1010-1022.

[14] Beck A. Commercial public bus transport services in Germany: How a market in motion struggles with its regulatory framework [J]. Research in Transportation Economics, 2010, 29 (1): 183-194.

[15] Berry L. L., Bolton R. N., Bridges C. H., et al. Opportunities for innovation in the delivery of interactive retail services [J]. Journal of Interactive Marketing, 2010, 24 (2): 155-167.

[16] Bettencourt L. Service innovation: How to go from customer needs to breakthrough services [M]. New York: McGraw-Hill, 2010.

[17] Blackman A., Woodward R. T. User financing in a national payments for environmental services program: Costa Rican hydropower [J]. Ecological Economics, 2010, 69 (8): 1626-1638.

[18] Blum B. S., Claro S., Horstmann I. Facts and figures on intermediated trade [J]. The American Economic Review, 2010, 100 (2): 419-423.

[19] Borchert I., Mattoo A. The crisis-resilience of services trade [J]. The Service Industries Journal, 2010, 30 (13): 2115-2136.

[20] Borchsenius V., Malchow-Møller N., Munch J. R., et al. International trade in services: Evidence from Danish micro data [J]. Nationaløkonomisk tidsskrift, 2010, 148 (1): 86-107.

[21] Broadberry S., Gupta B. The historical roots of India's service-led development: A sectoral analysis of Anglo-Indian productivity differences, 1870-2000 [J]. Explorations in Economic History, 2010, 47 (3): 264-278.

[22] Bryson J. R., Others. Service innovation and manufacturing innovation: Bundling and blending services and products in hybrid production systems to produce hybrid products [Z]. Chapters, 2010.

[23] Cattaneo O. International trade in services: New trends and opportunities for developing countries [Z]. World Bank Publications, 2010.

[24] Chen M., Wang S. The critical factors of success for information service industry in developing international market: Using analytic hierarchy process (AHP) approach [J]. Expert Systems with Applications, 2010, 37 (1): 694-704.

[25] Cheng C. C., Krumwiede D. The effects of market orientation and service innovation on service industry performance: An empirical study [J]. Operations Management Research, 2010, 3 (3-4): 161-171.

[26] Chesbrough H., Davies A. Advancing Services Innovation [A]//Handbook of service science [M]. 2010.

[27] Choi C. The effect of the Internet on service trade [J]. Economics Letters, 2010, 109 (2): 102-104.

[28] Chuang L., Liu C., Tsai W., et al. Towards an analytical framework of organizational innovation in the service industry [J]. African Journal of Business Management, 2010, 4 (5).

[29] Consoli D., Elche-Hortelano D. Variety in the knowledge base of Knowledge Intensive Business Services [J]. Research Policy, 2010, 39 (10): 1303-1310.

[30] Corrado C. A., Hulten C. R. How Do You Measure a "Technological Revolution"?

[J]. The American Economic Review, 2010.

[31] Corrocher N., Z. L. Demand and innovation in services: The case of mobile communications [J]. Research Policy, 2010, 39 (7): 945-955.

[32] Crinò R. Employment effects of service offshoring: Evidence from matched firms [J]. Economics Letters, 2010, 107 (2): 253-256.

[33] Criscuolo C., Garicano L. Offshoring and wage inequality: Using occupational licensing as a shifter of offshoring costs [J]. The American Economic Review, 2010, 100 (2): 439-443.

[34] Daniels P., Others. Services innovation in a globalized economy [Z]. Chapters, 2010.

[35] David G., Harrington S. E. Population density and racial differences in the performance of emergency medical services [J]. Journal of Health Economics, 2010, 29 (4): 603-615.

[36] Deverteuil G., Wilson K. Reconciling indigenous need with the urban welfare state? Evidence of culturally-appropriate services and spaces for Aboriginals in Winnipeg, Canada [J]. Geoforum, 2010, 41 (3): 498-507.

[37] Dikova D., Sahib P. R., van Witteloostuijn A. Cross-border acquisition abandonment and completion: The effect of institutional differences and organizational learning in the international business service industry, 1981-2001 [J]. Journal of International Business Studies, 2010, 41 (2): 223-245.

[38] Djellal F., Gallouj F. Services, innovation and performance: General presentation [J]. Journal of Innovation Economics, Management, 2010 (1): 5.

[39] Doloreux D., S. R. Exploring and comparing innovation patterns across different knowledge intensive business services [J]. Economics of Innovation and New Technology, 2010, 19 (7/8): 605-625.

[40] Doloreux D., Freel M. S., Shearmur R. G. Knowledge-intensive business services: Geography and innovation [M]. Ashgate Publishing, Ltd., 2010.

[41] Dominati E., Patterson M., Mackay A. A framework for classifying and quantifying the natural capital and ecosystem services of soils [J]. Ecological Economics, 2010, 69 (9): 1858-1868.

[42] Duarte M., Restuccia D. The role of the structural transformation in aggregate productivity [J]. The Quarterly Journal of Economics, 2010, 125 (1): 129-173.

[43] Ehie I. C., Olibe K. The effect of R&D investment on firm value: An examination of U. S. manufacturing and service industries [J]. International Journal of Production Economics, 2010, 128 (1): 127-135.

[44] Farley J., Costanza R. Payments for ecosystem services: From local to global [J]. Ecological Economics, 2010, 69 (11): 2060-2068.

［45］ Feenstra R. C., Wright G. C., Lipsey R. E., et al. Report on the State of Available Data for the Study of International Trade and Foreign Direct Investment ［Z］. NBER Working Paper Series, 2010.

［46］ Ferrer G., Dew N., Apte U. When is RFID right for your service? ［J］. International Journal of Production Economics, 2010, 124 (2): 414–425.

［47］ Forni L., Gerali A., Pisani M. Macroeconomic effects of greater competition in the service sector: the case of Italy ［J］. Macroeconomic Dynamics, 2010, 14 (5): 677–708.

［48］ Francois J., Hoekman B. Services trade and policy ［J］. Journal of Economic Literature, 2010: 642–692.

［49］ Gallouj F., Savona M. Towards a theory of innovation in services: A state of the art ［A］//The Handbook of Innovation and Services——A Multi–disciplinary Perspective ［M］. 2010.

［50］ Ghani E. The service revolution in South Asia ［M］. Oxford: Oxford University Press, 2010.

［51］ Goldberg L. S., Campa J. M. The sensitivity of the CPI to exchange rates: Distribution margins, imported inputs, and trade exposure ［J］. The Review of Economics and Statistics, 2010, 92 (2): 392–407.

［52］ Gómez–Baggethun E., de Groot R., Lomas P. L., et al. The history of ecosystem services in economic theory and practice: From early notions to markets and payment schemes ［J］. Ecological Economics, 2010, 69 (6): 1209–1218.

［53］ Greif A., Tabellini G. Cultural and institutional bifurcation: China and Europe compared ［J］. The American Economic Review, 2010: 135–140.

［54］ Grö S., Sler A., Zock A. Supporting long–term workforce planning with a dynamic aging chain model: A case study from the service industry ［J］. Human Resource Management, 2010, 49 (5): 829–848.

［55］ Growitsch C., Jamasb T., Müller C., et al. Social cost–efficient service quality—Integrating customer valuation in incentive regulation: Evidence from the case of Norway ［J］. Energy Policy, 2010, 38 (5): 2536–2544.

［56］ Guang Y. A Comparative Analysis on Development of Service Trade between China and India ［J］. Journal of International Trade, 2010, 2.

［57］ Guchait P., Cho S. The impact of human resource management practices on intention to leave of employees in the service industry in India: The mediating role of organizational com mitment ［J］. The International Journal of Human Resource Management, 2010, 21 (8): 1228–1247.

［58］ Haiyun Y. D. L. An Empirical Research on Import–Export Trade Structure and International Competitiveness of Productive Service Trade in China ［J］. World Economy Study,

2010, 2.

[59] Head K., R. J. Do trade missions increase trade? [J]. The Canadian journal of economics, 2010, 43 (3): 754–775.

[60] Henriques S. T., Kander A. The modest environmental relief resulting from the transition to a service economy [J]. Ecological Economics, 2010, 70 (2): 271–282.

[61] Ho J. S. Y., Downe A. G., Loke S. Employee attrition in the Malaysian service industry: push and pull factors [J]. The IUP Journal of Organizational Behavior, 2010, 9 (1): 16–31.

[62] Howells J. Services and innovation and service innovation: New theoretical directions [A]//The Handbook of Innovation and Services: A Multi-disciplinary Perspective [M]. 2010.

[63] Hsiao H. I., Kemp R. G. M., van der Vorst J. G. A. J., et al. A classification of logistic outsourcing levels and their impact on service performance: Evidence from the food processing industry [J]. International Journal of Production Economics, 2010, 124 (1): 75–86.

[64] Hur W., Park J., Kim M. The role of commitment on the customer benefits–loyalty relationship in mobile service industry[J]. The Service Industries Journal, 2010, 30 (14): 2293–2309.

[65] Ishikawa J., Morita H., Mukunoki H. FDI in post-production services and product market competition [J]. Journal of International Economics, 2010, 82 (1): 73–84.

[66] James A., Vira B. "Unionising" the new spaces of the new economy? Alternative labour organising in India's IT Enabled Services Business Process Outsourcing industry [J]. Geoforum, 2010, 41 (3): 364–376.

[67] Jansen J. C., Seebregts A. J. Long-term energy services security: What is it and how can it be measured and valued? [J]. Energy Policy, 2010, 38 (4): 1654–1664.

[68] Jarman H., G. S. Crossborder trade in health services: Lessons from the European laboratory [J]. Health Policy, 2010, 94 (2): 158–163.

[69] Jenkins W. A., Murray B. C, Kramer R. A., et al. Valuing ecosystem services from wetlands restoration in the Mississippi Alluvial Valley [J]. Ecological Economics, 2010, 69 (5): 1051–1061.

[70] Kan M., Suzuki W. Effects of cost sharing on the demand for physician services in Japan: Evidence from a natural experiment [J]. Japan and the World Economy, 2010, 22 (1): 1–12.

[71] Kang M., Kim H. H., Lee H., et al. Regional production networks, service offshoring, and productivity in East Asia [J]. Japan and the World Economy, 2010, 22 (3): 206–216.

[72] Kang Y., Ryu M., Kim S. Exploring sustainability management for telecommunications services: A case study of two Korean companies [J]. Journal of World Business, 2010, 45

（4）：415-421.

[73] Kelle M., K. J. German Firms in Service Trade [J]. Applied Economics Quarterly, 2010, 56 (1)：51-71.

[74] Kemkes R. J., Farley J., Koliba C J. Determining when payments are an effective policy approach to ecosystem service provision [J]. Ecological Economics, 2010, 69 (11)：2069-2074.

[75] Khang T. S., Arumugam V., Chong A. Y., et al. Relationship between supply chain management practices and organisation performance：A case study in the Malaysian service industry [J]. International Journal of Modelling in Operations Management, 2010, 1 (1)：84-106.

[76] Kikuchi T., I. K. A simple model of service trade with time zone differences [J]. International review of economics & finance, 2010, 19 (1)：75-80.

[77] Kikuchi T., Long N. V. A simple model of service offshoring with time zone differences [J]. The North American Journal of Economics and Finance, 2010, 21 (3)：217-227.

[78] Ko H., Lu H. Measuring innovation competencies for integrated services in the communications industry [J]. Journal of Service Management, 2010, 21 (2)：162-190.

[79] Koellner T., Sell J., Navarro G. Why and how much are firms willing to invest in ecosystem services from tropical forests? A comparison of international and Costa Rican firms [J]. Ecological Economics, 2010, 69 (11)：2127-2139.

[80] Kontogianni A., Luck G. W., Skourtos M. Valuing ecosystem services on the basis of service-providing units：A potential approach to address the "endpoint problem" and improve stated preference methods [J]. Ecological Economics, 2010, 69 (7)：1479-1487.

[81] Kosová R., Lafontaine F. Survival and growth in retail and service industries：Evidence from franchised Chains [J]. Journal of Industrial Economics, 2010, 58 (3)：542-578.

[82] Kurata H., Nam S. After-sales service competition in a supply chain：Optimization of customer satisfaction level or profit or both? [J]. International Journal of Production Economics, 2010, 127 (1)：136-146.

[83] Laksana K., Hartman J. C. Planning product design refreshes with service contract and competition considerations [J]. International Journal of Production Economics, 2010, 126 (2)：189-203.

[84] Li X., Tian P., Leung S. C. H. Vehicle routing problems with time windows and stochastic travel and service times：Models and algorithm [J]. International Journal of Production Economics, 2010, 125 (1)：137-145.

[85] Lin C. The integrated secondary route network design model in the hierarchical hub-and-spoke network for dual express services [J]. International Journal of Production Economics, 2010, 123 (1)：20-30.

[86] Lincoln E. J. Troubled times: US–Japan trade relations in the 1990s [M]. Brookings Institution Press, 2010.

[87] Macário R. Competing for level of service in the provision of mobility services: Concepts, processes and measures [J]. Research in Transportation Economics, 2010, 29 (1): 261–274.

[88] Mak J., Sheehey C., Toriki S. The passenger vessel services act and America's cruise tourism industry [J]. Research in Transportation Economics, 2010, 26 (1): 18–26.

[89] Martinez–Gomez V., Baviera–Puig A., Mas–Verdú F. Innovation policy, services and internationalisation: the role of technology centres [J]. The Service Industries Journal, 2010, 30 (1): 43–54.

[90] Mas–Verdu F., Ribeiro Soriano D., Roig Dobon S. Regional development and innovation: the role of services [J]. The Service Industries Journal, 2010, 30 (5): 633–641.

[91] Mookerjee R., Kalipioni P. Availability of financial services and income inequality: The evidence from many countries [J]. Emerging Markets Review, 2010, 11 (4): 404–408.

[92] Mulley C. Promoting social inclusion in a deregulated environment: Extending accessibility using collective taxi–based services [J]. Research in Transportation Economics, 2010, 29 (1): 296–303.

[93] Muradian R., Corbera E., Pascual U., et al. Reconciling theory and practice: An alternative conceptual framework for understanding payments for environmental services [J]. Ecological Economics, 2010, 69 (6): 1202–1208.

[94] Musolesi A., H. J. Innovation and productivity in knowledge intensive business services [J]. Journal of Productivity Analysis, 2010, 34 (1): 63–81.

[95] Nash C. European rail reform and passenger services——the next steps [J]. Research in Transportation Economics, 2010, 29 (1): 204–211.

[96] Nelson J. D., Wright S., Masson B., et al. Recent developments in flexible transport services [J]. Research in Transportation Economics, 2010, 29 (1): 243–248.

[97] Nordas H. K. Trade in goods and services: Two sides of the same coin? [J]. Economic Modelling, 2010, 27 (2): 496–506.

[98] Norgaard R. B. Ecosystem services: From eye–opening metaphor to complexity blinder [J]. Ecological Economics, 2010, 69 (6): 1219–1227.

[99] Ocejo R. E. What'll it be? Cocktail bartenders and the redefinition of service in the creative economy [J]. City, Culture and Society, 2010, 1 (4): 179–184.

[100] Omer A., Pascual U., Russell N. A theoretical model of agrobiodiversity as a supporting service for sustainable agricultural intensification [J]. Ecological Economics, 2010, 69 (10): 1926–1933.

[101] Ordanini A., Parasuraman A. Service innovation viewed through a service–dominant

logic lens: A conceptual framework and empirical analysis [J]. Journal of Service Research, 2010.

[102] Peris Bonet F. J., Peris-Ortiz M., Gil-Pechuan I. Integrating transaction cost economics and the resource-based view in services and innovation [J]. The Service Industries Journal, 2010, 30 (5): 701-712.

[103] Posthumus H., Rouquette J. R., Morris J., et al. A framework for the assessment of ecosystem goods and services: a case study on lowland floodplains in England[J]. Ecological Economics, 2010, 69 (7): 1510-1523.

[104] Poulton C., Dorward A., Kydd J. The Future of Small Farms: New Directions for Services, Institutions, and Intermediation [J]. World Development, 2010, 38 (10): 1413-1428.

[105] Qing-Hua J. I. An Analysis on the relationships between China's service trade development and the optimization of its economic structure [J]. Journal of Yunnan University of Finance and Economics, 2010, 3.

[106] Radowski D., Bonin H. Downward nominal wage rigidity in services: Direct evidence from a firm survey [J]. Economics Letters, 2010, 106 (3): 227-229.

[107] Ramos B., Saeed K., Pavlov O. The impact of universal service obligations and International Cross-subsidies on the dispersion of telephone services in developing countries [J]. Socio-Economic Planning Sciences, 2010, 44 (2): 57-72.

[108] Reimer J. J., Hertel T. W. Nonhomothetic preferences and international trade [J]. Review of International Economics, 2010, 18 (2): 408-425.

[109] Ribaudo M., Greene C., Hansen L., et al. Ecosystem services from agriculture: Steps for expanding markets [J]. Ecological Economics, 2010, 69 (11): 2085-2092.

[110] Rodrik D. Making room for China in the world economy [J]. The American Economic Review, 2010: 89-93.

[111] Rolim F., Brasileiro A., Santos E. Competition in brazilian bus and coach services——The results of recent competitive tendering processes [J]. Research in Transportation Economics, 2010, 29 (1): 45-51.

[112] Rubalcaba L., Gago D., Gallego J. On the differences between goods and services innovation [J]. Journal of Innovation Economics & Management, 2010, 5 (1): 17-40.

[113] Rubalcaba L., Gallego J., Hertog P. D. The case of market and system failures in services innovation [J]. The Service Industries Journal, 2010, 30 (4): 549-566.

[114] S. N. A., Kyvik H. Trade in goods and services: Two sides of the same coin? [J]. Economic Modelling, 2010, 27 (2): 496-506.

[115] Semadeni M., Anderson B. S. The follower's dilemma: Innovation and imitation in the professional services industry [J]. Academy of Management Journal, 2010, 53 (5): 1175-1193.

[116] Seppelt R., Lautenbach S. The use of simulation models and optimization techniques in environmental management: The example of ecosystem service trade-offs. Achieving Environmental Security: Ecosystem Services and Human Welfare [M]. Amsterdam: IOS Press, 2010.

[117] Shi A., Xia Y., Zhan H. Applying cloud computing in financial service industry [Z]. 2010.

[118] Soloveichik R. Artistic originals as a capital asset [J]. The American Economic Review, 2010: 110-114.

[119] Sommerville M., Jones J. P. G., Rahajaharison M., et al. The role of fairness and benefit distribution in community-based Payment for Environmental Services interventions: A case study from Menabe, Madagascar [J]. Ecological Economics, 2010, 69 (6): 1262-1271.

[120] Stephenson S. Services trade in the western hemisphere: Liberalization, integration, and reform [M]. Brookings Institution Press, 2010.

[121] Stock J. R., Boyer S. L., Harmon T. Research opportunities in supply chain management [J]. Journal of the Academy of Marketing Science, 2010, 38 (1): 32-41.

[122] Stockton M., Ballard W., Goodman D., et al. Method and system configured for facilitating management of international trade receivables transactions [Z]. Google Patents, 2010.

[123] Suntheim F. Managerial compensation in the financial service industry [Z]. Available at SSRN 1592163, 2010.

[124] Talib F., Rahman Z., Qureshi M. N. The relationship between total quality management and quality performance in the service industry: A theoretical model [J]. International Journal of Business, Management and Social Sciences, 2010, 1 (1): 113-128.

[125] Teo K. J., L. A conceptual framework for critical success factors of lean Six Sigma: Implementation on the performance of electronic manufacturing service industry [J]. International Journal of Lean Six Sigma, 2010, 1 (3): 191.

[126] Tianhong L., Wenkai L., Zhenghan Q. Variations in ecosystem service value in response to land use changes in Shenzhen [J]. Ecological Economics, 2010, 69 (7): 1427-1435.

[127] Uppenberg K., Strauss H. Innovation and productivity growth in the EU services sector [Z]. European Investment Bank, 2010.

[128] Von der Gracht H. A., Darkow I. Scenarios for the logistics services industry: A Delphi-based analysis for 2025 [J]. International Journal of Production Economics, 2010, 127 (1): 46-59.

[129] Wainger L. A., King D. M., Mack R. N., et al. Can the concept of ecosystem services be practically applied to improve natural resource management decisions? [J]. Ecological Economics, 2010, 69 (5): 978-987.

[130] Wang C. Apply robust segmentation to the service industry using kernel induced fuzzy clustering techniques[J]. Expert Systems with Applications, 2010, 37 (12): 8395-8400.

[131] Wang X., Chen W., Zhang L., et al. Estimating the ecosystem service losses from proposed land reclamation projects: A case study in Xiamen [J]. Ecological Economics, 2010, 69 (12): 2549–2556.

[132] Wendland K. J., Honzák M., Portela R., et al. Targeting and implementing payments for ecosystem services: Opportunities for bundling biodiversity conservation with carbon and water services in Madagascar [J]. Ecological Economics, 2010, 69 (11): 2093–2107.

[133] Weyl E. G. A price theory of multi-sided platforms [J]. The American Economic Review, 2010: 1642–1672.

[134] Willemen L., Hein L., Verburg P. H. Evaluating the impact of regional development policies on future landscape services [J]. Ecological Economics, 2010, 69 (11): 2244–2254.

[135] Yarwood R. Risk, rescue and emergency services: The changing spatialities of Mountain Rescue Teams in England and Wales [J]. Geoforum, 2010, 41 (2): 257–270.

[136] Yee R. W. Y., Yeung A. C. L., Cheng T. C. E. An empirical study of employee loyalty, service quality and firm performance in the service industry [J]. International Journal of Production Economics, 2010, 124 (1): 109–120.

[137] Yee R. W. Y., Yeung A. C. L., Edwin Cheng T. C. An empirical study of employee loyalty, service quality and firm performance in the service industry [J]. International Journal of Production Economics, 2010, 124 (1): 109–120.

[138] Yew Wong C., Karia N. Explaining the competitive advantage of logistics service providers: A resource-based view approach [J]. International Journal of Production Economics, 2010, 128 (1): 51–67.

[139] Yi K. Can Multistage Production Explain the Home Bias in Trade? [J]. The American Economic Review, 2010, 100 (1): 364–393.

[140] Zamfir A., Plumb I. Conceptions on Services within Traditional Society and Knowledge-Based Society [J]. Review of International Comparative Management, 2010, 11 (3): 436–444.

[141] Zhang B., Li W., Xie G. Ecosystem services research in China: Progress and perspective [J]. Ecological Economics, 2010, 69 (7): 1389–1395.

[142] Zhang X., Lu X. Multiple criteria evaluation of ecosystem services for the Ruoergai Plateau Marshes in southwest China [J]. Ecological Economics, 2010, 69 (7): 1463–1470.

[143] Zolnierek J., Clausen T. Local telephone rate structure and telephone penetration: A universal service perspective [J]. Information Economics and Policy, 2010, 22 (2): 153–163.

[144] Aizcorbe A., Nestoriak N. Changing mix of medical care services: Stylized facts and implications for price indexes [J]. Journal of Health Economics, 2011, 30 (3): 568–574.

[145] Akbar S. W., Yousaf M., Haq N. U., et al. Impact of Employee Empowerment on Job Satisfaction: An Empirical Analysis of Pakistani Service Industry[J]. Interdisciplinary Journal of Contemporary Research In Business, 2011, 2 (11): 680.

[146] Altendorfer K., Jodlbauer H. Which utilization and service level lead to the maximum EVA? [J]. International Journal of Production Economics, 2011, 130 (1): 16–26.

[147] Anshelevich E., Shepherd F. B., Wilfong G. Strategic network formation through peering and service agreements [J]. Games and Economic Behavior, 2011, 73 (1): 17–38.

[148] Arnold J. M., Javorcik B. S., Mattoo A. Does services liberalization benefit manufacturing firms? Evidence from the Czech Republic [J]. Journal of International Economics, 2011, 85 (1): 136–146.

[149] Aryanezhad M. B., Najafi E., Farkoush S. B. A BSC–DEA approach to measure the relative efficiency of service industry: A case study of banking sector[J]. International Journal of Industrial Engineering Computations, 2011, 2 (2): 273–282.

[150] Bach S., Bordogna L. Varieties of new public management or alternative models? The reform of public service employment relations in industrialized democracies [J]. The International Journal of Human Resource Management, 2011, 22 (11): 2281–2294.

[151] Bachmann R., Braun S. The impact of international outsourcing on labour market dynamics in Germany [J]. Scottish Journal of Political Economy, 2011, 58 (1): 1–28.

[152] Bairi J., Murali Manohar B., Kundu G. K. Knowledge retention in the IT service industry [J]. Journal of Systems and Information Technology, 2011, 13 (1): 43–65.

[153] Banful A. B. Do formula–based intergovernmental transfer mechanisms eliminate politically motivated targeting? Evidence from Ghana [J]. Journal of Development Economics, 2011, 96 (2): 380–390.

[154] Bar–Isaac H., Shapiro J. Credit ratings accuracy and analyst incentives [J]. The American Economic Review, 2011, 101 (3): 120–124.

[155] Barone G., Cingano F. Service Regulation and Growth: Evidence from OECD Countries [J]. The Economic Journal, 2011, 121 (555): 931–957.

[156] Begossi A., May P. H., Lopes P. F., et al. Compensation for environmental services from artisanal fisheries in SE Brazil: Policy and technical strategies [J]. Ecological Economics, 2011, 71 (0): 25–32.

[157] Bennedsen M., Schultz C. Arm's length delegation of public services [J]. Journal of Public Economics, 2011, 95 (7–8): 543–552.

[158] Bennett M. T., Mehta A., Xu J. Incomplete property rights, exposure to markets and the provision of environmental services in China [J]. China Economic Review, 2011, 22 (4): 485–498.

[159] Berg S. V., Jiang L., Lin C. Incentives for cost shifting and misreporting: U. S.

rural universal service subsidies, 1991–2002 [J]. Information Economics and Policy, 2011, 23 (3–4): 287–295.

[160] Besedeš T., Prusa T. J. The role of extensive and intensive margins and export growth [J]. Journal of Development Economics, 2011, 96 (2): 371–379.

[161] Boksberger P. E., Melsen L. Perceived value: A critical examination of definitions, concepts and measures for the service industry [J]. Journal of Services Marketing, 2011, 25(3): 229–240.

[162] Borgonovo E., Peccati L. Managerial insights from service industry models: A new scenario decomposition method [J]. Annals of Operations Research, 2011, 185 (1): 161–179.

[163] Boscarino J. A., Adams R. E., Figley C. R. Mental health service use after the World Trade Center disaster: Utilization trends and comparative effectiveness [J]. The Journal of nervous and mental disease, 2011, 199 (2).

[164] Breinlich H., Criscuolo C. International trade in services: A portrait of importers and exporters [J]. Journal of International Economics, 2011, 84 (2): 188–206.

[165] Brooks H., Pilgrim D., Rogers A. Innovation in mental health services: What are the key components of success? Implementation science, 2011, 6 (1): 120.

[166] Brown G., Patterson T., Cain N. The devil in the details: Non-convexities in ecosystem service provision [J]. Resource and Energy Economics, 2011, 33 (2): 355–365.

[167] Bustos P. Trade liberalization, exports, and technology upgrading: Evidence on the impact of MERCOSUR on Argentinian firms [J]. The American Economic Review, 2011, 101 (1): 304–340.

[168] Butnar I., Llop M. Structural decomposition analysis and input–output subsystems: Changes in CO_2 emissions of Spanish service sectors (2000–2005) [J]. Ecological Economics, 2011, 70 (11): 2012–2019.

[169] Cadot O., Carrere C., Strauss-Kahn V. Export diversification: What's behind the hump? [J]. The Review of Economics and Statistics, 2011, 93 (2): 590–605.

[170] Calzadilla A., Rehdanz K., Tol R. S. Trade liberalization and climate change: A computable general equilibrium analysis of the impacts on global agriculture [J]. Water, 2011, 3 (2): 526–550.

[171] Cardós M., Babiloni E. Exact and approximate calculation of the cycle service level in periodic review inventory policies [J]. International Journal of Production Economics, 2011, 131 (1): 63–68.

[172] Cardós M., Babiloni E. Exact and approximated calculation of the cycle service level in a continuous review policy [J]. International Journal of Production Economics, 2011, 133 (1): 251–255.

[173] Casillas C. E., Kammen D. M. The delivery of low-cost, low-carbon rural energy

services [J]. Energy Policy, 2011, 39 (8): 4520-4528.

[174] Castro L. M., Montoro-Sanchez A., Ortiz-De-Urbina-Criado M. Innovation in services industries: Current and future trends [J]. The Service Industries Journal, 2011, 31 (1/2): 7-20.

[175] Chaban M. Home bias, distribution services and determinants of real exchange rates [J]. Journal of Macroeconomics, 2011, 33 (4): 793-806.

[176] Chan K. W., Lam W. The trade-off of servicing empowerment on employees' service performance: Examining the underlying motivation and workload mechanisms [J]. Journal of the Academy of Marketing Science, 2011, 39 (4): 609-628.

[177] Chang S., Lai F. Intra-continental and intercontinental service trade in the travel and tourism industry [J]. Tourism Economics, 2011, 17 (5): 963-982.

[178] Chen W. Innovation in hotel services: Culture and personality [J]. International Journal of Hospitality Management, 2011, 30 (1): 64-72.

[179] Chesbrough H. The case for open services innovation: The commodity trap [J]. California Management Review, 2011, 53 (3): 5-20.

[180] Chesbrough H. Open Services Innovation: Rethinking your business to compete and grow in a new era [M]. San Francisco: Jossey-Bass, 2011.

[181] Chesbrough H. Bringing open innovation to services [J]. MIT sloan management review, 2011, 52 (2): 85-90.

[182] Choi M. K. The impact of Medicaid insurance coverage on dental service use [J]. Journal of Health Economics, 2011, 30 (5): 1020-1031.

[183] Chow I., Chang C. Additional costing equations for jointly-operated container shipping services to measure the effects of variations in fuel and vessel hire costs [J]. The Asian Journal of Shipping and Logistics, 2011, 27 (2): 305-329.

[184] Coetzee M., Schreuder D. The relation between career anchors, emotional intelligence and employability satisfaction among workers in the service industry [J]. Southern African Business Review, 2011, 15 (3): 76-97.

[185] Cole S., Sampson T., Zia B. Prices or knowledge? What drives demand for financial services in emerging markets? [J]. Journal of Finance, 2011, 66 (6): 1933-1967.

[186] Cordier M., Pérez Agúndez J. A., O'Connor M., et al. Quantification of interdependencies between economic systems and ecosystem services: An input-output model applied to the Seine estuary [J]. Ecological Economics, 2011, 70 (9): 1660-1671.

[187] Cranford M., Mourato S. Community conservation and a two-stage approach to payments for ecosystem services [J]. Ecological Economics, 2011, 71: 89-98.

[188] De Vries J. The shaping of inventory systems in health services: A stakeholder analysis [J]. International Journal of Production Economics, 2011, 133 (1): 60-69.

［189］ Doytch N., Uctum M. Does the worldwide shift of FDI from manufacturing to services accelerate economic growth? A GMM estimation study ［J］. Journal of International Money and Finance, 2011, 30（3）: 410-427.

［190］ Du B., Larsen C. Base stock policies with degraded service to larger orders ［J］. International Journal of Production Economics, 2011, 133（1）: 326-333.

［191］ Eljiz K., Hayes K., Dadich A., et al. Can that work for us? Analysing organisational, group and individual factors for successful health services innovation ［J］. Asia Pacific Journal of Health Management, 2011, 6（2）.

［192］ Evangelista R., Savona M. 16 Innovation and employment in services ［A］//The Handbook of Innovation and Services: A Multi-disciplinary Perspective ［M］. 2011.

［193］ Farris Ii M. T., Hutchison P. D., Hasty R. W. Using cash-to-cash to benchmark service industry performance ［J］. Journal of Applied Business Research（JABR）, 2011, 21（2）.

［194］ Feng B., Fan Z., Li Y. A decision method for supplier selection in multi-service outsourcing ［J］. International Journal of Production Economics, 2011, 132（2）: 240-250.

［195］ Fitzgerald J. A., Eljiz K., Dadich A., et al. Health services innovation: Evaluating process changes to improve patient flow ［J］. International Journal of Healthcare Technology and Management, 2011, 12（3）: 280-292.

［196］ Forsman H. Innovation capacity and innovation development in small enterprises. A comparison between the manufacturing and service sectors ［J］. Research Policy, 2011, 40（5）: 739-750.

［197］ Franceys R. W. A., Gerlach E. Consumer involvement in water services regulation ［J］. Utilities Policy, 2011, 19（2）: 61-70.

［198］ Gallouj F., Djellal F. The handbook of innovation and services: A multi-disciplinary perspective ［M］. Edward Elgar Publishing, 2011.

［199］ Gao J., Yao Y., Zhu V. C., et al. Service-oriented manufacturing: A new product pattern and manufacturing paradigm ［J］. Journal of Intelligent Manufacturing. 2011, 22（3）: 435-446.

［200］ García-Amado L. R., Pérez M. R., Escutia F. R., et al. Efficiency of payments for environmental services: Equity and additionality in a case study from a Biosphere Reserve in Chiapas, Mexico ［J］. Ecological Economics, 2011, 70（12）: 2361-2368.

［201］ Gascoigne W. R., Hoag D., Koontz L., et al. Valuing ecosystem and economic services across land-use scenarios in the Prairie Pothole Region of the Dakotas, USA ［J］. Ecological Economics, 2011, 70（10）: 1715-1725.

［202］ Gavazza A. The role of trading frictions in real asset markets ［J］. The American Economic Review, 2011, 101（4）: 1106-1143.

[203] Giannetti M., Burkart M., Ellingsen T. What you sell is what you lend? Explaining trade credit contracts [J]. Review of Financial Studies, 2011, 24 (4): 1261-1298.

[204] Goda G. S., Golberstein E., Grabowski D. C. Income and the utilization of long-term care services: Evidence from the Social Security benefit notch [J]. Journal of Health Economics, 2011, 30 (4): 719-729.

[205] Görg H., Hanley A. Services outsourcing and innovation: An empirical investigation [J]. Economic Inquiry, 2011, 49 (2): 321-333.

[206] Grabowski D. C., Afendulis C. C., Mcguire T. G. Medicare prospective payment and the volume and intensity of skilled nursing facility services [J]. Journal of Health Economics, 2011, 30 (4): 675-684.

[207] Greenstein S., Mcdevitt R. Evidence of a modest price decline in U. S. broadband services [J]. Information Economics and Policy, 2011, 23 (2): 200-211.

[208] Gregg P., Grout P. A., Ratcliffe A., et al. How important is pro-social behaviour in the delivery of public services? [J]. Journal of Public Economics, 2011, 95 (7-8): 758-766.

[209] Hameri A. Production flow analysis—Cases from manufacturing and service industry [J]. International Journal of Production Economics, 2011, 129 (2): 233-241.

[210] Hegde R., Bull G. Q. Performance of an agro-forestry based Payments-for-Environmental-Services project in Mozambique: A household level analysis [J]. Ecological Economics, 2011, 71 (0): 122-130.

[211] Hertog P. D., Gallouj F., Segers J. Measuring innovation in a "low-tech" service industry: The case of the Dutch hospitality industry [J]. The Service Industries Journal, 2011, 31(9): 1429-1449.

[212] Hijzen A., Pisu M., Upward R., et al. Employment, job turnover, and trade in producer services: U. K. firm-level evidence [J]. Canadian Journal of Economics/Revue Canadienne D'économique, 2011, 44 (3): 1020-1043.

[213] Hijzen A., Pisu M., Upward R., et al. Employment, job turnover, and trade in producer services: U. K. firm -level evidence [J]. The Canadian Journal of Economics, 2011, 44(3): 1020-1043.

[214] Hilson G., Ackah -Baidoo A. Can Microcredit Services Alleviate Hardship in African Small-scale Mining Communities? [J]. World Development, 2011, 39 (7): 1191-1203.

[215] Hoekman B., Aaditya M. Services trade liberalization and regulatory reform: Re-invigorating international cooperation [Z]. The World Bank, Policy Research Working Paper Series: 5517, 2011.

[216] Hoekman B., Mattoo A. Services trade liberalization and regulatory reform: Re-in-

vigorating international cooperation [Z]. 2011.

[217] Holz C. A. The unbalanced growth hypothesis and the role of the state: The case of China's state-owned enterprises [J]. Journal of Development Economics, 2011, 96 (2): 220–238.

[218] Hu H., Cheng C., Chiu S., et al. A study of customer satisfaction, customer loyalty and quality attributes in Taiwan medical service industry [J]. African Journal of Business Management, 2011, 5 (1): 187.

[219] Huggins R. The growth of knowledge-intensive business services: Innovation, markets and networks [J]. European Planning Studies, 2011, 19 (8): 1459–1480.

[220] Jensen J. B. Global Trade in Services: Fear, Facts, and Offshoring [Z]. Peterson Institute for International Economics, 2011.

[221] Jiang W. Comparative Analysis on the Competitiveness of Service Trade in China and Japan and Its Enlightenments for China [Z]. 2011.

[222] Johnston R. J., Russell M. An operational structure for clarity in ecosystem service values [J]. Ecological Economics, 2011, 70 (12): 2243–2249.

[223] Johnston R. J., Segerson K., Schultz E. T., et al. Indices of biotic integrity in stated preference valuation of aquatic ecosystem services [J]. Ecological Economics, 2011, 70 (11): 1946–1956.

[224] Kesicki F., Anandarajah G. The role of energy-service demand reduction in global climate change mitigation: Combining energy modelling and decomposition analysis [J]. Energy Policy, 2011, 39 (11): 7224–7233.

[225] Klein M. Trends in the association between educational attainment and class destinations in West Germany: Looking inside the service class [J]. Research in Social Stratification and Mobility, 2011, 29 (4): 427–444.

[226] Klemick H. Shifting cultivation, forest fallow, and externalities in ecosystem services: Evidence from the Eastern Amazon [J]. Journal of Environmental Economics and Management, 2011, 61 (1): 95–106.

[227] Kruks-Wisner G. Seeking the Local State: Gender, Caste, and the Pursuit of Public Services in Post-Tsunami India [J]. World Development, 2011, 39 (7): 1143–1154.

[228] Larsen C. Derivation of confidence intervals of service measures in a base-stock inventory control system with low-frequent demand [J]. International Journal of Production Economics, 2011, 131 (1): 69–75.

[229] Li L. Assessing the relational benefits of logistics services perceived by manufacturers in supply chain [J]. International Journal of Production Economics, 2011, 132 (1): 58–67.

[230] Lin W. L., C. Consumer hierarchical value map modeling in the healthcare service industry [J]. African Journal of Business Management, 2011, 5 (3): 722.

[231] Liu X. Model for Evaluating the Competitive Power of Service Trade with Intuitionistic Fuzzy Information [J]. IJACT: International Journal of Advancements in Computing Technology, 2011, 3 (11): 252–258.

[232] Losada Otálora M., Rodríguez Orejuela A., Hernandez–Espallardo M. Propuesta metodológica para medir la calidad del servicio de consulta externa en medicina general [J]. Estudios Gerenciales, 2011, 27 (120): 185–204.

[233] Love J. H., Roper S., Bryson J. R. Openness, knowledge, innovation and growth in U. K. business services [J]. Research Policy, 2011, 40 (10): 1438–1452.

[234] Lu J., Tsao Y., Charoensiriwath C. Competition under manufacturer service and retail price [J]. Economic Modelling, 2011, 28 (3): 1256–1264.

[235] Ma S., Swinton S. M. Valuation of ecosystem services from rural landscapes using agricultural land prices [J]. Ecological Economics, 2011, 70 (9): 1649–1659.

[236] Maclean L. M. The paradox of state retrenchment in Sub–Saharan africa: The micro–level experience of public social service provision [J]. World Development, 2011, 39 (7): 1155–1165.

[237] Maggi G., Staiger R. W. The role of dispute settlement procedures in international trade agreements [J]. The Quarterly Journal of Economics, 2011, 126 (1): 475–515.

[238] Marino A., Bertoldi P., Rezessy S., et al. A snapshot of the european energy service market in 2010 and policy recommendations to foster a further market development [J]. Energy Policy, 2011, 39 (10): 6190–6198.

[239] Martínez–Noya A., García–Canal E. Technological capabilities and the decision to outsource/outsource offshore R&D services [J]. International Business Review, 2011, 20(3): 264–277.

[240] Martín–López B., García–Llorente M., Palomo I., et al. The conservation against development paradigm in protected areas: Valuation of ecosystem services in the Doñana social–ecological system (southwestern Spain) [J]. Ecological Economics, 2011, 70 (8): 1481–1491.

[241] Mitrani I. Service center trade–offs between customer impatience and power consumption [J]. Performance Evaluation, 2011, 68 (11): 1222–1231.

[242] Morikawa M. Economies of density and productivity in service industries: An analysis of personal service industries based on establishment–level data [J]. The Review of Economics and Statistics, 2011, 93 (1): 179–192.

[243] Morikawa M. Economies of density and productivity in service industries: An analysis of personal service industries based on establishment–level data [J]. The Review of Economics and Statistics, 2011, 93 (1): 179–192.

[244] Narloch U., Drucker A. G., Pascual U. Payments for agrobiodiversity conservation

services for sustained on-farm utilization of plant and animal genetic resources [J]. Ecological Economics, 2011, 70 (11): 1837-1845.

[245] Nemutanzhela P., Iyamu T. The impact of competitive intelligence on products and services innovation in organizations [J]. International Journal of Advanced Computer Science and Applications (IJACSA), 2011, 2 (11).

[246] Oliveira P., von Hippel E. Users as service innovators: The case of banking services [J]. Research Policy, 2011, 40 (6): 806-818.

[247] Osborne S. P., Brown L. Innovation, public policy and public services delivery in the U. K. The word that would be king? [J]. Public Administration, 2011, 89 (4): 1335-1350.

[248] Osborne S. P., Brown L. Innovation in public services: Engaging with risk [J]. Public Money & Management, 2011, 31 (1): 4.

[249] Pai J., Tu F. The acceptance and use of customer relationship management (CRM) systems: An empirical study of distribution service industry in Taiwan [J]. Expert Systems with Applications, 2011, 38 (1): 579-584.

[250] Park I., Park S. Regional liberalisation of trade in services [J]. The World Economy, 2011, 34 (5): 725-740.

[251] Parrett M. Do people with food service experience tip better? [J]. The Journal of Socio-Economics, 2011, 40 (5): 464-471.

[252] Pyon C. U., Woo J. Y., Park S. C. Service improvement by business process management using customer complaints in financial service industry[J]. Expert Systems with Applications, 2011, 38 (4): 3267-3279.

[253] Rahman S., Azhar S. Xpressions of generation Y: perceptions of the mobile phone service industry in Pakistan [J]. Asia Pacific Journal of Marketing and Logistics, 2011, 23 (1): 91-107.

[254] Reeson A. F., Rodriguez L. C., Whitten S. M., et al. Adapting auctions for the provision of ecosystem services at the landscape scale [J]. Ecological Economics, 2011, 70 (9): 1621-1627.

[255] Reinikka R., Svensson J. The power of information in public services: Evidence from education in Uganda [J]. Journal of Public Economics, 2011, 95 (7-8): 956-966.

[256] Sagoff M. The quantification and valuation of ecosystem services [J]. Ecological Economics, 2011, 70 (3): 497-502.

[257] Semmens D. J., Diffendorfer J. E., López-Hoffman L., et al. Accounting for the ecosystem services of migratory species: Quantifying migration support and spatial subsidies [J]. Ecological Economics, 2011, 70 (12): 2236-2242.

[258] Shan H. J. Y. China-Taiwan services trade liberalization assessment and Fujian-

Taiwan service cooperation——based on comparison of China and Taiwan's WTO service trade commitment and ECFA commitment [J]. Asia-pacific Economic Review, 2011, 4.

[259] Simonit S., Perrings C. Sustainability and the value of the "regulating" services: Wetlands and water quality in Lake Victoria [J]. Ecological Economics, 2011, 70 (6): 1189–1199.

[260] Sovacool B. K. Conceptualizing urban household energy use: Climbing the "Energy Services Ladder" [J]. Energy Policy, 2011, 39 (3): 1659–1668.

[261] Stallman H. R. Ecosystem services in agriculture: Determining suitability for provision by collective management [J]. Ecological Economics, 2011, 71 (0): 131–139.

[262] Stefano Mestre N. M. Gerenciamento de custos em pequenas empresas prestadoras de serviço utilizando o activity based costing (abc) [J]. Estudios Gerenciales, 2011, 27 (121): 15–37.

[263] Sudarsan P., Karmali D. Determinants of India's Services Exports: A Static and Dynamic Analysis [J]. Journal of International Economics, 2011, 2 (2): 73–83.

[264] Sundbo J., Toivonen M. User-based innovation in services [M]. Edward Elgar Publishing, 2011.

[265] Talib F., Rahman Z., Qureshi M. N., et al. Total quality management and service quality: An exploratory study of quality management practices and barriers in service industry [J]. International Journal of Services and Operations Management, 2011, 10 (1): 94–118.

[266] Tam M., Lam W. H. K., Lo H. The impact of travel time reliability and perceived service quality on airport ground access mode choice[J]. Journal of Choice Modelling, 2011, 4 (2): 49–69.

[267] Toivonen M. 10 different types of innovation processes in services and their organisational implications [A]//The Handbook of Innovation and Services: A Multi-disciplinary Perspective [M]. 2011.

[268] Ulgiati S., Zucaro A., Franzese P. P. Shared wealth or nobody's land? The worth of natural capital and ecosystem services [J]. Ecological Economics, 2011, 70 (4): 778–787.

[269] Ulkuniemi P., Pekkarinen S., Westh Nicolajsen H., et al. Investigating issues and challenges for customer involvement in business services innovation [J]. Journal of Business & Industrial Marketing, 2011, 26 (5): 368–376.

[270] Wakerman J., Humphreys J. S. Sustainable primary health care services in rural and remote areas: Innovation and evidence [J]. Australian Journal of Rural Health, 2011, 19 (3): 118–124.

[271] Wang P., Zareipour H., Rosehart W. D. Characteristics of the prices of operating reserves and regulation services in competitive electricity markets[J]. Energy Policy, 2011, 39 (6): 3210–3221.

[272] Winfree R., Gross B. J., Kremen C. Valuing pollination services to agriculture [J]. Ecological Economics, 2011, 71 (0): 80-88.

[273] Wittmer A. Acceptance of self-service check-in at Zurich airport [J]. Research in Transportation Business & Management, 2011, 1 (1): 136-143.

[274] Yee R. W. Y., Yeung A. C. L., Cheng T. C. E. The service-profit chain: An empirical analysis in high-contact service industries [J]. International Journal of Production Economics, 2011, 130 (2): 236-245.

[275] Zhou C., Viswanathan S. Comparison of a new bootstrapping method with parametric approaches for safety stock determination in service parts inventory systems[J]. International Journal of Production Economics, 2011, 133 (1): 481-485.

[276] Barattieri A. Comparative advantage, service trade, and global imbalances [J]. Journal of International Economics, 2014, 92 (1): 1-13.

后　记

　　一部著作的完成需要许多人的默默贡献，闪耀着的是集体的智慧，其中铭刻着许多艰辛的付出，凝结着许多辛勤的劳动和汗水。

　　本书在编写过程中，借鉴和参考了大量的文献和作品，从中得到了不少启悟，也汲取了其中的智慧菁华，谨向各位专家、学者表示崇高的敬意——因为有了大家的努力，才有了本书的诞生。凡被本书选用的材料，我们都将按相关规定向原作者支付稿费，但因为有的作者通信地址不详或者变更，尚未取得联系。敬请您见到本书后及时函告您的详细信息，我们会尽快办理相关事宜。

　　由于编写时间仓促以及编者水平有限，书中不足之处在所难免，诚请广大读者指正，特驰惠意。